U0887441

餐饮服务与管理

主　审：杨卫军

主　编：何奇彦　韩燕妮

副主编：刘　娜　范彬彬　吴　晶

北京理工大学出版社

BEIJING INSTITUTE OF TECHNOLOGY PRESS

版权专有　侵权必究

图书在版编目（CIP）数据

餐饮服务与管理/何奇彦，韩燕妮主编．—北京：北京理工大学出版社，2017.6（2017.7 重印）

ISBN 978－7－5682－4145－8

Ⅰ．①餐…　Ⅱ．①何…　②韩…　Ⅲ．①饮食业－商业服务－高等学校－教材②饮食业－商业管理－高等学校－教材　Ⅳ．①F719.3

中国版本图书馆 CIP 数据核字（2017）第 133188 号

出版发行／北京理工大学出版社有限责任公司
社　　址／北京市海淀区中关村南大街 5 号
邮　　编／100081
电　　话／(010) 68914775（总编室）
　　　　　(010) 82562903（教材售后服务热线）
　　　　　(010) 68948351（其他图书服务热线）
网　　址／http://www.bitpress.com.cn
经　　销／全国各地新华书店
印　　刷／三河市华骏印务包装有限公司
开　　本／787 毫米×1092 毫米　1/16
印　　张／19
字　　数／446 千字
版　　次／2017 年 6 月第 1 版　2017 年 7 月第 2 次印刷
定　　价／68.00 元

责任编辑／李慧智
文案编辑／李慧智
责任校对／周瑞红
责任印制／李志强

图书出现印装质量问题，请拨打售后服务热线，本社负责调换

前 言

随着我国经济进入新常态时期，产业结构升级调整使第三产业的作用越来越突出。作为第三产业的重要组成部分，旅游业在拉动内需、促进就业方面作用明显。餐饮业作为旅游业的支柱产业，对旅游业的可持续发展和社会生活质量的不断提高都有积极的作用。

餐饮服务与管理课程是高等院校旅游类专业的一门专业核心课程。通过学习本课程，学生可以掌握餐饮行业的业务内容和工作标准，具备较强的餐饮服务意识和一定的餐饮管理能力，为成为酒店餐饮部门或者独立餐饮企业优秀管理者打下基础。

本书在编写时，一方面注重理论与实际的结合，根据我国餐饮行业市场的实际情况，通过大量的典型案例加强学生的理解。在让学生全面掌握餐饮服务与管理专业知识的同时，对学生进行必要的餐饮技能训练。另一方面按照教学规律，遵循循序渐进、重点突出的原则安排教学内容。全书共分为 10 个项目，在学习餐饮基础知识和技能的基础上，按照餐饮企业的业务划分具体学习餐饮管理知识和方法，同时完成主题菜单设计、主题宴会设计和主题餐厅设计 3 个大作业。

本书由杨卫军教授担任主审，何奇彦副教授担任主编，韩燕妮担任第二主编，刘娜、范彬彬、吴晶担任副主编。具体章节分工为：何奇彦负责编写项目一、五；韩燕妮负责编写项目六、八；刘娜负责编写项目二、四；范彬彬负责编写项目三；康杨杨负责编写项目七；吴晶负责编写项目九；柴继红负责编写项目十。

本书在编写过程中部分借鉴和引用了相关网站和其他书籍中的一些观点和内容，在此向各位作者表示感谢。由于编者学识和能力有限，书中难免出现疏漏之处，恳请各位专家、同行和读者不吝赐教。

编　者

2017 年 1 月

目 录

项目一

餐饮管理概述

子项目一　餐饮业的特征、地位及作用

学习任务描述

1. 了解餐饮业的定义与基本特征。
2. 了解餐饮业对国民经济的意义。
3. 掌握餐饮管理的特点及主要任务。

案例导入

2006年，中国餐饮消费全年零售额首次突破万亿元大关，达到10 345.5亿元，同比增长16.4%，比上年净增1 458亿元，连续16年实现两位数高速增长，与改革开放初期的1978年相比增长了188倍。

2012年，全国总体餐饮活动收入（包括餐饮企业收入和非餐饮企业的餐饮收入）实现23 448亿元，同比增长13.6%，增速比上一年下滑了3.3个百分点，除2003年“非典”外，创下了自1991年以来的最低值。

2014年，我国餐饮收入额达到27 860亿元，比上年增长9.7%，加快0.7个百分点，终止了连续3年增速下滑的趋势，餐饮行业收入实现了回升。总体而言，改革开放以来，我国餐饮业收入连续多年实现了持续增长，但是近年来增速明显有所趋缓。

请思考：

1. 案例中的数据反映了餐饮业的哪些特点？
2. 近年来餐饮业收入变化的主要原因是什么？

一、餐饮业的定义及特征

（一）餐饮业的定义

餐饮业是利用设备、场所和环境为顾客提供餐饮产品和服务以获取利润的企业的总称。

餐饮业是一个综合性行业，涉及内容多，涵盖范围广。随着经济的不断发展和餐饮消费要求的不断提升，餐饮行业涉及的内容更加的丰富。从餐饮业主体看，餐饮企业可以分为独立餐饮企业和酒店隶属餐饮部门两大类型，其中独立餐饮企业又包括各种餐厅、酒家、快餐店等。从餐饮客体看，在对餐饮产品精细化分类的同时，对餐饮服务的要求越来越高。而餐饮服务的对象，随着消费观念和消费偏好的变化，总量不断增加。

现代餐饮管理必须明确目标市场并研究其特点，以产品质量和服务质量为中心，以生产经营活动为主体，以提高经济效益为目的，使企业的规格特点与目标市场需求相一致。从学科特点看，是一个涉及经济学、管理学、营销学和营养学等多个学科的跨界学科。

（二）餐饮业的基本特征

1. 行业依赖性强

餐饮业以提供就餐服务为主要经营内容，受到社会的经济发展水平和消费者消费倾向的直接影响。经济发达意味着消费者有更多的个人可支配收入，是餐饮消费的基础。同时经济的发展水平直接影响社会分工的变化，在我国当前，社会分工已经出现明显的细化，从而对社会的消费结构和消费倾向产生直接的影响。经济发展带来流动人口的增加和个人可支配时间的减少，使人们对外出就餐和餐饮代加工等服务的消费能力和消费倾向不断增加。

2. 行业进入壁垒低

虽然餐饮行业也具有较高的技术性，但与其他行业相比，餐饮行业的技术更多的是手工技术，高科技含量较低，难以实现绝对保密。因此，资金是限制进入餐饮行业的主要壁垒，不同的资金投入决定了餐饮企业的规模。尽管在餐饮行业中也存在一定的保密配方或者厨师的独占性工艺，但易被模仿这一特点决定了餐饮行业必然存在着激烈的竞争。

知识链接

小肥羊的维权之路

内蒙古小肥羊餐饮连锁有限公司于1999年8月成立于包头市，以小肥羊特色火锅连锁为主业。于2008年在香港上市，是中国首家在香港上市的品牌餐饮企业。2011年，小肥羊集团有限公司被百胜集团收购。

小肥羊商标于1999年在工商局注册，在开业仅几个月以后，便出现了大量的同名或相似的餐饮企业，直至2006年5月19日，北京市高级人民法院才正式判决内蒙古小肥羊餐饮连锁有限公司拥有“小肥羊 LITTLE SHEEP 及图”的商标注册权。

3. 市场的广泛性和细分性

一方面，餐饮的市场非常广泛，由于饮食是人类生存必不可少的要求，因此，可以说只要是具有饮食需求的人都是餐饮的潜在市场。另一方面，由于餐饮消费者具有性别、区域、年龄、民族、宗教、生活习惯、支付能力等方面的差异，其需求具有多元化、多层次化的特点，再加上餐饮行业进入壁垒较低，行业内部竞争激烈。因此，餐饮企业不得不选择市场细分战略，以某个细分市场作为目标市场进行产品设计和推广。

4. 品牌创建的艰巨性

由于餐饮产品的高科技含量低，专利性差，因此在餐饮经营的过程中，其品牌创造的难度较大。当前的餐饮品牌，更多的是依靠良好的产品质量和出色的运营管理来加以实现。同时由于地域饮食文化的差异性，对于餐饮消费者而言，除了对于习惯饮食能够有较长时间的偏好外，对于其他饮食消费具有时效性的特点，难以长期维持，这也加大了餐饮产品品牌创建的难度。

二、餐饮业对国民经济的意义

餐饮业是国民经济的重要组成部分，餐饮业的作用不光表现在满足人们饮食的需求，更表现在以下 4 个方面：

（一）餐饮业是旅游业的重要组成部分

随着我国经济逐步进入新常态时期，以服务业为代表的第三产业成为经济发展的重要推动力。旅游业作为第三产业的重要组成，是我国许多省份的支柱产业。吃、住、行、游、购、娱是旅游业 6 大要素，现代餐饮业不仅能够为旅游业解决吃的问题，同时就餐环境、餐饮纪念品和餐饮文化本身也可提高顾客在游、购、娱等方面的满意度。

（二）餐饮业是经济发展的重要推动力

餐饮业在进行原材料加工和餐饮服务的过程中，通过厨师的精湛技艺、服务人员的良好服务和优雅的就餐环境等实现产品的价值增长，从而创造更多的社会财富。与其他行业相比，餐饮行业的资金周转速度更快，可以更快地实现价值增长。同时，餐饮业的快速发展也可带动基础设施建设、食品原材料加工、物流运输等行业的发展。近年来，随着我国经济的不断发展，餐饮业创造的价值也在不断地增长。

从 2000 年至 2015 年 16 年间，我国餐饮业营业收入从 3 753.44 亿元增加到 32 310.00 亿元，增长了约 8.61 倍，年均增长率达到了 14.4%，超过了我国国内经济总值的增加幅度，餐饮业已成为我国经济发展的重要推动力。

（三）餐饮业是带动就业的重要行业

制造业曾经是我国解决劳动力就业的重要行业，但随着近年来我国经济结构的转型，规模不断缩减以及自动化的普及使得制造业所需的劳动力不断下降。而作为服务业重要组成的餐饮业，由于其行业特点，对劳动力的需求不会有大幅的波动，而是随着行业规模的扩大而不断增加。2015 年，我国餐饮业的直接就业人口超过 2 700 万人。

（四）促进社会消费方式的不断变化

在餐饮业的发展过程中，根据市场的变化，其经营管理形式的变化对社会消费方式有着直接的影响。例如，过去的餐饮业以接待外出就餐的顾客为主，而当前送餐上门以及上门加工等经营形式已经开始普及，顾客就餐变得更加便捷，使餐饮行业已经在很大程度上替代了家庭厨房劳动，促使家务劳动不断社会化。

三、餐饮管理的主要特点

餐饮管理，是指为实现餐饮企业经营目标，通过各种管理方法和手段提高餐饮产品生产和服务效率的过程。与其他行业相比，餐饮管理具有以下特点：

（一）生产与消费的同时进行

餐饮产品的质量标准包括色、香、味、形、器等多个方面，而这些要素在餐饮产品加工制作完成后，其质量会随着时间的推移而不断衰减。即使是原材料，生鲜的材料也会比冷藏的材料具有更高的价值。因此，为保证产品质量，餐饮产品一般要求在加工制作完成后在较短的时间里完成消费。因此，保证生产出来的餐饮产品能够在尽可能短的时间里被顾客消费，完成餐饮生产和餐饮服务之间的有效衔接，是餐饮管理的重要任务。

（二）业务内容多，管理难度大

餐饮业务构成复杂，既包括对外销售，也包括内部管理；既要考虑根据饭店的内部条件和外部的市场变化，选择正确的经营目标、方针和策略，又要合理组织内部的人、财、物，提高质量，降低消耗。另外，从人员构成和工作性质来看，餐饮部既有技术工种，又有服务工种；既有操作技术，又有烹调、服务艺术，是技术和艺术的结合。这必然给餐饮管理增加一定的难度，要求我们既要根据客观规律组织餐饮的经营管理活动，增强科学性；又要从实际出发，因地制宜，灵活处理。

（三）收入影响因素多，弹性大

餐饮产品的销售收入受到多种因素的影响，餐饮企业的等级规格、产品市场认可度、客流量大小、人均消费水平和服务质量等都对餐饮产品的销售收入有直接的影响。除此之外，市场竞争的激烈程度、产品的可替代性强、季节性强弱等都对餐饮产品的销售有直接的影响。在实际经营过程中，餐饮销售收入与接待人次、人均消费联系密切。餐厅座位周转越快，人均消费水平越高，收入越多。因此，餐饮管理者必须根据市场的需求变化及时调整餐饮产品的经营策略。

（四）成本构成复杂，控制难度大

餐饮成本构成复杂，既包括各种固定资产折旧，还包含包括食品原材料成本、人工成本和各种费用等。其中，原材料成本不但受到产地和采购批量的影响，在加工过程中的耗损也必须纳入考虑范围。受经济发展的影响，近年来人工成本已呈现出明显的上升趋势。同时，水电燃料、餐茶具、清洁用品、服务用品的消耗也在成本中占有重要的比例。因此，餐饮管理必须加强成本控制，建立一套成本管理制度并有效执行，同时做好成本核算和分析，严格控制各种不必要的损耗。

四、餐饮管理的主要任务

（一）明确目标市场

由于市场消费者消费倾向的多元化，无差异性市场策略已经很难满足现代餐饮管理的要求。餐饮管理者必须在市场调查的基础上认真分析企业所处地域的市场环境，明确竞争对手的目标市场和市场策略，并根据自身企业的地理条件、规模、资金和环境条件正确指定市场战略，在市场细分的基础上明确目标市场，做好市场定位，并据此确定餐厅的经营风味、花色品种、产品价格和经营策略，同时根据目标市场需求的变化及时进行弹性调整。

知识链接

上岛咖啡的中西简餐

上岛咖啡西餐厅（简称上岛咖啡），虽然名为咖啡馆，但更像一家西式快餐店，它最鲜明的特点就是会在招牌最显著的位置标注“简餐”字样。

在中国餐饮市场，以上岛咖啡为代表的简餐餐厅获得了极大的成功，而模仿地道咖啡馆的左岸咖啡、曼陀铃咖啡等却江河日下。上岛咖啡管理层经研究认为，中国人吃洋餐，图个新鲜和变换一下口味，一顿两顿可以，但不会当家常便饭。西餐的原材料需要进口、价格高、销量小，不如中式简餐成本低、销量大、受欢迎程度高。而从销售看整体利润不相上下，卖出5份排骨饭还顶不过一份牛扒吗？就连肯德基都开始上紫菜蛋花汤了，还有什么不能改变的呢？

（二）合理确定餐饮管理目标

在明确目标市场的基础上，根据自身条件和竞争对手的情况认真做好市场预测，合理制定经营目标和预算，并以此为基础编制餐饮管理经营计划，合理制定企业的年度目标，并细化各子单位的收入、成本和利润目标。偏高或偏低的目标都会直接影响企业的经营策略的制定和具体执行。

（三）做好餐饮生产和服务组织

餐饮产品的质量既包括各种有形产品的质量，也包括各种无形服务的质量。做好餐饮质量管理，不但要根据餐饮企业的规模和厨房生产能力，合理安排生产流程，做好厨房生产过程的组织和原材料的采购库存管理，保证产品质量。同时还要根据餐饮企业的档次、经营特色和目标市场的需求特点，合理设计服务项目和内容，保证顾客用餐流程的完整性和效率，提高顾客的消费体验，从而增加顾客对餐饮产品的价值认可。

（四）严格餐饮成本核算与控制

在合理预算和成本核算的基础上，制定标准成本和消耗定额，并建立有效的成本管理激励制度，做好逐日、逐月的成本核算，加强成本控制。建立良好的成本考核和成本分析制度，及时分析和处理在成本管理中遇到的各种问题，建立成本归档管理机制，对各种可能出现的问题做好事先控制。

子项目二　餐饮的发展历史

学习任务描述

1. 了解东、西方餐饮及清真餐饮的发展历史。
2. 熟悉不同地域餐饮的主要特点。

案例导入

2015 年，我国全年共接待入境旅游人数 1.33 亿人次，实现国际旅游收入 1 136.5 亿美元。在传统的韩国、日本、美国、俄罗斯等入境旅游大国的基础上，菲律宾、马来西亚、印度等东南亚、南亚国家入境旅游人数增长迅猛，菲律宾和马来西亚的入境旅游人数更是突破了百万大关。与此同时，中亚国家的入境旅游人数也在大幅度上升。据调查，在入境游客最感兴趣的项目中，品尝特色中餐排名位居前列。

请思考：

1. 这些国家的餐饮文化有什么特点？
2. 我国应如何向这些游客展示源远流长的中国餐饮文化？

由于受地域环境和风土民俗的影响，不同地域间的餐饮呈现出极大的差异性。根据餐饮原材料和用餐形式的差异，大致上可以分为以中餐为代表的东方餐饮，以法国菜为代表的西方餐饮和以土耳其菜为代表的清真餐饮 3 个大的部分。

一、东方餐饮

东方餐饮，主要是指中国，以及受传统儒家文化影响的东亚日本、韩国等国家的餐饮。由于中餐是东方餐饮的主要代表，因此，本文中以中餐为代表进行东方餐饮描述。

在当今世界，有“吃在中国”之说，中国被誉为“烹饪王国”。中国餐饮拥有悠久的发展历史，并在漫长的发展过程中形成了独具特色的饮食文化。中国人对吃非常重视，《孟子·告子上》中提到“食色性也”，民谚中的“民以食为天”，无不反映了这一特点。根据历史上不同时期饮食的特点，大体上可以把中国餐饮分为 5 个阶段。

（一）中餐的发展历史

1. 先秦时期

先秦时期是我国餐饮发展的萌芽时期，在这一时期，我国餐饮的主要原材料、基本烹饪技法和饮食思想逐渐确定，并形成了相对稳定的餐饮礼制。

在原材料方面，“五谷”成为粮食作物的代名词，《孟子·告子》说：“五谷者，种之美者也。”五谷一般泛指黍、粟、麦、稻和菽，也可与粱一起并称“六谷”。在商代已出现人工栽培蔬菜、果树的园圃。《诗经·豳风·七月》中记载："九月筑场圃，十月纳禾稼。"至春秋战国时期，开始进行人工栽培的蔬菜已有瓜、瓠、韭、葱、薤、蒜、葵、蔓菁、菱、荷、芹、笋、姜等10余种。

由于受环境和气候的影响，这一时期我国南北的饮食已出现了较大的差异性。《诗经》《礼记》中都有很多黄河中下游的人们饮食习俗和饮食文化的描述。而长江中下游地区有关餐饮的描述主要体现在《楚辞》中，在其中的《招魂》中有"室家遂宗，食多方些。稻粢穱麦，挐黄粱些；大苦咸酸，辛甘行些；肥牛之腱，臑若芳些……瑶浆蜜勺，实羽觞些"的描述，大意为："家族聚会人都到齐，食品丰富多种多样。有大米、小米也有新麦，还掺杂香美的黄粱。大苦、咸、酸、辣、甜等滋味协调。肥牛的蹄筋是佳肴，炖得酥酥烂扑鼻香……晶莹如玉的美酒掺和蜂蜜，斟满酒杯供人品尝。"不仅阐述了当时楚国餐饮的主要原材料和烹饪技法，也有菜肴特点和酒水饮料的描述，是我国研究先秦时期南方饮食文化的重要文献。

总体上看，重视"五味协调、阴阳调和"是这一时期餐饮烹饪的主要特点，并影响了后世中国饮食烹饪的发展。餐饮原材料体系和餐饮礼制基本形成，但餐饮作为一个产业仍处于萌芽阶段。除官营旅社外，民营旅社开始出现，被称为"逆旅"，如《庄子·山木》中记载："杨子过于宋东之逆旅，有妾二人，其恶者贵，美者贱。杨子问其故，逆旅之父答曰：'美者自美，吾不知其美也，恶者自恶，吾不知其恶也。'"杨子即战国时与墨翟并称"杨墨"的杨朱，他在宋国投宿的"逆旅"就是一家由丈夫做主人，由妻妾做帮手的家庭式民间旅馆。这类旅店一般规模较小，经营内容较为单一，餐饮以简单实用为主。

2. 秦汉时期

秦朝统一全国，促进了南北交流和地域间的融合，但中国餐饮的一个大发展期是在汉代。汉代中国餐饮的发展主要表现在3个方面：

一是饮食思想的进一步发展。西汉前期，统治阶层推崇黄老学说，道家思想得到广泛的认可，道家养生食疗的饮食思想影响深远，并且出现了研究食疗的专门论述，主要见于《黄帝内经》、《神农本草经》和《山海经》等。东汉时期，佛教传入中国，有效地推动了中国素食文化的发展。

二是食品原材料的组成进一步丰富。汉武帝时期，张骞出使西域，苜蓿、葡萄、胡桃（核桃）、石榴、胡麻（芝麻）、胡豆（蚕豆）、胡瓜（黄瓜）、大蒜等食物或者调料传入中国，丝绸之路的开通不仅带来了新的食材，更意味着贸易的兴盛和人流的增加，为饮食文化的进一步发展奠定了基础。

三是饮料组成得到进一步发展。随着儒家的兴起和佛道的发展，茶作为一种精神象征开始得以推广。各种关于茶的文献也开始出现，例如，西汉辞赋家王褒的《僮约》中有"烹荼尽具""武阳买荼"的描述，不仅是"荼"发展为"茶"字的最早由来，而且也对茶叶的产地和茶具进行了记载。

知识链接

张 骞

张骞（公元前164—公元前114年），西汉时期汉中郡城固（今陕西省汉中市城固县）人，中国历史上杰出的外交家、旅行家、探险家。建元二年（公元前139年），奉汉武帝之命出使西域，打通了汉朝通往西域的南北道路，即著名的丝绸之路，被誉为“第一个睁开眼睛看世界的中国人”。丝绸之路的开通不仅促进了东西方文明的交流，同时葡萄、苜蓿、石榴、胡麻等物种的引进极大地丰富了中原地区的物质生活，为餐饮业的进一步发展奠定了基础。

3. 魏晋南北朝时期

魏晋南北朝时期，由于士族垄断政权，加上战乱频繁，导致玄学的兴起和宗教的兴盛，同时由于民族间的融合，汉民族的饮食中开始融入少数民族的特色。这期间，关于食品原材料和烹调技艺的书大量出现，代表有三国时期吴国沈莹的《临海水土异物志》、西晋时期嵇康的《养生论》、北魏时期崔浩的《崔氏食经》、南北朝时梁朝的宗懔所著的《荆楚岁时记》等。其中《临海水土异物志》书中收录了中国东南沿海地区以及台湾的鱼类、鸟类、竹木藤果等物；《荆楚岁时记》则记载了梁代荆楚地区岁时饮食的记载，如寒食、曲水、汤饼、冰鉴、菊酒、羹、脍、赤豆粥、腌食等。

这一时期，民间私营旅店开始大量出现，并带动了餐饮业的发展，据西晋人潘岳记述，当时百姓外出行旅，凡有“顿居”者，皆住此客舍。客舍的主人向住宿者收取少量住宿费用，官府对民间私营旅店也无“役赋”的征收，故“惠加百姓”，深受百姓的欢迎。当时的私营旅馆“公私满路，近畿辐辏，客舍亦稠。冬有温庐，夏有凉荫，刍秣成行，器用取给。疲牛必投，乘凉近进。发槅写鞍，皆有所憩”，与官办的传舍驿亭形成了强有力的竞争。

4. 隋唐时期

隋唐时期是中国历史上著名的盛世，社会的稳定和经济的繁荣为餐饮业的发展奠定了基础。这一时期餐饮的发展主要体现在以下几个方面：

（1）有关餐饮的著述大量出现

隋唐时期关于餐饮的著述更加完善，不仅有关于餐饮原材料、饮食民俗的著述，更出现了用于宴会的菜单，对菜肴名称和制作方法进行了较详细的介绍。如隋代谢讽所撰的《谢讽食经》，收录的菜肴有脍、羹、汤、炙、酱生饼、卷、糕、面、寒具、饭等多种类型，其中仅脍就有飞鸾脍、咄咄脍、专门脍、拖刀羊皮雅脍、天真羊脍、鱼脍等多种类型。中唐时期的《韦巨源食谱》是宰相韦巨源献给唐中宗的“烧尾宴”的菜单，类型分为饭、粥、点心、脯、酱、菜肴、羹汤，等等；原材料则涵盖了米、面粉、牛奶、酥油、蜂蜜、蔬菜、鱼、虾、蟹、鸡、鸭、鹅、牛、羊、鹿、熊、兔、鹤等几十种类型，为后人研究唐代饮食提供了宝贵的资料。唐代杨晔所撰的《膳夫经手录》中介绍了26种食品的产地、性味和食用法。孙思邈的《千金翼方》和《备急千金要方》、孟诜的《食疗本草》则从食疗保健角度对饮食进行了论述。这一时期还有许多记述各地风物（包括饮食）的志书，如段成式的《酉阳杂俎》、段公路的《北户录》、刘恂的《岭表录异》等。

知识链接

烧尾宴

“烧尾宴”是唐代的一种习俗。士子登科、荣进及迁除，好友同僚一起慰贺，盛宴置酒馔、音乐，谓之“烧尾”。“烧尾”的得名，有两种说法。一说新羊入群，只有将尾巴烧掉，新羊才能融入群羊之中。二说老虎变人，尾巴犹存，只有将其尾巴烧掉，老虎才能真正变为人。此外，还有鲤鱼跃龙门，非天火（雷电）将其尾烧掉而不能过的传说。

唐代的“烧尾宴”举办过多次，韦巨源的“烧尾宴”是在唐中宗景龙二年（公元708年）官拜“尚书左仆射”时为敬奉中宗而举办的。今天，烧尾宴中记载的“乳酿鱼”“光明虾炙”等已成为陕西仿唐菜中的重要代表。

（2）茶、酒文化得到广泛普及

隋唐时期，饮茶之风大盛，不仅限于上流社会，在民间也形成了喝茶的习惯。关于茶的研究更加深入，其中以陆羽（被誉为“茶圣”）的《茶经》最为有名。《茶经》共三卷，为现存最早的茶书，全书分10章，涉及茶文化的“源”“具”“造”“器”“煮”“饮”“事”“出”“略”“图”等内容，成为后世茶道之经典。唐代茶饮主要以茶饼为主，采用熬煮的技法，并以盐、姜、橘皮等作料进行调味。

知识链接

煎茶与点茶——古人饮茶的两种方法

煎茶法主要盛行于唐代，为陆羽在《茶经》里所创造、记载的一种烹煎方法，其茶主要用饼茶，经炙烤、冷却后碾罗成末，初沸调盐，二沸投末，并加以环搅，三沸则止。分茶最适宜的是头三碗，饮茶趁热，及时洁器。其主要程序有备器、备水、生火煮水、调盐、投末、育华、分茶、饮茶、洁器等。

点茶法则盛行于宋代，是将茶叶末放在茶碗里，注入少量沸水调成糊状，然后再注入沸水，或者直接向茶碗中注入沸水，同时用茶筅搅动，茶末上浮，形成粥面。今天日本茶道的原理与点茶法颇为相似。

除茶文化外，酒文化更在唐代得到了发扬光大，并结合唐诗一起形成了中国传统文化中最璀璨的明珠之一。唐代酒类较前代更加丰富，葡萄酒在唐代得到了广泛普及，虽然汉代张骞在出使西域时将葡萄种植及葡萄酒酿造技术引入了中原，但由于葡萄原料生产具有较强季节性和地域性，葡萄酒的酿造技术并没有得到大面积推广。唐太宗攻破高昌时将葡萄栽培及葡萄酒的酿造方法引入了内地。据《册府元龟》卷九百七十记载，唐初就已将高昌的马乳葡萄及其酿酒法引入长安，唐太宗亲自监制，酿出八种色泽的葡萄酒，“芳辛酷烈，味兼缇盎。既颁赐群臣，京师始识其味。”除此之外，饮酒已经成为一种时尚，杜甫在其《饮中八仙歌》中就生动地描述了李白、贺知章、张旭等唐代名人的饮酒姿态，甚至宗教人士对饮酒也不避讳，著名书法家怀素就和张旭一起并称“颠张醉素”。

（3）民族融合极大地丰富了中国饮食构成

隋唐时期是中国历史上著名的民族大融合时期，少数民族的饮食被大量引入并成为汉族饮食的重要构成。唐代的外来饮食最多的是“胡食”，“胡食”是汉代人对从西域传入的食品的一种称法。唐代的胡食品种很多，例如，面食有餢飳、毕罗、胡饼等。餢飳是用油煎的面饼；毕罗一般被认为是一种以面粉作皮，包有馅心，经蒸或烤制而成的食品；而胡饼则与今天新疆的馕饼极为相似。除此之外，胡床、胡凳等生活工具的引入，也在相当程度上改善了中国餐饮的饮食方式和习惯。

（4）旅店业兴旺发达

唐朝商业的发达，民间私人开设的“邸店”大量出现。《辞源》中对“邸店”的定义为“古代兼具堆货、商店、客舍性质的市肆”，可视为一种具有多种功能的大型酒店。唐代都城长安东市有大商人王布开设的邸店，因“王布知书，藏钱千万”，故“商旅多宾之”；西市有巨商窦义开设的“窦家店”，造店20余间，日收利数千。除大店外，唐代城市中还有许多小店。例如，长安“东市一小曲（小胡同）内，有临街店数间，相与直入，舍宇甚整”。各种民间邸店的出现及其迅速发展，引起了当朝者的重视与关注。《唐会要》中记载，唐大历四年（公元769年），政府发布旅馆纳税政令：“其百姓有邸店、行铺及炉冶，应准式合加本户二等税者，依此税数，堪责征纳。”旅店业兴旺发达，也促进了餐饮业的进一步发展。

5. 两宋时期

两宋时期虽然在政治和军事上较为弱势，但商业的繁盛犹过唐朝。这一时期有关饮食文化的文献主要有北宋陶谷的《清异录》、李舫等人的《太平广记》、沈括的《梦溪笔谈》、南宋孟元老的《东京梦华录》等，它们多为饮食民俗、名肴、历史故事、诗文典据、名物制度的考证等。《清异录》是北宋初年所作杂文集。书中采录了自隋代至五代的旧闻故事，共分为37个部门，648条，其中与饮食有关的有“馔馐”“蔬菜”“鱼”“禽名”“兽名”“酒浆”“茗”“百果”等部门，共283条，是饮食史上的宝贵资料，并且该书中还首次出现红曲、绿花包子等食品的明确记述。《东京梦华录》是南宋孟元老因金兵南下而移居江南后，对旧京汴梁的回忆录。作者在书中详细记述了北宋东京汴梁的“酒楼”和各类餐饮产品。在《东京梦华录》一书提到的100多家店铺中，酒楼和各种饮食店就占有半数以上，在城中有“白矾楼”（后改为“丰乐楼”）、“潘家楼”“欣乐楼”“遇仙正店”“中山正店”“高阳正店”“清风楼”“长庆楼”“八仙楼”“班楼”等大型高级酒楼“七十二户”。其中如著名的丰乐楼，“宣和间，更修三层相高，五楼相向，各有飞桥栏槛，明暗相通，珠帘绣额，灯烛晃耀”。在《东京梦华录》卷二“饮食果子”部分，就有乳炊羊、羊闹厅、羊角腰子、鹅鸭排蒸荔枝腰子、还元腰子、莲花鸭签、入炉羊头签、鸡签、葱泼兔、金丝肚羹、石肚羹、假炙獐、煎鹌子、生炒肺、炒蛤蜊、炒蟹等50余种。《东京梦华录》的相关描述，充分体现了宋代餐饮业的规模和兴盛程度。

宋代饮茶之风更为普遍，饮茶成为社会各阶层共有的雅趣，上自皇帝，下至百姓无不精于此道，民间斗茶盛行。当时有关茶道的书籍有宋徽宗赵佶所作的《大观茶论》、蔡襄的《茶录》、熊蕃的《宣和北苑贡茶录》、审安的《茶具图赞》等，其中《大观茶论》对茶叶的产地、采制、烹试、品质、斗茶风尚等均有详细记述。宋代饮茶流行点茶法，对日本茶道的形成有直接的影响。

6. 明清时期

明清时期，我国餐饮得到了进一步发展，不仅表现为餐饮理论的进一步完善，还表现为菜系的基本形成。明清时期餐饮理论研究最具代表性的人物是袁枚，其所著的《随园食单》详细描述了清乾隆年间江浙地区汉民族的饮食状况与烹饪技术，详细描述了明清时期的326种南北菜肴饭点，也对当时的著名茶、酒进行了介绍。袁枚所撰的烹饪书，全书分为须知单、戒单以及各类餐饮产品介绍等14个方面。在其须知单和戒单中对餐饮操作要求和注意事项进行了详细介绍。对研究明清餐饮有重要的意义。除此之外，还出现了明周定王朱橚的《救荒本草》、王磐的《野菜谱》、姚可成的《救荒野谱》等一系列以救荒为本的野菜书籍，表明对餐饮理论的研究已开始转向平民阶层。

（二）中餐的主要特点

1. 餐饮思想特点

在中国的漫长历史发展过程中，儒家、道家以及佛家等思想逐步渗透到餐饮中，并通过礼制或者习俗的形式逐步确立下来。主要表现在5个方面：

第一，强调进食与宇宙节律协调同步，四季有别。春夏秋冬、朝夕晦明要吃不同性质的食物，甚至加工烹饪食物也要考虑到季节、气候等因素。这些思想早在先秦就已经形成，并在《礼记·月令》中有明确的记载，如春季“行夏令”“行秋令”“行冬令”，必有天殃；同时也反对食用反季节食品，孔子说的“不食不时”，包含有两重意思：一是定时吃饭；二是不吃反季节食品。

第二，强调天人协调、五味调和。中和之美是中国传统文化的最高的审美理想。“中也者，天下之大本也；和也者，天下之达者也。至中和，天地位焉，万物育焉。”（《礼记·中庸》）这个“中”指恰到好处，合乎度；“和”不是“同”，而是要建立在不同意见的协调的基础上。因此，中国古人认为天地万物都需要处在“中和”的状态中。在餐饮中更是如此，既要与天时季节和，也要与环境宾客和，菜肴本身更要五味调和。

第三，重视菜肴艺术的装潢和美感。中餐烹饪不仅技法多样、技术精湛，更重视菜肴艺术的装潢和美感，这种美感既包括食物色、香、味、形、器协调一致带来的物质上的美感，也包括食物的精神含义、意境蕴含等精神方面的美感，给人以精神和物质高度统一的特殊享受。

第四，讲究菜名的文学修辞。讲究菜肴的造型和名称要一致，并体现出较强的文化内涵。不仅对餐饮产品的色、香、味有严格的要求，而且对它们的命名、品味的方式、进餐时的节奏、娱乐的穿插等都有一定的要求。菜肴名称既有根据主、辅、调料及烹调方法的写实命名，也有根据历史掌故、神话传说、名人食趣、菜肴形象来命名的，如“全家福”“狮子头”“叫花鸡”“龙凤呈祥”“霸王别姬”等。

第五，重视餐饮的食疗效果。食疗是中国人的传统习惯，食疗文化源远流长，通过饮食达到调理身体、强壮体魄的目的。受中医理论和道家养生思想的影响，中餐对食疗非常重视，在几千年前有“医食同源”和“药膳同功”的说法。今天，人们不仅把食疗作为调理身体的手段，还通过食疗达到减肥、护肤、护发等目的。

2. 餐饮原材料特点

中国是传统的农业大国，中餐饮食文化带有鲜明的农耕文明特点，其原材料特点主要表现在三个方面：

第一，以植物性食料为主。在中国历史上，小麦、水稻、高粱等农作物一直是食物的主要来源，以各种蔬菜为副食，豆类食品是普通社会阶层蛋白质的重要来源。肉类以猪肉为主，但在普通百姓中的消费数量极为有限。虽然近年来随着经济的发展，肉、蛋、奶等食品的消费不断增加，但从总体上仍体现出以植物为主的特点。

第二，重视各种山珍海错。在中国传统饮食文化中，各种山珍海错一直被认为是食物中的上品，人们热衷于对鱼翅、燕窝、鲍鱼等珍稀食材的追逐。相对于其作为食材本身的价值，各种珍稀食材更多地被当作一种滋补品或者身份的象征。近年来，随着健康饮食和环保理念的不断发展，对这些食材的需求呈现出下降趋势。

知识链接

八珍

八珍原指八种珍贵的食物，后来指八种稀有而珍贵的烹饪原料。其具体所指随时代和地域而不同。

八珍的提法最早见于《周礼·天官冢宰》："食医，掌和王之六食、六饮、六膳、百馐、百酱、八珍之齐。"其具体内容，据注文是指《礼记》所列：淳熬（肉酱油浇饭）、淳母（肉酱油浇黄米饭）、炮豚（煨烤炸炖乳猪）、炮羊（煨烤炸炖羔羊）、捣珍（烧牛、羊、鹿里脊）、渍珍（酒糟牛羊肉）、熬珍（类似五香牛肉干）和肝膋（网油烤狗肝）八种食品（或者认为是八种烹调方法）。其后八珍的内容不断变化，至清代，八珍被称为"参翅八珍"，指参（海参）、翅（鱼翅）、骨（鱼明骨，也称鱼脆）、肚（鱼肚）、窝（燕窝）、掌（熊掌）、筋（鹿筋）、蟆（蛤士蟆），此外，还有山八珍、水八珍以及满汉全席的"四类八珍"。的说法。各地根据当地的物产也形成了各具特色的八珍内容。

需要强调的是，从现代营养学来看，八珍在营养价值上并非超出其他普通食材，更多地被视为一种身份的象征。传统八珍中的很多物种现在已属于保护动物，国家明令禁止捕杀食用，因此对餐饮珍稀食材的选用应有正确的认知。

第三，重视茶、酒的使用。茶、酒是中国餐饮不可或缺的组成，民间有无酒不成宴的说法，并发展出了独立的茶文化和酒文化。茶和酒既是饮料的主要组成，同时也是中餐烹饪的重要食材。

3. 用餐形式特点

中国人的餐具主要是筷子并辅之以匙，以及各种形状的杯、盘、碗、碟。中国烹饪重视餐具的造型、大小、色彩与菜品的协调，讲究"美器"。无论是家庭用餐还是正式宴席，都是聚餐围坐，共享一席。人们相互敬酒、劝菜，借此体现出人们之间的相互尊敬、礼让的美德以及和睦、团圆的气氛。特别是在各种节日里，更是借饮食而欢聚。这种会食方式，是中国饮食文化上的一个重要传统。中国人进食的过程中无须他人事先进行食物的分配，而是各取所需，食客的进食量或者说是每个人所消耗的食物的量占总食物量的比例是不确定的。

知识链接

筷子的来历

中国是筷子的发源地，是世界上以筷为食的母国。朝鲜、韩国、越南等国的用筷习俗皆由中国传入。

筷子古称箸，古籍《韩非子·喻老》载："昔者纣为象箸，而箕子怖。"纣王为商代末期的君主，可见早在公元前11世纪我国就已出现象牙精工制造的筷子。也就是说，我国有史记载的用筷历史已有3 000多年。

先秦时期称筷子为"梜"，秦汉时期叫"箸"，隋唐时期称"箸"或者"筯"。至宋代，因"箸"与"住"字谐音，而"住"有停止之意，所以，就反其意而称之为"快"，后谐音为"筷"。但在明代的文献中，"筷子"一词才被大量地使用。

二、西方餐饮

（一）西方餐饮的发展历史

西方餐饮同样具有悠久的历史，但餐饮作为一个行业开始兴盛则基本上要从大航海时期开始。随着商业贸易的兴起，地域间交流开始频繁，大量的人口流动为餐饮业的发展提供了必要的市场基础。西方餐饮主要分布在欧洲、美洲、大洋洲等地区。根据西方文明中心的迁移，可以把西方餐饮的发展分为5个时期。

1. 古埃及时期

古埃及是四大文明古国之一，位于非洲东北部尼罗河中下游地区。古埃及文明形成于6 000年前左右，古埃及前王朝开始于公元前3100年左右时美尼斯统一上下埃及建立第一王朝，终止于公元前30年，罗马征服埃及托勒密王朝。古埃及国土紧密分布在尼罗河周围的狭长地带，古埃及人通过在尼罗河流域的肥沃土地创造了灿烂的农业文明。

古埃及文明对后世的西方文明产生了巨大影响，在餐饮上也是如此。古代埃及人的主食为面包和啤酒，佐以绿芽洋葱和其他蔬菜，并搭配少量的肉类、野味和鱼类。面包在古埃及人手中经历了一个不断演化的过程，早期人们把面团填入陶罐模具中，埋入火堆余烬里烘烤；后来改为使用高筒形的模具在方形的烤炉上烘烤；至埃及新王国时代，人们开始使用一种新型的、用厚土砖和砂浆包裹的圆柱形敞顶烤炉，在烘烤时将面团拍在烤炉内壁上进行烤制。啤酒是埃及人的常见饮料，古埃及啤酒酒精含量较低，为避免变质，酿制完成后必须尽快饮用，因此需要每天现酿现饮。最常见的水果是椰枣，此外，还有无花果、葡萄（及葡萄干）、棕榈果（生吃或浸制果汁）、鳄梨等。古埃及餐饮被视为西方餐饮的萌芽期。

2. 古希腊时期

与古埃及文明相比，古希腊文明是西方文明最重要和直接的渊源，古希腊文明持续了约

650 年（公元前 800—公元前 146 年）。西方有记载的文学、科技、艺术都是从古代希腊开始的。古希腊并非一个统一的国家，而是由伯罗奔尼撒半岛及爱琴海中诸多岛屿上的各个城邦国家共同形成的地域集合体。

古希腊人的政治、军事和文化对后世西方发展影响深远，但古希腊的餐饮结构相对简单。古希腊诗人阿切斯特亚图（Archestratos）在其诗歌《美食法》中对希腊餐饮做了形象的描述。由于所处地域耕地稀少、气候干燥，不适合农业发展，古希腊人的饮食相对简单，畜牧业和海洋渔业是古希腊人的饮食材料的重要来源，奶酪和海产品在古希腊餐饮中占有重要的地位。古希腊多山的地形适合种植葡萄和橄榄，橄榄油和葡萄酒成为古希腊餐饮的重要构成，也对后世西餐的形成有重要的影响。古希腊人的烹饪技法已经相对成熟，并被罗马所继承发扬。

3. *古罗马时期*

古罗马时期是西方文明史上最辉煌的时代，对后世影响深远。古罗马通常指从公元前 9 世纪初在意大利半岛中部兴起的文明，历罗马王政时代、罗马共和国，于 1 世纪前后扩张成为横跨欧洲、亚洲、非洲的庞大罗马帝国。古罗马文明对西方乃至世界文明有巨大的影响。

古罗马主要位于地中海沿岸，经济发达，食物原料丰富。一份公元 2 世纪的菜单中显示，其原料有爱琴海萨莫斯岛的孔雀、小亚细亚菲利吉亚的松鸡、波斯的鹤、希腊北部安布拉齐亚的羔羊、黑海的金枪鱼、西班牙布尔提苏斯港的八目鳗鱼、开俄斯岛的核桃、埃及的椰枣和西班牙的栎子、棋榛等。古罗马著名厨师阿皮西乌斯在其编著的《论烹调》中，对古罗马的餐饮原料和饮食习俗进行了较详细的描述。在继承古希腊烹饪技巧和饮食文化的基础上，古罗马的餐饮更加完善。与古希腊饮食的实用主义相比，在古罗马帝国中后期的餐饮显得更加的豪华和奢侈。公元前 2 世纪后期，古罗马宫廷的膳房已形成庞大的队伍，并有详细的分工。厨师总管的身份与贵族大臣相同。菜肴通常包括 4 种味道，分别是甜、咸、酸和苦。古罗马人已经形成了一日三餐的习惯，晚餐作为正餐，逐渐发展为前菜、主菜和甜点 3 个环节，已具备了现代西餐的基本形式。以使用躺椅的躺卧餐厅作为正餐的用餐环境设置是罗马餐饮的一大特色（图 1－1）。面包和麦片粥是罗马人的常见主食，水、奶（羊奶或牛奶）和葡萄酒是罗马人的 3 大饮料。

图 1－1　古罗马人晚餐用餐形式模拟图

4. 中世纪时期

罗马帝国灭亡后，欧洲进入了漫长的中世纪，经济发展停滞，文化受到宗教的极大影响。这一时期西方餐饮的主要特点是由于受到宗教影响，一天两餐重新成为主流。面包在人们的生活中有了举足轻重的地位，也连带周边行业出现附带规管。其中，中世纪的行会最初就是由面包师傅组成，而各地亦有连串法令，稳定面包价格。1266 年，英国就曾订立《面包和麦酒法令》（Assize of Bread and Ale），指定每便士必须购得多少面包。在进行斋戒时，由于不能吃红肉，海鲜成为最常见的替代品。这一时期酒类酿造技艺发展较快，葡萄酒被广泛酿造，同时种类也不断增加。12 世纪，阿拉伯人发明琉璃水冷蒸馏器后，欧洲开始大规模以此法制造蒸馏酒。另外，在中世纪晚期，开始使用刀叉作为用餐的工具。

5. 近代欧洲餐饮

直至 15 世纪末，欧洲发起了广泛的跨洋活动，如绕道非洲南端到达印度的新航线、横渡大西洋到达美洲，以及第一次环球航行等，这些远洋活动促进了地球上各大洲之间的沟通，并随之形成了众多新的贸易路线。伴随着新航路的开辟，东西方之间的文化、贸易交流大量增加，殖民主义与自由贸易主义开始抬头。

地理大发现给欧洲带来了许多新的食品材料，如玉米、红薯、马铃薯、番石榴、辣椒、花生、南瓜等，其中马铃薯、番茄以及南瓜等对欧洲饮食结构产生了巨大的影响，并在一定程度上支撑了欧洲的人口增长。

知识链接

马铃薯的作用

1565 年，西班牙殖民者向西班牙国王腓力二世呈献一箱包括马铃薯在内的南美洲农产品，这是马铃薯第一次来到其他大陆，后在欧洲得到广泛种植。

马铃薯等作物的到来支撑了欧洲的人口增长。以爱尔兰为例，1700 年爱尔兰人口大约 200 万左右，至 1841 年高达 820 万。当马铃薯传到中国后，在很大程度上支撑了清代中叶中国人口的增长。在清代以前，中国人口最多时基本上不超过 6 000 万，但在清道光十四年（1834 年）则突破了 4 亿。

15 世纪后，随着法国成为欧洲的政治、经济、文化中心，加上法国得天独厚的物产资源，给法国的烹饪技艺提供了丰富的物质基础，法国餐饮在意大利餐饮的基础上得到迅猛发展。法国烹饪源于意大利宫廷，成型于路易封建王朝，法国大革命时期走向社会，通过不断的技艺创新，风靡全球，成为欧美“西餐”的公认代表。法国路易十四曾发起烹饪比赛，即现今流行的 Corden Bleu 奖比赛。曾任英皇乔治四世和帝俄沙皇亚历山大一世首席厨师的安东尼·凯莱梅写了一本饮食大字典《Dictionary of Cuisine》，成为古典法国菜式的基础。

随着西方国家工业革命的爆发，火车、汽车的发明与使用，推动了商务旅行和群众性旅游活动，餐饮消费明显增加，从而使餐饮业规模逐步扩大。装饰华丽的西餐厅纷纷涌现于市场，餐饮企业的烹饪技艺和服务水平的提高，使19世纪欧洲上流社会更新了餐饮观念并逐步加入餐饮市场，从而使西方餐饮业开始向高层次、高水平方向发展。

（二）西方餐饮的特点

1. 西餐形式特点

现代西餐大都由古罗马宫廷和法国宫廷膳食演化而来，在菜肴制作和用餐形式上具有较强的宫廷饮膳文化遗存。西餐强调菜肴的营养搭配和膳食卫生，重视菜肴的热量、蛋白质、维生素等的合理搭配。与中餐相比，西餐的烹饪方法并不复杂多变，但装盘立体感强，可食性强，所有进盘的食品绝大多数都能食用，点缀品就是主菜的配菜，其对菜肴原料的色、香、形等方面更为重视。同时，西餐重视运用现代科学技术来提高餐饮生产效率，烹调过程的科学规范性强，菜肴制作规范化，例如对菜肴的烹制时间和保存方法等方面都有较严格的要求。

2. 原材料特点

西餐在其发展历史上受畜牧、游牧文明的影响较大，因此其食品原材料以动物性食材为主，肉、奶制品、蛋类的比重较大，牛肉在西餐使用的肉类中所占比重最大。西餐的原料更偏好新鲜、无污染和自然生产，尽量发挥其本味，干货原料用的不是太多。同时重视巧克力、咖啡、冷饮与名贵果蔬的使用。酒的种类较为丰富，针对不同的菜肴、用餐时间和环境，搭配有不同的酒水，对茶叶的需求则主要集中在红茶方面。

3. 在用餐形式上

西餐讲究宴饮格调和社交礼仪。有一整套用餐礼仪要求。西餐用餐时习惯于长条桌分餐制。用餐前有专人先行分配食物。西方宴会的形式较为自由，一般进行祝酒而不进行劝酒。西餐餐具主要是以金属刀叉为主，以及各种杯、盘、盅、碟。

中西方饮食文化差异明显，而且各有长处。随着经济全球化及信息交换的加快，中西饮食文化将在碰撞中融合，在融合中互补，如中餐已开始注重食物的营养性、健康性和烹饪的科学性；西餐也开始向中餐的色、香、味、意、形的境界发展，中西餐饮文化将在交流融合中共同发展。

三、清真餐饮

（一）清真餐饮的发展历史

清真餐饮是指在伊斯兰教传播过程中，受教义的影响形成的独具特色的饮食文化。伊斯兰教于7世纪初兴起于阿拉伯半岛，最初由麦加的穆罕默德（约570—632年）所创传，后发展为世界三大宗教之一。伊斯兰教以《古兰经》为教义经典，信奉教义的信徒被称为穆斯林。今天，伊斯兰国家主要位于亚洲和非洲，在其他国家也有大量的信徒。我国信仰伊斯兰教的民族主要有回、维吾尔、哈萨克、塔吉克等。从地域上看，清真餐饮主要分布在中东、中亚、东南亚、北非等地区以及其他国家受伊斯兰教影响的人群中，我国西北地区的餐饮也受到清真餐饮的极大影响。

我国的清真餐饮的历史最早可以追溯到唐朝，公元651年（唐高宗永徽二年），伊斯兰教从阿拉伯传入中国的泉州、广州等地，清真餐饮随之进入中国。但形成流派应该在元朝回民族逐渐形成以后。最早详细记载回菜肴的书籍是约成书于元代的《居家必用事类全集》。当时的伊斯兰菜，还较多地保留着西域阿拉伯国家菜肴的特色。元代忽思慧著的《饮膳正要》，也记载了不少回族菜肴，其中多羊馔。明代记载回族菜肴的书籍有《事物绀珠》等。至明末清初，“清真”一词为社会广泛使用，而清真菜之名也才取代了回族菜肴的旧名称。清真菜不仅流行于回汉杂居的民间，而且进入了清代宫廷。当前，由于饮食风味上存在着一定的差别，因而在习惯上把主要居住在新疆的几个少数民族的风味菜肴合称为新疆菜，而以回族菜肴特指清真菜。

（二）清真餐饮的特点

1. 原材料特点

受伊斯兰教教规限制，清真菜的饮食禁忌比较严格。伊斯兰教认为，日常饮食不仅为了养身，而且还要利于养性，因而主张吃佳美、合法的食物，除禁止吃自死动物、血液、猪肉之外，还禁止食用凶狠食肉、性情暴躁、污浊秽食和外观异形的动物，如鹰、虎、豹、狗、驴、骡、龟、蛇、蟹、鳖、无鳞鱼等。综合来看，清真餐饮可食的动物主要有反刍的食草畜类和吃谷的禽类及海河中有鳞的鱼、虾等，所有原料必须保持鲜活和清洁卫生。因此，清真菜肴的选料主要取材于牛、羊、骆驼以及禽类。所有动物在宰杀时都必须念诵“以真主之名”，表示结束该动物的生命是以真主的名义进行的，是符合教义可食用的。按照《古兰经》规定，酒以及含有酒精的食物是禁止食用的。

2. 用餐形式特点

传统的清真餐饮采用席地围坐抓食的用餐形式。由于不使用筷子和刀叉，用餐者在用餐前必须用水净手，然后共盘用手抓饭食用。根据教义规定，在抓食时都必须使用右手，同时不得在盘中进行搅和和挑拣。当前，在非伊斯兰国家或者地区，清真餐饮的用餐形式一般都融合了当地特点。如我国的回族居民在大多数情况下已经习惯了使用筷子，而欧美国家的穆斯林在用餐时常使用刀叉。

3. 餐饮礼仪特点

穆斯林在用餐前和用餐后都需要感赞真主，整体用餐氛围较为端庄严肃，尽量避免出现喧闹的情况，喝饮料时也不碰杯。在就餐过程中要谦让别人，特别要谦让老人与孩子，并照顾同伴。餐桌饭菜要物尽其用，不挥霍和浪费，认为糟蹋食物是犯罪行为。

子项目三　我国餐饮业的现状及发展趋势

学习任务描述

1. 掌握我国餐饮业的规模和现状。
2. 掌握我国餐饮业的发展趋势。
3. 能够根据餐饮业的发展趋势分析当前餐饮业中的各种问题。

案例导入

2014年，我国餐饮业实现了全行业止跌回升，限额以上餐饮企业处于扭亏为盈的转折，开始转为“正能量”。经历了2013年、2014年的调整，高端餐饮转型完成了第一阶段“找方向”，逐渐步入“提高管理水平，常态化下可持续发展”的阶段。而标志就是高端餐饮的代表、上市公司湘鄂情退出江湖以及一些依赖公款消费、过于奢侈的会所等淡出市场。在一些高端餐饮转型经历角色转换的痛苦、投资得不到回报、付出时间和品牌沉重代价的同时，中国服务的代表北京宴、以产品为核心适应消费需求的大董以及小南国、陶然居等高端餐饮在坚守中实现提升。小南国开设小小南国，引进香港休闲品牌，投资众美联；陶然居整合旗下新派渝菜、火锅、茶楼、小食街、老字号小吃店等业态，组建餐饮综合体，联手20多家企业创办投资集团，辐射县级市；意境菜的代表大董近年连开数店，旗下小大董凭借标准化实现了去厨师化、人均劳动力成本价值最大化。2015年餐饮业进入新的发展状态：餐饮服务大众化、个性化、多元化成为市场主体，并且常态化；餐饮新技术、新产品、新业态、新模式将联手互联网共同发展。

请思考：

1. 案例反映了我国餐饮业的哪些现状？
2. 从案例分析，我国餐饮业存在哪些发展趋势？

一、我国餐饮业的现状

（一）规模趋于稳定，产值不断提升

由于受国家政策和经济环境的影响，我国餐饮业的发展速度已经逐渐趋近稳定，近5年来，我国餐饮销售收入增长趋势已相对平缓，但餐饮产值仍处于持续上升过程中。2015年，我国餐饮业实现销售收入3.23万亿元，占我国GDP总量的4.69%。由于受国家宏观政策的影响，2010年我国餐饮业销售收入出现了小幅下滑的现象，但餐饮行业及时根据市场需要进行经营调整，在2011年就成功增长到超过2009年的水平，并在之后的几年中实现了持续增长。

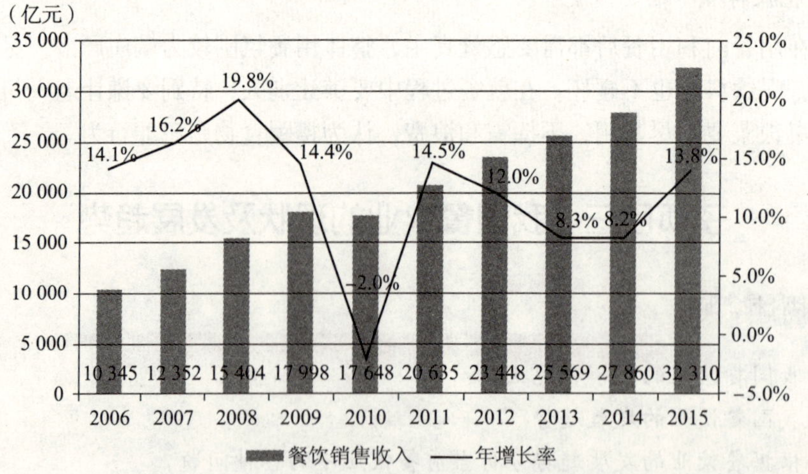

图1-2　2006—2015我国餐饮销售收入变化情况

（二）市场竞争激烈，经营方式多样

随着我国经济结构的调整，由于餐饮业进入壁垒低、投资见效快逐渐成为投资的热点行业，大量资金的进入使得餐饮市场的竞争更加激烈。为提高企业的市场竞争力，餐饮行业的经营方式不断推陈出新，各种新型餐饮经营形式层出不穷。20 世纪 80 年代，餐饮业的经营就出现了“食街”的形式，各种类型的餐饮集中在同一区域供顾客选择，以统一的形象吸引消费者，起到了良好的规模效应；20 世纪 90 年代出现了“超市式”餐饮，向消费者直接展示餐厅的食品原材料，供顾客自由挑选，不仅可以提高顾客选择的直观性，也增加了顾客对产品的信任。进入 21 世纪以来，透明厨房服务、烹饪技巧表演、上门加工制作、成品配送、网络订餐甚至餐饮私人定制等多种形式不断涌现。随着餐饮市场的进一步细分，“主题餐饮”开始大量出现，这类餐饮企业或以各类原材料、各类加工烹饪技巧为主题，或以中国古代文化、地域民俗文化或者音乐、舞蹈、动漫等现代文化元素为主题，针对细分的消费群体，围绕突出的主题进行开发。“主题餐饮”的出现，既是餐饮市场激烈竞争的结果，也是餐饮市场深度发展、不断提升的表现。

（三）质量不断提升，服务成为重点

当前，随着社会整体生活水平的提升，市场对餐饮业的质量要求也在逐步提高。除了对餐饮产品本身的色、香、味、形、器等方面的要求之外，饮食营养与保健得到了更多的关注。国际饮食的“五轻”理念已逐步被国人所认同，“五轻”即“轻油”“轻盐”“轻糖”“轻脂肪”和“轻调味品”，大量符合这一要求的新型菜肴得到了开发。同时，餐饮服务质量在餐饮产品价值中所占的比重也在不断上升，服务过程和服务标准都在不断延伸和提高。受手机网络普及的影响，消费者信息获取渠道更加便捷。餐饮服务过程不再是开始于顾客进入店门，而是从顾客产生用餐意愿时能否及时地获得企业餐饮产品的相关信息开始。同时，餐饮服务标准也不仅限于传统的微笑服务，而是以个性化和亲情化为代表的更具体、更能体现消费者主体地位的服务形式。

（四）两极分化明显

当前，我国餐饮业已出现了较为明显的两极分化趋势，高档餐饮和大众餐饮各具特色。高档餐饮主要包括高星级酒店的餐饮部门和高端独立餐饮企业，如新荣记、大董等，其规模和经营水准代表了我国目前餐饮界的最高水平，在餐饮行业发挥着领导美食潮流、影响餐饮时尚的巨大作用。高档餐饮注重追求文化品位、体现个性魅力、升华美食理念，其设备设施先进，技术力量雄厚，信息来源广泛，形象设计优雅。高档餐饮具有较高的利润率，但较昂贵的费用使其市场规模受到一定的限制，同时存在较高的进入壁垒。

大众餐饮强调制作迅速、服务快捷，主要包括各类大众餐厅和快餐厅。与高档餐饮重视档次相比，大众餐厅更强调高效和实惠，但并非不重视质量，更可以看作去除了华丽的包装后余下的餐饮的核心部分。大众餐厅的利润率相对偏低，但凭借着合理的定价策略、整洁宽松的就餐环境、可口卫生的菜肴、优良快捷的服务、诚实可靠的信誉，其市场规模远大于高档餐饮。

（五）网络订餐普及，快餐发展迅速

随着整体社会信息化发展的不断深入，从网络查询和比较餐饮企业的产品信息已成为消

费者，尤其是中青年消费群体的餐饮信息获取的重要途径。而便携式网络工具（如手机、ipad 等）的普及，使人们获取信息的渠道更加普及。网络既是餐饮企业销售的平台，也是其宣传产品、塑造形象的有效工具。百度糯米、美团外卖、饿了么等网站受到热捧，表明了消费者对方便快捷的不断追求。因此，餐饮企业必须重视网络对企业发展的重要意义，通过加入餐饮网站或者建立门户网站的形式强化自身在市场上的地位。

与餐饮网络化发展相对应的是快餐业得到了进一步发展，尤其是国产快餐品牌。1994 年，快餐业被列入国家“八五”计划。1997 年 11 月，《中国快餐业发展纲要》出台，产品标准化、生产工厂化、连锁规范化和管理科学化成为快餐发展的要求。快餐业以价位低、品种全、风味多、标准稳定等特点，在餐饮市场中保持强劲的发展势头。

除肯德基、麦当劳、必胜客为代表的国际快餐品牌企业在我国继续扩张之外，中式快餐已初步形成品牌，如北京全聚德烤鸭，广州青萍鸡，上海木子鸡，四川赖汤圆、担担面，陕西凉皮、肉夹馍等。快餐消费需求不断增加，呈现出海内外、高中低、传统与现代并存，取长补短，互相竞争，共谋发展的市场格局。据统计，快餐业营业收入约占全国食品营业额的 1/3 左右。

案例：

作为餐饮 O2O 专业化平台，饿了么可分成网站系统、移动端应用、在线支付系统、业务后台系统、餐厅管理系统、统一的系统数据库平台、统一的系统服务集成接口。饿了么并不是简单的线下和线上相互转移模式，而是完整服务链条。饿了么，在被大众点评投资 8 000 万美元的同时，市值估价超过 5 个亿美金。据中国电子商务研究中心（100EC. CN）监测数据显示：2014 年 5 月到 10 月，饿了么实现日订单 10 万到 100 万，覆盖城市从 12 个至接近 200 个，移动端交易占比从 30% 上升至 70%。

点评：饿了么平台并非单纯的餐饮平台的导流模式，在前端聚合信息的基础上，重在通过“业务后台系统”和“餐厅管理系统”线下扩展到实体餐饮企业日常运营管理中，在诸多餐饮商家意识、人财物等方面不健全或不具备 O2O 条件下，饿了么深耕实体，在传统企业电商化改造方面应该颇具实际意义。

二、我国餐饮业的发展趋势

（一）行业标准更加完善

餐饮业的行业标准，既包括国家颁布的相关法令，也包括政府相关部门颁布的制度规范，还包括餐饮行业组织自身的行业要求。其中，国家法令和制度规范更多的是一种官方的、刚性的要求，而行业自身要求更类似于一种民间的、柔性的约束。当前，我国有关餐饮的法律规范已经逐渐健全，但由于餐饮企业数量庞大、规模不等，仅靠政府的监督执行难以全面贯彻执行。因此，为保证餐饮业的良性发展，餐饮行业组织必须起到有效的补充作用。例如，对消费者进行餐饮行业标准的推广，监督并反馈餐饮企业的标准执行情况等。

（二）对健康理念的认知更加深入

随着社会整体消费水平的提升，市场对餐饮健康的重视力度不断提升。但不可否认的是，我国消费者对什么是健康、如何保证健康的理解还存在一定的问题。同时，我国的传统膳食结构与世界卫生组织的健康标准还存在一定的差距。在餐饮市场竞争日趋激烈的情况下，餐饮企业需要建立正确的健康理念并通过自身的餐饮产品和服务表现给市场，以保证在未来餐饮市场的竞争力。

（三）对方便快捷要求更高

当前，我国的城市化已经发展到较高的水平。城市生活意味着高效和快节奏，也意味着工作地和居住地距离的增加，由于工作和交通占去了更多的时间，消费者可支配时间不断下降，直接影响到其可用于餐饮消费的时间的减少。因此，为消费者节约不必要的用餐时间，是未来餐饮业的发展方向。这要求餐饮企业必须要改进管理制度和方法，提高效率，缩短顾客的用餐等待时间，或者通过送餐以及上门加工等方式帮助顾客节约时间。

案例：

“青年菜君”

基于北京上班族的生活状态和消费需求，“青年菜君”为顾客提供线上预订，线下取货的服务，顾客只需提前一天通过登录网站或在微信的公众号下单，第二天到地铁门店、地铁站、社区便利店或合作的社区物业提货。“青年菜君”在布局创新性渠道的同时，回归本源，细化客群，深化供给，讲究情感诉求，提供多功能的合理的晚餐解决方式，如女性特餐、月子餐、健康餐、减脂餐，以满足特定消费人群的需求。

（四）区域交流融合进一步加强

随着国际合作的不断深入和区域交流的加强，为适应不同消费群体的需求特点，未来餐饮业在菜肴制作、用餐形式、服务形式和管理模式等方面的融合将进一步加强。在保留必要的自身特点的同时，餐饮业将根据主要目标市场的需求特点，对自身的经营管理进行有针对性的改变。因此，根据目标市场的口味特点，进行餐饮产品的本土化，是餐饮产品突破地域限制、扩大市场的重要途径。

（五）餐饮文化内涵将得到进一步的开发

餐饮文化建设本身是属于餐饮服务的一个组成部分，也是未来不同餐饮企业间竞争的基础。通过文化建设，餐饮企业可以较好地形成自身的经营特色和市场形象，从而在市场竞争中占据优势地位。未来餐饮业的文化建设将会呈现出以下特点：文化主题更加突出，文化内容更加丰富，文化细节更加鲜明，文化表现形式更加多样。

（六）商务消费减少，高档餐饮大众化

“十八大”以后，在全国“厉行节约”的风气持续影响下，商务餐饮下降迅猛，进而影响到整个餐饮业消费，高端餐饮市场大幅缩水，相当一部分高档餐饮企业开始转向大众消费市场，通过优化菜品品种、缩小新店面积、开发全新品牌、加快并购联盟等方式进行战略调整，面向更加稳定、更加广阔的大众市场。如湘鄂情推出平价超市，从中高端转向家庭消费，金百万加快市场并购，蜀国演义开发新品牌等。转型不及时、转型不到位的企业将被淘汰出局，行业将出现新的分化整合、重新洗牌。随着众多企业的战略调整，大众化餐饮的竞

争将更加激烈，贴近市场的特色餐饮将脱颖而出。从市场结构看，高档餐厅大众化取代了原有的中档消费市场，消费者可以通过较为合理的价格享受高档餐饮良好的就餐条件。

拓展阅读

餐饮 O2O

O2O 即 Online To Offline（在线到离线/线上到线下），是指将线下的商务机会与互联网结合，让互联网成为线下交易的平台，这个概念最早来源于美国。对于餐饮业而言，互联网正作为升级工具，服务于传统餐饮的模式改造和效能提升。

随着移动互联网、大数据技术的不断发展，用户的消费行为也随之改变，移动端成为 O2O 最重要的发展方向。移动设备的生活服务具有位置性，这决定了移动端更加适合 O2O 的发展；同时，手机的便携性也与用户的实时性生活需求正好吻合。而餐饮是生活领域最重要的行业；作为高频低额的品类，用户习惯随时随地做出决策，餐饮企业从线下走到线上是大势所趋。

从 2013 年开始移动互联网高速发展为在线餐饮市场的迅速发展奠定了坚实的基础，到 2014 年在线外卖更是成为餐饮 O2O 中发展最为迅速的产品。根据数据显示，2013 年中国餐饮行业 O2O 市场规模达到 622.8 亿，比 2012 年增长 61.2%；2014 年中国餐饮行业 O2O 市场规模增长到 943.7 亿，较 2013 年增长 51.5%。预计 2017 年中国餐饮行业 O2O 市场规模将突破 2 000 亿。这些都与移动互联网的爆发式增长、移动支付习惯的养成有着密不可分的关系。2013 年中国餐饮 O2O 在线商务用户规模达到 1.39 亿，较 2012 年增长 41.8%；2014 年中国餐饮 O2O 在线商务用户规模达到 1.89 亿，比 2013 年增长 36.1%。预计 2017 年餐饮 O2O 在线用户规模将达到 3 亿。随着一线城市在线商务用户增长逐步放缓，其用户规模增长率将随之下降，趋于平稳化发展。

经过 2012 年到 2013 年的市场培育，线下餐饮商户逐渐意识到线上渠道的重要性，但也更清醒地认识到餐饮产品的关键性。随着餐饮商户的互联网意识日趋增强，对网络工具的熟悉程度加深，互联网对线下餐饮商户的门槛正逐步减弱，这在一线连锁餐饮品牌表现尤为明显。线上平台对餐饮商户的把控正逐渐从流量入口转向后端服务技术支持，线上流量瓶颈已经显现，加大后端服务投入及多元化战略布局成为线上平台接下来的发展方向。餐饮 O2O 业务的主动权正逐渐往线下餐饮商户倾斜。

在这一趋势下，餐饮企业间的 O2O 大战愈演愈烈：如百度 2014 年 1 月全资收购糯米网，阿里巴巴携手蚂蚁金服联合注资 60 亿复活口碑，美团和大众点评宣布合并，腾讯计划 10 亿美元战略投资“新美大”等。

（资料来源：互动百科，部分内容整理）

作 业

一、问答题

1. 简述餐饮业的定义与主要特征。

2. 什么是餐饮管理？其主要任务是什么？

3. 简述东西方餐饮的发展历史。

4. 简述我国餐饮业的现状及发展趋势。

二、讨论题

1. 在文化成为餐饮企业经营发展重要内容的今天，你认为哪些文化内容可以成为餐饮企业经营的主题？

2. 我认为中国餐饮未来5年或者说“十三五”发展规划当中我们中国餐饮会有4个方面的特点：①规模上若继续按照每年11%的速度增长，未来5年全国的餐饮业营业额将会达到5万亿。②结构上，“十三五”期间餐饮业大众化应占到85%以上，同时大众化将是丰富多彩、质量上乘、食用放心的大众化。③业态上转变为适合不同消费群体的多业态发展模式。同时外卖未来5年将有很大发展空间，以便满足大众化消费需求。④经营管理上，未来餐饮将以品牌为先。

（《中国餐饮未来五年发展展望》，韩明，中国饭店协会会长）

请思考：

从案例中可以看到中国餐饮业的哪些发展趋势？

项目二

中餐菜系及服务

子项目一　菜系的形成过程

学习任务描述

1. 了解中国菜系的形成背景。
2. 知晓中国菜系的形成历程。

案例导入

粤菜是广东文化的代表之一，其中的食蛇文化更是一道奇葩。广东人吃蛇的历史，1 000 年不止，2 000 年有余。李时珍的经典著作《本草纲目》亦有“南人嗜蛇”的说法。蛇的全身都是宝，蛇皮养颜，蛇肉蛇骨活血，蛇胆清热养目。而且中医认为蛇肉有补气血、强筋骨、通经络、祛风除疾、养肤美颜等功效。因此，蛇肉特别受广东人喜爱。虽然有人怕蛇，但很多食客还是抵挡不住蛇肉的鲜美诱惑。鲜香的蛇汤、香脆的蛇皮、爽滑的蛇肉，无不令人垂涎三尺。

广州人吃蛇却是清末民初才重新普遍起来，这大约与全市最早的蛇餐店——蛇王满的开设有很大关系。因为不少人虽然爱吃蛇，但不敢杀蛇，更不懂如何烹蛇。蛇王满蛇店 1855 年在广州开设第一家专营蛇业的店，收购各地和省外蛇货，以制造蛇胆陈皮末、三蛇酒，但蛇肉难以找到出路，只好熬成大锅汤出售。由于食法单调，少人问津。后来将蛇拆骨撕肉，加入鸡肉丝、火腿丝、猪肉丝、冬菇、木耳、马蹄等作配料，熬成蛇羹，店内摆上几张木台，专供顾客尝试。由于配制得当，美味可口，食客逐渐增多。“蛇王满”的三蛇羹不久就驰誉全广州。此后，广州著名酒家大三元、南园、北园等，都群起仿效。每年秋冬季节，就把三蛇羹作为名菜，广招食客。

广州人现在吃蛇，比起以前来，已有很大发展，除了三蛇羹外，还有炒蛇丝、蛇汤、酿蛇脯、炒蛇皮等，有 100 多个品种。如再配以各种猫、鸡、鲍、参、水鱼、山瑞等山珍海味，可做出千变万化的丰富蛇宴。勇敢者可吃显形蛇肉，即可以在盘中看到蛇的完整的原形；隐形的吃法，吃完了还不知是蛇。现场杀三蛇胆配酒，在广州的酒楼食肆里更令人叹为观止。席间，一个师傅提着一个笼子，里面装着3条活蛇，一条是眼镜蛇，一条是金环蛇，一条是"过树榕"，师傅随手抓起一条，左手捏着蛇头，一脚踩着蛇尾，在蛇腹中按一下，用小刀划开一个小口，轻轻地挤出一粒如菩提子般大小的蛇胆，放在白色的小碟里，接着把三颗碧绿晶莹、带着温热的蛇胆剪破，倒入一个盛着米酒的瓶子内拌匀，然后分给席上每人小半杯品尝。蛇胆酒甘凉，没有苦味。蛇胆若制成干胆，可保存一年。食用前用剪刀剪开，泡入开水或酒中隔水蒸数分钟，有祛风活络、活血行气、镇咳止喘的功效。

请思考：

1. 为什么蛇会成为粤菜中美味？
2. 案例中粤菜以蛇为美味，体现了粤菜的什么特点？

一、中国菜系的形成背景

菜系，也称"帮菜"，是指在选料、切配、烹饪等技艺方面，经长期演变而自成体系，具有鲜明的地方风味特色，并为社会所公认的中国饮食的菜肴流派。菜系的形成是长期发展的结果，一方面，以物产、地理、气候等为依据，形成了口味的差异，这是菜系发展的重要因素；另一方面烹调方法的差别，也是形成菜系不可忽视的重要条件。总之，中国菜系是受长期以来在某一地区由于地理环境、气候物产、文化传统以及民族习俗等因素的影响而形成和发展的。

（一）地理环境和气候的差异

我国地域宽广，东西横跨近3个时区，南北有热带、暖温带、温带、寒温带，适合多种农作物耕作，既有多样性，又有互补性，西高东低4 000多米的落差，使高原丰富的雪水，向东形成了滋润大地的黄河、长江、怒江、澜沧江等河流，流域面积广大，给农耕提供了丰富的水源，东部的大海又使季风有丰富的水汽资源，可以说得天独厚，更不用说那丰富的渔业和林业资源了。同时，我国东西递变为湿润、半湿润、半干旱、干旱区，高原、山地、丘陵、平原、盆地、沙漠等各种地貌交错，造成了各地的食物原料和口味不同。

（二）食物原料的不同

我国物产丰富，东西南北各有特色食材。山东地处黄河下游，气候温和，境内山川纵横，河湖交错，沃野千里，物产丰富，号称"世界三大菜园"之一，东部海岸漫长，盛产海产品，故其鲁菜中胶东菜以烹饪海鲜见长。江苏地处我国东部温带，气候温和，地理条件优越，东临黄海、东海，源源长江横贯中部，淮河东流，北有洪泽湖，南临太湖，大运河纵流南北，省内大小湖泊星罗棋布，"鱼米之乡"。镇江鲥鱼，两淮鳝鱼，太湖银鱼，南通刀鱼，连云港的海蟹、沙光鱼，阳澄湖的大闸蟹，桂花盛开时江苏独有的斑鱼纷纷上市，由此产生了全鱼席。驰名中外的鲜美柔韧愈嚼愈出味的盐水鸭、鲜嫩异常的炒鸭腰、别有滋味的烩鸭掌，鸭心、鸭血等均可入馔。以鸭肝为主料制作的"美味肝"一菜为清真名菜，又名"美人肝"。所以苏菜中还有全鸭席。而我国中北地区的草原地带，以游牧方式发展畜牧业，他们的饮食结构以肉、奶为主。

（三）口味不同

由于地理环境和气候的差异，还造成了中国“东辣西酸，南甜北咸”的口味差异。喜辣的食俗多与气候潮湿的地理环境有关，吃辣可以驱寒。山西人能吃醋，可谓“西酸”之首。山西省居民的食物中钙的含量也相应较多。通过饮食，易在体内引起钙质淀积，形成结石。多吃酸性食物有利于动员骨骼中沉积的钙和减少结石等疾病。此外西部人喜欢吃硬的食物，易形成消化不良，所以爱吃酸有助消化。我国北部气候寒冷，过去新鲜蔬菜对北方人是罕见的，因此北方大多数人也养成了吃咸的习惯。在过去，北方人说“多吃盐有劲”。南方多雨，光热条件好，盛产甘蔗，比起北方来，蔬菜更是一年几茬。南方糖类较多，自然也就养成了吃甜的习惯。

（四）宗教信仰和民族习惯不同

在上古时期的人看来，世界是错综复杂而又严峻无情的，他们只能凭借着感性的、质朴的思维方式去探索宇宙万物的奥秘，把握自然的某些表象，当其对大自然的许多奥秘寻找不出答案时，相信在现实世界之外，存在着超自然的神秘境界和鬼神主宰着自然和人类，从而对它敬畏与崇拜。不同地区不同民族的崇拜习性和迷信也影响到当地居民对食料的选择和食用方法。鄂伦春族人以熊为民族的图腾，他们早期不狩熊。畲族崇拜狗，在生活上禁杀和吃狗肉及禁说或写狗字。佛教传入中国后，僧侣们只能吃素食。“南朝四百八十寺，多少楼台烟雨中。”描绘了南北朝时江苏一带佛教的大发展，所以在苏菜中还有“斋席”。四川青城山是道教的发源地，道教注重饮食养生，比如“白果炖鸡”既是药膳，又是川菜的代表名菜，注重本味，很少使用调味料。

此外，不同民族也有不同的饮食习惯。捕鱼和狩猎是赫哲人衣食的主要来源，赫哲族人喜爱吃鱼，尤其喜爱吃生鱼，一向以杀生鱼为敬。满族之家，有祭祀或喜庆事，家人要将福肉敬献尊长客人。肉是白煮，不准加盐，特别嫩美，客人用刀片吃，佐以咸、酸菜、酱。手扒羊肉是蒙古族牧民喜欢的传统餐食，做法通常是，选用膘肥肉嫩的小口齿羯羊，用刀在胸腹部割开约 2 寸的直口，把手伸入口内，摸着大动脉捏断，将羊血都流聚在胸腔和腹腔内，剥去皮，切除头蹄，除净内脏和腔血，切除腹部软肉，然后把整羊劈成几大块。洗净后放入开水锅内煮，不加任何调料，煮的不要过老，一般用刀割开，肉里微有血丝即捞出，装木盘上席，大家围坐在一起，用自己随身带的蒙古刀，边割边吃，羊肉呈粉红色，鲜嫩肥美。此外，西南少数民族喜食吃昆虫、蛆蛹等。

（五）历史文化原因

中华民族是一个以汉民族为主体的多民族的共同体，而汉民族主要活动地域为黄河、长江的中下游地区，多为平原地区，水系发达，土壤肥沃，气候适宜，经济文化繁荣，交通便利。黄河中下游地区，是我国古文化的发祥地之一。《尚书 · 禹贡》中载有“青州贡盐”，说明至少在夏代，山东已经用盐调味；远在周朝的《诗经》中已有食用黄河的鲂鱼和鲤鱼的记载，而今糖醋黄河鲤鱼仍然是鲁菜中的佼佼者，可见其源远流长。鲁菜系的雏形可以追溯到春秋战国时期。春秋战国时期，鲁国孔子提出了“食不厌精，脍不厌细”的饮食观，从烹调的火候、调味、饮食卫生、饮食礼仪等诸方面提出了主张，后有孟子的“食治一食功—食德”饮食观，二者合称“孔孟食道”，标志着中国饮食文化的形成，从而也为鲁菜的形成和发展奠定了理论基础。齐鲁两国自然条件得天独厚，尤其傍山靠海的齐国，凭借鱼盐铁之利，使齐桓公首成霸业。齐桓公的宠臣易牙以善于烹调而得宠，官至宰相之职，尤其他的品味水平之高，为他精湛的烹调技艺奠定了基础。烹饪技艺的精湛还表现在烹饪的刀工技术的运用上，孔子的饮食观中“割不正不食”的刀工要求，为厨师出神入化的刀工技术提供了理论依据。江苏地处长江下游地区，烹饪历史悠久。我国第一位典籍留名的职业厨师彭铿就出在徐州，彭铿被尊为厨师的祖师爷，并有雉羹、羊方藏鱼（“鲜”味的起源）等名菜。秦汉以前饮食主要是“饭稻羹鱼”，《楚辞·天同》记有“彭铿斟雉帝何飨?”之句，即名厨彭铿所制之野鸡羹，供帝尧所食，深得尧的赏识，封其建立大彭国，即今彭城徐州。南京烹饪天厨美名始自六朝，六朝天厨之代表南齐的虞，他善于调味，所制之杂味菜肴非常鲜美，胜过宫中大官膳食，号称天厨当之无愧。“上有天堂，下有苏杭”“一出门来两座桥”的苏州被称为“东方威尼斯”。“苏州美，无锡富”，苏锡一带历来都因其风景秀丽为诸多文人雅士、官宦商贾流连忘返，是著名的旅游胜地，并由此产生了全国闻名的“船菜”。相传，苏东坡在四川岷江读书，常去江中洗砚涮笔，久而久之把江中的鱼皮染成墨色，于是川菜就有了东坡墨鱼；唐代杜甫为了躲避“安史之乱”到了成都，发明了一道鱼菜，由于敬佩陶渊明先生而取名为“五柳鱼”。

二、中国菜系的形成过程

中国菜系的形成主要经历了以下几个时期：

（一）萌芽时期

早在5 000多年前，燧人氏钻木取火、以火熟食，中国已经有烤肉、烤鱼等食品出现。“结网罟以教佃渔，养牺牲以充庖厨”，标志着人类饮食历史的开端。[illegible]的菜肴，对后代产生很大影响。南味、北食风味差异，先秦已见端倪。到了魏[illegible]为“八珍”[illegible]期，中国菜肴发展迅速，名菜不断涌现。汉代娄护发明了中国最早的杂烩菜“五侯鲭”。在马王堆一号汉墓出土的竹简上记载有上百款菜肴。北魏贾思勰的《齐民要术》中记载了200多种菜肴。

（二）形成时期

隋唐五代时期，中国的花色菜、食疗菜也有新的发展。唐时期，南味一分为三：长江中上游川味占优势；长江下游淮扬味居上风；岭南与珠江、闽江流域，则以粤味占主导。宋代，菜系的发展出现了一个高潮，汴京、临安的市肆中，冷菜、热菜、花色菜和羹汤名目繁多，数以百计。当时市场上已有标明南、北、川味的菜点和素菜，表明中国菜肴的主要风味流派在宋朝时已具雏形，鲁菜正式出现在典籍中。至此，四大菜系形成。

（三）发展时期

到了清代初期，鲁菜（包括京津等北方地区的风味菜）、苏菜（包括江、浙、皖地区的风味菜）、粤菜（包括闽、台、潮、琼地区的风味菜）、川菜（包括湘、鄂、黔、滇地区的风味菜），已成为我国最有影响的地方菜，后称“四大菜系”。随着饮食业的进一步发展，有些地方菜愈显其他独有特色而自成派系，这样，到了清末时期，加入浙、闽、湘、徽地方菜成为“八大菜系”，以后再增京、沪便有“十大菜系”之说。

子项目二 四大菜系

学习任务描述

1. 了解中国主要菜系的起源和发展。
2. 掌握四大菜系的主要特征。
3. 掌握四大菜系的代表菜。

案例导入

“米老鼠”遇上中国八大菜系

上海迪士尼度假区，曾向中外媒体首次揭秘特别推出的“上海菜单”。“米奇鲜肉月饼、米奇烤鸭比萨、米妮红豆包、唐老鸭华夫饼……”当上海迪士尼度假区餐饮部总监陈德礼用英文报出这些菜名时，好像在说一段绕口令。

上海迪士尼度假区开幕后，六大园区均提供丰富多彩的餐饮服务，包括600～1 000座的餐厅用餐服务，以及方便快捷的零售点及移动餐车服务等。同时，度假区内的两座主题酒店，也将提供特别的“上海菜单”。

“尊重中国本土的饮食传统，是我们为上海迪士尼定下的第一条原则。”陈德礼介绍说，这是来自美国的迪士尼饮食文化，首次与中国八大菜系相遇。

这是[illegible]记者果然发现了川菜、粤菜、鲁菜、湘菜等的“迪士尼踪迹”。如迪士尼在首发的菜单[illegible]肠、担担面、虾饺、河粉，也有红烧肉、辽参等传统“硬菜”，它们或被盛放在印有迪士尼动画形象的容器内，或者外形直接被做成了米奇、米妮等。

上海迪士尼乐园行政总厨董彦是地道的上海人。他说，我们与全国各地的著名厨师接触，同时采购了最先进的烹调设备，希望把中国特色与迪士尼风格融合起来。

（资料来源：中安在线——安徽日报农村版．合肥，内容稍有整理）

请思考：

1. 迪士尼餐厅的菜单设计是否合理？
2. 根据以上材料简述中国菜系的影响力。

我国菜系因地理、气候、习俗、特产的不同形成了不同的地方风味，菜系的划分单就汉族的饮食特点而言，目前有四大菜系、八大菜系、十大菜系之说，而且划分系类仍有继续增加的趋势。不过，从总体上来说，我国菜系大致划分为山东（鲁）、四川（川）、广东（粤）、江苏（苏）四大菜系。四大菜系在清初形成，从地域上来说囊括全国，即川菜代表西南地区，鲁菜代表北方，苏菜代表华东地区，粤菜代表华南地区。目前，四大菜系之说被公认为影响力最大。

一、鲁菜

（一）鲁菜的起源和发展

鲁菜，又叫山东菜，是中国影响最大的菜系之一。鲁菜发端于春秋战国时的齐国和鲁国（今山东省），形成于秦汉。宋代后，鲁菜就成为“北食”的代表。从齐鲁而京畿，从关内到关外，影响已达黄河流域、东北地带，有着广阔的饮食群众基础。鲁菜是我国覆盖面最广的地方风味菜系，遍及京津塘及东北三省。齐鲁大地依山傍海，物产丰富，就是这经济发达的美好地域，为烹饪文化的发展、山东菜系的形成，提供了良好的条件。

（二）鲁菜的风味特点

1. 咸鲜为主，突出本味

原料质地优良，以盐提鲜，以汤壮鲜，调味讲求咸鲜纯正。大葱为山东特产，多数菜肴要用葱姜蒜来增香提味，炒、熘、爆、扒、烧等方法都要用葱，尤其是葱烧类的菜肴，更是以拥有浓郁的葱香为佳，如葱烧海参、葱烧蹄筋；喂馅、爆锅、凉拌都少不了葱姜蒜。海鲜类量多质优，异腥味较轻，鲜活者讲究原汁原味，虾、蟹、贝、蛤，多用姜醋佐食；燕窝、鱼翅、海参、干鲍、鱼皮、鱼骨等高档原料，质优味寡，必用高汤提鲜。

2. 以“爆”见长，注重火功

鲁菜的突出烹调方法为爆、扒、拔丝，尤其是爆、扒素为世人所称道。爆，分为油爆、盐爆、酱爆、芫爆、葱爆、汤爆、水爆等，充分体现了鲁菜在用火上的功夫。因此，世人称之为“食在中国，火在山东”。

3. 精于制汤，注重用汤

鲁菜以汤为百鲜之源，讲究“清汤”“奶汤”的调制，清浊分明，取其清鲜。清汤的制法，早在《齐民要术》中已有记载。用“清汤”和“奶汤”制作的菜品繁多，名菜就有“清汤柳叶燕窝”“清汤全家福”“氽芙蓉黄管”“奶汤蒲菜”“奶汤八宝布袋鸡”“汤爆双脆”等，多被列为高档宴席的珍馔美味。

4. 烹制海鲜，独到之处

鲁菜对海珍品和小海味的烹制堪称一绝。山东的海产品，不论参、翅、燕、贝，还是鳞、蚧、虾、蟹，经当地厨师的妙手烹制，都可成为精鲜味美之佳肴。

5. 丰满实惠、风格大气

山东民风朴实，待客豪爽，在饮食上大盘大碗丰盛实惠，注重质量，受孔子礼食思想的影响，讲究排场和饮食礼节。正规筵席有所谓的“十全十美席”“大件席”“鱼翅席”“翅鲍席”“海参席”“燕翅席”等，都能体现出鲁菜典雅大气的一面。

（三）鲁菜的代表菜式

鲁菜由3个风味组成，即济南菜、胶东菜、孔府菜。

1. 济南菜

济南菜指济南、德州、泰安一带的菜肴，菜品色泽浓烈，讲求豪放。济南菜口味清香、脆嫩、味醇，菜品以清、鲜、脆、嫩著称，口味多以鲜咸为主，但其变化多端，也有酱香、咸酸、五香、酸辣等味型，常见的烹调方法有炸、煎、塌、扒、熘、爆、炒、焖、焯、烤、烧等，善于制作拔丝、蜜汁等甜菜。

济南名吃有泉城大包、天天炸鸡、春饼、灌汤包、草包包子、芝麻排骨、烤地瓜、炸酱鸡、荠菜春卷等。代表菜：糖醋鲤鱼，九转大肠，汤爆双脆、奶汤蒲菜、炸荷花、清汤银耳。

名菜介绍一——汤爆双脆

汤爆双脆，汉族名菜，属于济南菜，质地脆嫩，汤清质淡，味道香醇。养身调理，健脾开胃调理，营养不良调理。

“汤爆双脆”系济南与“油爆双脆”合称“历下双脆”的传统风味名菜，已有200多年的历史，在1956年山东第一次风味名吃展销会上，得到好评。此菜以猪肚头和鸡胗为主料，加以清汤烹制而成。上席时，需将加工好的双脆与特制的清汤分别端上，待汤碗落桌后，将双脆入汤内，别有一番情趣。此菜棕白相间，蘸卤虾油食，滋味更美。此菜烹制后要随即食用，因肚头、鸡胗久烫易老。

名菜介绍二——九转大肠

九转大肠是山东省汉族传统名菜。此菜是清朝光绪初年，济南九华林酒楼店主首创以猪大肠为主料，砂仁、肉桂、豆蔻、葱姜丝等佐料，先煎，后炒，再烧，反复多次制成，开始名为“红烧大肠”，后经过多次改进，红烧大肠味道进一步提高。许多著名人士在该店设宴时均备“红烧大肠”一菜。一些文人雅士食后，感到此菜确实与众不同，别有滋味，为取悦店家喜“九”之癖，并称赞厨师制作此菜像道家“九炼金丹”一样精工细作，便将其更名为“九转大肠”。

2. 胶东菜

胶东菜因起源于福山县（今烟台市福山区），故又名“福山菜”，也叫“烟台菜”。传入青岛，青岛菜承袭福山菜而发展，自成一派。胶东菜包括青岛、烟台、威海一带的菜肴。靠海吃海，因而胶东菜也以烹制海鲜见长。胶东菜以蔬菜和海鲜为主料。所以胶东菜系是全国所有大的菜系里面少有的以海鲜为主的菜系。代表菜有：葱烧海参、胶东一锅鲜、雪花肉丸子、天井海参、蛤蛋、摩侠过海、浓汁活鲍鱼、鱼扇海参。

名菜介绍三——葱烧海参

葱烧海参是山东经典的汉族名菜，中华特色美食，属于鲁菜系。从山东源入，以水发海参和大葱为主料，海参清鲜，柔软香滑，葱段香浓，食后无余汁。是“古今八珍”之一，葱香味醇，营养丰富，滋肺补肾。葱烧海参以水发海参和大葱为主料，海参清鲜，柔软香滑，葱段香浓，葱香味醇，营养丰富，食后无余汁。烹制葱烧海参时，先将海参解冻后洗净，然后切条焯水，在锅内放少量油，烧热后加入葱段，爆香后将葱段装起备用。原锅中加入海参，再加入适量盐、料酒、蚝油、生抽、冰糖、上汤，然后盖上锅盖焖至汁收，加入之前爆香的葱段，翻炒后埋入稀芡即可。

3. 孔府菜

孔府菜原曾封闭在府邸之内，自80年代走向市场以来，已经在济南、北京开办了很多孔膳堂，逐渐在市场中获得了良好的口碑。孔府菜基本上分为两大类：一类是宴会饮食，一类是日常家餐。最高等一种是用于接待皇帝和钦差大臣的“满汉全席”，是以清代国宴的规格设置的，使用全套银餐具，上菜196道，全是山珍海味，有熊掌、燕窝、鱼翅等，还有满族的“全羊带烧烤”。另一种喜庆寿宴的高摆宴席，在宴席上有4个“高摆”，是用江米面做成的图柱体，像支粗大的蜡烛，外面用各种干果摆成图案和字形，写有“寿比南山”等吉言，将每个一个字摆入银盘中，成为宴席的特殊装饰品，庄重高雅。

孔府日常家宴主要是从米粥、煎饼、咸菜、豆腐到豆芽、香椿、鸡蛋、茄子，这些来自民间的常食小吃，经过孔府厨师的精巧制作，成为孔府的独特菜品，其原则是“精菜细做，细菜糖炒”。比较知名的有一品豆腐、寿字鸭羹、燕窝四大件、海米珍珠笋。

名菜介绍四——满汉全席

满汉全席，清朝时期宫廷盛宴。既有宫廷菜肴之特色，又有地方风味之精华，突出满与汉族菜点特殊风味，烧烤、火锅、涮锅几乎都是不可缺少的菜点，同时又展示了汉族烹调的特色，扒、炸、炒、熘、烧等兼备，实乃中华菜系文化的瑰宝和最高境界。满汉全席原是清代宫廷中举办宴会时满人和汉人合做的一种全席。满汉全席上菜196品，分3天吃完。满汉全席菜式有咸有甜，有荤有素，取材广泛，用料精细，山珍海味无所不包。

满汉全席菜点精美，礼仪讲究，形成了引人注目的独特风格。入席前，先上2对香、茶水和手碟；台面上有四鲜果、四干果、四看果和四蜜饯；入席后先上冷盘然后热炒菜、大菜，甜菜依次上桌。满汉全席，分为六宴，均以清宫著名大宴命名。汇集满汉众多名馔，择取时鲜海味，搜寻山珍异兽。全席计有冷荤热肴196品，点心茶食124品，计肴馔320品。合用全套粉彩万寿餐具，配以银器，富贵华丽，用餐环境古雅庄重。席间专请名师奏古乐伴宴，沿典雅遗风，礼仪严谨庄重，承传统美德，侍膳奉敬效宫廷之周，令客人流连忘返。全席食毕，可使您领略中华烹饪之博精，饮食文化之渊源，尽享万物之灵之至尊。

二、川菜

（一）川菜的起源和发展

川菜系是一个历史悠久的菜系，它的发源地是古代的巴国和蜀国，在秦末汉初就粗具规模。唐宋时发展迅速，明清已富有名气，现今川菜馆遍布世界，并已经成为我国四大菜系中流行区域最广、普及率最高的菜系。历代典籍和各个朝代的文人骚客的诗词文章里有不少对于川菜的记载。川菜的魅力还在于它的发展性，川菜继承传统风味的同时又积极开拓进取，推陈出新，不断创新，东西融合，南北贯通，它又衍生出京派川菜、海派川菜、粤派川菜、海鲜川菜、塞外川菜、高原川菜、洋派川菜等。川菜的用料选料、制作手段、营养追求都发生了很大的变化。

（二）川菜的风味特点

川菜的烹饪手法有炒、煎、炸、爆、烤、烩、蒸、拌、焖、贴、干烧、炸熏、泡、炖等38种之多，变化精妙。川菜系因此具有取材广泛、调味多样、注重刀工、菜式适应性强

4个特征。调味多用花椒、辣椒、胡椒、葱、姜、蒜、香料等。

川菜风味包括成都、重庆和乐山、自贡、雅安等地方菜的特色。主要特点在于味型多样。辣椒、胡椒、花椒、豆瓣酱等是主要调味品，不同的配比，调出了麻辣、酸辣、椒麻、麻酱、蒜泥、芥末、红油、糖醋、鱼香、怪味等各种味型，无不厚实醇浓，具有“一菜一格”、“百菜百味”的特殊风味，各式菜点无不脍炙人口。

（三）川菜的代表菜式

川菜由大众菜、家常菜、火锅宴、筵席菜、药膳宴、野味宴、佛道宴、风味小吃宴等组成一个完整的风味体系。在国际上享有“食在中国，味在四川”的美誉。下面介绍几个常见菜式。

大众便餐菜式，以烹制快速、经济实惠为特点。如宫保鸡丁、鱼香肉丝、水煮肉片、麻婆豆腐等菜品。

家常风味菜式，要求取材方便，操作易行。如回锅肉、盐煎肉、宫保肉丁、干煸牛肉丝、蒜泥白肉、肉末豌豆、过江豆花等菜式，是深受大众喜爱又是食肆餐馆和家庭大都能够烹制的菜肴。

四川火锅，起源于清道光年间，产生于泸州的码头上，主要由下层苦力使用，后传入重庆，受到各阶层的热爱，被发扬光大。其特点有鲜香味美、用料广泛、制作精细、使用方便、口味大众化。吃法有涮、煮等。

小吃宴，四川小吃名噪天下，除了传统小吃担担面、钟水饺、龙抄手、赖汤圆、梓潼片粉、宜宾燃面、阆中蒸馍、涪陵油醪糟、德阳金丝面等外，还创新了二姐兔丁、军屯锅魁等小吃。

川菜名菜还有灯影牛肉、樟茶鸭、夫妻肺片、东坡墨鱼、清蒸江团等300余种。

名菜介绍五——四川火锅

四川火锅，以麻、辣、鲜、香著称，它来源于民间，升华于庙堂，无论是贩夫走卒、达官显宦、文人骚客、商贾农工，还是红男绿女、黄发垂髫，其消费群体涵盖之广泛、人均消费次数之大，都是惊人的。作为一种美食，火锅已成为四川和重庆两地的代表美食。

在制作配料上，最能代表川味中麻辣烫的典型性格，正宗的毛肚火锅以厚味重油著称，传统汤汁的配制是选用辣豆瓣、永川豆豉、甘孜的牛油、汉源花椒为原料。先将牛油放入旺火的锅中熬化，在把豆瓣剁碎倒入，待熬成酱红油后，加速炒香花椒，然后掺牛肉原汤，加进舂茸的豆豉和拍碎的冰糖、老姜，加川盐、醪糟和小辣椒熬制。

另外，啤酒风味、酸菜风味以及海鲜风味等不同味型的火锅品种，有不同的火锅汤汁和不同的调味料，数量可达30多种。此外，附属重庆火锅的味碟也很多，可用麻油、蚝油、熟菜油、汤汁和味精、蒜泥、蛋清等调制而成，将烫好的菜品蘸着吃，既调和滋味，又降火生津。

名菜介绍六——夫妻肺片

夫妻肺片是一道四川成都名菜，相传20世纪30年代，有个叫郭朝华的小贩，和妻子张田政制作凉拌牛肺片，串街走巷，提篮叫卖。人们谑称其为“夫妻肺片”，沿用至今。通常以牛头皮、牛心、牛舌、牛肚、牛肉为主料，配以辣椒油、花椒面等辅料，卤制而成。夫妻肺片，制作精细，色泽美观，质嫩味鲜，麻辣浓香，非常适口。

三、粤菜

（一）粤菜的起源和发展

粤菜形成和发展与广东的地理环境、经济条件和风俗习惯密切相关。广东地处我国南端沿海，属亚热带海洋性气候，高山田原鳞次栉比，江河湖泊纵横交错，气候温和，雨量充沛，物产富饶。同时，广州又是历史悠久的通商口岸城市，加之旅居海外华侨把欧美、东南亚的烹调技术传回家乡，丰富了广东菜谱的内容，使粤菜在烹调技艺上留下了鲜明的西方烹饪的痕迹。到了唐宋时期，中原各地大量商人进入广州，广州的烹调技艺迅速得到提高。唐代开始，由于社会稳定，生产力发达，使粤菜得到空前发展。南宋以后，粤菜的技艺和特点日趋成熟。还有，中原文化的渗透，加上南越保留的杂食习俗与传统技艺，开始形成独特的、自成体系的餐饮风格，广州的饮食文化进入了高峰。据清道光二年（1822 年）的有关文献记载："广州西关肉林酒海，无寒暑，无昼夜。"进入 20 世纪二三十年代，广州食俗，南北兼容，中西并蓄，极富特色的美食、小吃，大批大批地涌现出来。漫长的岁月，使广州人既继承了中原饮食文化的传统，又博采外来及各方面的烹饪精华，再根据本地的口味、嗜好、习惯，不断吸收、积累、改良、创新，从而形成了菜式繁多、烹调艺巧、质优味美的饮食特色。近百年来已成为国内最具代表性和最有世界影响的饮食文化之一。

（二）粤菜的风味特点

烹调方法尤以炒、煎、焗、焖、炸、煲、炖、扣等见长，讲究火候，尤重"镬气"和现炒现吃，做出的菜肴注重色、香、味、形。

①选料广博奇异，品种花样繁多，飞禽走兽、鱼虾鳖蟹，几乎都能上席。

②口味上以清、鲜、嫩、爽为主，而且随季节时令的不同而变化，夏秋力求清淡，冬春偏重浓郁，并有"五滋"（香、酥、脆、肥、浓）、六味（酸、甜、苦、辣、咸、鲜）之别。

③用量精而细，配料多而巧，装饰美而艳，而且善于在模仿中创新，品种繁多。

④风味注重质和味，口味比较清淡，力求清中求鲜、淡中求美。

（三）粤菜的代表菜式

"粤菜"由广州菜、潮州菜、东江菜（客家菜）组成，而以广州菜为代表。

1. 广州菜

广州菜是在汇集广东各地优秀民间美食的基础上不断地吸取我国各大菜系之精华，借鉴西方食谱之所长，融会贯通而成一家的。广州菜用料广博，选料精细，技艺精良，善于变化，品种多样。1956 年"广州名菜美点展览会"上介绍的菜品便有 5 447 个。与菜品有渊源关系的点心 815 款，小吃品种数百个。广州菜是粤菜的主体和代表。烹调方法有 20 多种，讲究火候，烹制出的菜肴注重色、香、味、形、器。口味上以清、鲜、爽、嫩、脆为主，讲究清而不淡，鲜而不俗，嫩而不生，浓而不腻。时令性强，夏秋力求清淡，冬春偏重浓郁。

较有特色的广州菜有白切鸡、白灼虾、明炉烤乳猪、挂炉烧鹅、蛇羹、油泡虾仁、红烧大裙翅、清蒸海鲜等。

名菜介绍七——明炉烤乳猪

明炉烤乳猪，又名烧乳猪。早在西周时代已列为“八珍”之一，那时称为“炮豚”，即烤乳猪。在《齐民要术》一书中也记有烤乳猪的制作方法，并说它“色同琥珀，又类真金，入口则消，壮若凌雪，含浆膏润，特异凡常也”。清康熙时，曾为宫廷名菜，成为“满汉全席”中的一道主要菜肴。直到民国初期山东还经营此菜。后在广州和上海盛行，成为最著名的广东名菜。现今“烧乳猪”为广州和港澳地区许多著名菜馆的首席名菜，深受中外顾客欢迎。每逢清明时节，必是烤乳猪的畅销季节。皆因广州人喜好在清明节时用烧猪来拜祭先人。

烤乳猪的做法是将整只的乳猪去内脏，经各色调料涂抹后上炉烤制而成。成菜色如琥珀，油光明亮，吃起来皮脆酥香，肉嫩鲜美，风味独特。

2. 潮州菜

潮汕地区的饮食习惯与闽南接近，同时又受广州地区的影响，渐渐地汇两家之所长，风味自成一格。近年来，新派潮菜吸收了世界各地美食的精华，声名大振，成为闻名中外的菜系组成部分。潮菜注重刀工和造型，烹调技艺以焖、炖、烧、炸、蒸、炒、泡等法擅长。以烹制海鲜、汤类和甜菜最具特色。味尚清鲜，油而不腻。爱用鱼露、沙茶酱、梅糕酱、红醋等调味品。风味名菜有潮州卤味、烧雁鹅、护国菜、清汤蟹丸、牛肉丸、油泡螺球、绉纱甜肉、太极芋泥等。

3. 东江菜

东江菜又称为广东客家菜，传统的东江菜偏重于“肥、咸、熟、香”，具有下油重，口味偏咸，用的酱料较为简单，一般用生葱熟蒜、香菜调味，极少添加甚至不加过重过浓的佐料。代表菜有盐焗鸡、黄道鸭、梅菜扣肉、酿豆腐等。

名菜介绍八——盐焗鸡

盐焗鸡是广东久负盛名的一道特色传统佳肴，也是广东本地客家招牌菜式之一，属于粤菜系——客家菜，流行于广东梅州、深圳、惠州、河源等地，现已成为享誉国内外的经典菜式，特别是在广东籍华侨集中的海外地区久负盛名。

梅州盐焗鸡，是广东粤菜的代表菜式之一，其来历亦版本甚多，众多传说中以梅州长乐（今五华）商贩盐腌肥鸡最为著名：相传从前梅州长乐（今五华）有一个商人，为人谦恭诚实，游走于岭南各地，以贩卖日杂食品为生。因为此人信誉好，交游广，结交了不少以诚相待的朋友。这一年年关，他完成了一次货物贩运，还采购了一批当地特产准备回家。当地朋友情重，特地以一肥鸡相送。此鸡名曰“三黄嫩鸡”，乃当地特产，十分难得。梅州长乐商人便欲带回家给妻儿尝尝，但因路途遥远，活鸡不易携带，于是他便将鸡宰杀制成白切鸡，用盐包封在包袱里。行至半途，前不着村后不着店，他决定就地露宿一宵。安顿之余，眼看天色渐暗，肚子饿了起来，吃干粮又不解馋，于是便从盐包里掏出白切鸡，与随从烤着吃。出乎意料，大家发现这样弄出来的鸡肉味道非常好，齐声赞叹。长乐商人心细，留了几块，带回家给妻儿品尝。妻子厨艺高超，尝试后亲自依法炮制，“盐焗鸡”诞生了。

盐焗鸡制法独特，味香浓郁，皮爽肉滑，色泽微黄，皮脆肉嫩，骨肉鲜香，风味诱人。此盐焗鸡含有大量钙、镁等微量元素。因此，盐焗鸡不但是美味，而且十分健康，对人体大有好处，有温中益气、补精添髓、补虚益智的作用。

四、苏菜

（一）苏菜的起源和发展

苏菜起始于南北朝时期，唐宋以后与浙菜一起，成为“南食”两大台柱。其中，淮扬菜系为淮安、扬州、镇江三地风味菜的总称，以扬州菜最为著名。在清代的时候，苏菜流行于全国，相当于现在川菜、粤菜的地位。苏菜中的一支——淮扬菜系曾为宫廷菜。目前，国宴中的大多数菜肴仍属于淮扬菜。因此，淮扬菜亦称国菜。苏州菜系历史上也十分流行。乾隆帝南巡的时候，曾经到苏州的得月楼做客，尝到江南美味后，非常高兴，口称苏州为“天下第一食府”。

（二）苏菜的风味特点

苏菜烹调技艺擅长炖、焖、烧、煨、炒而著称。烹调时用料严谨，注重配色，讲究造型，四季有别。风味注重质和味，口味比较清淡，力求清中求鲜、淡中求美，鲜香酥烂，原汁原汤浓而不腻，口味平和，咸中带甜。

（三）苏菜主要代表菜式

苏菜系由淮扬、苏锡、徐海三大地方风味菜肴组成，以淮扬为主体。

1. 淮扬菜

淮扬菜的特点是选料严谨，注意刀工和火工，强调本味，突出主料，色调淡雅，造型新颖，咸甜适中，口味平和，故适应面较广。在烹调技艺上，多用炖、焖、煨、焐之法。淮扬菜主要代表菜有长鱼席、三套鸭、溜子鸡、扬州煮干丝，清蒸鲥鱼、水晶肴蹄、清炖甲鱼等。

名菜介绍九——三套鸭

扬州一带盛产湖鸭，此鸭十分肥美，是制作“南京板鸭”“盐水鸭”等鸭菜的优质原料。早在明代，扬州厨师就用鸭子制作了各种菜肴，如“鸭羹”“叉烧鸭”，用鲜鸭、咸鸭制成“清汤文武鸭”等名菜。清代时，厨师又用鲜鸭加板鸭蒸制成“套鸭”。清代《调鼎集》上曾记有套鸭的具体制作方法：“肥家鸭去骨，板鸭亦去骨，填入家鸭肚内，蒸极烂，整供。”后来扬州菜馆的厨师将野鸭去骨填入家鸭内，菜鸽去骨再填入野鸭内，又创制了“三套鸭”。因其风味独特，不久便闻名全国。

“三套鸭”的做法是将家鸭、野鸭和鸽子宰杀治净，把三禽分别整料出骨，后入沸水锅略烫。将鸽子由野鸭刀口处套入腹内，并将冬菇、火腿片塞入野鸭腹空隙处，再将野鸭套入光鸭内，然后下锅出水，捞出沥干，将竹箅垫入砂锅底，放入套鸭，加绍酒、葱姜及洗净的肫肝，加清水淹没鸭身，置中火烧沸去浮沫，用平盘压住鸭身，加盖移微入焖3小时到酥烂，拣去葱姜，拿出竹箅，将鸭翻身（胸朝上），捞出腕肝切片，与冬菇、火腿片、笋片间隔排在鸭身上，放入精盐再炖30分钟即成。三套鸭简单说就是家鸭里面套野鸭，野鸭里面再套鸽子。家鸭肉肥味鲜，野鸭肉紧味香，鸽子肉松而嫩。汤汁清鲜，带有腊香，多味复合，相得益彰，堪为一道冬令佳肴。

2. 苏锡菜

苏锡菜注重造型，讲究美观，色调绚丽，白汁清炖独具一格，兼有糟鲜红曲之味，食有奇香；口味上偏甜，无锡尤甚；浓而不腻，淡而不薄，酥烂脱骨不失其形，滑嫩爽脆不失其味。苏锡菜主要代表菜有虾蟹莼鲈、母油船鸭、松鼠鳜鱼、莼菜氽塘鱼片、清烩鲈鱼片、四鳃鲈鱼汤菜等。

名菜介绍十——松鼠鳜鱼

松鼠鳜鱼是江苏苏州地区的汉族传统名菜，属苏菜系。在江南各地一直将其列作宴席上的上品佳肴。用鳜鱼制菜各地早有，一般以清蒸或红烧为主，而制作形似松鼠的鳜鱼菜肴则首出苏州地区。相传清代乾隆皇帝下江南时，曾微服至苏州松鹤楼菜馆用膳，厨师用鲤鱼出骨，在鱼肉上刻花纹，加调味稍腌后，拖上蛋黄糊，入热油锅嫩炸成熟后，浇上熬热的糖醋卤汁，形状似鼠，外脆里嫩，酸甜可口。具有补肾健脾，养血行瘀，杀虫除恶血，去腹内小虫，生津止渴的作用。

清代《调鼎集》记载："松鼠鱼，取（鱼季）鱼肚皮，去骨，拖蛋黄，炸黄，炸成松鼠式，油、酱烧。"此菜从创制至今已有200多年的历史。乾隆皇帝吃后很满意。后来苏州官府传出乾隆在松鹤楼吃鱼的事，此菜便名扬苏州。其后，经营者又用鳜鱼制作，故称"松鼠鳜鱼"，不久此菜便流传江南各地。

3. 徐海菜

徐海菜原近齐鲁风味，肉食五畜俱用，水产以海味取胜。菜肴色调浓重，口味偏咸，习尚五辛，烹调技艺多用煮、煎、炸等。近年来，受苏锡菜影响，徐海菜咸味大减，色调亦趋淡雅，向淮扬菜看齐。徐海菜主要代表菜有霸王别姬、羊方藏鱼、彭城鱼丸、东坡回赠肉、凤尾对虾、野味五套、把子肉等。

名菜介绍十一——东坡回赠肉

东坡回赠肉是江苏徐州汉族传统名菜，属于徐海菜。此菜用五花猪肋条肉，切成大方块，经焯水刮洗干净后置砂锅中，配以多种调味及鲜汤，先用旺火烧沸，后转小火焖至酥烂。原汁鲜香醇厚，食之回味无穷。

北宋年间，苏轼任徐州知州。岁属乙巳，秋八月，黄河决口，70余日未退。苏公亲率全城吏民抗洪，终于战胜了洪水。至十月中，水退境安。为了防止以后再出现如此险情，次年，苏公大力修筑黄河大堤。同时，又从南起云龙山向西北至黄河堤相连处，修造了一条防洪堤（现此堤犹在，人称苏堤）。百姓见苏东坡疲劳奔命，为民造福，纷纷杀猪宰羊，担酒携菜，送至牧府慰劳。苏公推辞不掉，收下后亲自烹调而回赠州民。并云："父老何自来，花椒裊长江。水来非君过，去亦非吾功。"回赠肉由此得名。

子项目三　中餐服务基本技能

学习任务描述

1. 熟练掌握餐饮服务基本技能（包括托盘、餐巾折花、斟酒、摆台、上菜和分菜等）的操作方法和操作标准。

2. 全面掌握中餐的服务程序、标准和技巧。

3. 能够运用正确的操作方法和服务程序对客服务。

案例导入

某日，一英国VIP旅行团抵达我国，入住某酒店，中午就餐时，服务员为表示对客人的欢迎和尊重，餐巾折成孔雀开屏，没想到客人非常不高兴，到大堂经理那投诉了。后经了解，在英国孔雀被认为是祸，是淫妇的代称，孔雀开屏被认为是自我吹嘘的表现，所以英国人认为摆孔雀开屏的餐巾是对他们的侮辱，本来服务员是好意，却引起了很大的误会。

请思考：

1. 小小的餐巾为什么会引起投诉？

2. 在选择餐巾折花时应该考虑哪些因素？

一、托盘

餐饮对客服务中，在托运用餐所需各种物品时，我们都需要用到一个重要的工具——托盘。正确地使用托盘，不但可以提高我们的工作效率，还能美化我们的服务姿态，为客人营造良好的用餐环境。

（一）托盘的基础知识

1. 托盘的种类

（1）按质地划分

按质地不同，托盘有木质的、金属制的和胶木、塑料托盘。

木质托盘用木做坯，外表用油漆进行彩绘；同时可以根据不同的木料，有不同的品质。一般较为笨重，除了在一些特色餐厅使用外，现代各餐厅较少使用。

金属托盘有铜质托盘、铝质托盘、不锈钢托盘、银质托盘、金质托盘等。金、银托盘一般均采用铜质金属做胎，外镀金或银，较为高档，一般在一些特色餐厅或豪华餐厅使用，或者在一些VIP接待中使用。其他金属类托盘使用较为广泛，特别是不锈钢托盘在中档餐厅中使用普遍。

胶木托盘，是使用最为广泛的托盘，轻便、防滑、防腐、耐用、便宜等，相比于塑料托盘更坚固、结实和美观。

塑料托盘，这类托盘均采用防滑工艺处理，价格低廉、耐磨、重量较轻。适合托运一些重量较轻的物品。

（2）按用途分

按照不同用途，可分为大、中、小 3 种规格的方形、长方形和圆形托盘。

大方形托盘和中方形托盘：用于托运菜点、酒水和盘碟等较重物品。

大圆形托盘和中圆形托盘：用于斟酒、展示饮品、分菜、送咖啡冷饮等。

小圆形托盘：主要用于递送账单、账款，递送邮件等。

（3）按形状分

按照不同形状，可分为圆形、长方形、正方形、异形 4 类。其中圆形托盘、长方形托盘是最常用的托盘；方形在一些西餐厅、快餐厅比较常用；异形托盘主要用于特色餐厅或特殊要求场合。

2. 托盘的作用

①为餐饮服务的物品托运提供便利。

②提高餐饮服务的工作效率。

③规范餐饮服务，美化服务姿态。

3. 托盘服务的方式

（1）轻托

轻托，亦称“平托”或“胸前托”。通常使用中小圆托盘和小方托盘。是专门用来为宾客斟酒、派小吃、派菜或托送较轻的物品，一般在 5 公斤以下；主要用大小适宜的托盘，端送体积较小，重量较轻的物品，是摆台、上一般菜点、斟酒和撤换餐具时使用的一种托盘运送物品的方法。

（2）重托（肩托）

重托一般在 5 公斤以上，主要用大型托盘，托运大型菜点、酒水和盘碟时使用的一种托盘运送物品的方法。

（二）托盘的基本操作方法

托盘操作的基本要求即三平（眼睛平、双肩平、托盘平），二稳（盘内物品稳、身体姿势稳），一松（面部表情轻松）。无论是轻托，还是重托，都有理盘、装盘、起托 3 个基本步骤，第四步是端托行走，最后落台与卸盘。

1. 轻托的基本程序

（1）理盘

理盘是指清洁、整理端托所用的托盘，以达到托盘清洁卫生、防滑和美观的效果。

①选盘。根据所托的物品选择适用的托盘，根据不同的使用要求选择不同的托盘。

②查盘。整理托盘时应注意托盘的平整，因为有些托盘使用一段时间后，就会出现变形，如金属类的托盘边沿易变形。托盘底变形不平，影响美观，这样的托盘对端托物易造成安全隐患。有些塑料托盘使用一段时间后容易出现变色或斑痕。一旦出现了清洁不掉的斑痕，再继续用其为客人端送物品时，一来不雅观，二来容易引起客人对食品的卫生安全产生疑虑。塑料托盘还会有风化现象，容易造成操作不安全，这类托盘应停止使用。

③备盘。准备好托盘各种所需物品，托盘、防滑物品、专用抹布等，各种所需托运的酒

水、碗碟、筷子、菜点等是否齐全、干净、符合要求，做好理盘前的准备。

④清盘。清洗托盘，用清洁干燥的抹布洗净、擦拭干净，先擦托盘内部，再擦其边缘，最后擦底部。重托的清盘要特别注意，所托物品经常与汤汁、菜品、碗碟接触，油腻比较大，清洗要特别注意。

⑤理盘基本方法。码放物品前，对于没有防滑处理的托盘，在托盘内应铺垫潮湿干净的餐巾，或托盘垫布，或消过毒的专用盘巾。或洒些水，以防止垫布滑动。垫布的大小要与托盘相适应，垫布的形状可根据托盘形状而定，但无论是方形或圆形垫布，其外露部分一定要均等、美观，使整理铺垫后的托盘既整洁美观又方便适用，还可以避免托盘内的物品滑动。

（2）装盘

装盘就是根据物品的形状、大小及取出的先后顺序，进行合理的装盘码放。装盘是端托的关键环节，往往决定着端托的安全、操作方便程度、美观与否等，还影响着落台与卸盘。轻托物品的装盘，有以下基本原则：

第一，一般均要求单件平摆（餐碟、汤碗等小件物品除外）。

第二，根据所用托盘的形状码放。用圆形托盘时，码放的物品应呈圆形；用长方形托盘时，码放的物品应横竖成行。

第三，无论使用哪种托盘，均应将物品按重量的大小和高低由托盘的中心部位向四周依次放置，摆放均匀，以保持重心平衡。

第四，所有物品均按照先取、先用在前；后取、后用在后的原则摆放。

第五，如同时端托的物品重量和高度不等时，应将较重的、较高的物品放于托盘的中心部位，摆放分布得当，这样装盘既安全、稳妥，又便于端托服务。

第六，装盘时，还要使物与物之间留有适当的间隔，以免端托行走时发生碰撞而产生声响，或造成端托不稳，或卸盘时不便（特别是对于摆台）。

第七，托运酒水时，商标朝外，显示给客人。

（3）起托端托

①轻托起托一般要求：起托时，服务员站于距操作台30cm处（以身高来调整距离），双脚分开，左脚向前迈出一步，腰与臂呈垂直向下姿势，上身略向左前倾，站稳，伸出左手掌心向上，指尖向前与操作台面平行，伸出右手拉拿托盘的边沿，把托盘看作表盘，右手抓托盘6点钟位置，向怀内拉，拉出1/3时，左手在托盘下选好位置，找好平衡；双膝弯曲，半蹲，直腰，右脚向前跟进，蹬地直立，保持托盘平稳。

②轻托起托与端托要领

左手掌伸平，掌心向上，五指分开，指尖向前与操作台平行。右手将装好物品的盘从台上拉出2/3，指尖用力托起托盘后，将托盘的一部分（如长方盘的一角）搁在小臂上，借助小臂的力量将托盘托平。左手的大臂垂直，小臂与身体呈90°平伸于胸前左侧，手肘离腰部5～10cm。

用左手五指指尖和掌根接托住托盘底部中间部位，手掌自然成凹形，掌心不与盘底接触（虚托），使手指和掌心同时受力，使手掌指尖和掌根与托盘底托实，这样才能将托盘的重心全部掌握住。右手协助左手将盘平稳托起，使盘托到身体左侧前方，盘略高于腰部，托盘托平稳后，放下右手。

如遇客人多时，右臂可做保护托盘的姿势，便于一旦出现意外，能及时躲闪避让。

（4）行走

正常端托行进时，双脚行走应呈平行线，双脚横向距离要小，步伐均匀，稳步行进，并做到快在稳中求。端托行进时，头正肩平，上身挺直，动作轻快、敏捷、自然，步伐稳健，目视前方，视线开阔，精力集中，面带微笑。

轻托端托行走时头要正，肩平，挺胸收腹，目光注视前方，顾及左右。面部表情轻松自如，脚步轻捷，盘内物品无相互碰撞之音，汤汁无剧烈晃动、无外溢。托盘不要靠在胸前，注意行走时保持身体各部位的协调性，右臂随着步子自然前后小幅度地摆动。

行走的步伐可归纳为以下 5 种：

常步：步距均匀、快慢适当，为常用步伐。

快步：急行步，步距加大，步速较快，但不能形成跑步。

碎步：即小快步，步距小，步速快，上身保持平衡。

跑楼梯步：身体向前弯曲，重心前倾，用较大的步距，一步跨两级台阶，一步紧跟一步，上升速度要快而均匀，巧妙利用身体和托盘运动的惯性，既快又省力。

垫步：当需要侧身通过时，右脚侧一步左脚跟一步，一步紧跟一步。

（5）落台

如需将盘内物品整个托盘放到工作台上。则应用右手扶住托盘后，左脚向前一步或半步，曲膝成半蹲状使盘面与台面处在同一平面，用左手腕部与右手小心地轻推托盘至台面；放稳后，开始按照从外到内的顺序，取用盘内物品。

（6）卸盘

把托盘平稳地放在工作台上，再安全取出物品。托盘行走至目的地后或服务过程中，站稳，用右手取用盘内物品，应按照前后、左右交替取用。取用时应注意随盘内物品变化而用左手手指的力量、与托盘的接触面和重心的调节来调整托盘重心。服务中的卸盘时，要求托盘位于宾客的右侧身后 10 ~ 20cm 处；右脚上前半步着地，左脚脚尖垫地，身体略前倾，保持托盘水平、稳定，防止托盘倾斜，碰到宾客。

2. 轻托要领及注意事项

轻托是使用最多的托盘服务方式，要求动作娴熟，姿势大方，运用自如。手指随时根据托盘重心的改变而调整，以使托盘一直保持平稳。具体操作中应注意：

第一，行走时托盘略有摆动，但应注意幅度不宜过大。

第二，斟酒时，要随时调整托盘重心，不要使托盘翻掉而将汁液洒在宾客身上，不可将托盘越过客人头顶，既不礼貌也不安全。

第三，在撤碟的过程中，托盘中的物品的数量、重量及托盘的重心都在不断变化，所以左手手指应不断调整移动，以控制托盘重心。

3. 重托的基本程序

重托是托载较重的菜点、酒水和盘碟的方法，重托的重量一般在 10 公斤左右。重托常与菜肴接触，易沾油污，使用前要仔细清洗和检查。

（1）理盘

清理托盘并将物品合理摆放在盘内，重心靠近身体。（同轻托）

（2）装盘

重托物品装盘，有以下基本原则：

第一，要把托盘内的物品分类码放，并使物品的重量在托盘内分布均匀。

第二，注意把所托物品按其高矮、大小摆放协调，物体较高或较重者，应摆于托盘的中心位置。

第三，装盘时，还要使物与物之间留有适当的间隔，以免端托行走时发生碰撞而产生声响或造成端托不稳。

第四，重托所托物品忌讳将所有物品不分大小、形状、体积无层次地混装在一个盘里，这样容易滑动，碰、撞、倒、掉、洒，甚至翻盘。

（3）起托

双手将托盘移至工作台外，用右手拿住托盘的一边，左手伸开五指托住盘底，掌握好重心后，用右手协助左手向上托起，同时左手向上弯曲臂肘，向左后方旋转 180°，擎托于肩外上方，做到盘底不搁肩，盘前不靠嘴，盘后不靠发。

重托起托与端托要领：

第一，双手将托盘移至服务台的边沿处，使托盘的一边 1/3 悬空，右手将托盘扶平、扶稳。

第二，左手伸入托盘底部，五指分开，掌心向上伸平，用掌心和五指托住托盘底部（实托），托住托盘底部的中心。

第三，上身前倾，双脚分开，呈外八字形，双腿屈膝下蹲呈骑马蹲裆式，腰部略向左前方弯曲，左手臂呈轻托起托状。

第四，起托后，在左手确定好端托重心后，右手协助左手向上用力将托盘慢慢托起。在托起的同时手腕和托盘向左后方（逆时针方向）旋转 180 度，使托盘在左旋转过程中送至左肩外上方，手指指尖向后伸，托盘距肩 2cm 左右处。

第五，左手托实、托稳后，再将右手撤回呈下垂，呈站立姿势。

第六，托盘一旦托起上肩，手臂要始终保持均匀用力，如果用力不匀，容易造成所托物品洒、掉、滑动等现象。

第七，重托托盘托举上肩后，手指指尖向前伸或向左伸均属端托不到位，从而使手臂承重力不够，容易造成端托失败。

第八，要做到盘前端稍向外，不靠嘴，盘后不靠发，盘底不搁肩，托盘要与头与发保持 2～3cm 的距离。

（4）行走

重托时注意右手或扶助托盘前角，或自然摆动，并随时预防他人的碰撞。

（5）放台

重托则按起托的相反程序落台即可。重托落托时，一慢、二稳，三平。

（6）卸盘

同轻托。

4. 重托基本要求及注意事项

使用重托运送菜点和收拾餐具时，姿势要正确，距离要适当，不可将汤汁、残羹碰洒在客人身上。收餐时，先将残余的汤汁集中在一只碗或盘中，将其余餐具分类摆放。对盘中堆物的大小、轻重要调度得当，分档安放，高位和分量重的靠里放。放托盘时，要弯膝不能弯腰。操作时要做到平、稳、松。

平：就是把握好重心，平稳轻松，行走时要保持盘平、肩平、动作协调。

稳：就是装盘要合理稳妥，重量要力所能及，托盘不晃动，行走不摇摆，转让灵活不碰撞，使人看了有稳重、踏实的感觉。

松：就是在托运过程中，动作表情要轻松自如，上身保持正、直，行走自如。

目前饭店不用重托，多用小推车解决递送重物的问题，这样既安全又省力，虽然如此，重托仍应作为服务员的基本技能加以练习，以备运用。

二、餐巾折花

餐巾是餐厅专门提供给顾客以擦嘴及防止汤汁溅在衣服上的一种保洁方巾，因其起初是专为擦嘴而用，因此俗称口布。摆台时，餐巾最早是叠成方形，平放在餐盘中，以后渐渐发展为折叠成各种抽象的艺术形象放在水杯或装饰盘上，以供客人餐前观赏。餐巾不仅实用，而且还可以起到衬托用餐环境、增加用餐气氛的作用，已成为桌面综合艺术的一部分。

（一）餐巾的基础知识

1. 餐巾的种类与特点

常用餐巾为边长45～65cm的正方形布巾，根据质地和颜色的不同可分为各种类别。

（1）按质地分

全棉餐巾、棉麻混纺餐巾、化纤餐巾、纸质餐巾、维萨（visa）餐巾。全棉餐巾和棉麻混纺餐巾优点是吸水性强，触感好，色彩丰富。但易褪色，不够挺括，每次洗涤需上浆，平均寿命4～6个月，其规格为边长50～65cm边长的正方形。化纤餐巾价格适中，其薄型餐巾边长规格一般为35cm。纸质餐巾，成本低，一次使用，规格为35cm的正方形，一般用在快餐厅和团队餐厅。

（2）按颜色分

按颜色，餐巾有白色和彩色两种。

白色餐巾给人以清洁卫生、恬静雅致、高贵纯洁的感觉。可以调节人的视觉平衡、安定人的情绪。如果在白色的底面上绣以素雅的小花卉、浅色的巾边，则更增添了纯朴的艺术美。

彩色餐巾又分为冷色和暖色两类。冷色调给人平和、安宁、清爽的感觉，适合在夏季、丧葬宴会、特定宗教节日运用，给人严肃、保守、沉稳等感觉；暖色调给人热烈奔放、喜气洋溢、扩张、柔和等感觉，适合在冬季、婚宴、欢迎宴会、喜庆节日等场合运用，给人喜庆、富贵、热情等感觉。具体颜色的运用要进行合理选择。

（3）按餐巾规格和边缘形状分

根据实际使用效果，边长45～50cm的餐巾运用最为普遍。一般不小于45cm，不大于

60cm，否则就难看、难叠、使用不便。无论哪种规格的餐巾都必须是正方形的，规整的正方形是造型美观的基础。按照餐巾的边缘，餐巾还有边缘平直型和波浪形，以及卷边和压边之分。

2. 餐巾的作用

（1）餐巾是一种保洁用品

客人就餐时，服务员将其放置于客人的腿上以防止汤汁、油污弄脏衣服。也可以用于擦拭嘴巴。

（2）美化席面

服务人员将质地不同、颜色各异的餐巾折叠成各种不同的造型放置于餐台上，给人以美的享受，可以烘托用餐氛围，提高宴会档次。

（3）标识主位

餐巾花型的摆放可以标志出主人、主宾的席位。造型复杂、美观、花型最高的花放在主人位，这样客人一入席就能容易识别、对号入座。

（4）象征意义

服务人员根据不同的宴会主题、不同的顾客折叠不同的餐巾花，使餐巾更具有美好丰富的象征意义。如在老人寿宴时折叠寿桃花型、在女性客人餐位折叠各种花卉等。

（5）广告宣传作用

饭店订做印有饭店标识的餐巾可以在客人用餐同时进行良好的视觉识别宣传，提高酒店知名度。

3. 餐巾的选择

对于餐饮部门的管理和采购人员而言，选择适用、美观的餐巾可以提高酒店服务质量，美化客人用餐环境。很难想象一家餐巾褶皱、破败不堪、污垢满身的餐厅有很高的服务质量。同时，餐巾颜色和桌布颜色，以及餐厅综合环境色调的搭配也直观地反映餐厅的特色、格调、档次。可见，餐巾的选择不是一件小事。那么，餐巾的选择需要考虑哪些因素呢？

（1）价格因素

餐厅定位不同、经济实力各异对于餐巾的价格因素的考虑也各不相同。餐巾也是餐厅运行成本之一，因此选择餐巾并非一味求贵，要选择适合餐厅档次的餐巾，以控制成本。

（2）质地

如前所述，各种质地的优劣各有不同。棉麻质料吸水性好、便于造型、但浆洗麻烦；化纤质料价格便宜、便于洗涤，但档次显低；纸质餐巾不便造型，但卫生方便；维萨餐巾优点突出，但价格稍贵。因此，档次较低的餐厅应用化纤或纸质餐巾，档次较高的餐厅则应选择棉麻或维萨餐巾。化纤质料由于质感差、伸缩性大、档次低，因此，现在只在大型中低档宴会作为一次性餐巾使用。而由于人们追求生活品质，棉麻质料越来越受到欢迎，其做工也越来越精细，高档棉麻餐巾价格可能比维萨餐巾还高。

（3）颜色

餐巾的颜色选择与餐厅的环境和主题定位很有关系，直接影响餐厅的格调。由于一般餐厅都会接待各种主题的宴会，因此，餐巾的颜色应该多预设几种搭配方案，多准备几种颜色。

(4) 做工

这里的做工是就餐巾的成型而言，对于餐巾而言，规整是第一重要的，规整的正方形做出的花型才对称、美观。选择标准是沿对角线对折后餐巾的边与边是否重合，对角线的交叉点与餐巾的中心点是否重合。其次是餐巾的边，是压边还是挑边，餐巾花是机器打压还是绣的，是手工绣还是机器绣，这些都直接关系餐巾的价格和档次。

(二) 餐巾折花

1. 餐巾花概述

(1) 餐巾花的种类

餐巾花的品种众多，按折叠方法和摆设工具的不同，可分为杯花、盘花和环花3大类。

杯花是指将餐巾折叠成各种形状后摆放在水杯中，常用于中餐服务。常用杯花有10款：双荷花、单荷花、扁豆花、冰玉水仙、鸡冠花、芭蕉叶、比翼双飞、白鹤、大鹏展翅、马蹄开花。

盘花指将餐巾折叠成各种形状后放入装饰盘（骨碟和主菜盘）上，常用于中餐和西餐服务。常用盘花有5款：扇面送爽、水仙盆景、领带折巾、扬帆远航、王公冠冕；一般主位常用盘花有：主教帽、雨后春笋、企鹅。

环花指将餐巾平整卷好或折叠成造型，套在餐巾环内。餐巾环也称为餐巾扣，有瓷制、银制、象牙、塑料、骨制的等。此外，餐巾环也可以用色彩鲜明、对比感较强的丝带或丝穗带代替，将餐巾卷成造型，中央系成蝴蝶结状，然后配以鲜花；餐巾环花通常放置在装饰盘或餐盘上，特点是传统、简洁、雅致。现在餐巾折花多趋向于盘花折叠。它因具有造型快速简捷、美观大方、技法简单、清洁卫生等特点而广受饭店欢迎。

按餐巾造型的外观分类，餐巾花有动物类、植物类、实物类3种。动物类造型：包括各种鱼、虫、鸟、兽造型，如鸽子、海鸥、金鱼、蝴蝶、孔雀、燕子等，有的取其特征，形态逼真，生动活泼。植物类造型：包括各种花草和果实造型，如月季、荷花、水仙花、竹笋、玉米等，其造型美观，变化多。实物造型：包括模仿自然界和日常生活中的各种形态的实物造型，如挪威冰川、折扇、水晶鞋、花篮，等等。

(2) 餐巾花的选择

餐巾花的选择和运用，一般应根据宴会性质、规模、规格、冷菜名称、季节时令、来宾的宗教信仰、风俗习惯、宾主座位安排、台面设计需要等因素进行综合考虑。总的原则是和谐、美观。具体讲要注意如下几点：

①要根据宴会性质选择花型。婚宴和丧宴选择花型应有差别，婚宴多用暖色调以烘托热烈喜庆气氛，丧宴多用冷色调突出严肃哀悼氛围；商务宴请与亲朋会餐应有差别，商务宴请注重规格、等级，亲朋会餐讲究随意、温馨。

②根据宴会规模选择花型。一般大型宴会可选用简单、快捷、挺括美观的花型折叠，小型宴会可以在同一桌面使用各不相同的花型，形成多样协调的布局。

③根据花式冷拼选择花型。选择与冷拼相匹配的花型，可以是相互衬托或起画龙点睛的作用。

④根据时令季节选择花型。用台面花型反映出季节特色。春用迎春、春芽等，夏用荷花、石榴，秋用枫叶、海棠，冬用冬笋、梅花等。

⑤根据宾客身份、宗教信仰、风俗习惯和爱好选择。各国风俗不同，各国都有自己的信仰禁忌，如日本人忌荷花、绿色；英国人忌讳孔雀图案；法国人忌菊花、黄色；泰国人喜欢睡莲。

⑥根据宾主席位安排选择。要突出主位，主位的花型要高于其他位置，要明显区别于其他位置。一般，副主位也有明显的不同，但要低于主位。

（3）餐巾花的摆放

①插入杯中的注意事项：餐巾花要恰当掌握深意；插时要保持花型的完整；杯内部分也应线条清楚；插花时要慢慢顺势插入，不能乱插乱塞或硬性塞入，以防杯口破裂；插入后，要再整理一下花形，盘花则要摆正摆稳，挺立不倒。

②餐巾花摆放注意事项：选择好餐巾花型，折好餐巾花后，其摆放也不能马虎，不然不但不能烘托用餐气氛，还会惹怒客人，弄得宾主不欢而散。因此，餐巾花的摆放应引起高度重视，具体讲，应注意以下几点：

第一，主花放于主位。

第二，观赏面朝向客人。注意动物的头部应朝向客人右边，不要正对客人（部分头小的鸟类花型可朝向客人，如凤凰、火鸡等花型）。同时主花的观赏面应面对副主人位。

第三，相似花型错开摆放。避免雷同、重复，形成错落有致的格局。

第四，注意摆放的深度。针对杯花，插入杯中的部分要适度，过浅会散形，过深则会掩盖观赏部分。

第五，摆放距离均匀。在摆放各种餐巾花时要注意保持距离均匀，做到不遮盖餐具、不影响服务操作。

2. 餐巾花折叠

餐巾折花的基本手法：

（1）折叠

即将餐巾一折为二、二折为四或者折成三角形、长方形等其他形状。折叠时，应一次折成避免重复，注意距离和角度，减少餐巾的折痕，使其美观、挺拔。

（2）推折

将餐巾叠面折成褶裥的形状，使花型层次丰富、紧凑、美观。即将餐巾叠面折成褶裥，使花型层次丰富、紧凑、美观。打折时，两个大拇指相对成一直线，指面向外。再用两手中指按住餐巾，并控制好下一个褶裥的距离，拇指、食指的指面捏紧餐巾向前推折至中指处。用食指将褶裥挡住，中指腾出去控制下一个褶裥的距离。3 个手指相互配合，要求均匀整齐，距离相等，每裥的高低、大小、宽度根据花型不同而定。推折可分为直线推折和斜线推折两种。折裥时，用双手的拇指、食指握紧餐巾，两个大拇指扣对成一线，指面向外，中线控制好下一个褶裥的距离，拇指、食指的指面握紧餐巾向前推折到中指处，中指再腾出去控制下一个折裥的距离，3 个指头互相配合，向前推折。

所折的裥要求距离相等，高低、大小一致，每裥的宽度根据花形不同而有区别，一般在

2cm 左右。折裥可分为直裥与斜裥两种。直裥的两头大小一样，用上面的方法平直推折；斜裥一头大一头小，形成圆弧形，要斜面推折，方法是一手固定所折叠餐巾的中点不动，或折小裥，另一手按平直推折的方法围绕中点沿圆弧形折。要求两边对称的折裥，一般应从中间向两边折裥（直裥、斜裥）。折裥的要求——折花应在比较光滑的台面上进行，以免因推不动而将餐巾拉长。折时，拇指、食指紧紧推裥，不能松开；中指控制间距将餐巾向前推折，不能向后拉折，否则折裥距离大小不均，有碍造型美观。

（3）卷

将餐巾卷成圆筒的一种方法，可分为平行卷和斜角卷两种。平行卷是指将餐巾两边平行一起卷拢，要求卷得平直；斜角卷就是将餐巾一头固定只卷另一头，或者一头少卷而另一头多卷的方法；如果按卷筒的形状来分，可分为螺旋卷和直卷两种。卷的要求——平行卷要求两手用力均匀，一起卷动，餐巾两边形状一致；斜角卷要求两手能按所卷角度的大小，互相配合。不管采用哪种卷法，都要求卷紧卷匀。

（4）翻

翻的含义较多，在餐巾折叠过程中，上下、前后、左右、里外改变部位的翻折所使用的技法都是翻。折叠花朵花瓣、鸟类的翅膀和头尾等均要用到这种方法。

（5）拉

折花中的拉，常常与翻的动作相结合，在翻折的基础上为使造型挺直，往往就要使用这种技法。翻与拉一般都在手中进行，一手握住所折的餐巾，一手翻折，将下垂的巾角翻上，拉折成所需的形状。在翻拉的过程中，两手必须配合好，握餐巾的左手要根据需要，该穿则穿，该松则松，配合不好，就会拉散餐巾，前功尽弃。拉时用力要均匀，不要猛拉。

（6）捏

捏的方法主要运用于鸟头造型。操作时，先将鸟的颈部拉好，然后用一只手的大拇指、食指、中指 3 个指头捏住鸟颈顶端，食指向下，将餐巾一角的顶端的夹角向里压下，大拇指和中指将压下的角捏出尖嘴。

（7）穿

是用筷子从餐巾的夹层折缝中穿过去，形成皱折，使造型更加美观逼真的一种技法。穿之前，餐巾一般都要打折。穿时，左手握住折好的餐巾。右手将筷子细的一头穿进餐巾的夹层折缝中，另一头顶在自己身体或桌子上，然后用右手的拇指和食指，将皱裥的部分慢慢往里拉，把筷子穿过去，皱折要求拉得均匀。穿的要求——穿时，筷子要光滑，拉折要均匀，遇到双层穿裥时，一般应先穿下面，再穿上面，这样两层之间的折裥不易散开。

上述方法是运用最多的基本方法。合理运用好这些基本方法，就能折叠出各种不同的美观花型。

3. 餐巾折花操作规范

（1）折花准备

①操作前要洗手消毒。

②准备好已消毒的托盘、水杯、餐巾、筷子。

③检查餐巾的正反面是否符合要求。

④了解客人对花式的禁忌和喜好。

（2）基本要求

①简化折叠方法，要求一次成型。

②餐巾折花设计要求美观和谐，符合宴会类型和特色。

③准确使用餐巾折花的折叠方法、技法。

（3）注意事项

①操作时不允许用嘴叼、口咬。

②放花入杯时，要注意卫生，手指不能接触杯。

三、斟酒

（一）斟酒的准备工作

各种宴会、酒席预订的酒品应该事先准备好，在高级宴会场合，应根据宴会规格、标准同接待单位协商而定。

1. 酒水准备事项

①各种酒席、宴会预订的酒品，应事先准备齐全。准备好的酒水要摆放整齐，注意将矮瓶、高瓶分放前后，既美观又方便取用。

②斟酒前，需将酒瓶擦拭干净，特别要将塞子屑和瓶口部位擦净。同时需仔细检查酒水质量，如发现瓶子破裂或酒水有变质现象（悬浮物、混浊、沉淀物等）时，应及时调换。

③餐厅服务员要了解各种酒类的饮用方式，特别是酒品的最佳奉客温度，并采取加温和降温的方法使酒品温度适合饮用。

2. 冰镇（降温）

（1）冰镇的目的

众多酒水的最佳饮用温度要求低于室温。最佳的奉客饮用温度是向宾客提供优质服务的一个重要内容。因此，较高档的餐饮服务场所通常需为宾客提供酒水冰镇服务。常用酒水的最佳饮用温度见表2－1。

表2－1　常用酒水的最佳饮用温度

酒水名称	最佳饮用温度
啤酒	4℃～10℃
白葡萄酒	8℃～12℃
红葡萄酒	室温18℃～24℃
香槟和有气葡萄酒	4℃～8℃
清酒	一般以16℃左右为宜，低于13℃，酒香难以挥发和感知。另外清酒加温后饮用，加温一般加至40℃～50℃。
加饭酒	加温至60℃

（2）冰镇的方法

冰镇的方法通常有冰块冰镇和冰箱冷藏冰镇两种。冰块冰镇的方法是：准备好需要冰镇的酒品和冰桶，并用冰桶架架放在餐桌一侧，桶中放入冰块，冰块大小适中，并加一些水，将酒瓶插入冰块中10分钟左右可达到效果。冰箱冷藏冰镇的方法则需要提前将酒品放入冷藏柜中，使其缓缓降至饮用温度。除对酒水本身进行降温处理外，还可以运用“溜杯”的方法对酒杯进行降温处理。具体方法是：服务员手持酒杯下部，杯中放入一块冰块，摇转杯子，以降低杯子的温度。

3. 温酒（升温）

有些酒品需要在饮用前将酒温升高，这样喝起来更有独特味道，这也是一种习惯做法。通常，温酒的方法有水烫、烧煮、燃烧、将热饮料冲入酒液或酒液注入热饮料中等，水烫和燃烧一般是当着客人面完成的。

4. 示酒

服务员在点酒客人的右侧，左手托瓶底，右手扶瓶颈，酒标朝向客人，让客人辨认。示酒是斟酒服务的第一道程序，它标志着服务操作的开始。

5. 准备酒杯

备有为各种不同的酒而设计的酒杯对专门销售食品与酒水的餐厅是非常重要的。餐厅服务员应根据酒类品种配备酒杯，并检查杯具的洁净和完好程度。

（二）开酒

酒瓶的封口常见的有瓶盖和瓶塞两种，瓶盖又分旋盖和压盖两种。开瓶指开启瓶盖和瓶塞的方法与注意事项。

①使用正确的开瓶器具。开瓶器有两大类型：一类是开启压盖的开瓶扳手；另一类是开启软木塞的酒钻，酒钻的螺旋部分要长，头部要尖，但不可带刃以免割破瓶塞。

②开瓶的动作要轻，尽量减少瓶体的晃动。一般将瓶放在桌面上开启，动作要准确、敏捷、果断。对于软木塞，如有酒塞断裂危险，可将酒瓶倒置，用内部酒液的压力顶住软木塞后再旋转酒钻。

③开启瓶塞后，要用干净的布巾仔细擦拭瓶口，检查瓶中酒是否有质量问题，检查的方法以嗅瓶塞插入瓶内的部分为主。

④开瓶后的封皮等杂物，不要直接放在桌上，可放在小盘子或托盘内，操作完毕后一起带走，不要留在宾客桌上。软木塞可放在点酒人手旁，供其鉴别。

⑤开瓶前应持瓶向宾客展示，得到客人认可后方可开瓶。

⑥葡萄酒的开启方法。服务员先用洁净的餐巾把酒瓶包上，然后切掉瓶口部位锡纸，并揩拭干净，用酒钻的螺旋锥钻入瓶塞尽量深，将瓶塞慢慢拔出，再用餐巾将瓶口擦干净。在开瓶过程中，动作要轻。

⑦香槟酒的开启方法。香槟酒因瓶内的压力较大，故软木塞的外面套有铁丝帽以预防软木塞被弹出。开瓶时，应先将瓶口的锡纸剥除，然后用右手握住瓶身，以45°的倾斜角度拿着酒瓶并用大拇指紧压软木塞，左手将瓶颈处的铁丝帽旋松直到铁丝帽裂开为止，将铁丝帽去掉。用左手紧握软木塞，转动瓶身，使瓶内的气压逐渐将软木塞弹挤出来。转动瓶身时动

作要既轻又慢，转动瓶身而不是直接旋转软木塞以防将其扭断而难以拔出。开瓶时，瓶口不能朝向宾客和自己，以防软木塞弹出伤害他人。如已溢出酒沫，将酒瓶45°斜握。

（三）斟酒的要领

1. 斟酒的姿势与位置

斟酒的方法分托盘斟酒和徒手斟酒两种。

（1）托盘斟酒

服务员站在宾客的右手侧，右脚向前伸进两椅之间，侧身而上，左脚微微踮起。左手托盘外撇，保持平衡；右手拿瓶斟酒，手势自然，握酒瓶中下部，酒标朝向客人，瓶口距杯口2cm，动作稳妥，手法轻缓，举止稳重，风度自然大方。

（2）徒手斟酒

多见于一桌宾客共用同一瓶酒水。徒手斟酒姿势要领同托盘斟酒，左手应持一块干净的餐巾，斟完酒后可以擦去瓶口酒水。徒手斟酒又分为桌斟和捧斟。桌斟是酒杯放在桌上直接斟倒；捧斟是一手持瓶，另一手将酒杯捧在手中，站在宾客的右后侧，向杯内斟倒，然后将斟好的酒放在宾客的右手边。捧斟适合非冰镇酒水。

2. 斟酒量

酒水的斟倒有一定量的限制，白酒以八分满为宜；红葡萄酒斟倒1/2；白葡萄酒斟倒2/3；香槟酒要分两次斟倒，先斟至杯的1/3处，待泡沫平息后，再斟至杯的2/3处；白兰地斟一盎司（以标准白兰地杯横放，杯内的酒液与杯口平）；啤酒顺杯壁斟倒，以酒液占酒杯的八成、泡沫齐杯口不溢出为标准。

3. 斟酒顺序

酒席、宴会斟酒的顺序，从总体讲，应从主宾位开始，再斟主人位，并顺时针方向依次为客人斟酒。但是，由于宴会的规格、对象、民族风俗习惯不同，因此斟酒顺序也应灵活多样。

宴会开始前10分钟左右将烈酒和葡萄酒斟好，顺序是从主宾沿顺时针方向进行。啤酒等软饮料则是在宾客入座后斟倒，顺序与前同。

（四）葡萄酒斟倒

1. 准备

（1）保存

红酒平置于葡萄酒冰箱中，冰箱恒温保持在16℃～18℃。白葡萄酒平置于葡萄酒冰箱中，冰箱恒温保持在8℃。

（2）需要器具

红酒：口布、开瓶器、小碟、酒杯、醒酒壶。

白葡萄酒：金属水桶及桶架、口布、开瓶器、小碟、酒杯。

气泡酒及香槟：金属水桶及桶架、口布、小碟、酒杯。

注意事项：白葡萄酒和气泡酒或香槟，需事先准备在冰桶中放入2/5的冰块，再放入2/5的生水，然后把客人点的白葡萄酒或气泡酒放入桶中，水平面位于瓶颈处即可。

（3）斟倒服务程序

①展示：用折好的口布包紧酒瓶，平衡运行，不可摇晃，左手托瓶底，右手扶瓶颈，在主人右手边将酒标对着客人（客人眼睛的视线与酒标成45度的斜角），然后以稳重清晰的声音读标（酒名、年份、酒庄），请客人确认。

注意事项：若客人同时点了不同种类酒水时，应先征询宾客意见，由其选择后再斟酒。

②询问：询问客人是否开瓶。

③开瓶：把酒瓶竖于落台上，左手腕置口布，左手持瓶颈，右手持开瓶器。用开瓶器内的小刀割开酒的封口，随后用开瓶器内的螺丝旋转刀转入木塞的4/5处，放下起塞架，左手扣紧，右手用力向上提塞，把木塞提至瓶口0.5cm处，用大拇指、食指、中指捏住木塞，慢慢摇动，让空气进入瓶中，最后起塞（注意：不可发出声音）。出塞后，自己可先闻一下木塞，以确保酒质，然后把木塞放入小碟中，置于客人右手边。并说道："先生/小姐，这是您的酒塞。"用口布擦拭瓶口，以保证瓶口的清洁及防止木屑掉入瓶中，将红酒缓缓地倒入醒酒壶中，最后瓶中留少许酒。

④斟酒：左手拿口布，右手握醒酒壶，将酒缓缓倒入主人杯中（约10ml），让主人试酒，并等待客人示意。得到示意后，按顺时针方向为其他客人斟酒，先女士，后男士，最后斟主人。使用语言："请享用您的葡萄酒。"

注意事项：针对小餐台宾客以先女后男，先客后主的顺序斟酒；较大或大餐台先主宾，再按顺时针方向逐一斟酒，最后斟给主人，大型宴会，应先给女主宾、主宾、主人斟酒（或饮料）再按顺时针方向逐一斟酒。斟酒前应示意宾客，征得同意后再斟，若宾客不同意，切勿勉强。服务员斟酒时，应站在宾客身后右侧，身体不要紧贴宾客，酒瓶口与酒杯口保持1～2cm，将酒缓缓倒入杯中，斟至正常量时轻提瓶口，将瓶顺时针旋转45°，使酒不会下滴，收回酒瓶，左手持干净口布将残留在瓶口的酒液擦拭干净，做到准确、优雅、大方。

四、中餐摆台

摆台是指餐厅服务员在宾客就餐前预先为宾客布置好用餐器具以方便客人用餐的行为，是一名合格的服务员的综合基本能力的体现。因为餐别的不同，往往放置餐具的类别和数量以及位置关系都有明显的区别。而且不同的餐厅在具体的要求上也不尽相同。摆台总体要求：布局紧凑、距离匀称、取用方便、操作卫生、动作大方。

（一）操作所需物品

各式餐桌、各式台布、托盘、餐椅、摆台器具、转盘。其中器具又包括餐盘、汤碗、汤匙、筷子、筷架、各式羽觞、餐巾、味碟、茶杯、茶盘、烟灰缸、牙签筒、花瓶、席位卡、菜单、公用餐具。

（二）中餐摆台要求

①餐具摆放要相对集中。

②要便利客人就餐，便于服务员席间服务。

③台面要具有美感，富于艺术性。

④台面要干净卫生，所有的布件、餐具、调味品及装潢品都要划一干净。

（三）中餐摆台规范及流程

1. 摆放桌椅

摆放桌椅是摆台的第一步，一般而言摆台的标准是一种相对位置关系，合理利用参照物可以让我们摆出更加美观的台型，而座椅是第一参照物。摆放前，首先应检查桌椅是否完好。桌子在摆放时要注意桌腿构成的正方形与餐厅的墙面平行，桌面稳固不晃动。座椅要摆放整齐，离门最远的中间餐位为主人位。

2. 铺台布

台布铺设是将台布舒适平整地铺在餐桌上的过程。

（1）台布基础知识

台布的种类很多，因纯棉台布吸湿性能好，大多数餐厅均使用纯棉提花台布。台布的图案有团花、散花、工艺绣花及装饰布等；台布的颜色有白色、黄色、粉色、红色、绿色等，但多数选用白色。选择台布的颜色，要与餐厅的风格、装饰、环境相协调。

台布的形状大体有 3 种：正方形、长方形和圆形。正方形常用于方台或圆台，长方形则多用于西餐各种不同的餐台，圆形台布主要用于中餐圆台。

台布的规格大小有多种，经常使用的有 140cm × 140cm、160cm × 160cm、180cm × 180cm、200cm × 200cm、220cm × 220cm、240cm × 240cm、260cm × 260cm 等的台布。使用时应根据餐桌的大小选择适当规格的台布。如 140cm × 140cm 的台布适用于 90cm × 90cm 的方台上；160cm × 160cm 的台布适用于 100cm × 100cm、110cm × 110cm 的方台上；180cm × 180cm 的台布适用于直径 150cm、160cm 的圆台上；200cm × 200cm 的台布适用于直径 170cm 的圆台上。除了方台布外还有长方形台布，如 160cm × 200cm、180cm × 300cm 等不同规格。这类台布用于长方台及西餐各种餐台，可根据餐台的大小形状选用不同数量的台布，一块不够用时可随意拼接。在拼接时注意将接口处接压整齐。圆形台布其规格各有不同，一般的圆形台布多见于定型特制，即根据餐台的大小将台布制成大于餐台直径 60cm 的圆形台布，使台布铺于餐台上圆周下垂 30cm 为宜。

（2）铺台布的要求

正面朝上、十字居中、四角下垂相等且遮住桌腿，台布铺放平整无气泡，桌布的凸折线对准正副主人位，圆形台布周边下垂均等。

（3）铺台布动作要领

铺台布前首先要检查台布和转台是否洁净和完整。铺台布的方法主要有撒网式、肩抛式、推拉式、抖铺式几种。服务员可根据自己的情况选择一种适合自己的方法，目前运用最为广泛的是推拉式，女性服务人员也有相当部分运用撒网式。下面主要说明撒网式、推拉式和抖铺式铺台布的要领。

①撒网式：在主人位操作，两手抓住台布一边凸折线等距离处，拇指、无名指、小指在台布下，食指与中指在上，用拇指、无名指与小指紧抓台布边缘，中指与食指去抓剩余的台布。收回台布，然后如渔民撒网从餐桌的左边向右边铺开。（拇指、无名指和小指要抓紧，不然容易把台布全部抛出去。）

②推拉式：在主人位操作，先将台布铺开，两手抓住台布一边凸折线等距离处，手法同上，然后手势向前推，用食指和中指去收起余下的台布，然后两手内扣，用腕劲将两手两边的台布收到两手之间的那段台布内，然后两手均匀用力向餐桌的副主人位两边抛出去，将台布打开，然后向回拉到适当位置即可。（拇指、无名指和小指要抓紧，不然容易把台布全部抛出去；用力要均匀干脆，不然容易留下气泡。）

③抖铺式：即用双手将台布打开，平行打折后将台布提拿在双手中，身体呈正位站立式，利用双腕的力量，将台布向前一次性抖开并平铺于餐台上。这种铺台方法适合于较宽畅的餐厅或在周围没有客人就座的情况下进行。

（3）拉椅定位

用双手轻抚椅背，用膝盖辅助，将餐椅提起并拉出。顺序为从主人位顺时针。主人位和副主人位可以不动，其他座椅在拉开时注意与台布相距1cm，座椅间间距相等，每把座椅都直对桌心。

（4）上转盘

操作规范：8人以上餐台应摆转台，转台与餐台齐心。

（5）摆放个人餐具

根据酒店标准摆放个人餐具，遵循左高右低的原则，做到距离相等，方便取用，布局紧凑，整齐美观。注意操作卫生，不得用手抓碟边和勺子头等部位。左手托盘，从主人位开始顺时针摆放。注意各餐具间的位置关系，具体标准各酒店有差异，但要注意每套餐具的距离相同，做到整齐划一，和谐美观。

①摆放定位碟。首先用消毒巾消毒双手，然后在防滑托盘内整齐摆放骨碟，从主人位顺时针摆放。骨碟离桌边1cm，图标对正，骨碟间间距相等，位于座椅的正前方。（牢牢把握骨碟位于座椅的正前方，这样骨碟的距离都是相等的。）

操作规范：

4人桌，正、副主位偏向各摆2位或每边各1位。

6人桌，正、副主位偏向各摆1位，双方各摆2位。

8人桌，正、副主位偏向各摆2位，双方各摆2位。

10人桌，正、副主位偏向各摆3位，双方各摆2位。

12人桌，正、副主位偏向各摆3位，双方各摆3位。

②摆汤碗、汤勺、味碟。汤碗位于餐碟右后方，汤勺放于汤碗中，勺把朝左，味碟位于餐碟右后方，二者与餐碟间距为1cm。

③摆筷架、筷子。筷架位于餐碟右侧上方，同汤碗、味碟中线在一条直线上，筷子摆在筷架上，尾部距桌边1cm。

④摆酒具。3种羽觞可由大到小依次摆放，也可先摆红羽觞（位于餐碟垂直中线上）定位，再摆白羽觞，末了放折花的水杯。杯间间距1cm，汤碗、味碟间距1cm。

⑤摆公用餐具。10人桌摆放两套公用餐具。分别放在正副主人酒具的后方，公用勺和公用筷并排横放在公用盘上，筷子尾巴端和勺把一概向右。

⑥摆牙签筒。像10人桌宴会一样通常摆两个牙签筒，牙签筒放在公用盘右侧，相距1cm。

⑦摆菜单。10 人桌通常放两张，摆在主人、副主人餐具的一侧，其底部距桌边 1cm。

⑧摆席次卡、座卡。席次卡摆在每张餐桌的中间，台号朝向厅堂进口处。座卡放在每个餐位正中，卡上姓名正对就餐者手持杯具柄部，注意卫生。

五、点菜

点菜服务是餐厅服务的主要环节，是餐厅营销工作的重要组成部分，是服务语言、专业知识和服务技巧的集中体现，体现了餐厅员工的综合从业素质。

（一）服务员点菜四大时机

1. 落座斟茶后

要给予适当时间（大约 5 分钟）让客人看菜单，可询问客人是否点菜。

2. 正在看菜单时

主动上前服务，通过观摩顾客的服饰类型或所携带的随身物品等开启话题。

3. 表示接受点菜时

先询问顾客有没有什么饮食禁忌、偏爱的或者特殊味感方面的菜式。

4. 引导点菜时

顾客还没有决定选择什么菜式时，服务员应主动上前推介新菜，突出引导顾客尝新的心理。

（二）点菜的基本步骤与方法

1. 问候客人

礼貌问候客人，如："晚上好，先生。很高兴为您服务。"

介绍自己，如："我是服务员小王。"

征询客人是否可以点菜，如："请问现在可以为您点菜吗？"

2. 介绍、推荐菜肴

介绍菜单时要做好客人的参谋，适时、适当推荐菜肴，向客人推销、推荐餐厅的时令菜、特色菜、畅销菜、高档菜。

用看、听、问的方法来判断客人的需求，注意原料、口味、烹调方法、高低价格等方面的搭配；时刻体现对客人的关心，提供情感式的服务。必要时对客人所点的菜量、数量和食品搭配提出合理化建议。

菜肴介绍应突出重点并有针对性，对某些特殊情况做好事前说明。

熟悉菜单，对于客人所点菜肴要做到了如指掌。

3. 向客人解释菜单

菜单上每道菜都由菜名、价格和描述 3 部分组成，而每部分都有其独特的含义。现将涉及的有关内容分述如下：

（1）数量表示

食品和饮料服务都有一个量的概念。菜单上食品分量的表示方法有：用大、中、小表示的，如大杯可乐；有用具体数表示的，如 3 块炸鸡；有用器皿表示的，如一汤碗、一茶杯；有用重量表示的，如千克、克等。菜单上所有的数量的表示都要符合人们的习惯，要具体清楚，不要给客人错误的信息。

（2）质量表示

食品和饮料的卫生要符合国家的卫生标准。菜单上质量的表示，描述各道菜有关肉、鱼、禽、蔬菜等品种部位特征的词要名副其实，不能弄虚作假。

（3）价格表示

价格在菜单上比较明了，对于价格有调整的要及时在菜单上做出调整。

（4）缺损菜品的解释

如果出现缺损菜品的情况可建议客人改点其他菜肴，或推荐同类同价位的菜肴，或推荐特色菜。

4. 记录客人点菜的方法

使用点菜备忘单记录的方法。点菜备忘单应将餐厅所有经营的酒菜印在点菜单上，服务员只需根据客人的点菜在便笺上相应的菜名前做出标记即可。一式两份，一份留给客人，一份送到厨房。若客人改变主意而变更他们点的菜时，服务员在备忘的点菜单上划掉项目，就可防止混乱。这种方法非常简单，多用于早餐和客房餐饮服务。

使用便笺记录点菜的方法。由餐桌服务员或者专门负责点菜的服务员在客人点菜之前在点菜便笺上写明客人的餐桌号、进餐人数、日期、服务员自己的名字，并按自编系统或缩写记录桌上每个人的位置，然后再记录每一个人的点菜。

计算机记录点菜。在现代高级饭店和高级餐厅这种方法越来越普及。将客人的点菜，包括菜的分量、价格、总金额等所有项目输入计算机，打印后交给客人并通过荧屏显示通知厨房。现在许多酒店都引入了点菜系统，使用方便快捷不易出错。点菜机、点菜宝的使用从小型餐馆到大酒店已开始普遍。

记录点菜的注意事项：

①服务员应注意仔细听取客人的点菜。

②用缩写式记录点菜。这种缩写应是大家熟悉的。

③服务员在确信点菜已经记录之前不得离开餐桌。

④如有疑问应再度询问清楚，以免遗漏或错记。

⑤注意记清每位客人点的菜、每道菜要求烹制的程序、用何种原料及其配菜等。这样可以省去餐厅与厨房间无谓的奔跑，并免除客人不耐烦的等候。

⑥服务员应记住各种菜、汤的烹调时间，并适时地告知客人。

⑦客人点错菜，千万不要与客人争吵，以宽容和耐心灵活待客。

⑧用同一点菜单的客人要求分开账单时，需要通知厨房准备。用一些特殊的记号和缩写来标明，会使手续快捷。

⑨回答客人问题时要音量适中、语气亲切。

⑩注意身体姿势，不可将点菜单放在餐桌上填写。

5. 确认

点完菜后，要向客人复述一遍所点菜肴及特殊要求，并请客人确认。感谢客人，告知客人大约等待的时间。

6. 点酒水

征询客人是否可以点酒，如“请问现在可以为您点酒吗?”根据客人的消费要求和消费心理，向客人推销、推荐餐厅的酒水，介绍时要做适当的描述和解释。适宜地提出合理化建议。尽量使用选择性、建议性语言，不可强迫客人接受。

7. 放置点菜记录单（下单）

点菜单在厨房如何放置，不仅关系到厨师对食品的准备，而且对整个服务效果都有很大影响。每个餐厅都应制定一套行之有效的方法。下面的 4 种方法最常见：

（1）将点菜记录单放在圆轴架上

服务员在厨房把点菜记录单按次序或按桌号放置；新的点菜记录放在右边，以保证厨师按客人点菜的先后次序从排在左边的记录单上的菜开始准备；收接点菜记录单的人，必须重复一遍所点菜，以便准确无误；当一个点菜单上的菜准备好后，厨师应把点菜记录单和账单放在上面，以帮助检查点菜是否准备齐全。

（2）服务员把点菜记录输入计算机系统

通过自动传递，厨房就能从荧屏上看到显示出的点菜项目。

（3）厨房指定一人（厨师或其他工作人员）唱读每个点菜单

无论哪种方法，传递信息必须准确清楚。写完点菜记录单立刻送到厨房，放在点菜记录单呈放架上。放置点菜单时，要特别注意双层的点菜记录单，防止在匆忙中被忽略。

（4）由服务员唱读点菜

在小餐厅，服务员通过唱读客人所点菜，把信息传给在厨房的工作人员。这种方法要求服务员头脑清楚、记忆准确。

下单的注意事项有以下几点：

①填写点菜单和点酒单要准确、迅速、清楚、工整。

②填写内容齐全，点菜单注意冷热分开。

③及时分别送交厨房、收银处、传菜部。

④不同的菜点单要按规定递交给不同的烹饪部门或责任人。

⑤点菜单与酒水单应分开递交。

（三）点菜服务应注意以下几点

1. 时机与节奏

把握正确的点菜时机，在客人需要时提供点菜服务；点菜节奏要舒缓得当，不要太快也不要太慢，但要因人而异。

2. 服务要规范化

填写点菜通知单要迅速、准确，单据的字迹要清楚，注意冷菜、热菜分单填写。要填写台号、日期、用餐人数、开单时间、值台员签名。菜肴和桌号一定要写清楚。

3. 客人的表情与心理

在服务过程中，服务员应注意客人所点的菜和酒水是否适宜，这需要观察客人的表情和心理变化。

4. 清洁与卫生

点菜中要注意各方面的清洁卫生。菜单的干净美观、服务员的个人卫生、记录用的笔和单据的整洁都要符合标准，才可使客人在点菜时放心。

5. 认真与耐心

点菜时应认真记录客人点的菜品、酒以及客人的桌号、认真核对点菜单，避免出错；要耐心回答客人的问题，当客人发脾气时，服务员要宽容、忍耐，避免与其发生冲突。

6. 语言与表情

客人点菜时，服务员的语言要得体，报菜名应流利、清楚，表情应以微笑为主，以体现服务的主动与热情。注意礼貌语言的运用，尽量使用选择性、建议性语言，不可强迫客人接受，不要用特别自我肯定的语言，也不要用保证性的语言。

7. 知识与技能

服务员要不断拓宽自己的知识面，提高服务技能，才能应付复杂多样的场面，满足不同顾客的不同需求。

8. 注意事项

①客人所点菜肴过多或重复时，要及时提醒客人。

②客人点菜单上没有的或已经销售完的菜肴，要积极与厨房取得联系，尽量满足客人的需要或介绍其他相应的菜肴。

③如果客人所点菜肴需烹制时间较长时，要主动向客人解释，告知等待时间，调整出菜顺序。

④如客人需赶时间，要主动推荐一些快捷易做的菜肴。

⑤记清客人的特殊要求，并尽量满足客人。

六、中餐上菜

上菜服务是服务员将厨房出品的菜品，按要求摆放到餐桌上。

（一）中餐上菜的位置与方法

零点餐上菜服务比较灵活，服务人员应注意选择比较宽敞的位置上菜，以不打扰客人为宜。不要从老年人和小孩、穿着时尚的女性身边上菜。中餐上菜选择餐位的摆放情况比较方便的位置上菜，也可以选择在副主人右侧上菜，但不能在主人和主宾之间上菜，一般应固定一个上菜口。

服务员用食指、中指、无名指勾菜盘的底边棱，拇指跷起稳压盘边，以正常步速至桌前，保持菜盘平稳，然后从上菜位置双手轻轻将菜盘放在转盘上距其边缘 1.5cm 转动转盘，使所上的菜位于主宾和主人之间，然后后退半步，左手背在身后，右手指并在一起伸直，手心向上，指向菜品的方向，并用适中的音量报上菜名。

（二）上菜的顺序

上菜顺序一般是：第一道上凉菜；第二道上主菜；第三道上热菜；第四道上汤菜；第五

道上甜菜，随后上点心，最后上水果。一般遵循先冷后热、先咸后甜、先菜后点、先浓后淡，先优质后一般的上菜原则。

（三）上菜时机

①零点菜品中第一道凉菜须在5分钟之内上，第一道热菜须在10分钟之内上，全部热菜须在30分钟之内上齐。也可根据宾客要求灵活上菜。

②在宴会开始15分钟前上冷菜。

③宴会中第一道热菜须在10分钟之内上，全部热菜在40分钟之内上齐。具体上菜时间及速度视客人的具体要求由服务人员与厨房协调。

（四）摆菜的具体要求

1. 摆菜的位置要适中

散坐摆菜要摆在小件餐具前面，间距要适当。一桌有几批散坐顾客的，各自的菜盘要相对集中，相互之间要留有一定间隔，以防止差错。中餐酒席摆菜，一般从餐桌中间向四周摆放。

2. 各种菜品的摆放

中餐酒席的大拼盘、大菜中的头菜，一般要摆在桌子中间。汤菜如砂锅、暖锅、烛盅等，一般也摆在桌子中间。散坐的主菜、高档菜，一般也应摆在中间位置上。比较高档的菜，有特殊风味的菜，或每上一道新菜，要先摆到主宾位置上，在上下一道菜后再顺势撤摆在其他地方，将桌上菜肴做调整，使台面始终保持美观。

3. 酒席中头菜的看面要对正主位，其他菜的看面要调向四周。散坐菜的看面要朝向顾客。

4. 各种菜肴要对称摆放，要讲究造型艺术

菜盘的摆放形状一般是两个菜可并排摆成横一字形；一菜一汤可摆成竖一字形，汤在前，菜在后；两菜一汤或3个菜，可摆城品字形，汤在上，菜在下；三菜一汤可以汤为圆心，菜沿汤内边摆成半圆形；四菜一汤，汤放中间，菜摆在四周；五菜一汤，以汤为圆心摆成梅花形；五菜以上都以汤或头菜或大拼盘为圆心，摆成圆形。

菜肴对称摆放的方法：要以菜肴的原材料色彩、形状、盛具等几个方面讲究对称。如鸡可对鸭，鱼可对虾等。同形状、同颜色的菜看也可相间对称摆在餐台的上下或左右位置上，一般不要并排摆在一起，摆放时注意荤素、颜色、口味的搭配和间隔，盘与盘之间距离相等。如果有的热菜使用长盘，其盘子应横向朝主人。

（五）摆放特殊菜品的服务方法

1. 整鱼的服务方法

遵循左头右尾，鱼不露脊的原则摆上台展示，征询客人意见是否需要去骨或分鱼。去骨的方法：服务员左手持餐刀，右手持餐叉，用餐叉插进鱼头、身的交界处，用刀切下鱼头，再用叉插进身尾交界处，持刀切下鱼尾，将鱼近颈部附近中间的骨头用刀切开，在切开的部分用刀斜向鱼的两边由颈到尾向后拉的方法，将鱼切离鱼骨，用叉将鱼大骨挑起，再用刀在

鱼的底部将肉切离鱼骨。

询问客人是否需要将鱼每人分一份，若要分，则将鱼平均按人数等分，装入骨碟，鱼皮向上，淋上豉油，分到每位客人的骨碟位置，撤走原有骨碟；若不分则将鱼骨挑出放在骨碟内，鱼肉复位，表面用葱丝装饰，在淋上豉油即可。

2. 煲仔、铁板菜品的服务

因为煲仔、铁板菜品的盛装器皿比较热或有火，注意到别在有小孩、老年人或举止、动作较大的客人身旁上菜，避免意外发生。当锅仔内的汤已经沸腾，生食已经煮熟后，要主动帮客人将火调小，以免汤汁烧干。

3. 上汤或粥的服务方式

服务汤、羹类或粥时，要跟垫盘和汤匙。汤匙放于汤碗的右边，由主宾位开始，按顺时针方向进行服务，放于客人筷子的右边。当宾客用完汤后，主动询问是否加汤。不加则及时撤走汤碗以免阻碍宾客用餐。当宾客很久都没有用汤时，也可以询问宾客可否撤走。

（六）上菜的程序及服务标准

1. 检查菜品

服务员看到传菜员托送菜品走到自己工作区域内的餐桌旁时，应快步上前迎接，并检查菜品是否与客人所点一致。同时做到“三不上”，即菜不正确不上，菜量不够不上，菜品质量不合格不上。

2. 端送菜品上菜

餐厅服务员将菜肴放在托盘内端至桌前，左手端托盘，右脚在前，插站在上菜口两位客人之间的餐椅间，侧身用右手上菜。上菜时应说：“对不起，打扰一下。”以提醒客人防止碰撞而发生意外。如果是汤菜或温度较高或菜盘较大，可双手上菜。

3. 报菜名

服务员把菜品送到转台上，顺时针方向旋转一圈，等客人观赏菜品后，转至主宾面前，后退一步，报清菜名，必要时（如是本餐厅特色菜或风味菜）应介绍菜品特色，特殊菜品还要介绍食用方法，然后请客人品尝。

4. 摆菜

将新菜放在主宾面前，残菜应随时撤下，菜盘及时调整，注意盘与盘之间的距离均匀一致，保持台面整洁美观。

5. 上汤

上汤时同上菜位置相同，同时应在汤盆内加放大号汤勺，方便客人食用。如果需要分食，则采用正确的分菜方式为客人分盛。

（七）特殊菜肴的上菜方法

1. 易变形的炸、炒菜肴

菜肴一出锅应立即端上桌，上菜时要轻、稳，以保持菜肴特有的形状和风味。

2. 锅巴类声响菜肴

锅巴类声响菜肴一出锅应以最快速度端上桌，随即把汤汁浇在锅巴上，使之发出响声。浇汁动作应连贯，否则会失去应有的效果。

3. 拔丝类菜肴

先用汤碗盛上热水，将装有拔丝类菜肴的盘子搁在汤碗上，用托盘端送上桌，并跟凉开水数碗。托热水上拔丝菜肴作用在于可防止糖汁凝固，保持拔丝类菜肴的风味。

4. 原盅炖品菜肴

原盅炖品菜肴端上桌后当着客人的面启封，以保持炖品的原汁原味，并使炖品的香气弥漫在餐桌上，启盖时要用右手将盖竖起，左手持一块干净的布巾或餐巾纸在下面接着水滴，以免汤水滴落在客人身上。

5. 泥纸包、荷叶包菜肴

对于泥纸包、荷叶包菜肴应先将菜肴端上桌供客人观赏，然后再拆开启封，以保持菜肴的香味和特色。

6. 铁板类菜肴

上菜时尤其要注意安全，既不要烫伤自己，更不能碰撞宾客，在向铁板内倒油、放香料及菜肴时，离铁板要近，最好用盖护着，以免锅内油溅到客人身上。

7. 上汤类、火锅、锅仔、铁板类菜肴

上菜时应该在下面放置垫盘。提醒客人注意安全，将菜肴放置在远离小孩的地方。

（八）上菜注意事项

①将最鲜、最嫩、最好吃的部位朝向主宾。

②有造型的菜肴，应将菜放在转台上，将转台旋转一周，向客人展示菜肴的造型。

③上菜时要做到不推、不拉、不摞、不压，随时留意将大盘换成小盘，对不易夹取的菜品放置公用勺。

④上新菜时，先清理台面，将新菜转到主人与主宾之间。

⑤冷盘一般应均匀摆放在转台边缘。

⑥菜的荤素、色泽的搭配均匀。

⑦造型菜正面朝向主人，盘饰一律向转盘中央。

⑧随着热菜的上桌，要不断将冷盘移至转盘中间。

⑨先上调味品，再将菜端上；每上一道新菜都要转向主宾前面，以示尊重。

⑩如果热菜上整鸭、整鸡、整鱼时，中国传统的礼貌习惯是“鸡不献头，鸭不献掌，鱼不献脊”。即上菜时将其头部一律向右，脯（腹）部朝主人，表示对客人的尊重，并要主动为客人用刀划开、剔骨。

七、中餐分菜

在中餐进餐过程中，有些菜肴不方便宾客直接取用，这时分菜服务就显得必要了，因此，分菜服务技能也是服务人员的一项基本技能。分菜服务就是菜肴在客人观赏后由服务人员主动均匀地为客人分菜分汤，也叫派菜或让菜。

（一）分菜餐具与其使用

1. 分菜叉勺

服务人员右手握住叉勺把的后端，叉上勺下，勺面向上，叉的底部向勺面，在夹菜肴或点心时主要依靠手指控制。食指与拇指捏住勺把，配合控制叉子，其余3指控制勺子，无名指与其余两指分别放在勺把的两侧。对于带汁菜肴，则由勺子盛舀汤汁。

2. 公用勺筷

服务人员站在客人左侧，左手持公用勺，右手持公用筷，相互配合，将菜肴分到宾客的餐盘中。

3. 长柄汤勺

主要用于分汤，汤中有菜时还需要公筷配合。

（二）分菜准备工作

分菜前，服务人员要整理好备餐台，备餐台上摆放好分菜用的各种工具，准备好干净的骨碟。当传菜员将菜肴送来时，值台服务员将菜肴端上桌，放在转台边缘，转至主宾位，报菜名，然后旋转转台，让每一位宾客观赏菜肴，待宾客观赏完毕方可分菜。

（三）分菜方法

1. 叉勺分菜法

菜肴上桌展示介绍后，用左手垫上餐巾将菜盘托起，右手拿叉勺进行分菜。站在宾客左侧侧身位，身子不能倾斜在客人身上。分菜时要掌握分量，要做到分派平均，一勺到位，绝不允许将一勺菜分给一位以上的客人。每道菜不要分光，要留下1/10以示菜肴丰盛（如果是按客人数量进行配送的例外，如酸汤鱼丸等）。

2. 转台分菜法

服务员将菜品上桌展示后，在转台上为客人分让菜品。此方法多用于分让冷菜。

3. 分菜台分让法

即旁桌分菜法。是指菜肴由传菜员送来后，值台服务员先将菜肴放在餐台上向客人展示，介绍菜名、菜肴特色，然后值台服务员将菜肴取下来放在独立的分菜台上进行操作。菜分好了，从宾客左侧送到。

4. 特殊菜肴的分让方法

（1）汤类菜肴的分让方法

先将盛器内的汤分进客人的碗内，然后再将汤中的原料均匀地分入客人的汤碗中。

（2）造型菜肴的分让方法

将造型的菜肴均匀地分给每位客人。如果造型较大，可先分一半，处理完上半部分造型物后再分其余的一半。也可将食用的造型物均匀地分给客人，不可食用的，分完菜后撤下。

（3）卷食菜肴的分让方法

一般情况是由客人自己取拿卷食。如老人或儿童多的情况，需要分菜服务。方法是：服务员将盘碟摆放于菜肴的周围；放好铺卷的外层，然后逐一将被卷物放于铺卷的外层上；最后逐一卷上送到每位客人面前。

（4）拔丝类菜肴的分让方法

由一位服务员取菜分让，另一位服务员快速递给客人。

（5）鱼类菜肴的分让方法

分让鱼类菜肴时，要先剔除鱼骨。先将鱼身上的其他配料拨到一边，用餐刀顺脊骨或鱼中线划开，将鱼肉分开，剔除鱼骨后再将鱼肉恢复原样，浇上原汁，注意不要将鱼肉碰碎，要尽量保持鱼的原形。再用鱼刀将鱼肉切成若干块，按宾主先后次序分派，如是带鳞鱼块，要将带鳞的部分紧贴餐碟，鱼肉朝上。

（6）冬瓜盅的分让方法

冬瓜盅是夏令名菜，带皮的炖品，由于瓜身高，一般要两次分派。第一次先用服务勺将冬瓜肉和盅内配料汤汁均匀地分给客人。由于分让后的瓜皮很薄，容易破裂，所以必须横切去上部分瓜皮后再进行第二次分让。

（7）鸡、鸭等整型类菜肴的分让方法：分让鸡、鸭等整形类菜肴时，先用刀、叉剔除骨头。分让时按鸡、鸭类菜肴的自身结构来分割及分派，要保持其形状的完整和均匀。一般头尾不分派，留在碟中，随客人自行取用。分让时，要把较好的部分分派给重要宾客，以显示客人的尊贵和服务的周到。

（四）分菜顺序

先主宾后主人，然后顺时针进行，做到不洒、不溢汁等，不能站在客人中间，左右分派。

（五）分菜基本要求

1. 注意卫生

服务人员在分菜前要将手清洗干净，用具要洁净，操作要利落，不要把汤汁弄出餐盘外或洒在餐桌上。

2. 动作利索

很多中餐菜肴的最佳口味与其温度有密切关系，因此，服务员要以最快的速度完成分菜服务。同时注意操作要轻，不要发出噪声。

3. 分菜均匀

分菜时，服务员要首先计划，注意分菜均匀，不然就会失礼。有两种以上原料的菜要注意搭配，汤菜主次搭配合理，头、尾、残骨不宜分给客人。

4. 佐料跟进

在上需要佐料的菜肴时，要将佐料也一同奉上。

八、中餐服务流程及标准

(一) 餐前准备

1. 班前例会

准时到达，以列队站立的形式由领班或主管召开简短的班前会。检查仪容仪表及考勤，分配工作任务及指出服务中存在的问题。

2. 清洁工作

做好台面清洁，玻璃转盘正反面干净无污迹，并且居于圆桌正中，转盘转动自如，餐具干净。沙发及桌椅洁净，无杂物、无油迹，沙发坐垫无破损、干净无污迹。窗台无污垢，窗帘清洁整齐。托盘干净无破损、无污迹，收餐车无破损、无污迹，茶壶水壶干净光亮。各类物品摆放整齐，菜单、酒水单干净整齐、无破损，挂衣架干净完好。饰物干净无灰尘，摆放有序无遗失。

3. 餐具的清洁及准备

工作柜的清洁：取出柜内餐具、用具，用干净的抹布擦拭柜内外及柜门直至干净，确保每周消毒一次。

餐具补充：餐具入柜前消毒擦拭干净，保持整洁，无破损，光亮无水迹。

备量：见工作柜门内侧餐具备量明细表。餐具要分类摆放整齐。

补充开餐用具：在工作柜抽屉内放足纸巾、牙签、菜谱等。

点菜宝管理：检查是否完好，清洁干净，电是否充足，操作无障碍。

4. 全面检查

在服务员准备工作完毕后，由领班进行抽查，打开所有照明设施设备，检查是否正常，空调确保在20～24℃之间，背景音乐是否正常。检查餐台及厅房的布置、餐具的配备及摆放、服务员的个人仪容仪表及精神状态。

(二) 开餐服务

1. 站位

根据酒店规定的时间和地点，按标准姿势站在自己的岗位，面带微笑。

2. 热情迎宾

当宾客进入餐厅或经过时面带微笑，热情诚挚问好，体现餐厅员工训练有素的风格。

3. 合理领位

协助迎宾领位，选择合适相宜的厅房，做到“尊重选择、合理调整”。

4. 拉椅让座

用双手将餐椅拉离桌边，方便客人容易地站于椅与桌之间。

5. 帮助客人脱外套挂衣

将双手握住客人的衣领，顺着客人的手部向后的动作，向后及向下脱下，将大衣挂在衣架上，若客人衣服里有贵重物品，要请客人先取出后再挂上。先服务主宾。

6. 问茶

请问客人需要喝点什么茶水，一般有招待茶和自点茶水。如客人需要点茶应向客人提供茶单。

7. 上茶

茶水按标准（八分满）倒于杯内，并用礼貌语："请用茶。"右手示意。

8. 增撤餐位

待客人全部到齐后，如果有空位，则需要撤盘。撤盘的做法是，左手托盘，右手取拿餐具，将多余的餐具用托盘取走，归类回放在工作柜内。如果客人数超过座位数，则需要增添餐具，增添餐具时，先用托盘备好相应的餐具，然后从右侧为宾客摆放整套的餐具。

9. 接受点菜

打开菜谱的第一页，双手呈递给宾客："这是我们餐厅的菜品，请选择。"点菜时服务员应站于规定的位置，左手拿点菜宝，语言轻柔、甜润而面带微笑并关注对方，分析客人的饮食习惯，适时推销菜品，为客人介绍菜品的特点、主辅料、味型及制作方法，菜品应从中档介绍起，必要时向客人提出合理建议，考虑菜品分量大小和菜品的搭配，要有耐心，一视同仁，不可有轻蔑的表示。下单记清台号、人数、日期、姓名。点菜完毕，复单，请客人确认并致谢。将菜谱收回，放回服务柜内，到收银台取单，海河鲜类应请客人到海鲜池称海鲜，客人确认后下单。

10. 推销酒水

在客人确认所有的点菜无误以后向客人致谢，立即推销酒水。服务员应熟练掌握餐厅所提供酒水的品名、产地、味型、度数、规格及售价。推销饮品时，根据宾客的心理需要进行推销，一般采取由高档次向低档次的顺序进行介绍。推销时多使用礼貌用语，不可强迫客人接受。准确地填写酒水单，随同菜单送到收银台，带好托盘到收银台领取酒水。

11. 上酒水服务

检查酒水瓶干净与否，有异常立即处理。根据不同类型的酒水摆放相应的杯具。凡宾客所点的饮品，都应在开启前给客人过目进行示瓶。一是表示尊重客人；二是表示核实一下有无差错；三是证明酒水的可靠性。示瓶方法：服务员站在点酒客人或男主人的右侧；左手托瓶底，右手握住瓶颈，酒标面向客人，让其辨认，客人认可以后，询问是否开启。瓶装饮料必须在工作台上打开瓶盖，听装饮料必须在客人右后方托盘操作，灌口不要对着客人打开。冷冻或加热的饮料需用口布包斟。斟酒方法：于主宾开始，站在主宾的右后侧，距其 0.5m 处，右手握酒瓶，商标朝向客人或向上，为其倒酒水，按顺时针方向进行，每斟完一位客人必须更换位置，不可左右开弓，左手持一块 12cm 见方的干净口布，倒完酒后，瓶口顺时针转动 45°，用口布擦拭瓶口，随时注意为客人加酒，当整瓶酒用完时，征询客人意见加酒，如果不再加酒，及时将空酒杯撤走。一般当客人杯内只剩下 1/3 杯饮料和啤酒时，要及时为其斟倒。其余为 1/5 或饮尽后再斟。

12. 准备上菜

为了让宾客用餐舒适，斟好酒水，征求客人同意以后，为其撤走转玻上与就餐无关的物品，让餐桌简洁宽敞，便于上菜操作。观察是否有左手用餐的客人，应就其方便为其将餐具位置做好调整。留意菜单上的菜或要跟进的准备工作：有没有冷盘，如刺身要上日本豉油、芥末，备好味碟、骨碟，碗也要备好，任何客人需要时，可以及时更换。再看看菜单有没有汤、鱼翅、鲍鱼、虾、蟹、蛇及粥类的食品，备好汤碗、刀叉等分羹相应的工具。

（三）餐中服务

①上菜。双手将菜盘放在转盘上距其边缘 1.5cm；转动转盘，使所上的菜位于主宾和主人之间，然后后退半步，左手背在身后，右手指并在一起伸直，手心向上，指向菜品的方向，并用适中的音量报上菜名。

②若转盘上有几道菜已经占满位置，而下一个菜不够位置时，应征求客人意见撤走或更换小碟上，切忌搭碟，不安全、不规范。若下一道菜是需分上的，可用分菜方式上，但需要征求客人同意以后，先展示后分。

③注意客人的菜品是否齐全，客人等了许久未上的菜品，应及时查单是否错漏或告诉领班马上追菜。

④上最后一道菜以后，需主动轻声告诉主人，你们的菜品已经上齐，请慢用。

⑤随时准备为宾客添加酒水，提前询问客人是否需要再添加酒水。

⑥勤换烟缸，有 2 个以上的烟头、纸团，必须更换。

⑦及时撤走空盘、空碗，整理餐台，保持台面整洁、整齐。

⑧当客人不再添加饮料或酒水时要及时撤走酒杯。

⑨当客人用餐完毕时，可询问客人：“对不起，我现在可以撤走餐具吗?”客人同意以后，站在适当位置，左手托盘，右手收拾台面，从大到小将菜盘收到托盘内。将牙签放在转盘边上，并提示客人：“请用牙签。”

⑩餐后热茶服务：更换新茶杯及碟，上新的热茶。

⑪将制作好的果盘按规定送上台。

（四）结账

1. 征询意见

当客人用餐完毕以后，服务员或领班站在适当的位置，面带笑容，身体微向前倾，眼睛注视客人，用礼貌的语音，诚恳地征求客人的意见，对宾客的意见认真地记录，并表示感谢。

2. 结账

客人要求结账时，检查账单是否准确。账单必须放在收银夹内，走到客人右侧，把前面茶杯挪开，将账单夹打开，右手持上部左手扶下部，递到主人面前（或放在主人面前的台面上），请主人检查核对（一般注意不让其他客人看到账单）。当客人签单结账时，在呈上账目的同时呈上笔，礼貌地提醒客人核对清楚菜品，正楷字姓名的签名，并向客人致谢。当客人用卡结账时，请客人到收银台，告知收银员客人用卡结账，将需留给客人的存根联交给客人，向客人致谢。当客人现金结账时，应当客人面点清金额，轻声与客人确认后，把现金、账单送回收银台，收银员收银完毕后，服务员应将零钞及发票、账单夹在收银夹内，送回客人处，并轻声确认。当客人需要发票时，应问清发票上是否需要写明单位名称。

3. 送客服务

客人起身后，服务员应迅速到客人身后，协助客人拉开座椅，帮助客人穿上外衣。向离位的客人致谢，与客人道别时，要目送客人走出餐厅并微笑致意。

（五）餐后工作

客人离店后，返回工作台，收台必须使用托盘，将椅子排好，将餐具分类撤下，用托盘运送到指定的位置存放。收台的正确程序：排椅—收布草—收玻璃器皿—收厨房餐具—收楼面餐具—收金器类—分类送洗铺台、恢复就餐前的情况。请当班领班检查合格后即可。

作　业

一、问答题

1. 根据所学知识，请论述我国菜系形成的历史原因。
2. 请简述我国为什么会形成“东辣西酸，南甜北咸”的口味差异。
3. 我国菜系是怎样形成的？
4. 鲁菜分为哪些派系？它们各有什么风味特点？代表菜有哪些？
5. 如果你去成都旅游，你会尝试哪些川菜，为什么？
6. 粤菜有哪些风味特点？请举例说明。
7. 苏菜有哪些派系？请介绍各派系的代表菜两种。
8. 中餐服务的基本技能有哪些？

二、讨论题

1. 根据所学知识，请设计一桌为迎接俄罗斯客人的餐巾折花。
2. 根据所学知识，请设计一 8 人圆桌台的摆台方案，请写清楚标准及具体操作步骤。

项目三

西餐及清真餐

子项目一 西餐常识

学习任务描述

1. 了解西餐特点及常用原料。
2. 熟悉西餐礼仪。
3. 掌握西餐几大菜系的特点及代表菜。

案例导入

小王一行4人到某高档西餐厅用餐，这里琴声悠扬、环境典雅，洁白的桌布搭配着娇艳的鲜花，氛围真不错。服务员Alex微笑迎宾引座，拿来菜单。小王翻开羊皮封面的菜单傻眼了，这菜单不仅制作精美高档，而且里面全是英文，他看不懂，还有一点就是价格不菲。朋友们也怕露怯两两相视，笑而不语。大家简单翻了一下，挑了价位一般的菜品，谨慎地点完餐，速速把菜单递给服务员。Alex问："几位还点些别的什么呢?"大家都说："够了，够了，谢谢!"Alex无奈地摇了摇头离开了。过了一会儿，菜来啦，上了4份汤和两份沙拉，大家吃完，继续等，等了好久都没有等到另外的两份"菜"，小王叫了服务员，Alex笑着说："上过了啊，刚点的这两个是音乐，已经演奏过了。"大家一片尴尬……

请思考:

1. 服务员Alex的服务有哪些不足?
2. 小王一行4人在点西餐时出现了什么问题?

一、西餐简介

西餐（Western Cuisine），顾名思义，它是和东方饮食迥然不同的西方饮食。广义上讲，西餐是东方国家和地区人民对西方餐饮文化的统称，主要包含了欧洲、美洲、大洋洲等以基督教为主要宗教信仰的国家和地区。

世界著名的西餐国家有法国、意大利、英国、俄罗斯、美国等，德国、希腊、西班牙、丹麦、奥地利、加拿大、新西兰、澳大利亚等国家和地区也有自己特色鲜明、自成一派的西餐菜肴，就连我国的香港、澳门、台湾地区，也受西餐文化影响，有独特的港式西餐、澳式西餐、台式西餐。

据考古发现证实，西餐起源于距今约 5 000 年前的尼罗河流域，发源地是古埃及。地处巴尔干半岛南部、爱琴海诸岛及小亚细亚西岸一带的古希腊则被认为是西餐的文明古国，古罗马则被认为是西餐的烹调先驱。而现代西餐则是根据意大利、法国、俄罗斯、英国菜肴的生产工艺，结合世界各地食材及餐饮文化，研制而成的菜肴体系。

二、西餐特点及常用原料

（一）特点

1. 健康第一、注重营养

西餐对营养成分的要求要高于色、香、味等中餐注重的要点，往往会考虑人体对蛋白质、维生素、碳水化合物、粗纤维等营养成分的需求，注重食材荤素搭配、粗细结合、营养均衡。

2. 选料考究、取材广泛

西餐在烹饪中对于原材料的选择往往比较考究，各个菜系的代表菜肴，往往需要本地自产的特色原材料才能做出正宗口味。但是，西餐中的取材也比较广泛，注重营养、新鲜，选材不拘一格。

3. 擅长调味、色泽明快

西餐中除了迷迭香、百里香、肉桂等香料和调味品之外，各种酒、奶油、柠檬、菠萝、番茄、果汁等也可以作调味品，各种食材混搭调和出特别口味，增加食材本身的口感。此外，西餐注重色彩的搭配和碰撞，往往注重色彩反差和对比，营造秀色可餐的氛围。

4. 科学烹饪、工序严谨

常见的西餐烹饪方法很多，例如，煎、炸、烩、焗、炖、烤、熏、焖等，西餐的烹饪十分注重烹饪工具和工艺流程，配料精确，工序严谨，时间火候都有很严格的规定，确保营养和口感。

5. 器皿考究、环境幽雅

西餐餐具类型丰富，除了陶瓷制品之外，玻璃、水晶、金属餐具占很大比例。西餐对周边环境要求较高，往往有背景音乐和鲜花桌摆，氛围优雅芬芳。

6. 优雅得体、重视礼仪

无论哪个西餐派系，无论经典菜式是什么，在进餐时对用餐人都有较高的礼仪要求，很多西餐场合都要求正装出席、举止优雅。此外，餐间的座位安排、刀叉摆放、口布使用、祝酒方式等也都有较为严格的礼仪要求。

（二）常用原料

1. 蔬菜及果品

蔬菜和果品作为西餐中沙拉和甜品的主要材料，以及禽肉、畜肉等主菜的配料，作用非常鲜明。

西餐中常用的蔬菜主要有：叶菜类，如甘蓝、生菜等；根菜类，如胡萝卜、婆罗门参等；茎菜类，如芦笋、洋葱等；花菜类，如西兰花、花椰菜等；瓜果菜类，如茄子、番茄等；食用菌类，如羊肚菌、松茸、猴头菇等。

西餐中常用的果品主要有：鲜果，包括草莓、柠檬、香蕉、菠萝、苹果、橙子、芒果、洋桃、猕猴桃、木瓜，等等；干果，包括腰果、巴旦木仁、开心果、核桃、美国杏仁，等等。

2. 香料及调料

香料，主要由植物的根、茎、叶、花、种子和树皮加工制成。西餐中常用的香料有：番芫荽（parsley）、鼠尾草（sage）、迷迭香（rosemary）、百里香（thyme）、肉豆蔻（nutmeg）、胡椒（pepper）、桂皮（cinnamon）、香草（vanilla），等等。

西餐烹调中调味品在增加菜肴口感上，发挥着不可替代的作用，常用的调味品有：蜂蜜（honey）、醋（vinegar）、咖喱粉（curry）、番茄酱（tomato paste）、番茄沙司（tomato sauce/ketchup）、芥末（mustard）、水瓜柳（caper），等等。

3. 蛋、牛奶及乳制品

蛋、奶是西餐中常用的菜肴主料和配料。乳制品也是西餐中不可或缺的食品原料。乳制品包含，各种牛奶（全脂、脱脂、低脂、酸奶、炼乳等）、奶酪（白奶酪、意大利瑞可塔乳酪、奶油奶酪、爱达姆奶酪等）、奶粉（全脂、脱脂、低脂）、奶油、黄油、酸奶酪，等等。

4. 肉制品

西餐中，为了食用和烹饪方便，有很多种类的肉制品，如培根、火腿、香肠、冷切肉，等等。培根（bacon）包括美式培根、加拿大式培根、爱尔兰式培根、意大利培根等；火腿（ham）包括意大利火腿、苏格兰火腿、法国烟熏火腿、德国陈制火腿等；香肠（sausage）包括德式小泥肠、维也纳牛肉香肠、米兰色拉米香肠等。这些肉制品既可以做主料又可以做辅料还可以制作冷盘，在西餐中用途广泛。

5. 畜肉、禽肉及海鲜

西餐中的畜肉指的是牛肉、小牛肉、羊肉和猪肉，它们是西餐的主要原料。牛肉（beef）是西餐烹调中最常用的原料。西餐对牛肉原料的选用非常讲究，著名的优良肉用牛品种有：日本神户牛、美国安格斯牛、阿根廷牛、法国夏洛来牛。小牛肉（veal）又称作牛仔肉，一般生长期在3～10个月，肉质细嫩、柔软、味道清淡，在西餐烹饪中应用广泛，尤其是在意大利菜系和法国菜系更为突出。羊肉（lamb/mutton）在西餐烹饪中羊肉的应用仅次于牛肉，以羔羊肉为主，一般都使用肉用绵羊，主要品种有：德国美利奴绵羊、夏洛来绵羊，澳大利亚和新西兰也是世界上主要的肉用绵羊生产国。猪肉（pork）是西餐烹调中常用的原料，尤其是德国菜系和俄罗斯菜系对猪肉更是偏爱。其中乳猪是西餐烹调中的高档原料，肉嫩色浅、水分充足。

西餐烹调中常用的禽类有：鸡、鸭、鹅、火鸡、鸽子。根据肉色又分为白色家禽肉和红色家禽肉两类。其中白色家禽肉，包括鸡、火鸡。红色家禽肉，包括鸭、鹅、鸽子、山鸡等。

海鲜营养丰富、口味鲜美是西餐中较为高级的原材料。大致分为：鱼类、甲壳类、贝壳类、软体类等，其中鱼类分为：海水鱼（比目鱼、金枪鱼、沙丁鱼、鲑鱼等）和淡水鱼（虹鳟鱼、鳜鱼、鲈鱼等）。甲壳类海鲜包括：龙虾、对虾、小龙虾、螃蟹等。贝壳类海鲜包括：牡蛎、扇贝、生蚝、鲍鱼等。软体类海鲜包括墨鱼、鱿鱼、章鱼等，蜗牛也属于软体动物，是法式大餐里的上等食材。

6. 燕麦、小麦等谷物

西餐中常用的谷物有：大米、燕麦、玉米、大麦、黑麦、小麦、裸麦粉，等等。其中，大米可以做沙拉和甜点的配料，小麦粉可以做蛋糕、面包和其他点心，燕麦片可以做早餐、布丁及其他小甜点。

7. 烹调用酒

西餐中，酒类不仅用于开胃、佐餐，还在调味中大量使用。这主要归功于酒类的独特芳香和酒精的作用。通常而言，雪利酒和玛德拉酒用于制汤和肉类的调味，干白葡萄酒、白兰地用于鱼虾等海鲜烹饪，波尔图红葡萄酒用于畜类及野味的调味，香槟酒则用于烤鸡和焗火腿，朗姆酒则用于甜品制作。

三、西餐菜系

（一）意大利菜系

1. 饮食习惯

意大利人通常一日三餐，早餐、午餐和正餐。早餐清淡简单，午餐和正餐，意大利人喜欢面食和奶酪。意大利人对面食的吃法和做法研究很多，各种形状、颜色、味道、品种，特色鲜明、口感独特。我们熟悉的意大利通心面就是其中一种，此外，还有意式饺子、意式馄饨、意式比萨等。

2. 特点概述

意大利菜系被称为西菜始祖。古罗马帝国时代，意大利曾是欧洲的政治、经济、文化中心，而当时的古罗马烹饪方式汲取了希腊烹调的精华，同时菜肴烹饪使用较多的调味品，面食制作工艺也达到了世界先进水平。

意大利菜系非常丰富，菜品成千上万。意式菜肴典雅高贵，且浓重朴实；注重原汁原味、讲究火候运用；以味浓著称、喜好酸甜口味。菜肴用番茄酱做调料较多，烹调上以炸、炒、煎、红烩、红焖等方法著称。意大利人对油炸、熏制类菜肴情有独钟。

3. 主要分支

意大利所处的亚平宁半岛形如长靴，南北气候物产等差异很大。因为意大利烹饪崇尚食材自身特色，烹饪简单，后逐渐形成了北意大利菜系、中意大利菜系、南意大利菜系和小岛菜系 4 个地方派系。

北意菜系，北部盛产中长稻米，适合烹调意式多梭饭和米兰式利梭多饭，喜欢采用牛油烹调食物。此外，面食的主要材料是面粉和鸡蛋，尤以宽面条以及千层面最著名。中意菜系，以多斯尼加和拉齐奥两个地方为代表，这里盛产多斯尼加牛肉、朝鲜蓟和柏高连奴芝士。南意菜系，面食的主要材料是硬麦粉、盐和水，其中包括通心粉、意大利粉和车轮粉等，偏爱橄榄油烹调食物，善用香草、香料和海鲜入菜。小岛菜系，区别于其他 3 个菜系，以西西里亚为代表，这里食风深受阿拉伯影响，以海鲜、蔬菜以及各类干面食为主，特产盐渍干鱼子和血柑橘。

4. 代表菜品

正统的意大利菜单，通常会分为前菜（开胃菜）、第一道菜（汤、通心面类）、第二道菜（肉、海鲜）及甜点，有时还细分蔬菜选项，但多半前菜或第一道菜会附有蔬菜，所以不是必点。

代表菜品：培根番茄焗意大利面、米兰式猪排、意大利菜汤、肉末通心粉、比萨饼、红花米饭等。

（二）法国菜系

1. 饮食习惯

法国人也是一日三餐，早餐清淡简单，喜欢欧陆式早餐；午餐在 12 点到下午两点；晚餐是正餐，通常在晚上 9 点甚至更晚。法国人对烹饪的喜爱，已经超出了食材本身饱腹和营养功效，往往会把艺术甚至是爱情加入烹饪之中。法国人爱吃面食、奶酪、水果和各种葡萄酒；在肉食方面，他们爱吃牛肉、猪肉、鸡肉、鱼子酱、鹅肝，不吃肥肉、宠物、肝脏之外的动物内脏、无鳞鱼和带刺骨鱼。

2. 特点概述

法国是世界三大烹饪王国之一，法国菜也被认为是西菜之首。法国人也因善于吃、精于吃而举世闻名。法国菜系选材考究、用料新鲜、烹饪新鲜、花色繁多、注重火候。讲究菜肴的色、香、味、形，尤其是菜品的鲜嫩程度。法国人喜欢吃略带生口、极为鲜嫩的菜品，对煎、炸、烧、烤、炒等烹调方法制作的菜肴偏爱。

3. 主要分支

按照烹调风格分为：古典法国菜派系，起源于皇亲贵族流行的菜肴，手艺精湛，选料上乘；家常法国菜派系，起源于法国历代平民传统烹调方式，选料新鲜，做法简单；新派法国菜派系，原汁原味、材料新鲜。

按照地域及物产特色则分为：勃艮第菜肴，代表菜为焗田螺、红酒鸡；阿尔萨斯菜肴，代表菜为罗伦士塔、法式鹅肝；诺曼底菜肴，代表菜为暖苹果搭配雪葩；普罗旺斯菜肴，代表菜为海鲜汤。

4. 代表菜品

正统的法国菜单有 13 道菜，第一道冷盆菜，一般沙丁鱼、火腿、奶酪、鹅肝酱和色拉等，其次为汤、鱼，再次为禽类、蛋类、肉类、蔬菜，然后为甜点和馅饼，最后为水果和咖啡。每道菜菜量不大、特色鲜明、制作精美。但随着生活节奏加快，简化为 3 ~ 5 道菜：冻开胃菜、汤、热头盘、主菜、甜品。

代表菜品：法式煎鹅肝、马赛鱼羹、鹅肝排、巴黎龙虾、红酒山鸡、鸡肝牛排等。

（三）英国菜系

1. 饮食习惯

英国人习惯每天四餐，早餐、午餐、下午茶、晚餐，晚餐是正餐。早餐营养丰富，午餐快捷，一日无茶不欢，晚餐比较正式。英国人注意饮食营养，喜欢吃牛肉、羊肉、蛋类、禽类、甜点、水果等食品。喜欢吃各种冰淇淋、水果冻、热布丁和甜点心、甜馅饼。不吃动物的头、尾、爪、蹄、血及内脏。

2. 特点概述

英式菜曾经是世界公认的名流大菜，它历史悠久、工艺考究，很得世人青睐。英国人在用餐上也是很讲究，选料广泛、口味清淡、菜量少而精。英式菜肴的特点是：油少、清淡，调味时较少用酒，调味品大都放在餐台上由客人自己选用。烹调讲究鲜嫩，口味清淡，选料注重海鲜及各式蔬菜，菜量要求少而精。英式菜肴的烹调方法多以蒸、煮、烧、熏见长。

3. 主要分支

英国是一个联邦国家，地域跨度比较大，包括了几个地区，因此，菜系也分为：英格兰菜系，包括林肯郡、约克郡等地区，代表菜肴有各式香肠、猪肉馅饼、海鲜菜肴；苏格兰菜系，以格拉斯哥为代表，菜肴主要以海鲜、牛羊肉为原材料，如苏格兰羊肉蔬菜汤；威尔士菜系，是英国代表性菜系之一，菜肴以乳酪制品和奶制品见长，如奶酪面包卷；爱尔兰菜系，爱尔兰拥有绵延的海岸线，因此，菜肴原料以海鲜及新鲜蔬菜为原料，口感清淡鲜香，代表菜有都柏林式炖咸肉土豆、苹果塔特等。

4. 代表菜品

正统的英式菜单一般来说，前菜以鱼为主，主菜一般是肉食，第三道为甜点，最后以新鲜水果结束，同时佐以相应颜色和口味的佐餐酒。

代表菜品：鸡丁沙拉、烤大虾苏夫力、薯烩羊肉、烤羊马鞍、冬至布丁、炸鱼配薯条、约克郡布丁配烤肉等。

（四）俄式菜系

1. 饮食习惯

俄式菜系国家以俄罗斯为主，包括俄罗斯周边的一些国家，横跨亚洲北部和欧洲东部，由于大部分人居住在欧洲，因此，饮食习惯受欧陆影响较大。俄罗斯人习惯一日三餐或四餐，早餐简单快捷，午餐先喝汤后进餐，午餐后有茶点，晚餐是正餐，一般讲究量大实惠。

俄罗斯人喜欢沙律、面包和汤，喜欢各种鱼类，如鲑鱼、鲱鱼、鲟鱼、鳟鱼等，喜欢肉类、家禽、各种各样的肉饼，也喜欢包子、稀粥，喜欢格瓦斯和伏特加。俄罗斯人一般不吃乌贼、海蜇、海参和木耳等食品；还有些人对虾和鸡蛋不感兴趣，境内的鞑靼人忌吃猪肉、驴肉和骡子肉。

2. 特点概述

俄式菜系被称作是西菜经典，菜肴特点为选料广泛、讲究制作、加工精细、因料施技、讲究色泽、味道多样、适应性强、油大、味重、制作简单、朴素实惠。俄罗斯人喜欢酸、甜、辣、咸的菜。俄式菜系主要烹饪方法为烤、熏、炖，另外，冷菜制作十分考究。

3. 主要分支

俄式菜系由于历史原因、地域特点形成了以下菜系：白俄罗斯菜系，主要分布在白俄罗斯，以面包、马铃薯和蘑菇为菜肴特色，代表有土豆粥和土豆沙拉；高加索菜系，主要分布于亚美尼亚、阿塞拜疆，以肉类青菜为主，以果脯为装饰，代表有野外烧烤菜肴；乌克兰菜系，主要分布于乌克兰地区，以猪肉和红菜为主料，以酸甜菜肴著名，代表有基辅黄油鸡卷、乌克兰沙拉；乌兹别克菜系，也称为中东风味菜肴，以牛羊肉为主料，辅以四季蔬果作配料，擅用孜然、辣椒、芝麻做调味，代表有什锦米饭、乌兹别克扒羊肉等；西伯利亚菜系，主要分布在高寒的西伯利亚地区，主要以奶制品及畜肉为主料，辅以胡椒、酸菜等，代表有牛奶烩鲜蘑、鸡蛋蔬菜沙拉等。

4. 代表菜品

传统俄式菜单：第一道菜为汤、第二道菜为肉类，第三道菜为配菜，第四道为冷菜，第五道为面食，第六道为果汁、饮料、甜品并佐以各种酒类。

代表菜品：鱼子酱、莫斯科红菜汤、红烩牛肉、黄油焖鸡、什锦冷盘、酸黄瓜汤、冷苹果汤、鱼肉包子、黄油鸡卷等。

（五）美国菜系

1. 饮食习惯

美国三面环海，物产丰富。同时，作为一个多民族的移民国家，美国人的饮食习惯受全世界许多国家的影响的同时又有自己的特色。

美国人一日三到四餐，早餐是传统的美式早餐，有面包、黄油、鸡蛋、肉类、果汁等，营养丰富；午餐，通常比较简单，三明治（汉堡、热狗）、汤和沙拉；晚餐是正餐，通常包括3~4道菜，有开胃菜、汤、主菜、甜点等，一般主菜喜欢用扒的方式制作。美国人喜欢新鲜水果和乳制品，喜欢牛肉、猪肉、鸡肉及海鲜，但是不吃动物内脏、血及动物的头、脖子、爪和蹄子等部位。

2. 特点概述

美国菜系传承了英国菜系简单清淡、口味咸中带甜，传承了欧洲菜系的选材广泛、新鲜自然。但随着生活方式的改变，美国菜也形成了自己的特色，就是讲究营养配搭和方便快捷的原则。

“快捷+营养”形成了美国人公认的健康菜系。因此，美国人的饮食注重粗粮和细粮的搭配，注重肉蛋及乳制品的摄入，注重各种新鲜蔬菜和水果的食用。在烹调方面，美国菜所采用的方法主要有煮、蒸、烤、铁扒等方法。

3. 主要分支

美国是移民国家，因此其烹饪及菜系，受土著居民的习惯影响，更受到很多其他移民国家及周边国家的影响。主要代表菜系有加州菜系、中西部菜系、东北部菜系、南部菜系、西南菜系、新奥尔良菜系。

加州菜系，主要分布在南加州和北加州地区，这里物产丰富，菜系受亚洲和欧洲菜系影响较大，选材新鲜、烹饪清淡，代表菜：扒鱼排。中西部菜系，该地区主要是北欧移民，因此，菜系风格受到瑞典、挪威、德国等国的影响较大，菜肴清淡、不放香料，以炖牛肉、各式香肠和煎饼见长。东北部菜系，这里主要是早期的英国移民，并遗留有土著印第安人的饮食特点，习惯用玉米、火鸡、蜂蜜味原料，代表菜有什锦炖肉、新英格兰鲜贝汤等。南部菜系，该地区以非洲移民为主，以各类炸鸡、炸薯条等油炸食品见长，另外，该地区盛产大米烩菜豆米饭是本地的美食。西南菜系，受美洲本土及墨西哥、西班牙菜系影响较多，菜肴以辛辣、酸爽为主，代表菜有新墨西哥炖辣猪肉、得克萨斯州辣味炖牛肉等。新奥尔良菜系，该地区受法国及西班牙菜系影响较大，同时也受加勒比海地区菜系影响，做工精细、味道偏辣、擅长做虾，代表菜有浓秋葵汤、什锦米饭等。

4. 代表菜品

传统美式菜单：第一道是开胃菜或沙拉，第二道是开胃汤，第三道是主菜（肉类），第四道是甜点（主食），第五道是饮品。

代表菜品：美国热狗、醋椒火鸡、BBQ 鸡翅、苹果黄瓜沙拉、华道夫沙拉、美式螃蟹杯、美式煮鱼、姜汁橘酱鱼片、炸猪排、蔬菜吐司卷、烤菠萝牛扒、香草美国牛扒等。

（六）其他菜系

德国菜系，丰盛实惠、朴实无华。德国人喜欢水果、奶酪、香肠、酸菜、土豆等，不求奢华只求实惠营养餐。德式菜擅长灌肠、腌肉制品，口味以咸中带酸、浓而不腻为特点，喜欢用啤酒调制，烹调方法较为简单。德式名菜有咸猪手、柏林式炸猪排、红酒火腿、法兰克福香肠等。

希腊菜系，历史悠久、风格独特。希腊菜属于典型的地中海料理，其形成得益于悠久的烹饪历史和独特的地理位置。希腊人喜欢肉丸子、奶酪、海鲜、葡萄酒等，喜欢用橄榄油佐以其他香料来调制菜肴，主要的烹饪方式有煮、烧、烤、煎、炸等，克里特黑椒羊腿扒、特洛伊墨鱼球是著名的代表菜肴。

西班牙菜系，古今结合、风格迥异，它融合了地中海和东方烹饪的精华，擅长使用大蒜做调味品。西班牙人喜欢鳕鱼、虾、牡蛎等海鲜食材，也喜欢火腿、蜗牛、鸡、鸭、肉排等肉类，蔬菜、水果、粗粮、甜点也是西班牙人饮食结构中的重要组成部分。西班牙菜系善用的烹饪方法是炖、烩、炒、煎、炸等，代表菜有西班牙冻肠、西班牙海鲜饭等。

四、西餐基本礼仪

（一）6M 原则

西餐餐饮礼仪中的 6M 原则，其实是 Menu、Music、Mood、Meeting、Manner、Meal（菜

单、音乐、气氛、会面、礼节、菜肴）这6个英文单词的首字母，也恰好从6个方面解释了西餐餐饮礼仪要求。

1. 菜单（Menu）

菜单是一个西餐厅的门面，每家西餐厅都很注重菜单的制作和设计，尤其是封面，很多甚至采用精美的压花软羊皮。一般而言，西餐的菜单是图文结合、按“头盘、汤、沙拉、副菜、主菜、甜品、咖啡或茶”的顺序呈现，酒水单附后或单列。

当您步入一家西餐厅时，服务员往往会微笑问候、引宾入座、递上菜单。无论您是否已经有了心仪的菜式或者习不习惯西餐菜肴，都要象征性地打开菜单看一下。这已经是西餐中约定俗成的重要环节，总统也不例外。而要想吃到这家餐厅最好吃的菜肴，请关注以本餐厅名字命名的菜肴，或者是由主厨推荐的菜肴。

2. 音乐（Music）

背景音乐，是西餐厅不可或缺的组成要素，也从听觉的感官方面给客人营造了优雅的环境。高级豪华的西餐厅，往往有专门的乐队或者钢琴现场演奏各种音乐，有专门的乐单供客人选择消费，即便是普通的小西餐厅也至少会播放优雅的背景音乐，为客人提供休息放松的氛围。背景音乐的选择要把握几个要素，音乐风格不宜过于高亢、音量不宜过高，不宜影响客人的正常交流，若隐若现最佳。

3. 氛围（Mood）

谈及西餐，大家都会联想到水晶吊灯、柔和的音乐、洁白的桌布、银色的烛台、芬芳的鲜花、水晶的酒杯、银质的餐具，甚至微笑温和的侍者。这就是西餐礼仪中和谐雅致的用餐环境。如果遇到晚餐，还要营造暗淡的灯光、私密的空间、浪漫迷人的氛围。在这样的用餐环境中，切忌大声喧哗、划拳行令。

4. 会面（Meeting）

西餐中，常常是以宴会友，放松身心。因此，吃西餐往往选择亲朋好友或者志同道合之人，大家一起边吃边聊、交流日常，谈天说地、联络感情。这种场合不适合谈判、谈生意、谈公事，更不适合高谈阔论，影响他人清静的就餐环境。

5. 礼节（Manner）

吃西餐，要遵守西方国家和西餐的基本礼节，要注重女士优先、以右为上的礼仪规则，要认识西餐餐具、了解酒具、餐具摆放，掌握餐具基本使用规则，还要注意座次顺序、餐间礼仪和餐后礼仪。吃西餐，就要遵守西餐的规则，不能在席间“失态”。

6. 菜肴（Meal）

西餐菜肴把营养放在首位，尊重食物的原汁原味和天然营养，这不同于中餐的以“舌尖感受的味道”为核心的观念。一位美国美食家曾这样说：“日本人用眼睛吃饭，料理的形式很美；吃我们的西餐，是用鼻子的，所以我们鼻子很大；只有你们伟大的中国人才懂得用舌头吃饭。”

要了解西餐一般的上菜顺序：①头盘（开胃菜）。②汤。③副菜。④主菜。⑤沙拉。⑥甜点。⑦饮品。

（二）其他礼仪

1. 餐前礼仪

预约：在西方，去饭店吃饭一般都要事先预约。预约要说清人数和时间，说明座位环境的特殊要求，例如，是否要吸烟区或视野良好的座位，甚至宴会目的、主题等。

正装：到高档西餐厅吃饭，穿着得体是基本礼仪。男士，要着正装、打领带、黑皮鞋；女士，要着礼服或套装、高跟鞋，并且要化妆。

守时：吃西餐，在预定时间到达是基本的礼貌。过早或者过晚赴宴都是不礼貌的行为。如果临时有急事时一定要提前通知邀请人或者酒店并诚挚道歉。

女士优先：进入酒店和电梯，男士应主动开门，请女士进入并请女士走在前面；应服务女士入座；点餐、点酒都应尊重女士优先的原则。

小费：不同的国家都有不同的小费习惯，表示赞美和感谢。

2. 用餐礼仪

入座：西餐座次一般是男女搭配原则，男士要主动为女士拉开椅子，女士最得体的入座方法是从左侧入座。

坐姿：要立腰、挺胸、上身自然挺直，不要靠在靠背上。手肘不要放在桌面上，双手放在腿上，双腿自然并拢，不跷二郎腿。

点餐：第一，按照西餐顺序点餐，头盘、汤、副菜、主菜、甜品、饮品。第二，要和主人或者其他进餐人选择相似的菜品数量，保持进餐时间的一致性。第三，如果不精于西餐之道，可以直接选择套餐，避免尴尬。第四，对于酒水不够精通，可以提出要求和心里价位，让服务生推荐。

刀叉：左手用叉、右手用刀。如果几副刀叉的话，从外侧往内侧取用刀叉。切东西时左手拿叉按住食物，右手执刀将其锯切成小块，然后用叉子送入口中。使用刀时，刀刃不可向外。进餐中放下刀叉时，应摆成“八”字形，分别放在餐盘边上。刀刃朝向自身，表示还要继续吃。每吃完一道菜，将刀叉并拢放在盘中。

餐巾：必须等大家坐定后，将餐巾对折轻轻放在膝上，切忌用餐巾擦拭餐具。如果中途离开，请把餐巾放在椅子上。用餐完毕，把餐巾放在左手边。

用餐：高档西餐的开胃菜份小而精，值得慢慢品尝。喝汤时不能发出声音，不能端起汤碗喝，必须借助汤匙。切牛排应从左上方开始，由外到里，吃一块，切一块，大小适度，不要大块塞进嘴里。面包要撕成小片吃，吃一片撕一片，要涂牛油，宜涂在小片上送入口中。撕面包时，碎屑应用碟子盛接，切勿弄脏餐桌。西餐对每种酒如何饮用有特别规定，基本规则是“红肉配红酒、白肉配白酒”。西餐在吃水果时，常上洗手钵，常撒花瓣一枚，供洗手用，只用来洗手指尖，切勿把整只手伸进去。西瓜、柚子等多汁水果应用匙取食。餐间吃每道菜，都要两唇合拢，不要出声。

3. 主要禁忌

西餐餐间和餐后，都应该注意不剔牙、不打嗝、不挥舞刀叉、不随便吐不喜欢的食物、不狼吞虎咽、吃东西不出声、咀嚼时不说话、不钻到桌底下、不看手机、不东张西望。

拓展阅读

基督教信仰与禁忌

一、基督教的历史及概况

基督新教，在我国称为基督教，也称耶稣教，与天主教并列。在16世纪，天主教会中兴起一些反对派，他们反映了正在成长的资产阶级的愿望，教义上主张教徒无须依赖圣职人员而仅靠自己个人虔诚的信仰即可直接从上帝那里获得灵魂拯救。他们把教皇控制的教会斥责为腐朽、贪婪和各种罪恶的渊薮，宣告脱离罗马教皇的控制，纷纷建立独立自主的教会。新教最著名的两位领袖是德国的路德和出生于法国的加尔文。他们创立的新教分别称为路德宗和加尔文宗，是新教中最大的两个教派。由于交织着错综复杂的政治利益冲突，新教各派建立独立教会后，在西欧许多国家与天主教派进行了多年残酷的宗教战争，甚至演化为国际战争。1781年，“德意志神圣罗马帝国皇帝”约瑟夫二世颁布“宽容敕令”，承认新教徒有信仰自由以后，新旧教之间的冲突才逐渐消逝。

二、基督教的基本教义

基督教的教义主要来源于《圣经》。这些基本教义有以下一些：

（一）“三位一体”上帝说

基督教认为，世界和宇宙中存在一种超自然和超社会的力量，这种力量就是上帝。他是独一无二、无所不能、创造有形万物的神。由于他具有3个位格——圣父、圣子、圣灵，所以称他为“三位一体”的上帝。因圣父在天，称他为天父，被认为是至高无上、主宰一切的力量。圣子为耶稣基督，受圣父的派遣降临人间，以自己在十字架上的流血牺牲来拯救世人的苦难。圣灵是上帝与人的中介，启迪人的智慧和信仰，使人弃恶从善。这3个位格不是各自独立的3个神，而是一个整体。

（二）上帝创世说

基督教认为，宇宙万物（包括人类）都是上帝创造的。《旧约·创世纪》记载：上帝用5天时间创造出了自然界万物，第6天造人，第7天歇息。上帝创世说是基督教的核心。

（三）原罪说

基督教认为，人性本有罪。宣扬上帝造了人类的始祖亚当和夏娃，他们被安置在伊甸园，过着无忧无虑的生活。后来他们偷吃了禁果，触怒了上帝，被驱逐出乐园。但他们的罪成了人类苦难的根源，即整个人类的原始罪过。即使是刚出世即死去的婴儿，虽未犯何罪，但因其有与生俱来的原罪，仍是罪人。

（四）救赎说

基督教认为，人类既然有了原罪，又无法自救，于是上帝派遣其独生子耶稣降世人间，为人类的罪代受死亡，流出鲜血，以赎人类的原罪。只有相信和依靠救世主耶稣为人类赎罪，人才能求得死后永生。

（五）天堂地狱说

基督教认为，人世间充满了罪恶，信基督者将进入天国获得永生，不信基督者则将被抛入地狱受永罪。基督教会把天堂描绘成一个极乐世界，地狱则到处是不灭之火，可怕至极。

天主教和东正教还在天堂与地狱之间设立了炼狱，不必下地狱者经过炼狱的洗礼可进入天堂。

三、基督教的礼仪

基督教的重要礼仪有以下几种圣事，也称圣礼。基督教认为圣事是耶稣亲自制定的礼仪，是具有法术性质的崇拜礼仪。根据基督教教义，举行圣事可使人获得某种超自然的神奇力量——神恩和保佑。凡诚心领受者，皆能获得。圣礼是基督教巩固和发展宗教信仰的手段。

（一）洗礼

洗礼是基督教的入教仪式。基督教认为，领受洗礼可免除入教人的原罪和本罪，并赋予恩宠和印记，使其成为教徒，以后有权领受其他圣事。传统基督教将此作为基督徒和非基督徒的重要分界线。受洗标志着悔改，有信心将自己奉献，交托给耶稣基督。这也是一种恩典之约的标志，表明罪得赦免，从此与基督和圣灵联合，获得重生。这里的罪是指原罪及施洗前所犯的本罪。

洗礼一般分注水礼、洒水礼和浸礼。注水礼是施洗者将少许圣水倾注在领洗者头上，洒水礼是施洗者将水洒在领洗者头上，浸礼是施洗者扶助受浸者向后全身浸入水中。不管哪种形式，施洗的牧师均要口诵“我奉父、子、圣灵的名给你施洗”。施浸礼还有一个含义：当受浸者全身浸入水中表示与耶稣同死，浸入水中表示耶稣受难后埋葬在墓中，而从水中出来表示与基督同复活，得重生。

（二）圣餐礼

根据《圣经》记载，基督新教认为该圣礼是由耶稣基督受难前亲自为信徒设立的。信徒经常领受经牧师或主教祝圣过的饼和酒，就能与耶稣基督的奥体联合，使罪得赦免。圣餐也是为了永远纪念耶稣为了赎人的罪所做的牺牲，保证他的恩惠赐给真正的信徒，使他们的灵性得到滋养增长。

领圣餐的次数，新教各派不同，有些是每周一次，有些是每月或每季一次，甚至还有些一年一次。所领的饼无酵或有酵的都可以。这点比东正教和天主教通融，天主教一律用无酵饼，而东正教一律用有酵饼。圣餐用的酒一般都是葡萄酒。有些反对饮酒的教派则用葡萄汁代替。该圣礼通常都由牧师主持。

另外，基督新教还有一些礼仪，如按立圣职人员礼、追思礼拜等礼仪。

四、基督教的禁忌

（一）禁止偶像

基督教认为其所信仰的上帝是宇宙独一的主宰。十戒确认上帝的独一性并反对任何上帝的“代替品”。十戒第二条规定：“不可为自己雕刻偶像，也不可做什么形象。”基督教堂由于这一传统，聚会场所在布置装饰上呈简洁的特点，一般不设圣像（包括作为崇拜的画像），但突出十字架的标志，代表思念基督完成之救赎，并强调信徒应通过耶稣基督教导的用“心灵和诚实”来敬拜。在信徒家中，也不设神龛等器物。

基督教所信仰的上帝是宇宙独一的主宰。按照“十诫”的有关教导，不赞成设神像、圣像，是基督教区别于罗马天主教的一个重要的特征。时至今日，基督教大多保持反对教堂及信徒生活中任何供奉圣像、圣物的传统，认为这一行为与偶像崇拜无异，应当禁绝。十字架一般通用作为信仰的标志，但也反对把十字架作为偶像供人跪拜。与之有关的是，基督徒不向人跪拜，包括重要的历史人物，不把人作为偶像。在对待已经去世的祖先的问题上，信徒一般采用祷告、读圣经和唱诗的方法，反对烧香、祭拜，不设灵位，但献花致意一般是可以的。

（二）禁止奸淫

基督教对婚姻十分重视。根据《圣经》中关于伊甸园的记载，基督教认为：第一，婚姻是神圣的，因为婚姻的起源是创造主自己。第二，婚姻应以一夫一妻为原则，上帝为亚当创造夏娃即表明这一道理。既然婚姻是神圣的，要求做到一夫一妻，反对一夫多妻，包括纳妾、重婚等形式的婚姻行为，也不主张或者提倡离婚。基督教传统认为，离婚的前提是一方犯淫乱的罪。《圣经》中提到离婚的另外一个可被允许的情形是：信仰不同，互为仇敌，一方自愿离去。同时，也认为乱伦是罪恶，是被禁止的。当然也反对与一切淫乱和色情等相关、有违道德的事。

（三）禁止吃血

不吃血可以说是基督教信徒生活中一个比较明显的禁忌。《使徒行传》15 章要求信主的外邦人（犹太之外的民族）能做到禁戒偶像、奸淫以及血。勒死的牲畜也在基督教禁食之列，这与禁食动物血的禁忌是一脉相承的。因为勒死（包括病死或其他非宰杀原因死的）动物血液未流出，已被吸收于肉中。至今西方基督教会信徒多不吃血和动物内脏。

（四）禁食

禁食是指出于表达信仰虔诚和专心致志地灵修的需要，自愿停止进食或者减食，完全由个人决定。禁食的情形通常有这样几种：一是在一段特定的时间内不进食，仅饮用一些水或流质，时间为一天或数天。二是绝对不进食，甚至滴水不进。三是短期或长期保持每天禁食一顿。四是在一段时间内只吃简单的素餐。如果有基督徒有这一习惯，也要加以尊重。

（五）守斋

基督徒有守斋的习惯。基督教规定，教徒每周五及圣诞节前夕只食素菜和鱼类，不食其他肉类。天主教还有禁食的规定，即在耶稣受难节和圣诞节前一天，只吃一顿饱饭，其余两顿只能吃得半饱或者更少。基督徒在饭前往往要进行祈祷，如和基督徒一起用餐，要待教徒祈祷完毕后，再拿起餐具。

（六）忌讳 13 和星期五

他们讨厌“13”这个数字和“星期五”这一天。在基督徒眼中“13”和“星期五”是不祥的象征，要是 13 日和星期五恰巧是同一天，他们常常会闭门不出，在这些时间，千万别打扰他们。

（七）其他禁忌

看相、算命、占卜和占星术（星象学）等类也为基督教所禁止，因为，这些迷信活动除了相信一种上帝之外的干预人生的神秘力量外，还有一种宿命论倾向。

《圣经》的旧约部分将饮酒作为禁忌，而新约部分相对而言较为灵活，但大部分基督徒对吸烟持反对态度。在教会聚会和崇拜活动中禁止吸烟，不穿拖鞋，不穿暴露着装，这是教会的一致看法。

值得一提的是，持“基督复临安息日会”等教派背景的信徒在禁忌上有一些特别要求。

首先，关于安息日，认为信徒应当按律法要求遵守安息日，停止劳动，并在这一天举行聚会礼拜（安息日大致等于今天的星期六）。安息日信徒在生活中的另一个主要禁忌是关于饮食的，如不食猪肉和某些无翅无鳞为特征的水产品等，需要加以尊重。

（资料来源：越秀区政府网，http：//xxgk. yuexiu. gov. cn/YX07/201504/t20150420_ 14593. html）

子项目二　西餐服务技能

学习任务描述

1. 了解西餐的基本服务。
2. 熟悉西餐服务方式及特点。
3. 掌握西餐零点及宴会摆台要领。
4. 了解自助餐、鸡尾酒会、冷餐会等的服务要领。

案例导入

王先生是某外贸公司的业务经理，一次赴英国的考察中受邀参加客户公司组织的一次盛大的西餐宴会。用餐期间，挨着王先生坐着的女士的口布不小心掉在桌边，出于礼貌，王先生立即弯腰帮忙捡起，结果，当他递给这位女士时，感觉到了周边客人异样的眼神。王先生心里很诧异，明明是“好心”，为何遭到“嫌弃”呢？

请思考：

1. 王先生的“好心”为什么会遭到大家的“嫌弃”？
2. 你认为西餐宴会座位如何排序呢？

一、西餐基本服务

1. 餐前准备

了解客人是否预定、留座情况及客人对菜肴、酒水等的特殊要求。清洁双手，准备各类餐具、玻璃器皿、台布、口布等是否到位、是否干净无水渍。折好餐巾花。

2. 西餐铺台

西餐通常使用长台。一般而言，如果台面是大理石材质，不需要铺台布。其他材质桌面是需要提前铺好台布的。检查好台布无破损、无污渍之后，首先将底布凸缝朝上对准主人位置铺展，正面向上、中缝对应，台布四角平整均匀、整齐美观，铺台裙，按顺时针方向用桌卡将台裙固定于台布之上，这样可以使整个台面美观大方，提升餐厅的规格档次。

西餐宴会铺台一般先用毡、绒等软垫物按台的尺寸铺台面，然后用布绳扎紧它，再铺宴会台布。宴会台布要熨平，台布一般用白色，一定要洁净。台布边垂下 30 ~40cm 即可。

（1）餐具摆放

准备餐具必须使用托盘。托盘用干净毛巾或口布铺垫。拿酒杯、水杯时，应握住杯脚部；拿刀、叉、匙时应握柄把部；拿瓷餐具时，应避免手指与边口的接触，减少污染。如有餐具落地或碰脏，不得再使用。

在席位的正前方铺设底盘，底盘与桌边保留 1cm 距离。餐巾放在底盘中央。刀、叉、匙，应按菜单的顺序从外侧向里排放，但为了把所有的刀整齐地放在一起，应将汤匙放在最外。在底盘右侧，按菜单由外向里铺设汤匙、头盆刀、鱼刀、肉刀，匙心向上，刀口向左，柄把放成品字形，底部距桌边 1cm 距离。鱼刀比其他刀高出 4cm。

在底盘左侧与右侧对应，由外向里铺设头盆叉、鱼叉、肉叉，叉尖向上，柄把放成品字形，底部距桌边 1cm 距离。鱼叉比其他叉高出 4cm。叉左侧放面包盘，盘上放黄油刀，刀尖向上，刀口向外。黄油刀上方放黄油盅或黄油盘。

底盘上方放水果刀叉，叉在下，刀在上，叉尖朝上。水果刀上方视需要放冰淇淋匙，匙把朝右。

咖啡匙不在铺台时放置，而在上咖啡时与咖啡盘一起送上。在右侧刀尖上方，铺设酒杯。酒杯铺设依次为：水杯、白葡萄酒杯、红葡萄酒杯、香槟杯。所铺酒杯还要视客人点饮的酒而定，如有些酒不饮，客人就餐时服务员可以从客人右侧将酒杯撤去。也有的西餐点菜铺台不铺设酒杯，等客人点要酒水后才放上。坚持喝什么酒用什么杯的原则。

放好调味品、烟缸。调味品、烟缸放在中间，小桌每桌一副，大桌每 3 ~ 4 人一副。放好蜡烛灯、花瓶。按照铺设的席位配备椅子，椅子与席位对应。

3. 餐巾叠放

餐巾是西餐餐桌上的一道风景，可以烘托用餐气氛，增强艺术美感，主要折花方法有叠、卷、翻、拉、捏、穿、折等。操作前，首先要消毒洗手，在干净的托盘中完成折花，操作时忌讳用嘴。放花入口杯时，要注意手指不要接触杯口杯身留下指纹影响用餐心情，高度在杯身的 2/3 左右。

4. 酒水服务

酒水是西餐中不可或缺的组成部分，餐前的呈酒单、点酒水，餐间的开瓶、斟酒服务都是影响西餐服务质量的重要环节。

迎宾：通常客人落座后，服务员要微笑迎宾并在客人右侧为客人倒冰水，倒至 4/5 杯满即可，扎壶不可接触杯缘。

点开胃酒：站在客人左侧，呈上酒单，请客人点单。记住客人点的酒水饮料，并向客人复诵一遍。开四联点菜单，一联送吧台，一联交收银，一联自留，一联交传菜员（一般点菜单综合酒水及冷、热菜、甜品于一联，点单时分开填写，填写完后送交各处）。将酒水联交由吧台领酒水。

点佐餐酒：客人点完菜后，询问客人需要点哪种酒水来配点的菜（一般白酒配白肉，红酒配红肉）。在点菜单酒水栏中登记与酒相关的信息。

开酒：向客人展示瓶口完好并征求客人同意，当面打开酒水，以示尊重。注意开塞钻垂直钻入，避免木屑落入瓶中。一般白葡萄酒要放在冰桶里备用，红葡萄酒则可以放在醒酒器中备用，玫瑰酒及发泡酒则需要冷藏。

斟酒：斟酒前要擦净瓶口，右手握瓶，左手拿口布，献给主人斟少许品尝，然后从主人右手边起，依次斟酒，斟好后，转动瓶口避免最后一滴酒滴在台面或者客人身上。通常白葡萄酒3/4杯，红葡萄酒2/3即可，香槟酒则为了防止泡沫溢出分两次倒至杯子2/3和3/4处。

5. 复查台面

整个台面摆好之后，还要进行复查，检查台面上的餐具、餐花、酒具等铺设是否完整，检查台面铺设是否规范整齐，检查椅子是否配备装饰到位。

二、西餐服务方式

（一）法式服务

1. 概述

法式服务，又叫手推车式服务，是一种十分讲究礼节的服务方式，流行于西方上层社会。法式西餐服务的宗旨在于让顾客享受到精制的餐品，尽善尽美的服务和优雅、浪漫的情调。

2. 服务特点

①特点是典雅、庄重，周到细致，用餐费用昂贵。

②每一桌配一名服务员和一名服务助手，配合为客人服务。

③客人点菜后，由大厨在厨房略加烹饪，半成品请客人过目，然后所有的食物最终在带加热炉的烹饪车内制作、在客人面前完成，装盘后请客人品尝。

④所有餐饮服务、清理服务均应使用右手在客人右手边服务（除了面包、黄油、沙拉之外）。整个餐间服务沿着桌边按顺时针方向，菜点与酒类相匹配。

⑤每上一道菜都撤掉相应餐具，每上一道菜都必须清理台面。

3. 服务流程

准备餐台→迎宾服务→呈送菜单→上黄油→上面包→更换杯具及餐具→上佐餐酒→菜肴制作→上菜服务→上奶酪→上餐后酒→结账送客。

其中值得注意的问题有：第一，席间服务，女士优先、主宾优先。第二，黄油、面包、沙拉从客人左侧服务。第三，每换一道菜就要更换相应的餐具和酒具。第四，结账时将账单夹在账单夹里，轻声告诉客人。

4. 优劣对比

法式服务是一种非常豪华的服务，环境高雅、服务专业，可以为客人提供亲切高雅的个人服务，让每个客人都备受重视。但是，法式服务价格昂贵，要使用许多贵重餐具，需用餐车、旁桌，故西餐厅的空间利用率很低，运营成本高，供食时间长，服务速度慢，同时只有经过培训的专业服务人员才能从事法式西餐服务。

（二）美式服务

1. 概述

美式服务，又称作盘式服务。以简洁快速为特点的美式服务是目前西餐服务中最为流行的服务方式，比较大众化。不仅适用于一般餐厅，也适用于人数众多的聚餐和大型宴会，宗旨在于给客人相对自由的进餐环境和快捷高效的服务。

2. 服务特点

①自由、快速、简单、大众化。美式西餐服务中，所有菜式，除了沙拉、黄油、面包之外，全部由厨师在厨房内烹饪完成，并分别装入盘中。

②上菜一律用左手从客人左侧上，撤盘时由用右手从客人右侧撤走。

③主菜上完后上甜菜，要先撤盘，整理台面，然后再上，其他餐具一般不动。

④全程只需要一个服务人员，服务操作动作快，客人用餐也比较自由。

3. 服务流程

准备餐台→迎宾服务→呈送菜单→撤下多余的酒杯→上黄油→上面包→上汤→上主菜→撤盘→清理台面→上甜点→上咖啡或红茶→结账送客。

其中值得注意的问题有：首先，席间服务，女士优先、主宾优先。其次，酒水服务均从右侧服务。再次，客人点餐之后要撤掉多余的酒具。最后，结账时将账单夹在账单夹里，轻声告诉客人。

4. 优劣对比

美式服务没有法式服务考究，但是简便迅速、省时省力、运营成本低，价格大众化。服务速度快，上菜速度快、工作简单容易上手，服务人员易培训。但是，美式服务满足不了上层社会的奢华需求，对每个客人的关注度不够，餐厅里忙忙碌碌容易打破西餐的宁静进餐环境。

（三）俄式服务

1. 概述

俄式服务，又称银盘式服务。在拿破仑时期出现在欧洲大陆，因其简便迅速，成为当时皇室里最流行最时髦的服务方式。各种菜肴在厨房内烹饪并整齐地放置在银质餐盘中和加过温的热餐盘一起放在备餐桌上。俄式服务可以在宴会等正式场合使用，服务生可以同时将食物分配给客人，由一名服务员完成整套服务程序。

2. 服务特点

①客人的热盘子要从客人右边按顺时针方向摆放，银盘上菜要从客人左侧按逆时针方向派菜服务。

②菜品送上之后，要礼节性地向客人展示银盘中的菜肴，以示尊重。

③分菜过程中，密切注意客人的喜好，对食物的量要留有一定的余地，避免浪费和不足。

④每分一道菜，都要换一副清洁的服务刀叉。

3. 服务流程

准备餐台→迎宾服务→呈送菜单→上黄油、面包→上汤→上主菜→展示菜肴→分菜→上餐后酒→结账送客。

值得注意的问题有：首先，俄式服务注重分配技巧，不可将食物洒出、弄乱食物表面。其次，由于是分餐服务，注意不要使客人感到不便。再次，结账时将账单夹在账单夹里，轻声告诉客人。

4. 优劣对比

俄式服务，简便迅速、候餐时间短、服务效率高，其酒水与饮料服务与法式相同，比较高雅、细致。但是由于菜肴的量大、油性大，服务操作不如法式细致，客人在整个餐间自由度不高，受重视程度也不足，同时，对服务人员的素质和餐间服务能力也提出了较高的要求。

（四）英式服务

1. 概述

英式服务也称家庭式服务，主要适用于私人宴席。英式服务的气氛很活跃，节约人力，但节奏较慢，主要适用于宴会，很少在大众化的西餐厅里使用。

2. 服务特点

（1）上菜程序与法式、俄式相同，其操作实务与法式、俄式又有所区别。

（2）英式西餐不用餐盘，铺台时不摆餐盘，除汤盘和冷盘外，其余都是事先摆到桌面上的。

（3）客人所点的菜食，都是直接将菜盘放到客人面前，让客人享用。服务过程中一般不派菜。

3. 服务流程

准备餐台→呈送菜单→上汤→上主菜→主人分菜→上甜点→结账送客。

值得注意的问题有：首先，英式服务由主人亲自切割主菜并分盘，服务员充当助手。其次，餐间各种调料和配菜都摆在桌上，宾客自行选择。

4. 优劣对比

英式服务，餐间气氛比较活跃，一名服务员可以服务整个过程。主人和宾客之间，宾客与宾客之间互动比较多。但是整个宴会节奏较慢，主要适合家庭聚会，很少在大众化餐厅里使用。

三、西餐零点服务

（一）早餐服务

1. 早餐摆台

西式早餐摆台一般不铺台布。将纸垫式菜单或装饰纸摆放在餐位中间，离桌边 2cm。右刀左叉，刀口朝左，叉尖朝上，距桌边 2cm，刀叉之间相距 30cm 左右。在叉的左侧 1cm 处放上面包和黄油刀。

在刀上方 2cm 处上垫碟、咖啡杯、咖啡匙、杯柄和匙柄均向右。

刀、叉之间放上餐巾花。在餐桌中央放烟缸、胡椒盅、糖缸、淡奶壶等。

西餐早餐摆台如图 3－1 所示。

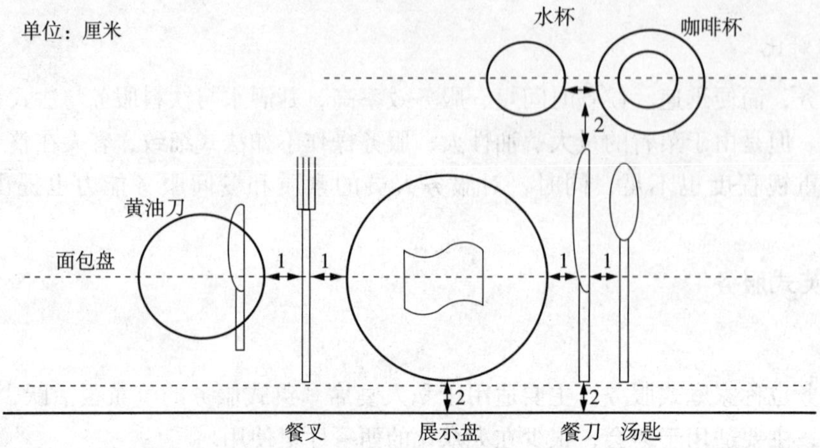

图 3－1　西餐早餐摆台示意图

（图片来源：百度文库）

2. 服务流程

餐前准备→微笑迎宾→点菜服务→上菜服务→巡台服务→征询意见→结账服务→送客离店→撤台

需要注意：首先，客人点餐后，要迅速调整桌面餐具，撤掉不需要的餐具。其次，客人点餐后尽快为客人提供饮品。再次，西餐早餐顺序为先冷后热。最后，要熟悉西餐的早餐类型及其特点。

知识链接

西式早餐类型

西餐早餐一般在咖啡厅提供。早餐散餐一般包括果汁类、水果类、谷麦类、肉类、面包类、热饮类等。早餐套餐可分为以下几种：

1. 欧陆式早餐

欧陆式早餐（The Continental Breakfast）也称为标准早餐，其内容简单，包括：

①果汁类：一般有橙汁（Orange Juice）、菠萝汁（Pineapple Juice）、番茄汁（Tomato Juice）、苹果汁（Apple Juice）、西柚汁（Grapefruit Juice）等。宾客可任选一种。果汁一般采用新鲜水果榨汁，也可采用听（罐或瓶）装果汁。

②面包类：一般有吐司（Toast）、牛角包（Croissant）、丹麦包（Danish Bread）、小松包（Muffin）、软包（Soft Roll）、硬包（Hard Roll）、全麦包（Whole Wheat Bread）等种类供宾客选择，上面包时配黄油（Butter）或果酱（Jam）。

③饮料类：早餐最常用的饮料是咖啡（Coffee）和茶（Tea），另外还有牛奶（Milk）、热巧克力（Hot Chocolate）和酸奶（Yoghurt）。服务咖啡和茶时要配牛奶和糖。

④水果类：一般为时令水果（Fresh Seasonal Fruit）。

2. 美式早餐

美式早餐（The American Breakfast）比欧陆式早餐复杂，除欧陆式早餐的内容外，还包括：

①谷物类：一般有燕麦片（Oatmeal）、玉米片（Corn Flakes）、卜卜米（Rice Crispy）等，通常加水或牛奶煮成粥类食品。

②蛋类：煎蛋（Fried Egg），它可分为单面煎（Sunny-Side Up）和双面煎（Turn-Over）。双面煎又可分为双面煎嫩蛋（Turn-Over Easy）和双面煎老蛋（Turn-Over Hard），其中的区别是蛋黄是否凝固；煮蛋（Boiled Egg），煮蛋一般因宾客要求不同而老嫩不一。煮制2～3分钟的为嫩蛋，5～7分钟的为老蛋，所以宾客点煮蛋时应问清煮制时间。煮蛋应放在蛋盅内奉客，同时送上垫碟和咖啡勺；炒蛋（Scrambled Egg），炒蛋要求鸡蛋熟但无凝结的蛋块，炒蛋时一般应加少许牛奶调匀，以确保成品质量。炒蛋通常放在烤面包上提供给宾客，也可直接装盘；水波蛋（Poached Egg），先将鸡蛋打入碗中，轻轻倒入加了少量盐和白醋的沸水锅内，煮制两三分钟后捞出沥干水分，放在烤面包上装盘，服务时搭配糖浆或蜂蜜；蛋卷（Omelet），又称奄列蛋，是将蛋液倒入少许油但油温较高的煎锅内摊成饼形，再加入不同原料后卷成梭子形，加入的原料主要有：西红柿（Tomato）、洋葱（Onion）、橄榄（Olive）、培根（Bacon）、火腿（Ham）、香肠（Sausage）等。宾客点蛋卷要问清所要加入的原料。服务蛋卷一般要配番茄酱。

③肉类：一般有火腿（Ham）、香肠（Sausage）、培根（Bacon）3种，服务前应在油锅中略煎一下，通常与蛋类一起装盘。

3. 英式早餐

英式早餐包括烤番茄、炒蛋、香肠、咸肉、麦片（搭配牛奶或酸奶）、茄汁黄豆、炸蘑菇等菜点，还包括黑布丁、炸面包、烤面包、吐司（搭配牛油或果酱）、丹麦卷等。饮料以橙汁和牛奶为代表，咖啡与茶亦有供应。

（资料来源：第一资讯网。http：//www.91dyzx.com/news/bencandy.php？&fid=37&id=69325）

（二）午、晚餐服务

1. 正餐摆台

①铺台布时要求台布平整，正面在上，四角下垂相等。

②在餐位正中放上装饰盆，离桌边2cm，盘中放餐巾花。也可不放装饰盘直接放餐巾花。

③在装饰盘右侧放餐刀（刀口向左）和汤匙，两者相距0.5cm，离餐桌边均为2cm。餐刀距离装饰盘1.5cm。

④在装饰盘左侧放餐叉，餐叉左侧放色拉叉，叉尖向上，两者相距0.5cm，距桌边2cm，餐叉距餐刀30cm左右。餐叉距装饰盘1.5cm。

⑤色拉叉左侧1cm处放面包盘，盘上放黄油刀，刀口向左。盘边离桌边2cm。

⑥在刀尖上方2cm处放水杯。

⑦在装饰盘右上方3cm处放烟灰缸，左上方放胡椒盅、盐盅，椒盐盅左侧放牙签筒，三者之间各相距2cm，餐桌正中放花瓶，同时还应放烛台。

⑧对于有预订的餐桌，应放预订卡，并按客人要求摆台。

基本要领：左叉右刀，先里后外，刀口朝盘，各种餐具成线，餐具与菜肴配套。

台面物品：花瓶放在桌子中央，花瓶前摆盐和胡椒，左盐右椒，盐胡椒前面放牙签筒，牙签筒前面是烟缸，烟缸缺口对准盐和椒的中缝，桌垫摆在桌子正中央。

2. 服务流程

餐前准备→领台服务→餐前服务→点菜服务→上菜服务→餐间清理服务→征询意见→结账服务→送客离店→撤台

需要注意：首先，客人点餐后，要复述，确保无误。其次，服务中女士优先、长者优先。再次，每用完一道菜都要及时收拾餐具，添加酒水。

（三）西餐宴会服务

1. 宴会摆台

西餐具的摆法在各地不尽一样，在国外又有法式、美式、俄式等之别，但基本要领是：餐盘正中、盘前横匙、叉左刀右、先里后外、叉尖向上、刀口朝盘、主食靠左，餐具在右。摆台时，要用托盘盛放餐具、酒具及用具。摆放金、银器皿时，应佩戴手套，保证餐具清洁，防止污染。

基本要领：左叉右刀，先里后外，刀口朝盘，各种餐具成线，餐具与菜肴配套。

台面物品：花瓶放在桌子中央，花瓶前摆盐和胡椒，左盐右椒，盐胡椒前面放牙签筒，牙签筒前面是烟缸，烟缸缺口对准盐和胡椒的中缝，桌垫摆在桌子正中央。

（1）摆展示盘

用托盘端托，也可用左手垫好口布。口布垫在餐盘盘底，把展示盘托起，从主人位开始，按顺时针方向用右手将餐盘摆放于餐位正前方，盘内的店徽图案要端正，盘边距桌边1.5cm，餐盘间的距离要相等。

（2）摆面包盘、黄油碟

展示盘左侧10cm处摆面包盘。面包盘与展示盘的中心轴取齐，黄油碟摆在面包盘右前方，距面包盘1.5cm，图案摆正。

（3）摆餐刀、叉、勺

从展示盘的右侧顺序摆放餐刀、叉、勺。摆放时，应手拿刀、叉、勺柄处，从主刀开始摆。

①主刀摆放于展示盘的右侧，与餐台边呈垂直状，刀柄距桌边1cm，刀刃向左，与展示盘相距1cm。

②鱼刀、头盘刀、汤勺、餐具摆放间距0.5cm，手柄距桌边1cm，刀刃向左，勺面向上。

③主叉放于展示盘左侧，与展示盘相距1cm，叉柄距桌边1cm。

④摆放鱼叉时，鱼叉柄距桌边5cm，叉头向上突出。头盘叉（开胃叉）叉面向上，叉柄与主叉柄平行。甜食叉，放在展示盘的正前方，叉尖向左与展示盘相距1cm。

⑤甜食勺，放在甜食叉的正前方，与叉平行，勺头向右，与甜食叉的叉柄相距0.5cm。

⑥黄油刀斜放在面包盘上，刀刃向左，黄油刀中心与面包盘的中心线吻合，刀柄朝右下

方，与面包盘水平线呈45°角。

⑦在展示盘的正前方摆水果刀、叉时以叉压刀成斜十字形，刀刃向左下方，刀柄指向右下方，叉尖指向右上方，叉柄指向左下方。也可将甜食勺放在水果刀、叉的上面，勺面向上，勺柄朝右。

（4）摆酒具时，要拿酒具的杯托或杯底部

①水杯摆在主刀的上方，杯底中心在主刀的中心线上，杯底距主刀尖2cm。

②红葡萄酒杯摆在水杯的右下方，杯底中心与水杯杯底中心的连线与餐台边成45°角，杯壁间距0.5cm。

③白葡萄酒杯摆在红葡萄酒杯的右下方，其他标准同上。

（5）摆放餐巾

折花餐巾折花放于展示盘内，餐巾折花花型搭配适当，将观赏面朝向客人。

（6）摆蜡烛台和椒、盐瓶

西餐宴会一般摆两个蜡烛台，蜡烛台摆在台布的中线上、餐台两侧适当的位置。椒、盐瓶要在台布中线上按左椒右盐对称摆放，瓶壁相距0.5厘米，瓶底与蜡烛台台底距离2cm。

西餐宴会摆台如图3－2所示。

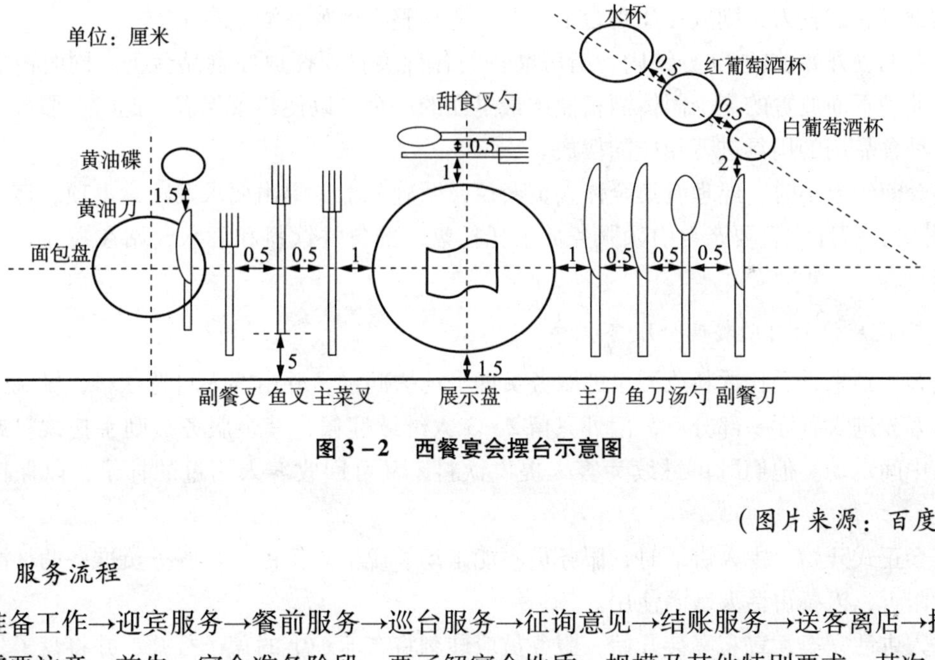

图3－2　西餐宴会摆台示意图

（图片来源：百度文库）

2. 服务流程

准备工作→迎宾服务→餐前服务→巡台服务→征询意见→结账服务→送客离店→撤台

需要注意：首先，宴会准备阶段，要了解宴会性质、规模及其他特别要求。其次，大型宴会要提前5分钟摆好面包和黄油并为客人斟好水。再次，服务中要眼疾手快，及时发现客人需要的服务。最后，宴会结束时提醒客人带好随身物品、以免遗失。

四、自助餐、冷餐鸡尾酒会服务

（一）自助餐会服务

自助餐是由西餐正餐演变而来的一种简易餐式的自助宴会，兼具自主餐和盘式餐的优点，是一种规模可大可小、人数可多可少的宴会形式。餐间不排座次、不分职位，自主交流、自助服务，给客人很大的活动空间和交流时间。而宴会服务方往往只需有服务生提供酒水服务，节省了很大人力成本。

1. 餐前准备工作

当宴会厅经理接到自助餐宴会单后，首先要根据就餐人数对本部员工进行合理调配。宴会厅经理会同厨师长，根据宴会规模和食品的标准，确定布台的大小，并画出草图，同时选定装饰物（主要是冰雕、黄油雕、鲜花等）。按照草图拉出台形。整个布台要高矮起伏、错落有致、色彩鲜艳、色调明快，要与宴会主题相呼应。

准备就餐人数相应的餐具。如大餐盘、大刀叉、甜食刀叉。如有汤的话，还要准备汤碗、汤勺；饮用饮料和酒水的杯子，如果汁杯、啤酒杯、红葡萄酒杯、白葡萄酒杯。如客人预定了香槟酒或餐后酒，则还要准备香槟杯和白兰地杯等。

准备保温热菜的布菲炉若干，并配备相应的布菲炉用的酒精盒，以及其他一些分叉、分勺、食品夹、蛋糕铲等供客人取拿食品的公共用具。

将以上餐具、用具准备好后，洗涤清洁，码放在布台上的固定位置上，以方便客人取用。餐盘放在冷菜台和热菜台的一角。大刀大叉要用口布包好，放在托盘里，置于大餐盘旁边。甜食盘和甜食刀叉则放在甜食台上。酒杯等均整齐地放在酒吧台上。

在自助餐开始前的30分钟内，厨房准备的各种菜肴要摆放在食品台上。同时由服务员点燃布菲炉下面放置的3个固体酒精盒中最里面的一个，以使热菜保温。此时，服务员还要将取各种食品用的用具进行相应的摆放。

宴会前约半小时，经理召集全体人员会议，明确分工，提出要求及注意事项。客人到来前10分钟，餐厅主管要亲自引领服务员手托托盘，准备好饮料和酒水，站在餐厅入口处问候欢迎宾客。

2. 不设座位的自助餐宴会服务程序

当客人到来，手托饮料或酒水的服务员即上前去问候，并由客人自选饮料，做到人手一杯。当客人进入餐厅一部分后，门外只留2~3人继续迎候，其余服务员则手托饮料或酒水在客人中间走动。他们既可继续为客人提供饮料，又可回收客人用过的杯子，以保持场地整洁。

宴会正式开始，主人讲话时，服务员不能走动、说话。但由一名服务员准备两杯酒水站在讲台附近，以备讲话人敬酒使用。

主人讲话完毕，宣布宴会开始，服务员应即刻将布菲炉上的盖子打开，并将盘子、刀叉等递给客人使用。进餐开始，服务员要随时注意回收用过的餐具、送至后方，后方安排有专人负责处理、清洗。

宴会进行到一定时间，服务人员要格外注意布菲炉下酒精蜡燃烧情况，以免发生意外。同时要注意餐具、酒具的使用情况，随时补充，保持与厨师的联系，补充需要的食品。对客人的意见和询问要耐心听取和解答。

当大多数客人进食得差不多时，正是饮料和酒水需求的高潮。此时，服务员应频繁为客人添加。这样做，既能给客人留下好的印象，又能增加销售额。可谓一举两得。

宴会接近尾声会有客人陆续离开会场。此时，应有一名服务员站在门口向客人致谢。主管人员应备好账单，以备主人结账。

当客人全部离开后，应首先熄灭酒精蜡，组织人员撤台，清理场地。食品送回厨房，餐酒具送总务处清洗并收回。

3. 设座位的自助餐宴会服务程序

设座位的自助餐宴会需要布置餐桌。大刀叉、甜食叉、勺等均要摆放在餐桌上，所要增加的是面包盘、水杯、胡椒盐盅、餐巾等。

在客人到来之前，给水杯里注满冰水，准备好饮料，分派好服员的服务范围。

客人走进餐厅应主动问候，并拉椅让座，随后问客人喝什么饮料，之后为客人斟酒。

客人进餐时，服务员应做到眼勤、腿勤、手勤，勤加饮料、酒水。客人吃完盘里的食品，服务员应把大刀叉拿起放在面包盘上，然后拿走空盘，切忌盘子摞盘子。

看到客人去取甜食，应将空盘连同大刀叉、面包盘面包及刀撤下，并把甜食叉勺以左叉右勺的顺序放在适当位置上，中间隔一甜食盘距离。

客人取甜食回来，应询问客人是否需要咖啡或茶，如要，将糖盅、奶盅及咖啡具一套摆在客人的右手边，倒入咖啡或茶。

（二）冷餐会服务

冷餐会，有时也叫自助餐，它是目前国际上所通行的一种非正式的西式宴会，在大型的商务活动中尤为多见。具体做法是，不预备正餐，而由就餐者随意在用餐时自行选择食物、饮料，然后或立或坐，自由地与他人在一起或是独自一人用餐。

冷餐会之所以称为自助餐，主要是因其可以在用餐时调动用餐者的主观能动性，自己动手，自己选菜。至于它又被称为冷餐会，则主要是因其提供的食物以冷食、甜点、低度酒等为主。因此，冷餐会的服务程序跟自助餐会很相似，可以参照上述程序。

（三）鸡尾酒服务

鸡尾酒会，也称酒会。这种酒会主要是喝饮料，为宾客提供一个社交的场所，其准备工作与服务程序与自助餐大致相同。酒会的食品主要是小吃。只需准备甜食盘、甜食叉、小餐纸和多多益善的各种酒杯。和自助餐相比，酒吧台则要大些，有时还设置两个，以方便服务。其服务程序是：

1. 酒会开始，服务员用托盘托上饮料迎接宾客，保证人手一杯，直到宾客示意不要为止。注意随时回收空杯。

2. 主管人员应在门口一边迎候，一边注意清点入场人数，以便做到心中有数。最后对宾客有个交代。

3. 酒会中，大多数宾客会手中拿杯不停地交谈，所以应有服务员用银盘托一些小吃端至宾客面前，供宾客品尝。

4. 当宾客全部撤去后，撤台整理场地。

拓展阅读

法式大餐

法国人一向以善于吃并精于吃而闻名，法式大餐至今仍名列世界西菜之首。法式大餐，选料广泛（如蜗牛、鹅肝都是法式菜肴中的美味），加工精细；烹调考究，滋味有浓有淡，花色品种多；法式菜还比较讲究吃半熟或生食，如牛排、羊腿以半熟鲜嫩为特点，海味的蚝也可生吃，烧野鸭一般六成熟即可食用等；法式菜肴重视调味，调味品种类多样。用酒来调味，什么样的菜选用什么酒都有严格的规定，如清汤用葡萄酒，海味品用白兰地酒，甜品用各式甜酒或白兰地等；法国菜和奶酪，品种多样。法国人十分喜爱吃奶酪、水果和各种新鲜蔬菜。

法式菜肴的名菜有：马赛鱼羹、鹅肝排、巴黎龙虾、红酒山鸡、沙福罗鸡鸡肝、牛排等。

一个民族的饮食习惯与他们的文化习惯及性格是息息相关的。法国人的情感细腻，想法浪漫。因而法国的餐饮是非常讲究的。法国的饮食文化非常悠久，从路易十四开始，法国的饮食外交便世界闻名，在法式宴会鼎盛时期，餐桌上一次可上200道菜。法国人最爱吃的菜是蜗牛和青蛙腿，最喜欢的食品是奶酪，最名贵的菜是鹅肝，家常菜是炸牛排外加土豆丝，此外，法国人还是世界饮酒冠军，尤其是喝葡萄酒。

法国是世界三大烹饪王国之一。法国人讲究吃，而且舍得花钱。法国人不爱吃无鳞鱼，也不爱吃辣味的菜肴。他们一般都喜欢吃略带生口、鲜嫩的美味佳肴。法国人一般都乐于喝生水（自来水），不习惯喝开水。

闻名世界的法国料理，以精致豪华的高尚品位，风靡全球食客的胃，法国人将“吃”视为人生一大乐事，他们认为：美食不仅是一种享受，更是一种艺术。16世纪时的法国宫廷已有一套相当讲究的饮食文化，法国大革命后随着宫廷厨师的流落市井，宫廷料理开始在民间生根。

法国料理十分重视“食材”的取用，“次等材料做不出好菜”是法国料理的至理名言，而法国料理就地取材的特色，使南北各地口味不一，因此“到什么地方吃什么菜、什么时令吃什么菜”就很重要！

法国料理的精华在酱汁（SAUCE），因为对食材的讲究，法国人使用酱汁佐料时，以不破坏食材原味为前提，好的酱汁可提升食物本身的风味、口感，因此如何调配出最佳的酱汁，就全看厨师的功力了。此外，法国菜也被喻为最能表现厨师内涵的料理，每一道菜对厨师而言，都是一项艺术的创作。

法国人饮食特点：

对晚餐较重视。爱喝葡萄酒、牛奶、红茶等。爱吃牛肉、羊肉、鸡、鱼、虾、鸡蛋、各种烧肠子等。各种蔬菜都爱吃。爱饮清汤，爱吃水果（特别爱吃菠萝）。

在正式的法国餐馆吃饭，餐具、酒具的配合使用都是一丝不苟的。吃什么样的菜用什么样的刀叉，是很有研究的，所以每人面前都有两三套餐具。酒杯也是一样，因为在这里吃与喝的配搭是一种艺术。习惯上，餐前要喝一杯开胃酒；用餐过程中，如果吃肉要配干红葡萄酒；吃鱼虾一类的海味，要喝干白葡萄酒；餐后有些人还喜欢喝一点白兰地之类的烈性酒。每种酒所用的酒杯都不同。席间大家边吃边聊，酒只是起到助兴和调节气氛的作用，频频举杯，却都点到即止。保持餐桌上愉快的气氛，但又不至于过分喧闹。

法国人在饮食嗜好上有如下特点：

①注重烹调火候，讲究菜肴的鲜嫩，强调菜肴的质量。

②口味：一般喜肥、浓、鲜、嫩，偏爱酸、甜、咸味。

③食品：主食为米饭或面粉，爱吃点心；副食爱吃肥嫩猪肉、羊肉、牛肉，喜食鱼、虾、鸡、鸡蛋及各种肠子和新鲜蔬菜，偶尔也愿品尝些新奇的食物，如蜗牛、蚯蚓、马兰等；喜用丁香、胡椒、香菜、大蒜、番茄汁等作调料。

④制法：对煎、炸、烧、烤、炒等烹调方法制作的菜肴偏爱。

⑤菜谱：很欣赏红烧鳜鱼、宫保肉丁、脆皮炸鸡、炒虾球、银芽鸡丝、菠萝火鸡、拔丝苹果等风味菜肴。

⑥酒水：爱喝酒，尤其爱饮葡萄酒、玫瑰酒、香槟酒等，一般不能喝或不会喝酒的人也常喝些啤酒；通常他们惯用的饮料还有矿泉水、苏打水、橘子汁以及红茶或咖啡等。

⑦果品：法国人爱吃水果，尤其对菠萝格外偏爱，苹果、葡萄、猕猴桃等也是他们爱吃的；干果喜欢葡萄干、糖炒栗子等。

“法国人饭前用一个小时来品尝开胃酒，就着一些橄榄和小饼干，当他们真正坐下来吃的时候，就没有那种强烈的饥饿感了。”而且在吃每一口食物的间隙，都要停顿无数次，进餐时那种轻松愉悦的气氛，以及对食品的品味和赞美，帮助他们轻松地保持体型。

法国女孩子的食物都是小份的。典型的法国牛角面包重量都是30克多一点，而美国产的这种面包几乎有60克，换句话说，法国女孩子的胃已经习惯了摄入少量的食物。

法国女性非常热忱地对待正餐，一般在下午两点之前摄入的热量占一天总量的60%，随后是一顿简单的晚餐。而在中国，人们经常一整天都在饿着自己，在晚饭的时候，却是吃得又好又饱。因为法国人午餐吃得很满足，因此不需要吃零食，这也帮助他们控制了体重。

法国人对吃的讲究程度不亚于中国人。他们常常津津乐道于在哪个餐馆吃得如何好，又在哪条街上新开一家什么餐厅云云。在接受吃的文化方面他们又是很开通的，只要是美味，无论是意大利的、西班牙的，还是北非或中国的，一概照单全收。但一说起法餐，那绝对是“非我莫属”。

法国人不仅讲究吃的内容，还讲究吃的环境和吃的情趣。除了猫狗肉不考虑之外，肉食也可谓品种繁多，有大家熟知的蜗牛、青蛙腿、马肉，加上一般传统肉类；海鲜更不在话下：生蚝、龙虾、螯虾、蜘蛛蟹及各种海贝；鱼类主要为海鱼，最受欢迎的有海鲂、狼鱼、鲻鱼、大菱鲆及一些译不出名字的鱼，而吃熏大马哈鱼则为圣诞节传统之一。会打猎的人还讲究吃山鹬，这是一种体形不大的鸟，却浑身都是肉，肉质极鲜。

肉类的做法大多为炖、烤和煎。总的来说，他们没有“炒”这个概念，有也只是煮的前奏。所以法餐可提前做好，不像中餐为了保持鲜嫩，总要在最后关头下厨操勺。他们用的佐料基本上都是一些“草”，常用的有小葱、百里香、香芹、月桂等。正如中餐佐料不止有酱油、醋，法餐中也有五花八门的各类调料，如黄油、牛奶、奶油、鸡蛋等，也能配成各式各样的口味，就看他如何选配及操作了。最有代表性的吃法为煎牛排，分3种状态：第一为半生不熟，仅煎几秒钟便上桌，切开后仍血淋淋的，有人为此大快朵颐，中国人会望而生畏。第二种为带血状，比前者多煎十几秒。第三种为基本熟状。吃时完全视各人口味选其需要的状态。

法国人吃的青菜品种没有中国的多，且大部分都生吃，其他都是西洋菜的模式，大而无味，也正好适应法餐的做法。如今，法国人也渐渐地用一些外来的佐料，如咖喱和生姜等。法国人认为生姜有壮阳的功效，所以接受起来十分容易。另外大白菜、豆芽也开始慢慢流行开来。他们对蔬菜的做法同中餐正好相反，没有中间状态，不是生吃就是煮得烂烂的。生吃的有各种生菜、甜红萝卜、西红柿和黄瓜等。煮得烂烂的有菠菜泥或闷煮各种菜，连扁豆都煮得软软的。

法国人的甜食更是五花八门，做甜食的佐料无非也就是黄油、奶油、牛奶、面粉、鸡蛋再加上糖而已，如配上各式水果或巧克力、香草等就做成了式样不同的糕点。

吃饭时客厅的气氛及装饰是要讲究的，主人一定要事先将客厅精心布置一下，插上鲜花，晚间则打上柔和的灯光，大餐桌铺上烫好的桌布和布餐巾，再摆上精美的瓷制餐具。最好的当属里莫日的瓷器，洁白的细瓷点缀上精致的花纹，颜色也配得恰到好处，讲究的人家要摆上银制刀叉和水晶杯。酒杯视各家情况1~3只不等。一般为两只，包括酒杯和水杯，有3只的就考虑到红、白葡萄酒了。遇有重大场合，饭后要开香槟酒，又是另一只杯子。

法国人对刀叉餐具很讲究：盘子的左右两边各摆3~4副刀叉，杯子有大中小3个号。如吃海鲜更是热闹，有各式各样的工具。一般的规矩是每上一道菜先从最外面的刀叉用起，随用随撤。大号杯子用于喝水，其他用于红、白葡萄酒。大勺只用于喝汤或公用，小勺又有用于甜食和咖啡之分，后者较前者小一号。

吃饭的程序是：首先喝开胃酒，以酒精浓度较高的酒为主，同时吃点小咸饼干，先让胃适应一下。然后全体上席，第一道菜通常是冷拼、热菜饼或海鲜，用一只中浅盘子，如第一道为汤，就得用深盘子加上大勺。无论吃什么，这第一只盘子总要撤下。随之而来的主菜用大浅盘，至少包括两个热菜，一荤一素，有时会有米饭或面条，属于配菜。主食永远是法式面包。等所有的人将食物都盛到自己盘中后，女主人拿起刀叉并说："祝大家好胃口！"客人方可开始。有时客人不懂规矩先动手，这时女主人便立即不动声色地拿起刀叉，以不显得客人失礼。热菜之后是奶酪或加拌生菜，用小浅盘，然后就是饭后甜食加咖啡或茶。最后，有时主人还建议喝消化酒，其酒精浓度比开胃酒更高一点。

大多数法国人都很会做菜，尤其是家中来客人时，夫妻俩更是各显身手。一般来说，客人到后，妻子负责招呼，丈夫掌管酒水，需要时两人就同时下厨上菜。在这样一种气氛里，无论吃什么都会给你一种温馨的感觉。更不用说主人精心烹调出的美味了。如在饭店用餐，那么各式菜肴不仅味道鲜美，厨师还能用各类食品拼出不同的图案及样式，其讲究程度就不是一般家庭所能做到的了。中国人吃法餐最不能接受的就是冷热交替、甜咸相加：第一道，冷盘（咸）；第二道，热菜（咸）；第三道，甜食（冷）；最后，咖啡或茶（热且加糖）。不仅如此，用餐中还要喝酒和冷水。

法餐虽不像中餐那样拥有几大菜系，各地却都有传统的代表菜，如多尔多涅的油浸鸭肉及鹅肝，阿尔萨斯的酸菜肠，布列塔尼的黑面炖肉和薄饼，诺曼底的牛羊下水，普罗旺斯鱼汤，等等。现代的新式法餐更重味道及样式，使人的味觉和视觉都得到美的享受。

综上所述，中法两种饮食各有千秋，各具特色。吃在法国不仅让你得到食的满足，其中的情趣也是别有一番滋味。一般来说，法国人很容易接受中餐，反之中国人接受起法餐来就有些条件，而中餐里能让法国人不喜欢的东西比法餐里中国人不喜欢的要少。

（资料来源：百度百科 http：//baike. baidu. com）

子项目三　清真餐常识及基本技能

学习任务描述

1. 了解穆斯林的禁忌。
2. 熟悉清真菜的特点及代表菜。
3. 掌握清真餐服务要领。

案例导入

2014 年 7 月，游客小李一行 6 人在西安北院门回坊风情街区游览，中午时分大家带着上午买的一堆小吃，还有酒水饮料，精心选择了一家烧烤店，准备享受大餐。结果，他们还没坐下点餐，服务生就拒绝为其服务。小李一行特别生气，投诉到当地旅游行政管理部门。结果，经过旅游部门工作人员的解释，小李他们幡然醒悟，原来自己也做错了，是自己不尊重穆斯林兄弟的习俗才被拒绝服务的。

请思考：

1. 为什么小李一行被该清真餐厅拒绝服务？
2. 请讨论对穆斯林客人服务需要注意什么？

一、清真及清真餐概述

（一）伊斯兰教与穆斯林

伊斯兰教是世界性的宗教之一，与佛教、基督教并称为世界三大宗教。伊斯兰教世界的国家遍布亚、非两个大洲，总体算来大约有 50 个。此外，在各大洲很多国家里都有信仰伊斯兰教的人民（穆斯林）。这些国家包括一些西方国家诸如英、美、俄、法、德等国家。中国的伊斯兰教一般认为是在公历 651 年（唐朝永徽二年）从阿拉伯传入中国的泉州、广州等地。中国人称伊斯兰教为大食法、大食教、天方教、清真教、回回教、回教、回回教门等。

伊斯兰（al-Islam）是阿拉伯语音译，公元 7 世纪由麦加人穆罕默德在阿拉伯半岛上首先兴起，原意为“顺从”“和平”，又译作伊斯俩目，指顺从和信仰创造宇宙的独一无二的主宰安拉及其意志，以求得两世的和平与安宁。信奉伊斯兰教的人统称为“穆斯林”（Muslim，意为“顺从者”与伊斯兰“Islam”是同一个词根）。

伊斯兰教的信仰主要包括理论和实践两个部分。理论部分包括信仰（伊玛尼），即：信安拉、信天使、信经典、信先知、信后世、信前定（简称“六大信仰”）。实践部分包括伊斯兰教徒必须遵行的善功和五项宗教功课（简称“五功”）。所谓的五功即念“清真言”、礼拜、斋戒、天课、朝觐，简称“念、礼、斋、课、朝”。

（二）清真

清真的标志如图 3－3 所示。

图 3－3　清真的标志

清真，阿拉伯语原意为“合法的”，指符合宗教教法的。清真食品不仅仅是指不吃猪肉、驴肉的问题，即使是鸡肉、羊肉、牛肉，宰杀时没有诵经，以真主之名宰杀，都不能算作清真。

在中国“清真”与阿拉伯语词义的范围有所不同，清真仅针对符合伊斯兰教教法的饮食而言的，与其他如衣、住、行、思想无关。穆斯林认为“清则净，真则不杂，净而不杂”是为“清真”。“清真”涵盖了生活准则、制度、规范等方面，不只是“不吃猪肉”那么简单。

（三）清真菜系

1. 清真饮食

“清真饮食”是信仰伊斯兰教的穆斯林根据《古兰经》里的饮食禁忌形成并长期沿袭而来的特别的饮食习惯。“清真食品”是遵伊斯兰教法所生产的食品，“清真餐馆”就是伊斯兰餐馆，“清真菜系”则是针对穆斯林信仰而形成的菜系。

2. 清真菜系

土耳其菜系，又称清真菜系，地域范围包括中亚、西亚、南亚以及非洲等伊斯兰国家和地区。土耳其烹饪发源于中亚，发展于小亚细亚，从某种意义上说是中东与地中海烹饪的过渡。土耳其菜系，在选材上偏重肉类、蔬菜和豆类，而肉类又以牛、羊、鸡为主，尊重食材

（主要是肉类和奶制品）的自然风味，讲究原汁原味，擅用黄油、橄榄油、盐、洋葱、大蒜、香料和醋调味。

二、清真餐菜式

（一）主要派系

穆斯林在全球范围内分布广泛，但在穆斯林集中分布的地区形成了清真菜的主要派系。

1. 土耳其清真菜系

现代土耳其餐深受古代奥斯曼宫廷御膳文化的影响。博大精深的奥斯曼王朝宫廷御膳文化构成了现代土耳其餐的主要框架。东西方餐饮派系在土耳其交汇，对土耳其餐的丰富产生了深远影响。一顿丰盛正式的土耳其餐通常由 4 部分组成：餐前开胃菜、汤、主菜及餐后甜点。

土耳其菜肴选材一般侧重谷类食物、各种蔬菜、肉类、橄榄油水果、海鲜以及野菜，还有葡萄汁、酸奶、燕荞麦等。主要的烹饪方法：烤、煎、炖、烩等。代表菜有：亚历山大烤肉、土耳其肉丸、阿舒拉甜粥、蜜糖果仁千层酥“巴克拉瓦”、哈尔瓦糕，等等。

2. 中亚清真菜系

主要流行于中亚 5 国：哈萨克斯坦、塔吉克斯坦、吉尔吉斯斯坦、乌兹别克斯坦、土库曼斯坦。中亚人的饮食习惯、食材选用受土耳其影响很深，包括米饭、干果、鲜果、调味料、蔬菜、豆类、酸奶、蔬菜沙拉和牛羊肉，肉类使用很多。主要烹饪方法：烤、焖、烩、炖。代表菜肴：哈萨克斯坦的拌面、烤羊肉串、马肉肠、马奶，乌兹别克斯坦的油馕、烤肉串，吉尔吉斯斯坦的熏鱼和烤鱼，还有各式各样奶豆腐，等等。

3. 中东清真菜系

主要以阿拉伯菜和伊朗菜为主，阿拉伯菜肴主食以牛羊肉为主，其烹调手法多样，其点心味道以咸为主，采用孜然、咖喱和沙嗲等调味品，形成独特的风味。伊朗菜的特点是鲜香醇厚、清新爽口，特别会在烹饪中用一些名贵的香料药材，如藏红花等。主要烹饪方法：烤、烩、炒等。代表菜肴：干果羊排手抓饭、鹰嘴豆泥、菲达芝士蔬菜沙拉、果仁蜜饼和塔布里等。

4. 南亚清真菜系

南亚地区是伊斯兰教、佛教、印度教、基督教的共同教区，因此，特色并没有上述几个菜系明显。南亚清真餐饮的最大特色是在各种香料的应用，20 种余种香料，在不同的烹饪大师手中，搭配比例与使用方法都个性十足，味道也充满个性化差异。

5. 中国清真菜系

中国烹饪是世界三大烹饪之一，中国的清真菜也是世界清真菜系中不可或缺的部分。中国穆斯林遍布全国各地，各地清地菜肴都有自己独具风格的地方性。

中国清真菜最突出的特点在于饮食禁忌比较严格；口味偏重咸鲜，汁浓味厚，肥而不腻，嫩而不膻；不仅注意色、香、味、形，而且特别强调食品卫生和食物的医疗价值；用料极为讲究，主料突出，注重香料的使用；严格遵守伊斯兰教的饮食规定，绝大多数清真菜都以牛羊肉为主；品种繁多，做工精细，经济实惠，雅俗共赏。此外，清真小吃名目繁多，用料广泛，应时当令，丰富多彩。

清真菜的烹调技法早期以炮、烤、涮为主，较多地保留着游牧民族的饮食习俗。后因民族杂居，使清真菜的烹饪技法由简到繁、由少到多，日臻完善，炒、熘、爆、扒、烩、烧、煎、炸无所不精，形成了独具一格的清真菜体系。代表菜有：涮羊肉、酱牛肉、筒子鸡、各类糕点等。

（二）原料及配料

1. 主要原料及配料

肉类：阿訇诵经宰杀的牛肉、羊肉、鸡肉，特别是烹饪羊肉。远在清代乾隆年间就已经有以羊肉、羊头、羊尾、羊蹄、羊舌、羊脑、羊眼、羊耳、羊脊髓和羊内脏为原料的清真全羊席。可以做出品味各异的菜肴120余种，体现了厨师高超的烹饪技艺。全羊席在清代同治、光绪年间极为盛行。

蛋、奶类：鸡蛋、牛奶、酸奶及其他奶制品，也是清真菜系的主要选择。

蔬果：新鲜的蔬菜、水果和干果都是清真菜系里不可或缺的原材料，例如，胡萝卜、土豆、洋葱、青椒、茄子等，葡萄、苹果、甜瓜、无花果干、葡萄干和巴旦木杏仁，等等。

海鲜及水产品：根据古兰经里的饮食禁忌，一般清真菜中使用较少，只用那些脊有刺、腹有翅、身有鳞、口无齿、形美而性善的鱼类。

调味品：孜然、咖喱、辣椒、胡椒等各种香料和调味品，是清真菜系不可或缺的成分。

酒水：穆斯林是终身禁酒的，因此，烹饪也没有酒做调味品。餐间，可以用水或者果汁代替。

2. 禁忌

清真菜最突出的特点在于饮食禁忌比较严格，其饮食习俗来源于伊斯兰教教规。我们通常见到的“清真”字样的标签上面，有一个阿拉伯文单词“哈俩里”，意思是“合乎伊斯兰教法的”。伊斯兰教认为，人们的日常饮食不仅为了养身，而且还要利于养性，因而主张吃佳美、合法的食物。

①绝对不用偶蹄类非反刍家畜，如猪、狗、马、驴、骡。

②绝对不用自死的动物。

③绝对不用非颂安拉之名而宰杀的动物。

④绝对不用牛、羊的血液、生殖器等物。

⑤绝对不用无鳞鱼、有齿鱼或凶猛奇怪的鱼类、螃蟹、海参等。

⑥绝对不用凶狠食肉、性情暴躁的动物，如鹰、虎、豹、狼等。

⑦绝对不用酒、不喝酒。

（三）烹饪手法

土耳其菜系中常用的烹饪手法有：烤、煮、烩、炖等。中国清真菜的制作方法很多：菜肴烹调，擅长于扒、烧、爆、炒、炸、烤、涮、炖、煨、焖、烩、馏、蒸、塌、烹、汆；面点的制作，主要有蒸、煮、烤、烙、炸等。

三、清真餐服务要领

第一，食材选择必须是有清真标志的清真食品，清真餐中所用的牛、羊、鸡、鸭等动物必须按照穆斯林的习俗宰杀。

第二，操作间内，应该有专人，专用工具，专用冷藏、冷冻等设施设备，避免清真食材的污染。

第三，店堂、专柜要保持整洁、美观、贴上中文和阿拉伯文的清真字样，便于穆斯林的选择和判断。店内要粘贴“本店清真、外菜莫入”的字样，提醒客人不能携带违禁食品。

第四，餐厅的装修风格应该尊重穆斯林的喜好，以绿色、白色为主，以植物花纹为主，不能悬挂任何人像或者神像。餐具的选择也可以尽量遵循简洁明快。口布、台布、桌椅的颜色也尽可能以白色、绿色为主。

第五，清真餐厅内应该为穆斯林提供相对封闭的、有活水的盥洗场所。因为穆斯林饭前饭后都是要用流动的水洗手。

第六，服务人员要熟悉伊斯兰教国家和地区的基本常识，了解穆斯林的主要风俗习惯，避免在服务中冒犯。例如，不能用左手服务、不能在言语中说到“猪”，不能对女宾过于热情，等等。

四、清真餐服务禁忌

首先，禁忌饮酒。古兰经规定，穆斯林在正式场合严禁饮用含酒精的一切饮料，但在公开场合各国对酒的忌讳程度是不同的。有的国家在餐桌上可以摆酒杯，酒杯里可以放矿泉水、橘子汁等饮料代替酒。有的国家自己不喝，但其他人饮用不反感。但有的国家要求桌子上只能摆水杯，不能出现酒杯。有的不喝烈性酒，有的连啤酒也不能喝。这些对酒的忌讳程度是不一样的，在接待不同国家的客人时要具体了解清楚。对完全不喝酒的人是不能祝酒的。

其次，禁忌违背古兰经的食物。穆斯林视未放血的动物为禁品，禁食猪肉、狗肉、马肉、驴肉。多数的阿拉伯人不喜欢吃海参、螃蟹等食物，也不吃无鳞鱼。接待来访穆斯林客人一定要安排清真席，特别要注意不要出现猪肉，和他们不吃的其他一些食物。

第三，禁忌用左手服务。因为，穆斯林一般都认为左手是脏的，忌讳用左手给人传递物品，特别是食物。在穆斯林家里做客，主人有时用右手抓一些肉、米饭分给大家，这时不要拒绝、不能表现出为难的样子，不愿意接受。接受主人递茶的时候，我们一般都认为用双手接比较文明，但在伊斯兰国家你要注意不要双手接，要用右手接。给穆斯林递东西时，千万注意不要用左手。

第四，禁忌浪费。服务穆斯林用餐，要注意不能浪费食物，要做到物尽其用，食物适可而止，因为穆斯林是禁止暴饮暴食的。餐间要特别照顾老人、小孩。

第五，禁忌不洁。穆斯林是非常清洁的，他们在吃饭前要“小净”祈祷。所以，所有的餐具、口布、菜肴、口杯等以及餐厅的环境都应该尽量保持干净。

最后，信奉伊斯兰教的国家每年有斋月，斋月是按回历推算的。在斋月里日落之后、日出之前不能吃喝，所以宴请拜访时都要尽量避开这个时期。

拓展阅读

伊斯兰教八大禁忌

一、饮食禁忌

饮食问题在人们的生活中占据着极为重要的地位。伊斯兰教认为，安拉造化宇宙万物、创造了人类，为人类创造了大地上的一切供人们享用，允许人们吃一切合法而又佳美的食物。《古兰经》中说："世人啊，你们可以吃地上所有的合法而佳美的食物，你们不要跟随恶魔的脚步，他确是你们的敌人。"

1. 畜禽肉类禁忌：严禁吃自死物；严禁食血液；严禁食用诵非安拉之命而宰杀的动物；禁止食用猛禽猛兽。

2. 禁用致醉和有毒的植物饮料：严禁饮酒；禁止一切与酒有关的致醉物品；禁止从事与酒有关的营生；禁止出席有酒的宴席；严禁服用一切麻醉品和毒品。

二、服饰禁忌

伊斯兰教既然认为安拉为人类造化了大地上的一切，所以就允许而且要求所有的穆斯林尽可能利用大地上的物质把自己装饰得美观一些、衣着讲究一些，因为，这同享受安拉所创造的一切佳美的食物一样是对安拉恩赐的接纳，只有接纳并且享用安拉所赐予的一切，才能感受安拉对人类的仁慈。

《古兰经》中说："你说：安拉为他的臣民创造的服饰和佳美的食物，谁能禁止他们去享用呢？"所以除了安拉外谁也无权限制穆斯林用安拉所创造的服饰装扮自己。伊斯兰教在服饰方面的基本原则是顺乎自然，不追求豪华，讲究简朴、洁净、美观。

其中的禁忌有：①禁止男性穿戴高贵服饰。②禁止妇女显露美姿和妆饰。③严禁改变人类原造的矫饰行为。④严禁男人佩带黄金饰物。⑤忌讳穆斯林穿外教服饰。⑥禁止男女模仿。

三、卫生与性生活禁忌

1. 卫生习惯

伊斯兰教是一个注重卫生的宗教。《古兰经》中说："安拉是喜爱清洁的。"先知也把讲究清洁提升到信仰的高度，穆圣（愿主赐福予他与他的家人）说："清洁是信仰的一部分。"伊斯兰教将这些卫生要求赋予宗教意义并将它同人们的日常生活融为一体，而且渗透到人们生活的细节之中，促使人们去认真对待，竭力遵行。

2. 卫生及性行为禁忌

伊斯兰教不仅注意沐浴洁净人的身体外表卫生，而且也非常重视性生活的卫生，它在卫生与性行为方面有如下禁忌：禁止在公共场所大小便；禁止用右手处理污秽的事物；禁止在礼拜时吐痰、打哈欠、吹东西；禁止吃生葱、姜、蒜后做礼拜；忌讳贪食；禁止和月经期或产妇发生性行为；禁止通奸；禁止同性恋。

四、婚姻禁忌

伊斯兰教与其他一些禁欲的宗教相反，反对独身主义，主张男大当婚女大当嫁。《古兰经》中说："男女互为对方的衣服。"伊斯兰教认为，婚姻不但是男女两性为了满足情欲而进行的一种结合，而且是一个人对自己、家庭、社会、人类生存延续负有责任的重要行为，也是一个穆斯林遵从主命、履行先知教诲的具体表现，因而伊斯兰教积极提倡男女健康合法的婚姻，禁止非法的同居和私通等性关系。

同时，为了防止混淆血缘、乱伦等不道德现象，伊斯兰教在婚姻方面也规定了一些禁忌：①严禁与有相近血缘、亲缘、婚缘和乳缘关系的人结婚。②严禁与外教人结婚。③严禁娶有夫之妇。④严禁把离婚当作儿戏。

五、丧葬禁忌

伊斯兰教规定丧葬的基本原则是土葬、薄葬和速葬。由于伊斯兰教对死亡和丧葬有如此的主张，所以与此相悖的一些思想、仪式、习惯它都加以反对，这就形成了在这方面的许多禁忌：①禁止喧哗。②禁止在日出、日落和正午时间举行殡礼。③严禁为自杀者站殡礼。④严禁号啕大哭。⑤严禁妇女参加殡礼。⑥严禁设立灵位向亡人祷告。⑦禁止妇女为亡人超期守制。⑧禁止无故迁坟。⑨禁止盼望死。⑩禁止自杀。

六、商业禁忌

①严禁重利盘剥。②禁止在商品中掺假、以次充好。③禁止囤积财富垄断市场。④禁止缺斤少两。⑤禁止发誓推销商品。⑥禁止购买偷窃、抢夺来的物品。⑦严禁出售违禁物品。⑧禁止经商中使用欺骗手段。

七、人际交往禁忌

伊斯兰教是一个重视交往，强调人情的宗教，提倡高尚的道德。先知说："我的使命是为了完美人类的道德。"认为只有具备高尚的道德，才能获得来世的幸福。

《古兰经》倡导人际交往原则是诚实守信、克己忍耐、宽恕待人、互相合作、谦让利他、语言优美、结交好人、重视礼节等。与这些原则相反的都是伊斯兰教所禁止的：①严禁做伪证。②严禁说谎。③严禁诬蔑。④严禁谗言。⑤严禁诽谤。⑥严禁讥笑并以秽名相称。⑦禁止恶意猜测。⑧禁止偷窥他人隐私。⑨禁止嫉妒。⑩禁止妄言嬉行。⑪禁止背后非议。

八、精神生活禁忌

①严禁赌博。②严禁抽签。③严禁占卜、看相。

（资料来源：百度知道 http：//zhidao. baidu. com）

作　业

一、问答题

1. 简述西餐的特点。
2. 请回答西餐主要菜系并说出两道代表菜肴。
3. 简述清真餐服务要领。

二、讨论题

1. 请讨论并总结几种西餐服务的区别。
2. 请设计西餐宴会、自助餐会、鸡尾酒会的接待及服务方案一份。

项目四

餐饮组织机构和人员

子项目一　餐饮组织结构概述

学习任务描述

1. 了解组织、组织结构及餐饮组织结构的定义。
2. 掌握主要的组织结构形式。

案例导入

锦江国际（集团）有限公司（以下简称“锦江国际集团”）是中国规模最大的综合性旅游企业集团之一。集团注册资本20亿元，员工5万余名。

锦江国际集团以酒店管理与投资、旅行服务及相关运输服务为主营业务；控股（或间接控股）“锦江酒店”（2006HK）、“锦江股份”（600754，900934）、“锦江投资”（600650，900914）、“锦江旅游”（900929）4家上市公司。

锦江国际集团与万豪、希尔顿、洲际、费尔蒙、雅高等世界著名酒店集团以及日本三井、英国HRG、瑞士理诺士等20多家全球知名企业集团建立了广泛的合资合作关系。以“锦江酒店”和“锦江股份”为主体，专业从事全服务酒店及有限服务酒店的投资营运和管理以及餐饮业的投资与经营。截至2014年年末，旗下营运及筹建中的酒店共1 767家，客房数共约25.8万间。在中国境内，酒店网络遍及31个省、直辖市、自治区约310个城市，酒店品牌包括J. Hotel、锦江（Jin Jiang）、锦江都城（Metropolo）、锦江之星（Jin Jiang Inn）等系列，以完善的综合酒店服务及独特的业务模式享誉全国。作为中国首家经济型酒店，锦江之星自1996年创立至今，始终以市场为导向，以顾客需求为核心，凭借务实的精神、专业的水平、真诚的服务，精心雕琢着锦江之星这一品牌形象，旗下品牌已逐步成为经济型酒店行业的专业典范。锦江之星旗下的各品牌锦江之星酒店、金广快捷酒店、百时快捷酒店总数近1 000家，连锁酒店网络广泛分布于全国31个省市自治区的200多个大中型城市，客房总数近100 000间，已然成为中国最具影响力的经济型酒店品牌之一。

第一阶段：（1996—1998 年）单品牌单模式区内扩张。地域及数量：上海，3 家。特征：创立“锦江之星”品牌，采取单体自营的方式。

第二阶段：（1999—2002 年）单品牌多模式跨区域扩张。地域及数量：上海、宁波、苏州、无锡 10 家。特征：经营管理从“自营”扩大到“加盟”“委托管理”。

第三阶段：（2003—2006 年）多品牌多模式跨区域扩张。地域及数量：分布区域增至 17 个省（直辖市、自治区）的 28 个城市，开业 91 家。特征：推出“白玉兰”“新锦江商旅”住宿品牌。

第四阶段：（2007 年至今）多样化跨区域扩张。地域及数量：目前，分布区域增至 30 个省（直辖市、自治区），开业 443 家。特征：推出网上预订、会员俱乐部、茶餐厅、“百时快捷”。品牌发展——百时快捷，百时快捷酒店突出了“资源节约型”的特点，体现个性、张扬、自由自在的全新概念。目前，共有百时快捷 24 家（4 家筹建中）。

锦江国际（集团）有限公司，在锦江之星发展的每一阶段，都对组织结构进行了及时调整，对酒店进行了有效管理。

（资料来源：据锦江国际（集团）有限公司网站提供的相关信息整理）

请思考：

1. 锦江国际（集团）有限公司属于哪种规模的企业，适合哪种组织结构形式？请大致规划组织结构图。

2. 根据案例考虑影响酒店组织结构的因素有哪些？

一、组织概述

（一）组织的含义

《辞海》对组织的定义为：按照一定的目的、任务和形式加以编制。组织是有目的、有系统、有秩序地结合起来，按照一定的宗旨和系统建立的集体。

由于研究角度的不同，对于组织的含义众说纷纭，美国著名管理学家巴纳德指出，人们为了达到个人和共同的目标，就必须合作，于是形成群体，即组织。他还指出构成组织的基本要素有：共同的目标、合作的意愿、信息的交流。

格罗斯与埃策尼认为：“组织，是人类为了达到某种共同目标而特意建构的社会单元，企业公司、军队、学校、教会、监狱等都是组织。”

法约尔认为：“组织是一个企业，就是为了企业的经营提供所有需要的原材料、设备、资本、人员。”

我们认为组织就是为了达到某些特定目标，在分工合作基础上构成的人的集合。

（二）组织的构成要素

根据组织表现出的性质，我们可以把组织的构成要素确定为：组织环境、组织目的、管理主体和管理客体。这 4 个基本要素相互结合，相互作用，共同构成一个完整的组织。

1. 组织环境

组织环境是组织的必要构成要素。组织是一个开放系统，组织内部各层级、部门之间和组织与组织之间，每时每刻都在交流信息。任何组织都处于一定的环境中，并与环境发生着物质、能量或信息交换关系，脱离一定环境的组织是不存在的。组织是在不断与外界交流信息的过程中，得到发展和壮大的。所有管理者都必须高度重视环境因素，必须在不同程度上考虑到外部环境，如经济的、技术的、社会的、政治的和伦理的，等等，使组织的内外要素互相协调。

2. 组织目的

组织目的也是一个组织的要素。所谓组织目的，就是组织所有者的共同愿望，是得到组织所有成员认同的。任何一个组织都有其存在的目的，建立一个组织，首先必须有目的，然后建立组织的目标，如果没有目的，组织就不可能建立。已有的组织如果失去了目的，这个组织也就名存实亡，而失去了存在的必要。企业组织的目的，就是向社会提供用户满意的商品和服务，从而为企业获得尽量多的利润。

3. 管理主体和管理客体

组织组成要素应当是相互作用的，或者说是耦合的。在组织中，这两个相互作用的要素是管理主体和管理客体。管理主体是指具有一定管理能力，拥有相应的权威和责任，从事现实管理活动的人或机构，也就是通常所说的管理者。管理客体是管理过程中在组织中所能预测、协调和控制的对象。

管理主体与管理客体之间的相互联系和相互作用构成了组织系统及其运动，这种联系和作用是通过组织这一形式而发生的。管理主体相当于组织的施控系统，管理客体相当于组织的受控系统。组织是管理主体与管理客体依据一定规律相互结合，具有特定功能和统一目标的有序系统。在管理的过程中，管理主体领导管理客体，管理客体实现组织的目的，而管理客体对管理主体又有反作用，管理主体根据管理客体对组织目的的完成情况，从而调整管理主体的行为。它们通过这样的相互作用，形成了耦合系统，从而更好地实现组织的目的。

（三）对于组织内涵的理解

1. 组织是由人组成的

组织不同于群体，一个组织有效的产生后，形成一个有效的团体，发挥整体的优势，产出大于个人的力量，发挥最大的效用；组织内的人际关系是工作的需要，与群体之间亲密的关系有所不同。如果要按照一定的原则来指挥组织，需要的是管理者的聪明才智来使组织中的人相互吸引，相互作用。

2. 组织是有目标的

组织之所以能够存在，就是因为它是按照一定的特定目标而设定的，组织目标是一个目标体系，组织所有的活动都会围绕这个目标而展开，并且承担一定的社会功能，大家在这个共同目标的感召下，人们聚集在一起共同实现目标。

3. 组织是有边界的

任何组织都出于一定的环境中，组织成员的精神、行为和作风都有一定的个性特征，使自己的组织有别于其他的组织。

4. 组织是一个相互协作的体系

海尔·G·瑞尼在《理解和管理公共组织》一书中这样描述组织："所谓组织，指的就是加起来组成的整体的一系列机构，这种责任划分要求个人和单位的活动做到协调一致。"组织协调关系体现在3个层面：人际关系、人群关系、群体关系。一个群体如果需要产生出更大的效用，更高的效率，就要分工明确，用组织的制度来规范每个组织成员，形成一个有机的组织，使整个组织协调运转，最终达到组织目标。

二、餐饮组织机构

（一）组织机构

组织机构是为完成组织机构任务而集成集体力量，在人群分工和职能分工的基础上，运用不同职位的权利和职责来协调人们的行动，发挥集体优势的一种组织形式。

（二）餐饮组织机构

餐饮组织机构是针对企业餐饮管理经营目标，为筹划和组织餐饮产品的供、产、销活动而设立的专业性业务管理机构。

（三）餐饮企业的类型

我国餐饮企业的类型众多，主要的类型有独立经营的餐饮企业、饭店餐饮企业、其他商业性餐饮企业和企业内的餐饮服务。独立经营的餐饮企业有：传统的餐饮经营类型——餐桌服务型餐馆、高级豪华型餐馆、主题餐馆、风味餐馆、酒吧等；自助餐饮经营类型——自助餐馆、快餐馆、点菜式自助餐馆、火锅式自助餐馆、超市餐馆等；创新型餐饮经营类型——外卖餐饮经验形式、无店铺餐饮经营形式、休闲餐饮经营形式（与西洋乐民乐、歌舞时装表演、唱歌跳舞、钓鱼等休闲活动相结合）、餐吧等。饭店餐饮企业——快餐厅、咖啡厅、自动售货机、主题餐厅、房餐服务、糕点房等，这类企业属于大的饭店或饭店管理集团管理。其他商业性餐饮企业还有：公共自助食堂、酒吧、冷饮点、饮食包办公司、酒馆等。企业内的餐饮服务：员工餐厅、自动售货机、饮食售货车、流动快餐车。

三、餐饮组织机构设置的影响因素

餐饮组织机构受组织内外各种因素的影响，概括起来影响餐饮组织结构设置的因素主要有：

（一）餐饮企业的类别、档次和经营规模

餐饮企业的档次越高、规模越大，则产品的制作和服务要求就越高，其生产制作的专业化精细程度就越高，管理的组织层次就越多，相关部门和机构设置就越多。餐厅的类别决定其生产产品的制作工艺和流程。一般来说，中餐的制作较为复杂和烦琐，牵涉的工序较多，其组织设置也相应复杂。西餐的制作一般标准化程度较高，涉及的生产流程相对简单有序，因此与之相配备的机构设置也相对精简。

（二）餐饮企业的市场经营状况

餐饮企业的市场经营前景越光明、盈利越多，餐厅的客源就越多，所需的从业人员

也越多，其管理层次和组织机构设置也越多。普遍来讲，当餐饮业处于良性运作的市场环境时，各餐饮企业的就餐客源丰富，餐厅的餐位周转率大大提升，企业用人量也相应大幅增加，其机构设置也随之复杂；反之，当市场运营情况艰难时，企业的就餐客源就会大幅回落，餐厅门可罗雀，大量员工闲置，企业被迫裁员，组织层次和机构设置规模缩减。

（三）组织所处的发展阶段

组织发展五阶段理论，由美国学者 J. Thomas Cannon 提出。该理论认为组织的发展过程中要经历“创业”“职能发展”“分权”“参谋激增”和“再集权阶”五个阶段，指出发展的阶段不同，要求有与之适应的组织结构形态。餐饮组织同样受到这五个发展阶段的影响。

1. 创业阶段

在这个阶段，决策主要由高层管理者个人做出，组织结构相当不正规，对协调只有最低限度的要求，组织内部的信息沟通主要建立在非正式的基础上。

2. 职能发展阶段

这时决策越来越多地由其他管理者做出，而最高管理者亲自决策的数量越来越少，组织结构建立在职能专业化的基础上，各职能间的协调需要增加，信息沟通变得更重要，也更困难。

3. 分权阶段

组织采用分权的方法来对付职能结构引起的种种问题，组织结构以产品或地区事业部为基础来建立。但随之而来出现了新的问题，各事业部成了内部的不同利益集团，组织资源转移用于开发新产品的活性减少，总公司与各事业部的许多重复性劳动费用增加，高层管理者感到对各事业部失去控制。

4. 参谋激增阶段

为了加强对各事业部的控制，公司一级的行政主管增加了许多参谋助手。而参谋的增加又会导致他们与之间的矛盾，影响组织中的命令统一。

5. 再集权阶段

分权与参谋激增阶段所产生的问题可能又使公司高层主管再度高度集中决策权力。同时，信息处理的计算机化也使再集权成为可能。

随着组织的发展，组织呈现不同的特点，对组织结构提出了不同的要求，组织形态要适时做出调整适应组织变化，以更好地为组织发展服务。

四、组织机构设置的目的和作用

（一）组织设置的目的

任何企业都需要组织机构来支撑和管理，设置组织结构的目的主要是创建柔性灵活的组织，动态地反映外在环境变化的要求，并在组织成长过程中，有效地积聚新的组织资源，同时协调好组织中部门与部门之间的关系，人员与任务间的关系，使员工明确自己在组织中应有的权力和应承担的责任，有效地保证组织活动的开展。

（二）组织机构设置的作用

企业组织结构是否合理，对于企业的发展与生存起着至关重要的作用。

1. 影响企业的效益

企业组织结构的重要性仅次于公司最高领导人的挑选。对于各层管理人员来说，在一个结构设计良好的企业中工作，能保持较高的效率，并且能充分显示其才能；而在一个结构紊乱，职责不明的企业工作，其工作绩效就很难保持在一个较高的状态了。结果往往变成：由于职责不清，管理人员无所适从，对企业产生失望乃至不满情绪，最终是公司效率低下，人员纷纷离开。在大多数情况下，企业效益低并非由于没有一个正式的结构，而是由于采用了僵化的、不适合本企业的特点和其他客观要求的组织结构形式。不论是紊乱的还是不合理的组织结构，都会导致企业的低效益。

2. 适当的组织结构是组织业务顺利开展的保障

适当的企业组织结构可以使企业的各项业务活动更顺利地进行，可以减少矛盾与摩擦，避免不必要的无休止的协调，也才能提高公司的效率。

3. 保证员工分工明确，职责清晰

组织机构的合理设置，能保证整个组织分工明确，职责清晰，保证每一个部门工作的正常运行，同时保证整个组织管理流程的畅通。避免职责不清造成吃大锅饭的局面，避免出现责任问题相互推诿。

五、组织结构的形式

因为组织有不同的目标、性质和任务，组织结构表现为各种各样的类型。常见的组织结构形式如下：

（一）直线制组织结构

直线制是一种最早也是最简单的组织形式。它的特点是企业各级行政单位从上到下实行垂直领导，下属部门只接受一个上级的指令，各级主管负责人对所属单位的一切问题负责。厂部不另设职能机构（可设职能人员协助主管人工作），一切管理职能基本上都由行政主管自己执行。

直线制组织结构的优点是：结构比较简单，责任分明，命令统一。缺点是：它要求行政负责人通晓多种知识和技能，亲自处理各种业务。这在业务比较复杂、企业规模比较大的情况下，把所有管理职能都集中到最高主管一人身上，显然是难以胜任的。因此，直线制只适用于规模较小，生产技术比较简单的企业，对生产技术和经营管理比较复杂的企业并不适宜。

（二）职能制组织结构

职能制组织结构，是各级行政单位除主管负责人外，还相应地设立一些职能机构。如在厂长下面设立职能机构和人员，协助厂长从事职能管理工作。这种结构要求行政主管把相应的管理职责和权力交给相关的职能机构，各职能机构就有权在自己业务范围内向下级行政单位发号施令。因此，下级行政负责人除了接受上级行政主管人指挥外，还必须接受上级各职能机构的领导。

职能制的优点是能适应现代化工业企业生产技术比较复杂，管理工作比较精细的特点；能充分发挥职能机构的专业管理作用，减轻直线领导人员的工作负担。但缺点也很明显：它妨碍了必要的集中领导和统一指挥，形成了多头领导；不利于建立和健全各级行政负责人和职能科室的责任制，在中间管理层往往会出现有功大家抢，有过大家推的现象；另外，在上级行政领导和职能机构的指导和命令发生矛盾时，下级就无所适从，影响工作的正常进行，容易造成纪律松弛，生产管理秩序混乱。由于这种组织结构形式的明显的缺陷，现代企业一般都不采用职能制。

（三）直线－职能制组织结构

直线－职能制，也叫生产区域制，或直线参谋制。它是在直线制和职能制的基础上，取长补短，吸取这两种形式的优点而建立起来的。目前，我们绝大多数企业都采用这种组织结构形式。这种组织结构形式是把企业管理机构和人员分为两类，一类是直线领导机构和人员，按命令统一原则对各级组织行使指挥权；另一类是职能机构和人员，按专业化原则，从事组织的各项职能管理工作。直线领导机构和人员在自己的职责范围内有一定的决定权和对所属下级的指挥权，并对自己部门的工作负全部责任。而职能机构和人员，则是直线指挥人员的参谋，不能对直接部门发号施令，只能进行业务指导。

直线－职能制的优点是：既保证了企业管理体系的集中统一，又可以在各级行政负责人的领导下，充分发挥各专业管理机构的作用。其缺点是：职能部门之间的协作和配合性较差，职能部门的许多工作要直接向上层领导报告请示才能处理，这一方面加重了上层领导的工作负担；另一方面也造成办事效率低。为了克服这些缺点，可以设立各种综合委员会，或建立各种会议制度，以协调各方面的工作，起到沟通作用，帮助高层领导出谋划策。

（四）事业部制组织结构

事业部制最早是由美国通用汽车公司总裁斯隆在1924年提出的，故有“斯隆模型”之称，也叫“联邦分权化”，是一种高度（层）集权下的分权管理体制。它适用于规模庞大，品种繁多，技术复杂的大型企业，是国外较大的联合公司所采用的一种组织形式。近几年，我国一些大型企业集团或公司也引进了这种组织结构形式。事业部制是分级管理、分级核算、自负盈亏的一种形式，即一个公司按地区或按产品类别分成若干个事业部，从产品的设计，原料采购，成本核算，产品制造，一直到产品销售，均由事业部及所属工厂负责，实行单独核算，独立经营，公司总部只保留人事决策、预算控制和监督大权，并通过利润等指标对事业部进行控制。也有的事业部只负责指挥和组织生产，不负责采购和销售，实行生产和供销分立，但这种事业部正在被产品事业部所取代。还有的事业部则按区域来划分。

（五）模拟分权制组织结构

这是一种介于直线－职能制和事业部制之间的结构形式。

许多大型企业，如连续生产的钢铁、化工企业由于产品品种或生产工艺过程所限，难以分解成几个独立的事业部。又由于企业的规模庞大，以致高层管理者感到采用其他组织形态都不容易管理，这时就出现了模拟分权组织结构形式。所谓模拟，就是要模拟事业部制的独立经营，单独核算，而不是真正的事业部，实际上是一个个“生产单位”。这些生产单位有自己的职能机构，享有尽可能大的自主权，负有“模拟性”的盈亏责任，目的是要调动他们的生产经营积极性，达到改善企业生产经营管理的目的。需要指出的是，各生产单位由于生产上的连续性，很难将它们截然分开，就以连续生产的石油化工为例，甲单位生产出来的“产品”直接就成为乙生产单位的原料，这当中无须停顿和中转。因此，它们之间的经济核算，只能依据企业内部的价格，而不是市场价格，也就是说这些生产单位没有自己独立的外部市场，这也是与事业部的差别所在。

模拟分权制的优点除了调动各生产单位的积极性外，就是解决企业规模过大不易管理的问题。高层管理人员将部分权力分给生产单位，减少了自己的行政事务，从而把精力集中到战略问题上来。其缺点是，不易为模拟的生产单位明确任务，造成考核上的困难；各生产单位领导人不易了解企业的全貌，在信息沟通和决策权力方面也存在着明显的缺陷。

（六）矩阵制组织结构

在组织结构上，把既有按职能划分的垂直领导系统，又有按产品（项目）划分的横向领导关系的结构，称为矩阵组织结构。

矩阵制组织是为了改进直线职能制横向联系差，缺乏弹性的缺点而形成的一种组织形式。它的特点表现在围绕某项专门任务成立跨职能部门的专门机构上，例如，组成一个专门的产品（项目）小组去从事新产品开发工作，在研究、设计、试验、制造各个不同阶段，由有关部门派人参加，力图做到条块结合，以协调有关部门的活动，保证任务的完成。这种组织结构形式是固定的，人员却是变动的，需要谁，谁就来，任务完成后就可以离开。项目小组和负责人也是临时组织和委任的。任务完成后就解散，有关人员回原单位工作。因此，这种组织结构非常适用于横向协作和攻关项目。

矩阵结构的优点是：机动、灵活，可随项目的开发与结束进行组织或解散；由于这种结构是根据项目组织的，任务清楚，目的明确，各方面有专长的人都是有备而来。因此在新的工作小组里，能沟通、融合，能把自己的工作同整体工作联系在一起，为攻克难关，解决问题而献计献策，由于从各方面抽调来的人员有信任感、荣誉感，使他们增加了责任感，激发了工作热情，促进了项目的实现；它还加强了不同部门之间的配合和信息交流，克服了直线－职能结构中各部门互相脱节的现象。

矩阵结构的缺点是：项目负责人的责任大于权力，因为参加项目的人员都来自不同部门，隶属关系仍在原单位，只是为“会战”而来，所以项目负责人对他们管理困难，没有足够的激励手段与惩治手段，这种人员上的双重管理是矩阵结构的先天缺陷；由于项目组成人员来自各个职能部门，当任务完成以后，仍要回原单位，因而容易产生临时观念，对工作有一定影响。

矩阵结构适用于一些重大攻关项目。企业可用来完成涉及面广的、临时性的、复杂的重大工程项目或管理改革任务。特别适用于以开发与实验为主的单位，如科学研究，尤其是应用性研究单位等。

（七）网络型组织结构

网络型组织结构是利用现代信息技术手段，适应与发展起来的一种新型的组织机构。网络型组织结构是目前正在流行的一种新形式的组织设计，它使管理当局对于新技术、时尚，或者来自海外的低成本竞争能具有更大的适应性和应变能力。网络结构是一种很小的中心组织，依靠其他组织以合同为基础进行制造、分销、营销或其他关键业务的经营活动的结构。在网络型组织结构中，组织的大部分职能从组织外“购买”，这给管理当局提供了高度的灵活性，并使组织集中精力做最擅长的事。采用网络型结构的组织，就是通过公司内联网和公司外互联网，创设一个物理和契约“关系”网络，与独立的制造商、销售代理商及其他机构达成长期协作协议，使其按照契约要求执行相应的生产经营功能。由于网络型企业组织的大部分活动都是外包、外协的，因此，公司的管理机构就只是一个精干的经理班子，负责监管公司内部开展的活动，同时协调和控制与外部协作机构之间的关系。

网络型组织结构的优点，网络型组织结构极大地促进了企业经济效益实现质的飞跃：一是降低管理成本，提高管理效益。二是实现了企业全世界范围内供应链与销售环节的整合。三是简化了机构和管理层次，实现了企业充分授权式的管理。

缺点：网络型组织结构需要科技与外部环境的支持。网络型组织结构并不是对所有的企业都适用的，它比较适合于玩具和服装制造企业。它们需要相当大的灵活性以对时尚的变化做出迅速反应。网络组织也适合于那些制造活动需要低廉劳动力的公司。

子项目二　餐饮组织机构设置原则及模式

学习任务描述

1. 了解餐饮组织结构的设置原则。
2. 熟悉餐饮组织结构的设置依据。
3. 掌握餐饮组织结构设置的模式。

案例导入

一天，某酒店人力资源部收到一份辞职信，辞职的是中餐部的一名服务员，人力资源部收到辞职信后，与这位服务员进行了谈话，了解辞职原因。这位员工在酒店的中餐部任服务员，中餐部有两个领班，两个领班每天都会分别给她安排不同的工作，造成工作量很大，甚至有一次一个领班把她派到其他餐厅帮忙，因此没有完成另外一个领班安排的工作，回来后受到另外一名领班的批评，还被扣了当月奖金。这位服务员说她实在忍受不了这么大的工作量和两个领班的领导，最后决定辞职。这个事情的发生引起了该酒店人力资源部的重视。

请思考：

1. 该服务员辞职的原因是什么？
2. 案例中酒店的组织结构是否合理？违背了组织结构设置的什么原则？

一、餐饮组织机构设置的原则

（一）统一指挥原则

统一指挥原则也称统一与垂直性原则，它是最经典的也是最基本的原则，是指组织的各级机构及个人必须服从一个上级的命令和指挥，只有这样才能保证政令统一，行动一致。如果两个领导人同时对同一个人或同一件事行使他们的权力，就会出现混乱。在任何情况下，都不会有适应双重指挥的社会组织。

（二）精简与效率相统一的原则

餐饮配备的人员数量与所承担的任务相适应，机构内部分工粗细得当，职责明确，每人有足够的工作量，工作效率高，应变能力强，达到精简与效率统一。

（三）专业化和自动调节相结合的原则

餐饮管理是一项专业性很强的工作，必须保持其组织机构和工作内容的专业性和正规性。管理人员还要能够在不断变化的客观环境中主动处理问题，具有自动调节的功能，通过调节适应变化的环境。

（四）分工与协作原则

即按不同的方式进行组合，如职能型组合、事业部组合等。组织应根据自身特点和条件，选择适合自己的组合方式，通过分工协作提高工作效率。

（五）责权利对等的原则

在管理学里有这么一个“等边三角形”，它就是责权利对等原则。责，是指责任；权，是指权力；利，是指利益。责权利对等原则就是如果要让个体或组织承担一定的责任，就应该赋予其完成责任必需的权力，并给予其与所承担责任对等的利益。只有三者对等统一，形成相互支持、促进，又相互牵制、规范的“等边三角形”，公司的团队建设和工作目标才有可能顺利完成，员工也才能够通过努力工作获得满意的回报，从而形成企业运营管理上的良性循环。如若不然，必将导致人员散漫、资源流失，甚至贪腐出现，这是任何企业都不愿意看到的情况。

（六）合理的管理跨度、管理层次的原则

管理跨度是一位管理者能够有效地直接指挥其下属的人数。合理的管理跨度有利于管理的控制和沟通，可以加快上情下达和下情上报的传递速度，便于管理者及时做出决策，也有利于下属贯彻上级的决策意图。在进行组织结构设计时应确定合理的管理

跨度。

组织规模一定，管理幅度和管理层次成反比，增加管理幅度，从而减少管理层次，能够促进组织机构的扁平化，达到组织结构“精简”的目的。

二、确定餐饮组织结构的依据及要求

（一）设置依据

1. 餐饮类型的多少

餐饮类型越多，专业化分工越细，内部人员越多，组织机构的规模越大。一般小型餐饮企业只经营一个特色餐厅，组织结构相对要简单。但大中型的餐饮企业，比如说，某餐饮企业分了中餐厅、西餐厅、宴会厅等，还有的会经营两种以上的菜系，根据菜系分成不同的餐厅，这类餐饮企业组织结构就会复杂一些，管理人员、工作人员都会很多，组织规模很大。

2. 餐厅接待能力的大小

餐厅接待能力取决于餐厅的餐位数量和餐厅的各类设备设施，餐厅座位越多，规模越大，用人越多；与此相适应，厨房规模也越大。

3. 企业餐饮经营的专业化程度

餐饮主要有宾馆饭店的餐厅（餐饮部门）和独立餐饮企业（餐厅、酒馆）两种类型。宾馆饭店之中的餐饮部门不是一个独立的企业，组织机构可以相对较小。独立餐饮企业都是独立的企业，需要建立全套组织机构。

4. 餐饮经营市场环境

处于卖方市场条件下的企业市场环境较好，用餐客人多，餐厅资金周转快，员工需求量大，用人相对较多；而处于买方市场条件下的企业情况则相反，客源情况不好，员工需求量小，工作人员少，组织结构相对简单。

（二）餐饮部组织设计的基本要求

①明确每个部门和每个工作岗位的职责。在组织设计工作中，依据单位实际设计所需部门及工作岗位，并对每个岗位的岗位职责进行描述。让每个部门，每个岗位的人员都明确自己的职责。

②直接反映岗位向上对谁负责，向下对谁指挥。组织结构一定要反映出明确的领导关系，不会出现指挥混乱、无人管理的局面。

三、餐饮组织机构设置步骤

（一）根据企业性质和投资结构，选派产权代表，确定组织领导体制

我国餐饮业类型众多，其企业性质和投资结构各不相同。从组织结构设置的角度来看，在市场经济条件下，任何企业的组织领导体制都是由投资结构决定的。因此，建立餐饮组织结构，首先要根据企业性质和投资结构选派产权代表，确定组织领导体制。这里分为两种情况：一是饭店、宾馆的餐厅（餐饮部门）。这类餐厅不是一个独立的企业，而是企业内的一

个部门，尽管其规模、档次都高于一般的餐馆，但它们没有企业法人的资格。因此，饭店、宾馆建立餐饮管理的组织机构，其产权代表就是饭店宾馆的总经理或董事长，由他们来研究、确定其餐饮管理的组织领导体制。一般来说，这种组织领导体制就是总经理或董事长领导下的部门经理负责制。二是独立的餐饮企业（单位），它们大都是一个独立的企业，根据投资结构不同，其第一投资人也必然派出产权代表担任总经理或董事长，由他们来研究确定企业的组织领导体制。两种类型的组织机构、产权代表、领导体制情况如表 4－1 所示。

表 4－1　两种类型的组织机构、产权代表、领导体制情况

类型	产权代表	领导体制
饭店、宾馆的餐厅（餐饮部门）	总经理或董事长	总经理或董事长领导下的部门负责制
独立的餐饮企业（单位）	第一投资人	由总经理或董事长决定

（二）根据规模档次和接待对象，确定餐饮管理组织机构的大小和形式

在餐饮管理组织领导体制确定的基础上，饭店、酒店、独立餐饮单位的餐饮管理组织机构的大小和形式都是由其规模、档次和接待对象决定的。

（三）根据不同的岗位的任务、职责、权限的不同，分别制定出各个岗位的职责规范

岗位职责规范的内容应该包括不同岗位员工的学历、资历、经验、仪表、语言等基本条件和具体职责规范，以保证组织机构中的各岗位人员的选择和任用。根据专业分工确定部门划分和岗位设置，制定各岗位职责规范。在组织机构的规模和形式确定的基础上，必须做好内部的专业分工，根据各岗位具体任务，确定内部的部门划分和岗位设置。

（四）根据各岗位工作任务和职责规范，选派人员，形成正式、有效的组织管理

现代企业组织机构的设置和建立，除组织形式、管理体制外，关键在各岗位人员的选择和任用。餐饮管理的组织形式一经确定，就要按照不同岗位的工作任务、任职条件和职责规范去选派人员，特别是高中层管理人员的选择和任用，直接决定企业组织管理水平的高低，是能否做好餐饮管理的关键。因此，根据岗位任务、职责规范、任职条件选派人员，做到能职相应，对号入座，也是餐饮管理组织机构设置的重要工作之一。

四、餐饮主要内部人员分工

餐饮的主要工作分为组织决策工作、食品原材料供应、厨房生产过程组织、餐厅销售服务管理、餐饮成本核算与控制 5 个方面。

（一）组织决策工作

组织决策属于餐饮高层管理工作，小型饭店一般由店长负责。大型餐饮企业决策权属于董事长、总经理，他们主要负责饭店的经营方针、经营策划、管理目标的制定，全面组织业务经营活动的开展，控制企业经营方向。完成这些管理工作，要组织市场调查，搞好销售预测，制订经营计划，合理安排人员，做好资源配备，调动全体职工的积极性，保证计划任务的完成。

（二）食品原材料供应

食品原材料供应主要是采购、验收、储藏。它要求根据饭店经营计划和生产业务活动的需要，制订采购计划，组织采购业务，控制采购成本，做好入库验收、库房管理、领料、发料等日常管理工作，保证厨房生产的需要。

（三）厨房生产过程组织

厨房生产是餐饮管理的中心环节，主要是厨师领班（厨师长）负责。其任务是选择经营风味，安排花色品种，制订菜单；合理安排生产任务，做好粗加工、细加工、炉灶制作、冷荤、面点制作等生产过程的组织，确保产品质量。

（四）餐厅销售服务管理

餐厅销售服务是满足客人需求的最终体现。它直接影响服务质量和企业声誉，是扩大产品销售的重要环节。餐厅销售服务管理主要由餐厅领班（或餐厅经理）负责。它要求根据饭店服务程序，组织服务员有针对性地提供优质服务。

（五）餐饮成本核算与控制

成本核算是控制成本消耗、提高经济效益的重要手段。餐厅成本核算一般由财务负责。饭店一般在部门设成本核算员，其管理工作主要是按照管理层所提出的要求，制定标准成本和成本定额，核算实际成本消耗，提出改进措施，进而控制成本消耗，确保餐饮管理经济效益的实现。

五、餐饮组织机构设置的模式

餐饮管理组织机构的具体形式主要受企业规模、接待能力、餐厅类型、发展阶段等因素的影响，我国餐饮企业主要根据规模，主要包括从业人员和营业收入的多少，分为微型、小型、中型和大型餐饮企业，如表 4－2 所示。

表 4－2　国家统计局《统计上大中小微型企业划分办法》国统字〔2011〕75 号

行业名称	指标名称	计量单位	大型	中型	小型	微型
餐饮业	从业人员（X）	人	$X \geqslant 300$	$100 \leqslant X < 300$	$10 \leqslant X < 100$	$X < 10$
	营业收入（Y）	万元	$Y \geqslant 10\ 000$	$2\ 000 \leqslant Y < 10\ 000$	$100 \leqslant Y < 2\ 000$	$Y < 100$

（一）小、微型餐饮独立单位的组织结构模式

1. 小、微型餐饮企业的定义

根据国家统计局国统字〔2011〕75 号规定，其中对小型餐饮业的定义标准为：从业人员人数（X）10 人 $\leqslant X <$ 100 人；年营业收入（Y）100 万元 $\leqslant Y <$ 2 000 万元。从业人员小于 10 人，年营业收入小于 100 万元的为微型餐饮企业。

2. 小、微型餐饮企业的特点

从业人员较少，微型的小于 10 人，小型的 10 人以上、100 人以下；营业收入少，微型的年收入小于 100 万元，小型的营业收入在 100 万到 2 000 万之间；规模小；经营项目比较

单一；组织结构简单，管理层次少。

3. 适合小微型独立餐饮单位的组织结构模式

简单结构，在所有者和经营者合一的小型餐饮企业中最广泛的组织结构形式。简单结构是一种“扁平”组织，通常只有两三个纵向层次，有一个松散的员工队伍，总体表现低复杂性、低正规化。

（1）微型小餐厅，经理聘用了 2 名厨师，3 名服务员和 1 名吧员，经理直接负责财务、采购、人事事宜，组成了最简单的组织结构图（如图 4－1 所示）。

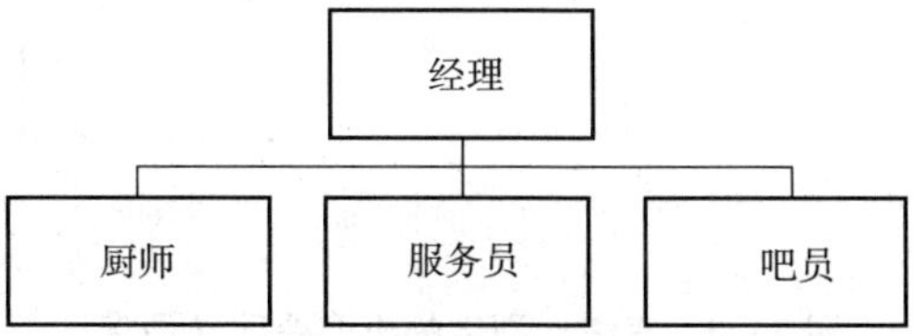

图 4－1　微型餐馆组织机构图

（2）独立小型餐馆（酒店）

这类餐饮单位，组织结构比较齐全，由酒店经理直接负责酒店事务，如一餐饮酒店，规模从业人员 70 人，主要岗位有财务部、服务员、迎宾员、厨师、行政人事部、采购部，组织结构设置如图 4－2 所示。

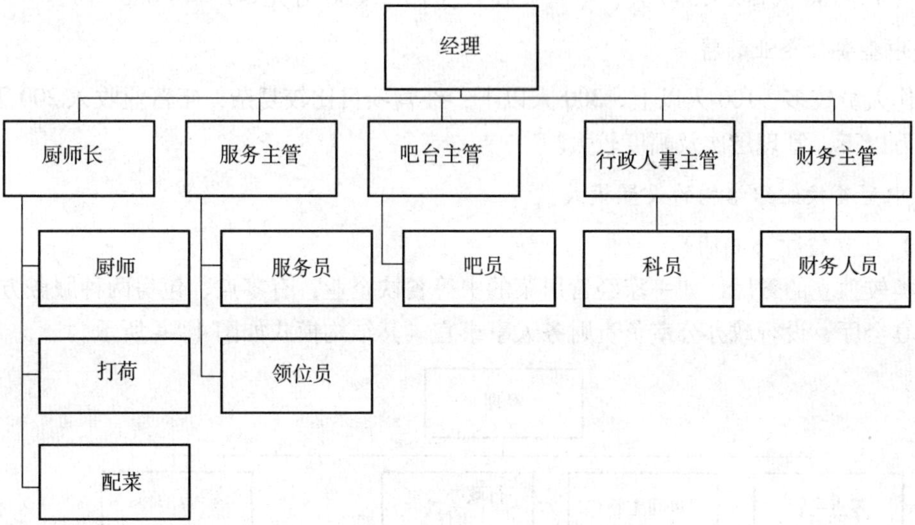

图 4－2　独立小型餐馆（酒店）

（3）宾馆、酒店的小型餐厅

许多宾馆、酒店为了方便住店客人用餐，开设了餐厅，这种餐厅规模较小，隶属于宾馆、酒店的餐饮部，本部门主要设置接待、服务、后厨、吧台、采购，其他借助于宾馆、酒店的其他部门协同管理。图 4－3 中的行政人事部、财务部、工程部都服务于餐饮部，其组织结构模式如图 4－3 所示。

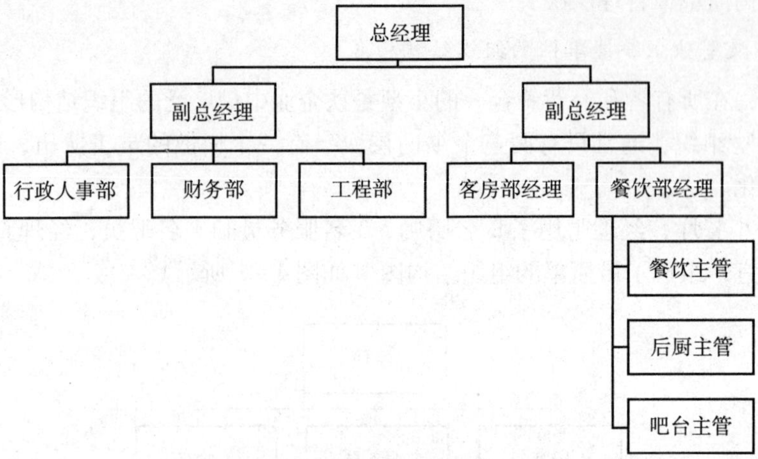

图 4－3　宾馆、酒店的小型餐厅（酒店）

注：上图（图 4－3）中，主管以下的组织结构同独立餐饮企业。

（二）中型餐饮组织结构的设置

1. 中型餐饮业的定义

根据国家统计局国统字〔2011〕75 号规定，其中对中型餐饮业的定义标准为：从业人员人数（X）100 人$\leqslant X<300$ 人；年营业收入（Y）2 000 万元$\leqslant Y<10\ 000$ 万元。

2. 中型餐饮企业的特点

工作人员较多，100 人以上，300 人以下；经营项目比较复杂；年营业收入 200 万以上，10 000 万以下；管理层次及幅度较大。

3. 中型餐饮组织结构的设置模式

（1）独立餐厅（酒店）

这类较独立的餐厅，如一家经营川菜的中等餐饮企业，有零点、包房两种服务方式，拥有一个宴会厅，设行政办公室负责财务人事事宜。其结构模式如图 4－4 所示。

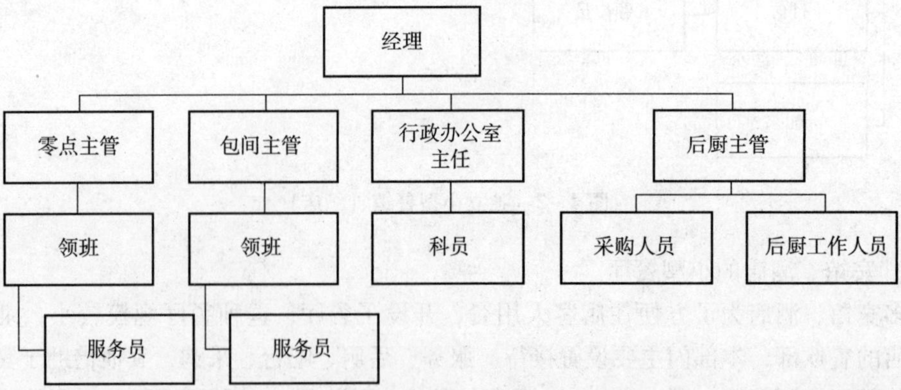

图 4－4　中型独立餐厅（酒店）组织机构图

（2）宾馆、饭店的餐厅（餐饮部门）

这类餐饮业，主要由酒店、宾馆的餐饮部负责餐饮经营，酒店餐饮部主要负责中餐厅、西餐厅、宴会厅的正常运营，其他的工作由酒店的相关部门负责，如财务、人事、工程、营销、采购等。餐饮部经理直接受饭店总经理领导。其组织结构如图4－5所示。

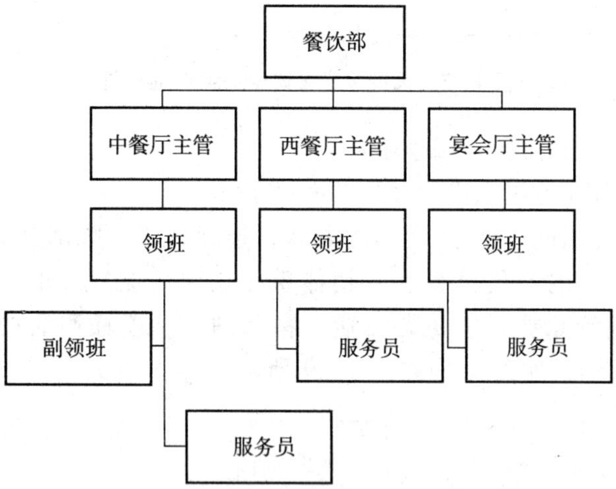

图4－5　中型宾馆、饭店的餐厅（餐饮部门）组织机构图

（三）大型饭店专业化模式

1. 大型餐饮业的定义

根据国家统计局国统字〔2011〕75号规定，其中对小型餐饮业的定义标准为：从业人员人数（X）$X \geqslant 300$人；年营业收入（Y）$\geqslant 10\,000$万元。

2. 大型餐饮业的特点

从业人员多，从业人员至少300人；经营规模大，营业收入高，年超过10 000万元；经营项目复杂，包括中餐、西餐、宴会等各种餐厅或包括零点、包房等多种服务；组织层次多，管理幅度大。

3. 大型餐饮业的主要组织结构模式

（1）独立经营的大型餐饮企业

其组织机构如图4－6所示。

注：图4－6经理以下组织机构同中等餐饮企业。

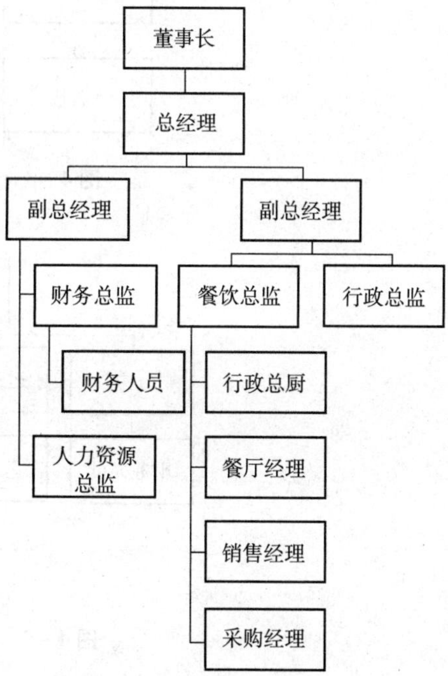

图4－6　独立经营的大型餐饮企业组织机构图

（2）大型饭店餐饮企业

这类餐饮企业，董事长为企业法人，根据工作内容下设负责总监，餐饮属餐饮总监管理，下设相关经理、主管、领班、服务人员。其组织机构如图4－7所示。

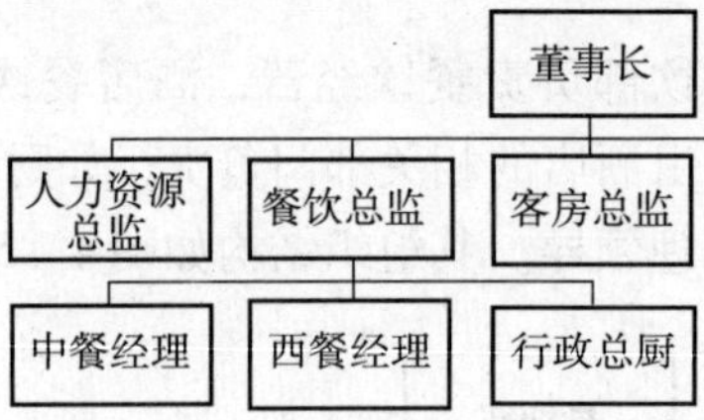

图4－7　大型饭店餐饮企业组织机构图

注：图4－7经理以下组织机构同中等餐饮企业。

(3) 大型连锁餐饮企业组织机构（如图4－8所示）

连锁酒店是指以连锁经营模式运营的酒店，连锁酒店一般都具有全国统一的品牌形象识别系统、全国统一的会员体系和营销体系，是酒店业发展的主要态势。从星级酒店到经济型酒店再到青年旅社、主题酒店、精品酒店，连锁酒店的发展模式和认知度已经深入人心。其单店的组织结构如图4－9所示。

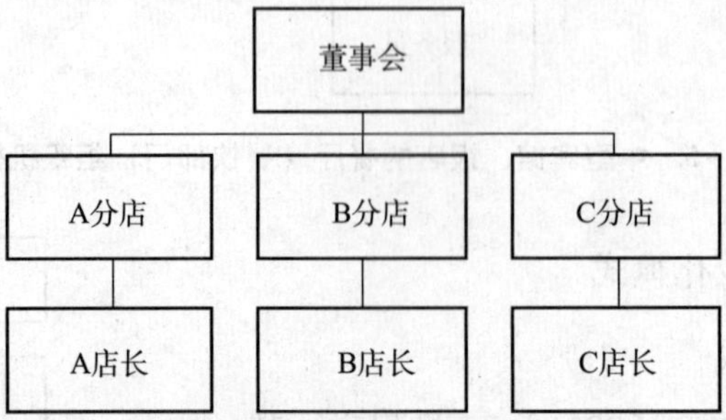

图4－8　大型连锁餐饮企业组织机构图

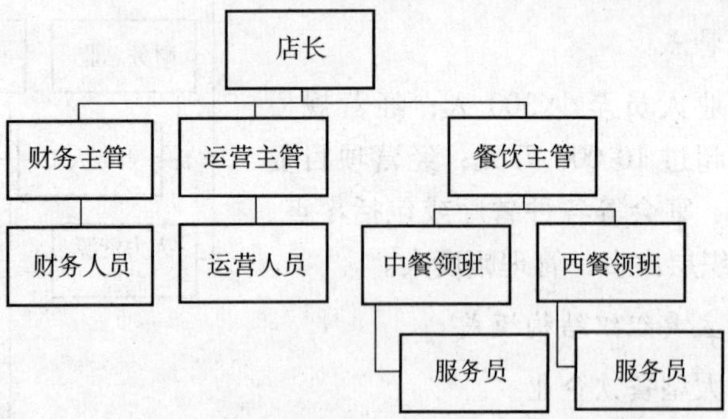

图4－9　餐饮连锁企业单店组织结构图

(4) 酒店管理集团公司

酒店管理公司有两种，一种是为他人的酒店的经营活动进行策划工作，通过酒店管理方案，协助酒店管理的；还有一种是投资型的酒店管理公司，它作为总公司，下辖几个酒店，负责总的经营管理。酒店集团公司根据规模所辖内容不同，餐饮企业属于餐饮管理公司管理。酒店管理集团公司的组织结构如图4－10所示。

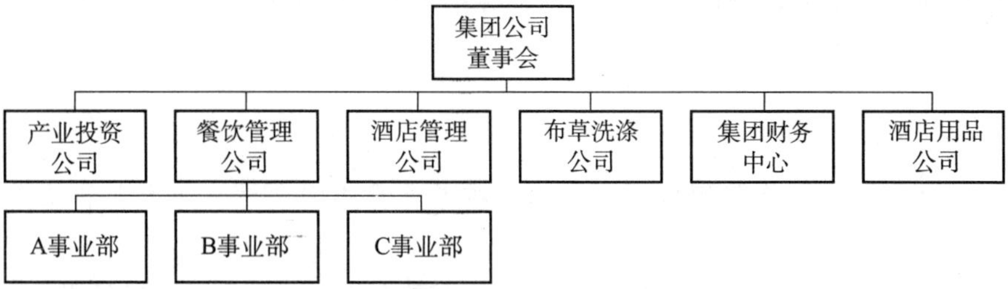

图 4－10　酒店管理集团公司组织机构图

注：图 4－10 的事业部根据餐饮公司情况进行设计。

如锦江国际（集团）有限公司组织架构（如图 4－11 所示），锦江餐饮在锦江酒店的管理之下。

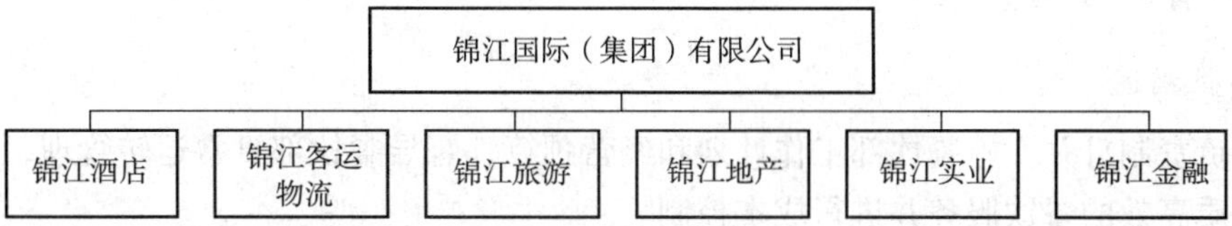

图 4－11

（资料来源：锦江国际（集团）有限公司网站。）

餐饮组织结构形式多种多样，不论哪种类型的餐饮企业应该选择适合自己的组织结构形式，以上介绍的几种组织结构形式不一定适合每个酒店，受各种因素的影响，餐饮企业根据自身实际设计适合自身发展的组织结构形式，同时要根据环境、经营情况、市场情况进行组织变革。

子项目三　餐饮业人员编制原则及方法

学习任务描述

1. 了解餐饮的主要岗位及岗位职责。
2. 熟练掌握餐饮业人员编制原则。
3. 掌握餐饮业人员编制的方法。
4. 能完成餐饮人员编制工作。

案例导入

某星级酒店预开业，做开业准备期间，高薪聘请相关的人力资源总监，负责员工编制问题。员工编制对于新筹建的酒店是一项非常重要的任务。王某作为餐饮部经理，需向人事部提供目前该酒店餐厅的情况，根据情况，进行相应的人员编制，随后进行员工聘用，保证酒店的正常开业和运作。

酒店餐饮部基本情况，共设餐位500位，有风味不同的中餐厅2个，西餐厅1个，酒吧1个，宴会厅2个。

请思考：

1. 作为人力资源总监在新酒店开业之际应该考虑哪些因素为酒店开业和正常运作储备人力资源？

2. 为完成人员编制，餐饮部经理应该了解清楚哪些信息向人力资源部汇报？

一、餐饮主要岗位及职责

餐饮部一般由四大功能区块组成即采购与库存、厨房、营业点（餐厅、宴会厅、酒吧、咖啡厅）、管事。主要分为管理岗位和服务岗位，以下选取餐饮的主要岗位进行介绍。

（一）餐饮部经理

1. 岗位描述

全面负责制订并实施餐饮部工作计划和经营预算，督导餐饮部日常运转管理，确保为客人提供优质高效的餐饮服务并进行成本控制。

2. 岗位职责

①负责餐饮部的经营管理工作，对总经理负责。

②负责制定餐饮部长期、短期的年度和月度计划，组织、督促完成各项任务和经营指标，对月度、年度经营情况做分析并报领导。

③制定服务标准程序和操作规程。检查下属各岗位人员的服务态度、服务规程，保证食品的质量，促使本部门做好卫生清洁工作，开展经常性防火、安全教育。

④与财务部配合做出每年的经营收入预算和月计划，研究扩大销售范围和销售量、增加经营收入的方法和途径。

⑤制定服务技术培训计划和考核制度。

⑥注重现场管理，经常性地对餐厅、厨房巡视监督，组织全面质量管理小组活动，保证各项工作正常。

⑦主持日常和定期（每周一次）的餐饮部会议，经常检查业务情况，及时调整，完善经营措施，参加酒店部门经理会议。

⑧抓好设备、设施的维修保养工作，确保各种设施处于完全正常状态，并得到正确使用，防止事故发生。

⑨协调本部门和酒店其他部门的关系，做好总经理交办的其他工作。

⑩人力资源管理职能。

⑪根据管理情况，对下属各部负责人进行表扬、批评、奖励及处罚。

⑫向总经理建议任免部门管理人员。

⑬根据本部门实际情况和工作需要，有权调动及调整下属工作。

⑭处理意外及非常规事件。

⑮亲自指挥大型团队用餐和VIP客人接待工作。

⑯处理部门顾客严重性投诉。

（二）餐饮部主管

1. 岗位描述

协助餐饮部经理做好各项餐饮工作，做好员工的培训工作。

2. 岗位职责

①掌握餐厅内的设施设备的使用情况，监督及管理餐厅内部日常工作。

②发挥模范作用，对自己严格要求，对下属进行严格督导和训练，认真执行各项规章制度和服务规范、操作规程，保质、保量地完成各项接待服务工作。

③认真组织餐厅员工进行业务培训，提高服务技能和业务水平，熟悉菜牌、酒水牌，熟记每天供应品种，了解当日 VIP 客人的接待情况。

④抓好员工纪律、服务态度，了解员工思想情绪、操作技术和思想作风，定期对下属进行绩效评估。

⑤召开班前班后会议，落实每天工作计划，随时保持餐厅整洁。

（三）餐厅领班

1. 岗位描述

明确工作内容，确保服务质量。

2. 岗位职责

①负责本班员工的考勤、考绩，检查员工的日常行为规范，在规定的职责范围内有权对本组员工进行批评、表扬，奖励和处罚。

②根据每天的工作和接待任务安排员工的工作，组织本班服务人员为客人提供高效率、高质量的就餐服务。

③处理本班中发生的问题和客人的投诉，处理不了的要及时向主管或经理报告。

④能熟练地掌握宴会、酒会、零点等的服务规程。

⑤熟悉和掌握本餐厅经营的菜、点心的价格，熟悉和掌握酒水的产地、特点和价格。

⑥检查员工的仪容、仪表是否符合要求。

⑦检查工作人员的餐前准备工作是否完善，开餐中的一切用品是否准备妥当。

⑧对重要的宴会和客人，领班要亲自接待和服务。

⑨经常同主管和后台厨师保持工作联系，听取客人对服务和餐饮质量的意见和建议，自身解决不了的问题要及时请示上报。

⑩做好员工思想工作，处理本班中发生的问题，开好班前会和班后小结会。

⑪处理顾客轻微性投诉。

（四）餐厅服务员

1. 岗位描述

负责向就餐客人提供高质量的服务。

2. 服务岗位职责

①熟悉服务规程，严格按照服务规程为客人服务。

②按照领班的安排，充分发挥自己的特长，积极主动工作，为客人提供最佳的服务。

③有良好的服务意识，行动敏捷灵活，服务热情周到。

④熟悉菜点品种、价格及特点，熟悉酒水、饮料的品种、产地、度数、价格及特点，业务熟，推销意识好。

⑤爱护设施设备和餐饮用具，严格按照操作要求作业，粗心大意造成财产损失者，照价赔偿。

⑥按操作程序做好餐厅卫生和环境卫生，餐饮用具未经消毒的和已破损的不能给客人使用。

⑦帮助客人结算账目。

⑧注意迎送客人。

（五）餐厅迎宾员

1. 岗位描述

负责客人迎接，并引领到合适的座位，客人用餐完毕将客人送至门口，负责预订工作。

2. 岗位职责

①认真在预订本上记录宾客预订台位、人数、时间标准等，注意记录宾客的特别活动，如生日、庆祝会，若有重要情况，及时向上级汇报。

②使用服务敬语，笑面迎客，主动询问宾客位数及姓名，并及时登记好，以便下次光临及时称呼。

③宾客不分贵贱，迎送不卑不亢，热情照顾残疾宾客，熟悉并称呼常客及 VIP 宾客的姓名，使宾客有一种亲切感。

④对早来或迟到的宾客要热情，主动安排就席、就餐，客源高峰时要主动想办法让宾客尽快入席就餐。

⑤引导宾客到预订台位，协助服务员为宾客拉椅，铺好餐巾，递上菜单及酒水单。

⑥熟悉酒店设施、服务项目、消费场所营业时间等应会内容。了解餐厅经营项目、功能、菜式，以便解答宾客询问。

⑦接听电话和安排预订，进行登记，及时通知服务人员。

⑧保管、检查、更新、派送菜牌。

⑨热情将离店宾客送至门口，征求宾客意见，并向宾客表示感谢，欢迎宾客下次光临。

⑩负责做好指定范围的公共卫生。

（六）吧员

1. 岗位描述

负责餐厅酒水的领用、发放，水果盘的制作，负责酒水饮料的台账。

2. 岗位职责

①每日按时上下班，并做好签到、签退工作，严禁代签、乱签。

②每天按照提货单，从仓库领取所需酒水及食品。

③做好吧台的日常清洁工作，如清洗杯具及设施，整理吧台用具。

④定期对吧台内的用具进行保养维护工作。

⑤不断更新展示柜上的酒水的陈列。

⑥做好新老酒水的检查和更换工作，防止酒水过期。

⑦营业中必须按程序和标准对客服务。

⑧按服务员开出的酒水单及时准确地出货，并保证出品质量。

⑨对客人提出的合理要求应及时并准确地回答。

⑩积极合理地处理客人的投诉，不得与客人发生争执。

⑪做好营业后的酒水盘点工作，做到账物相符。

⑫做好吧台的清洁卫生、酒水入柜、关闭电源、检查酒柜及吧台门是否锁好。

⑬了解第二日订餐，合理做好水果申报。

（七）传菜员

1. 岗位描述

负责餐厅订单和菜肴食品的传递工作，负责菜肴所跟佐料、服务用品的准备工作，做好餐饮服务的后勤工作。

2. 岗位职责

①负责厨房与前台的信息沟通，及时安排传菜员将制作好的菜品传至看台员手中。

②做好餐前准备工作，将菜单交到相关看台员手中。

③出菜前认真检查菜品质量，不合格菜品决不出堂。

④负责小毛巾的洗涤、消毒工作或去布草房领取洗净的小毛巾。

⑤负责传菜间和规定地段的清洁卫生。

⑥保管出菜单，以便核查。

（八）行政总厨

1. 岗位描述

协调餐饮部各部门的运作。

协助餐饮总监制定餐厅及酒吧的预算。为餐饮部总监及餐厅经理起到良好的沟通桥梁作用。

2. 岗位职责

①制定餐单，适时推出时令菜、特选菜。

②负责厨师的技术培训工作。

③负责菜肴的质量管理及成本控制。

④亲自为重要宾客、宴会主厨。

⑤根据客情及库存状况提出食品原料的采购计划。

⑥建立标准菜谱。

⑦协调厨房与餐厅的关系。

⑧处理宾客对菜肴的投诉。

⑨验收食品原料，把好质量关。

⑩合理调配员工的技术特长，充分发挥积极性。

⑪负责对各点厨师长的考评。

⑫出席部门例会。

（九）厨师长

1. 岗位描述

承担起行政总厨赋予的厨房的工作职责。

厨师长还要负责员工岗上培训。协助行政总厨完成所有与厨房相关的工作，控制、监测并领导整个厨房的运作。当行政总厨不在时要全权负责起厨房的运作。

2. 岗位职责

①根据经营需要开出各种菜单，负责合理调配劳动力并以身作则，带领厨房员工完成各种接待任务。

②熟悉掌握各类菜肴的制作技术，严格要求员工按照技术规范，精心制作各种菜肴，并确保菜肴的质量。

③尊重客人意见，注意听取餐厅服务员来自各部的反映，不断改进工作，提高菜品质量。

④努力掌握各类客人的就餐习惯和特点，针对性地变化菜肴口味，以适应客人的需要。

⑤组织厨房各部门的技术力量研究开发出自己餐厅的特色菜品。

⑥组织厨房员工积极参加业务培训，开展技术交流，不断提高员工的业务技能。

⑦贯彻食品卫生规定，认真搞好食品卫生、环境卫生和员工个人卫生管理。

⑧贯彻厨房炉灶消防制度，认真搞好厨房消防管理。

⑨搞好原材料的充分利用，杜绝浪费，节约用水、电、气、油等，降低成本，提高经营毛利。

⑩关心团结全组员工，充分调动大家的积极性，认真做好厨房员工的考勤。

（十）厨师

1. 岗位描述

负责各种菜品的烹调、清洁卫生、菜品质量。

2. 岗位职责

①遵守各项规章制度，与各工种协作配合，完成本岗位承担的工作任务。

②熟悉和掌握各种菜肴的基本制作的技术和炒、爆、烹、溜、煎、炸等技术，制作出来的产品要色、香、味、形符合质量标准。

③每天根据餐厅的经营需要，按厨师长拟定的菜单，做好烹饪准备，保证出菜时间与菜品质量。

④在菜肴烹饪过程中，要严格遵照操作规程烹饪，如客人有特殊要求，则要改变烹饪操作，以满足其需要。

⑤积极参加业务培训，发扬互助学习精神，刻苦学习，努力钻研，不断提高烹饪技术。

⑥严把产品质量关，有发现变质原料坚决不加工，数量不够不加工，产品不对不加工的高度责任心。

⑦每日必须检查各种调味品是否已变质，如发觉异常立刻不再使用。

⑧每日必须在炉灶主管的带领下，协助墩子上的半成品加工工作，做好一切开餐前的准备工作。

⑨爱护设施设备和餐厨用具，注意节约和减少各种物品损耗。

二、人员编制的原则

（一）任人唯贤

人力资源也像其他资源一样是有价值的，所以应该珍惜人力资源，让它得到最大效率的应用。但是人力资源又不完全等同于物，物多了只会占用资金，造成积压；而人多了不仅消耗资金，还容易生出事端，造成内耗。所以，餐厅定编要让人尽其用，减少不必要的内耗。

（二）以工作为中心

强调人与工作的有机融合。充分考虑任职者的职业素质与个人特点；体现职位对人的适应，处理好岗位与人之间的矛盾，实现人与职位的动态协调与有机融合。

（三）科学合理

这里强调的是制订人员编制时要采用科学的方法。企业只有根据科学的方法、参照科学的理论制订人员编制，才能保证每个员工得到合理的工作量。

（四）平衡比例

这里所说的比例包括前台服务人员与后台服务人员的比例，服务人员与行政人员以及其他工作人员的比例。重视这些比例，尽量去平衡这些比例，将有利于餐厅工作的正常进行。餐厅应该尽量增大服务员的比例，缩减行政人员与其他工作人员的比例，使服务员的人数与服务需求的数量保持平衡。

（五）知事识人的原则

知事识人，是指企业在安置员工之前，必须详细了解不同岗位、不同职务的工作内容，在企业中的作用、地位以及岗位对员工素质技能的要求，明确各职位需要什么样的人。在“知事”的同时，还要“识人”，就是要对企业的待安置员工有大概的了解，知道员工的知识程度、教育水平等。

（六）优化组合的原则

优化组合，就是要考虑员工在构成群体时，彼此的性格、年龄、能力等要素是否匹配，结构是否合理，是否有利于组织目标的实现。优化组合通过两方面来影响组织的效率。一是借助于优化组合，提高工作效率。二是通过优化组合使组织内员工的能力互相补充，形成科学的人才结构，建立优胜劣汰的人员竞争机制，通过公开、公平、竞争、择优，让人才脱颖而出，真正做到能者上、平者让、庸者降。

三、餐饮人员编制需考虑的因素

（一）餐厅档次和座位数量

餐厅档次越高同等座位数量的餐厅需要的餐饮人员越多，反之，档次越低需要的员工越少。同等档次的餐厅座位越多，需要的员工越多，反之，座位越少则需要的员工越少。规模大、范围广、分工细的酒店通常会设置经理、主管、领班和服务员 4 个层次；星级高、规模大的酒店层次更多。

（二）市场状况和座位利用率

各酒店市场状况不同，市场占有率高，座位利用率高的餐饮企业需要的餐饮员工就越多，反之，市场占有率低、座位利用率低的餐饮企业需要的员工就越少。

（三）员工技术熟练程度

员工技术熟练程度直接关系酒店的劳动生产率，熟练程度越高，生产率越高，需要的员工越少，反之，员工的技术熟练程度越低，需要的员工数量越多。

（四）餐饮经营的季节波动程度

许多餐饮企业受到季节等多种因素的影响，呈现季节性的波动，如一些餐饮企业坐落在季节性较强的旅游城市，这些企业淡旺季非常明显，淡季客流量非常小，需要的员工较少，旺季时客流量非常大，需要的员工较多，因此，餐饮企业在进行员工编制时要充分考虑季节的波动性，适时对员工进行调整。

（五）班次安排和出勤率班次安排和出勤率

餐厅的性质不同，接待的人员数量都不同，这些影响班次的安排，如早餐自助餐厅，每天只开一餐，中餐厅则只开午、晚餐，一般餐厅只有一个班次，但考虑到出勤率，可能出现病假、事假、轮休，所以在考虑人员安排上要充分考虑到这些因素。

（六）厨房生产能力和技术设备状况

厨房生产能力以炉灶多少为主要标志，它与餐厅接待能力是相适应的。设备的现代化程度越高需要的人员越少，反之，设备的现代化程度越低需要的人员越多。现代化的工作器具既是文明操作的标志，又是质量和效率的保证。也就是说，劳动手段越是现代化，用人数量就越少；反之，就只能靠增加一定数量的劳动力来弥补。点菜系统应用后，酒店就不用配备传单员，人力资源得到了节约。

四、确定人员编制的方法

（一）按比例定员

按比例定员即按餐厅等级、规模定员，按餐厅实际情况核定工种、岗位的人员数量。管理人员和服务人员的配置可以考虑比例法，一般在餐饮企业中，管理人员与服务人员的比例应掌握在1∶10。如某餐厅经营面积2 000平方米，有就餐席位近500个。按每个席位配备0.3个人计算，餐厅全员定额140人左右。然后按140人确定服务人员与行政人员的比例为10∶1，餐厅人员与厨房人员的比例是2∶1，炉灶与切配人员的比例是4∶1。以后，餐厅可根据具体营业情况再做相应调整。

1. 大厅散客

5张方桌，20人就餐，配备1名服务员；两张圆桌，20人就餐，也配备1服务员。

2. 宴会与包间

高级宴会一张圆桌，10位顾客，可配备3名服务员；一般的包间，一张桌子10位顾客，配备1名服务员。按岗位定员餐厅内部的非生产服务部门，如总经理办公室、营销部等，可以根据岗位需要定员。管理岗位定员时最好一岗一职，避免责任推诿。

（二）根据酒店的规模、等级定员

定员的一般公式为：人员基数+例休人数+机动人数。人员基数基于营业场所的餐位数来确定，如值台员的人员基数为：餐位数÷18；传菜员的人员基数为：餐位数÷50；迎宾员的人员基数为：餐位数÷130。同时还需要考虑酒店的上座率，上座率过大时要适当增加人员基数。另外，如果酒店档次较高，为体现服务档次，也要增加人员基数，比如，高级宴会包房一桌可能需配服务员2~3名，而一般宴会包房一桌1名服务员即可。

某餐厅，餐位240位，平均上座率为92%，则该餐厅应配备值台服务员、传菜员、迎宾员各多少名？如该餐厅比较高档，则需要安排的工作人员应做何调整？

1. 值台员需要人数为：上座数为240×92%=220.8；需要人数为220.8÷18=12.66≈13（人）。

2. 传菜人数为：220.8÷50=4.41≈5（人）。

3. 迎宾员人数为：220.8÷130=1.70≈2（人）。

如果是高档餐厅，在计算的基础上要适当增加人数。

（三）按设备定员

餐厅可根据设备的多少来确定人员。这种定员方法要参考员工的工作能力，如一年熟练的维修工可以负责餐厅中的几台设备。但是，这种方法不太适用于新进员工。

（四）按职责定员

这是一种按既定的组织机构和它的职责范围，以及机构内部的业务分工和岗位职责来确定人员的方法。它主要适用于确定饭店管理人员的数量。

（五）按岗位定员

这是按饭店内部组织机构和各种服务设施，确定需要饭店员工看管的岗位数量，再考虑各个岗位的工作量、劳动效率、工作班次和出勤率等因素来确定人员的方法。如一个餐厅服务员需同时看管4张餐桌。

作 业

一、问答题

1. 如何理解组织结构的含义?
2. 餐饮组织结构的影响因素有哪些?
3. 请简述主要的组织结构形式有哪些?
4. 餐饮员工编制应遵循哪些原则?

二、计算题

某饭店餐厅有座位200个（含单间），桌面人员劳动定额20客/（人·天），传菜员50客/（人·天）。餐厅每班设领位、酒水员3人，计划出勤率98%，每周工作5天，2班制。请完成以下计算（保留小数点后两位，人数最后进整）。

（1）经预测，餐厅旺季上座率86.9%，淡季上座率63.4%，平季上座率77.3%。请为餐厅编制一份不同季节的人员需求表。

（2）餐厅上月实际上座率84.5%，在编桌面服务员用了20人，传菜员用了10人。问他们每人每天实际接待了多少客人？按劳动标准餐厅多用了多少服务员（不含酒水、领位员）?

（3）下月餐厅进入旺季，预测上座率90.8%，估计空位率4.6%。问按劳动标准，下月餐厅需用多少服务员?

三、讨论题

请选择两个餐饮重要岗位做岗位描述，并选择合适的人员编制方法。

项目五

餐饮产品生产管理

子项目一　餐饮产品生产组织机构

学习任务描述

1. 了解不同类型厨房的组织形式。
2. 了解厨房生产管理的基本要求。
3. 掌握厨房设计与布局的原则和要求。

案例导入

2015 年 2 月 25 日，甘肃省古浪县食品药品监管局接到群众举报，称 87 名就餐者在天然居大酒楼就餐后出现呕吐、腹痛、腹泻、发热等食物中毒症状。古浪县食品药品监管局派执法人员立即赶赴事发现场，在配合卫生行政部门做好中毒患者救治的同时，对天然居大酒楼可能存在的违法行为展开调查。经查，该酒楼擅自变更了经营场所、食品加工间布局，未重新申请办理餐饮服务许可证；热菜加工间存有食品原料，且生熟不分；操作人员违反食品安全操作规程，不认真执行餐具清洗消毒制度。上述违法行为增加了发生食物中毒的风险。经对现场留样的菜品和食物中毒患者排泄物抽样检验，致病性微生物沙门氏菌超过食品安全标准限量。

天然居大酒楼的行为，违反了食品安全法实施条例第二十一条第一款的规定，依据食品安全法第八十五条和食品安全法实施条例第五十五条规定，古浪县食品药品监管局对天然居大酒楼做出以下处罚：没收违法所得 12 920.00 元，处以货值金额 10 倍罚款 129 200.00 元，并吊销餐饮服务许可证。

（资料来源：国家食品药品监督管理总局官网。http：//www.sda.gov.cn/WS01/CL0051/147080.html）

请思考：

1. 该酒楼出现食品安全质量问题的原因是什么？
2. 在进行食品加工生产的时候，应该有哪些注意事项？

一、餐饮产品生产机构的组织形式

餐饮企业中，除部分购入的半成品外，产品的生产基本上由厨房来完成。因此，学习餐饮产品生产组织机构形式，关键要了解厨房的组织和管理。根据市场上不同餐饮企业的经营类型，可以将厨房分为独立餐饮企业厨房（包括中餐厨房和西餐厨房）和饭店下属餐饮部厨房。

（一）独立餐饮企业厨房

1. 中餐厨房组织形式

中餐厨房组织形式适用于独立的中餐企业和小型饭店，采用这种组织形式的企业一般只提供中餐服务。其厨房的数量和规模根据餐厅数量和接待能力确定，一般设厨师长，再分设热菜、冷荤和面点领班。由于没有专门的采购保管部门，因此，厨房还兼有一定的原材料采购和库存任务。其组织形式可参阅图 5 –1。

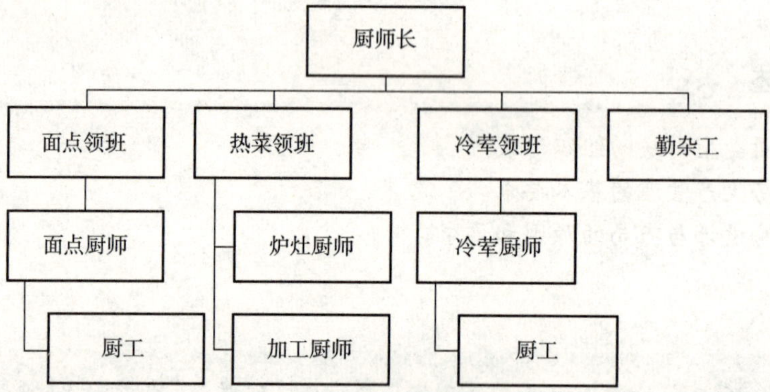

图 5 –1　中餐厨房组织形式

2. 西餐厨房组织形式

这种形式主要适合于独立西餐厅和三星级以上饭店的西餐厅。根据酒店星级的不同，其餐厅的数量和种类也有所差异。一般来看，四星级、五星级饭店的西餐厅又可以具体细分为法式餐厅、意式餐厅、俄式餐厅等。其厨房的组织形式一般是行政总厨下设西餐厨师长，各厨房再设不同领班。每个厨房的内部分工则大致相同。其组织形式可参阅图 5 –2。

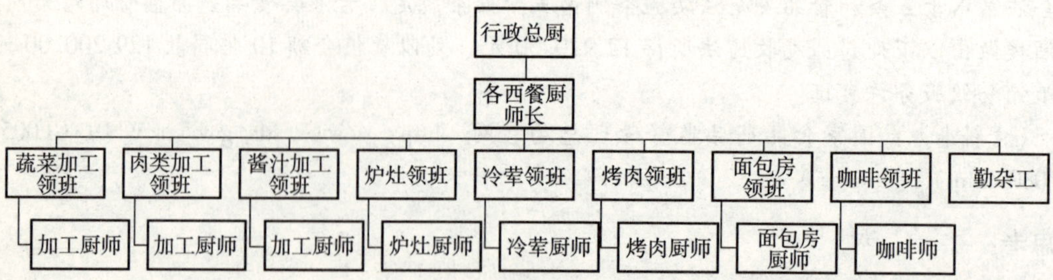

图 5 –2　西餐厨房组织形式

（二）饭店下属餐饮部的中餐厨房组织形式

1. 大中型饭店的中餐厨房组织形式

大中型饭店经营类型多样，可同时提供多种风味的中餐、西餐和其他风味的餐饮服务。其特点是餐厅类型多，与之配套的厨房种类多。餐饮产品生产管理复杂，其厨房的组织形式一般是设行政总厨，各个厨房再设大厨（相当于厨师长）、主厨、后镬岗、砧板岗等不同的岗位，负责生产管理和菜点制作。餐饮部同时设管事部，负责财产保管、原料领用、洗盘洗碗、清洁卫生等工作。各大中型饭店厨房管理的具体组织形式区别较大，没有一个统一的模式，需要根据各饭店的实际情况确定。其一般形式可参阅图 5－3。

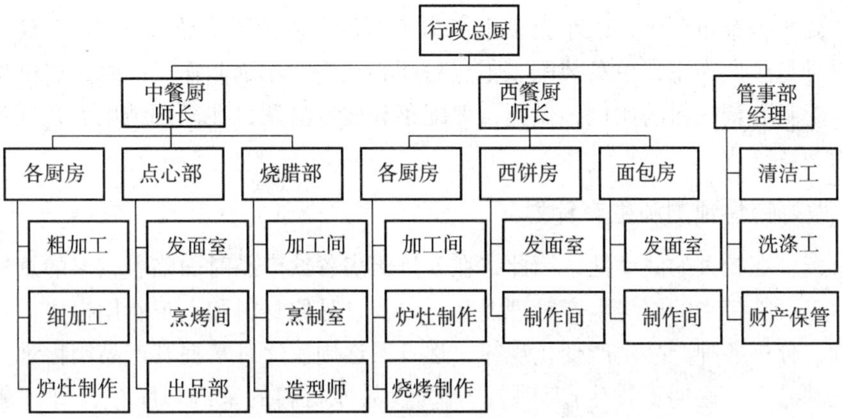

图 5－3　大中型饭店厨房组织形式

2. 中心－卫星厨房组织形式

中心－卫星厨房组织形式主要适用于大型和特大型（客房 800～1 000 间以上）饭店和餐饮集团。其组织形式是全店或集团设中心厨房，统一负责食品原材料的加工配菜，各个餐厅再设卫星厨房，主要负责菜点的具体烹制。这种形式对可粗加工的材料进行集中处理，可有效减轻各卫星厨房的工作压力，并提高原材料的利用率。其组织机构形式可参阅图 5－4。

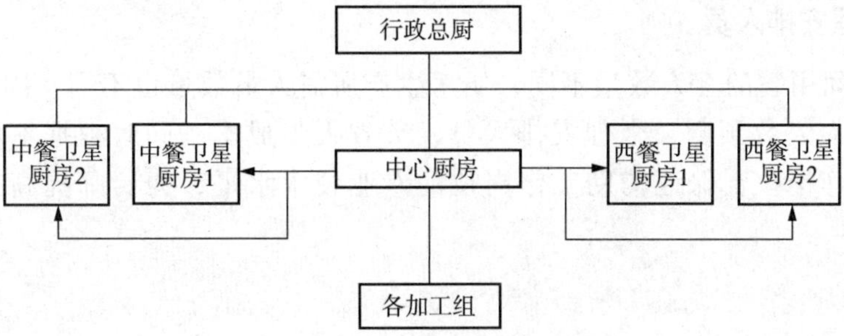

图 5－4　中心－卫星厨房组织形式

二、厨房生产管理的基本要求

厨房生产管理，其目的在于在保证餐饮产品质量的前提下，提高厨房生产的工作效率，并尽量减少不必要的损耗。为实现这一目的，在进行厨房生产管理时应做好以下几方面的工作：

（一）保证产品质量

为保证产品质量，厨房生产首先应严格控制原材料质量，对原材料的生产时间、所用部位、数量等方面严格把关。在制作过程中坚持批量生产和小锅制作结合，坚持热炒热卖。根据不同餐厅和不同类型的客人的实际情况组织生产。其中，大中型团队、会议、宴会、冷餐会等客人，要根据菜单要求，以小批量生产为主。每锅炒菜不允许超过 2～3 盘。冷荤、面点产品要以批量生产为主，单盘装配。零点餐厅必须坚持小锅制作。同时，严格控制各种产品的主料、配料和调味料的比例，做到营养配菜和质量烹调，在烹调结束后合理装盘，并及时传递给消费者。

（二）做好销售预测和生产计划

餐饮市场存在较大的波动性，因此，在安排厨房餐饮产品时面临着较多的意外因素。为克服这些特点可能带来的厨房生产管理混乱，以及食品原材料和人工费用损失，必须以原始记录为基础，分析各种产品生产变化规律，逐日、逐周、逐月掌握其产品销售量，做好销售预测。在此基础上，逐期安排生产计划，既为食品原材料的采购、库存、每日领用提供依据，又为厨房人员的安排与使用提供参考。

（三）实行标准化管理

厨房产品生产以手工操作为主，传统的食品原材料的拣洗、拆卸、加工、切配、上灶烹制、装盘出菜，都随厨师个人意愿而定，随意性较强，损失浪费较大。质量取决于厨师的个人技艺和现场发挥。为克服这种生产管理的盲目性，必须实行标准化管理。要根据厨房生产流程，分别制定原料加工，净料出成，盘菜用量，主料、配料比率，盘菜成本消耗，烹调制作程序等客观标准，并保证标准化管理的贯彻实施，提高厨房生产管理水平。

（四）合理安排人员

在不同时间用餐的客人数量不同，厨房生产所需人员数量也不同。因此，需要根据不同时段的客人人数预测，合理安排人员，节省人工成本。同时根据不同工种的技术要求，安排工作岗位，保证辅助工作岗位的专业技术水平，为厨师提高工作效率打好基础。

案例：

合理安排人员工作

“荷兰豆炒花枝片，单个菜谱的写法可能是：荷兰豆 400 克、香肠 200 克，汆水、油炒，但我们现在会先把荷兰豆剪两头洗好，分成 50 份，每份 400 克打一包，摆放到冷库中，不必点菜后再让配菜去秤了，要一份拿一份即可，跟去超市买净菜差不多。我们的厨房10分钟就能打扫好，就因为大部分菜都在冷库中。采用这种方法，同样是花费配菜的时间，但都不是在饭口上做的，而是在早上上班后、中午收台后做的，由于避过了就餐高峰，就不会手忙脚乱，现在我6个炒锅用3个砧板就足够了，而其他厨房一般是1个炒锅配1个砧板。”

——某酒店厨师长

三、厨房设计与布局

厨房设计与布局对厨房生产管理有直接的影响，合理的厨房设计与布局对厨师提高工作效率起到事半功倍的效果。餐饮企业厨房设计总的要求是：明亮、通风、干燥、防潮、安全、卫生。

（一）厨房设计与布局原则

1. 保证厨房生产流程的畅通

厨房的设计与布局必须保证厨房生产流程的畅通，避免厨房内的人流、物流的交叉和碰撞。在设计时要提前做好人流线路和物流线路的合理规划，尤其要注意营业高峰期厨房内部的有效工作，避免出现回流现象。

2. 以主厨房为中心进行设计与布局

大多数餐饮企业，尤其是星级饭店的餐饮部门会有多个厨房。因此在设计时必须以主厨房为中心进行布局，厨房各部门尽量安排在同一楼层并力求靠近餐厅，以保证加工好的菜肴能够及时传递给顾客。厨房与餐厅如间隔距离太远，不但会影响出菜的速度，而且会影响菜点成品的质量，还会造成人力浪费而导致成本的上升。

3. 厨房内部各作业点应安排紧凑

厨房内部各作业点之间都有一定的联系，设计布局时应将工作联系紧密的、合用一种设备或工序交叉的作业点排放在一起。冷菜间要与厨房其他岗位隔开，并靠近产品出口处。对于各作业点内部的布局也应安排紧凑得当，使各作业点的工作人员都能便利地使用各种必需的设备和工具，提高工作效率。

4. 设施、设备的布局要合理

厨房生产间噪声较大，如果机械设备布局不妥，就会加重厨房的噪声。设备的安放要便于使用，便于清洁、维修和保养。厨房的设施必须要根据饭店的总体规划进行设计布局，厨房中排放的一切废弃物如油烟、废水、垃圾等，不得对餐饮企业其他区域，尤其是客用场地和设施造成污染或其他有害影响。

5. 保证厨房环境的卫生和安全

厨房设计不仅要选好恰当的地理位置，而且要从卫生和安全的角度来考虑，符合国家对食品卫生和消防管理方面的法律和政策要求。在保证食品卫生质量的同时避免出现火灾、人员受伤等意外事故。

6. 提高厨房工作的舒适度

厨房工作劳动量较大，为提高员工的工作情绪和工作质量，在厨房设计和布局时应从温度、湿度、通风、照明、地面强度、颜色、噪声以及工作空间的大小等方面综合考虑，为员工创造舒适的工作环境，并尽量采用现代化的设备以减少厨房工作人员的体能消耗。从而在提高员工的工作热情的同时保证产品的质量和生产效率。

案例：

在厨房设置直饮水

直饮水设备在西餐厨房中应用比较广泛，现在开始慢慢进入中式厨房。直饮水设备具有两大优点：一是可以让员工喝上干净的常温纯净水。如果在夏天，员工接一杯开水，还要等水放凉才能喝，直饮水可以直接饮用，喝水更方便。既可提高员工满意度，也可提高工作效率。二是用直饮水做汤口感更清爽。经验多的厨师知道，用纯净水做汤和用自来水做汤味道是截然不同的，前者会给汤类带来很大的质量提升，如果是发海参对水质的要求会更高。

（二）厨房设计与布局要求

1. 厨房的位置

厨房的位置应尽量靠近餐厅和库房，其楼层应尽可能地与消费场所保持在同一水平线上，尽量靠近企业内部的能源供应点。如果厨房与餐厅距离较远，应注意设置专用的传菜通道和原材料、废弃物进出通道。

2. 厨房面积的确定

现代西方餐饮已普遍认同了宽敞、舒适的工作条件，能批量生产出优质的产品，因而西方国家的厨房设计在面积、温度、照明等方面同餐厅相互匹配。厨房加上后台其他设施，面积一般占到整个餐饮面积的50%左右；而我国在这方面还有待加强。

根据不同的衡量标准，确定厨房面积的方法一般有三种：

①按餐座数计算厨房面积

以餐厅单个座位的对应厨房面积为基础计算厨房的总面积，根据餐厅类型的不同，各类餐厅餐位数所对应的厨房面积见表5－1。

表5－1　各类餐厅餐位数所对应的厨房面积

餐厅类型	厨房面积/（m^2·餐位$^{-1}$）	后场总面积/（m^2·餐位$^{-1}$）
正餐厅	0.5～0.8	1～1.2
咖啡厅	0.4～0.6	
自助餐厅	1.5～0.7	

②餐厅就餐人数

以餐厅每位用餐者所需的厨房面积为参数来确定厨房的总面积，见表5－2。使用这种方法，通常就餐规模越大，就餐的人均所需厨房面积就越小，这主要是因为小型厨房的辅助间和过道等所占的面积不可能按比例缩得太小。

表 5－2　不同就餐人数时每人所需厨房面积

厨房供餐人数	平均每位用餐者所需的厨房面积/平方米
100	0.679
250	0.679
500	0.46
750	0.37
1 000	0.348
1 500	0.309
2 000	0.279

③餐饮总面积

以餐饮总面积为依据来确定厨房面积。通常，除去辅助间之外，厨房面积应占餐厅面积的40%～50%，占餐饮总面积21%左右，详见表5－3。

表 5－3　餐饮企业各部门面积分配比例（总面积为100%）

占餐饮总面积的部门名称	所占比例/%
餐饮总面积	100
餐厅	50
客用设施	7.5
厨房	21
仓库	10
清洗间	6.5
员工设施	3
办公室	2

在确定厨房面积时应根据各餐饮企业的档次、市场定位和实际条件适当进行调整，同时在设计时应留有一定的弹性调整空间，以满足餐饮企业未来业务调整的需要。

3. 地面和墙面设计

厨房地面应用不吸潮而且防滑的瓷地砖铺设。地面要略呈龟背状，以便冲刷和干燥。龟背两侧特别是靠炉灶一侧应设排水明沟，排水沟上要盖铸铁隔渣网以便冲刷清洗和处理废料垃圾。贴墙时使用不吸潮的白色瓷砖，从地平线起，贴至天花板，以便清洗油烟和污物。

4. 排烟设置

厨房，特别是炉灶一线在高温作业时产生大量的油烟、水蒸气和其他气味。因此，厨房生产要注意保证排烟通风功能良好。在厨房或炉灶上方应装置排气扇、排烟罩或抽油烟机、送风管等设备。这些设备上所沾染的油脂污物必须定期清理，以防火灾、污染食物事件发生。为了通风而开启的窗户必须装上纱窗，防止苍蝇飞入。

5. 防潮、防腐设置

由于厨房环境潮湿，又有腐蚀性物品，工作台面应用不吸水、结实耐用、容易清洗的材料制成，最好为不锈钢工作台。切菜板用硬质塑料或压缩橡胶为佳，在使用时要注意要生、熟、荤、素分开。

6. 电源和灯具设置

所有设备的电源部分，其闸刀或插座应安装在离地面1.5m左右的地方，并突出墙面。在清洗墙面时可用胶袋或防水布封住，以防渗水漏电。厨房灯具包括照明灯具、紫外线消毒灯具及灭蚊灭蝇灯、防爆灯具等。照明灯具安装在厨房的各工作区域，一般照明为200lx，但食品操作区应为400lx。紫外线灯具一般安装在冷菜间，餐前餐后开，起杀菌消毒作用。员工在冷菜操作间内时不要随意开，以防紫外线对人体健康造成伤害。灭蚊灭蝇灯一般垂直挂在厨房的入口处，起杀灭蚊蝇作用，防止蚊蝇进入各生产区域污染环境，违背餐饮卫生管理制度。防爆灯通常安装在每个炉头的上方，固定在抽排油烟罩上，增大照明度，利于厨房烹制菜肴。

7. 库房设置

餐饮企业储存原材料的库房应明确用途、分类摆放。肉类产品的冻库应自成系统，与其他房间隔绝。冷藏柜储存近期使用产品，温度一般控制在1～5℃。要将生熟产品分开存放，避免出现因食品污染而出现的卫生问题。冷藏柜要定期进行除霜，并用温水洗刷冷藏柜。

8. 员工卫生条件设置

厨房内除加工部分设置足够数量的洗涤池外，必须在生产作业线上设置数个专门的洗手槽。在有条件的餐饮企业，厨房区域应建员工专用卫生间，同时不对外开放。

知识链接

五四制度

1. 由原材料到成品实行“四不制度”。采购员不买腐烂变质的原料；保管验收不收腐烂变质的原料；厨师不用腐烂变质的原料；服务员不卖变质的食品。

2. 仪器存放实行“四隔离”：生与熟隔离；成品与半成品隔离；食物与杂物药品隔离；海产品与肉类隔离。

3. 餐具实行“四过关”：一洗，二刷，三冲，四消毒。

4. 环境卫生做到“四定”：定人，定物，定时间，定质量。

5. 个人卫生做到“四勤”：勤洗手剪指甲，勤洗澡理发，勤洗衣服被褥，勤换工作服。

（资料来源：邵万宽．现代厨房生产与管理［M］．南京：东南大学出版社，2010.）

（三）厨房其他方面的布局

1. 温度控制

厨房的温度控制是布局中必须考虑到的一个因素。闷热的环境会导致厨房人员的工作耐力下降，容易疲劳，且体力消耗大，影响员工情绪。因此，需采取相应措施控制厨房温度。例如，将中央空调通进厨房（一些小厨房则分别安装空调器），为员工创造较好的工作环境，以提高员工满意度，进而提高工作效率。

降低厨房温度还可在厨房设备上、布局上下功夫：一是在厨房内安装抽风机或排油烟机、排风扇等，将厨房内的热空气、油烟气体及时排出。二是将烧烤间、蒸煮间与炉灶间相隔开，分散厨房热量的挥发。但是，厨房内的温度过低也是不利的，容易导致厨师手脚受冻麻木，工作速度下降。因此，厨房的适宜温度应为20℃左右。

2. 噪声控制

厨房是一个比较嘈杂的地方。噪声的主要来源包括炉灶上方排风扇的声响、炉灶内的鼓风声响、餐具的碰撞声、烹饪过程中的各种敲打声以及冷藏设备的机器工作声等。噪声分散人的注意力，会使血压增高，心情烦躁，听力下降，容易疲劳，从而使得工作效率降低，严重的会影响人的身体健康。消除噪声的措施是在墙壁或天花板上砌上消音砖，或涂上消音漆，也可改进厨房内的设备，以降低噪声。降低噪声可有效地提高生产率，可以降低事故的发生率，提高产品质量。

3. 操作空间控制

厨房各作业点的布局和设备的摆放既要考虑到生产流程的畅通，也要考虑到厨房人员身体的伸展幅度，以保证每位厨师拥有足够的工作空间和便利地使用设备。一般来说，厨师在操作时双手左右正常伸展幅度为1.15m，最大伸展幅度为1.75m左右。因此，工作台的大小、工具、用具的摆放位置都不应超出人体正常伸展的范围。厨房设备的摆放除要考虑到使用方便、清洁和保养外，还要考虑到厨房通道的位置和距离。厨房内的主要通道要有1.6～1.8m宽，一般的通道不得窄于0.75m；如果要蹲下从柜台底下取东西，其通道不得窄于0.9～1m；如果通道的两侧都有人站在固定的位置上干活，其通道不得窄于1.6～2m。

案例：

深圳新斗记酒店厨房的做法

一切围绕“如何方便厨师”设计，利用好立体空间，增加物品的储存量，如放置手勺的专用“篮球架”、在墙上竖着钉上放置物品的架子等。为了防止厨师炒菜来回转身时出现不必要的烫伤及危险发生，灶台之间离得都比较远。为加强厨师的形象塑造，还在厨房张贴对厨师穿戴的要求及规范等。

子项目二　餐饮生产质量管理

学习任务描述

1. 了解餐饮生产的质量特点。
2. 熟悉餐饮产品的质量构成。
3. 掌握必要的餐饮质量管理方法。
4. 掌握厨房工作所需人员的计算方法。

案例导入

到西安市旅游，游客在体验汉唐文化、品尝仿唐菜肴的时候，往往会被一种拼盘所吸引，这就是著名的主题拼盘——辋川小样。

辋川小样为五代时尼姑梵正所创，她以王维所画辋川20景为蓝本，用脍、肉脯、肉酱、瓜果、蔬菜等原料雕刻、拼制而成，使菜上有风景，盘中溢诗情。以精巧的艺术构思和精湛的刀工为人所称道，号称“菜上有山水，盘中溢诗歌”。辋川小样的制作方法已经失传，后在陕西多位厨师的研究下得以重现。该菜一推出，便受到了市场的极大欢迎，尤其对入境旅游者有巨大的吸引力。

请思考：

1. 辋川小样的特色主要体现在哪几个方面？
2. 该菜对餐饮企业推出创新菜肴有何借鉴意义？

一、餐饮产品生产特点

（一）产品规格多，管理难度大

与其他行业相比，餐饮生产和销售具有强烈的按需服务特点。在顾客进入餐厅点菜后，厨房才能根据顾客要求制成相应菜品提供给对方。这与工业生产的规模化、流水化相比具有明显的差异。由于顾客需求的差异性，餐饮产品生产过程中具有品种多、规格多、生产批量小、制作技艺复杂等特点。同时，由于生产过程基本上由人工操作，不同的厨师制作同类菜肴也会存在差异，这给餐饮产品的质量管理和标准统一带来了极大的困难。

（二）制作即时性强，质量影响因素多

餐饮产品生产是根据餐厅客人当时所点的花色品种和数量或厨师长安排的生产任务即时生产的。生产、销售和消费几乎在同一时间内发生。生产的产品必须马上供客人享用，其色、香、味、形都有很强的时间观念，因而产品质量受时间因素影响大。除了产品本身质量外之外，送餐的及时性、餐饮服务质量、就餐环境等因素也会对产品质量造成极大的影响。因此从生产角度看，餐饮生产必须重视工作效率，重视原料搭配的准确性，坚持即炒即卖，热炒热卖，为保证产品质量打下基础。

（三）手工操作比重大，生产过程复杂

餐饮产品的生产基本上以手工制作为主，尤其是中餐中，自动化的环节很少。餐饮生产既是厨师厨艺展示的过程，也是烹饪艺术构思创作的过程。在手工操作中存在的差异性也是展示餐饮个性化魅力的表现。同时餐饮的生产过程较为复杂，厨房生产要先后经过原材料的选择、加工、切配、烹制、装盘出菜等不同的工序。每道工序都有不同的要求，加工方法也不一样。从生产管理过程来看，管理人员必须根据企业产品生产的自然属性来安排生产流程，根据不同风味的花色品种来确定加工方法和主料、配料及调料的配制比例，根据产品生产的工序特点和各级厨师的技艺特征来合理安排人工，才能提高餐饮生产效率。

（四）生产影响因素多，安排随机性强

餐饮产品的生产不仅受内在因素的影响，也受到外部环境的极大影响。季节、天气、节假日、所在区域人流量、交通状况、周围环境和地区大型活动等多种因素都会对餐饮产品的生产有直接的影响。从时间角度看，餐饮企业根据自身的经营类型在每年有淡季和旺季，在每周有日常和周末的差异。厨房每天、每餐需要生产的产品数量、花色品种、产品规格往往随时变化，具有极强的随机性。为此，厨房生产管理必须每天做好销售记录，掌握各种产品销售的随机变化规律和客人点菜频率，才能做好计划，克服因产品销售的随机性可能带来的经济损失。

（五）原料种类多样，保管难度较大

餐饮产品生产涉及的原材料数量多、种类杂，大部分原材料都有一定的保质期，同时如果存放方法不当或存放时间过长，各种食品原材料很容易出现变质的情况。因此，餐饮原材料的管理必须做到分类分库管理，做好原材料的归类统计，完善原材料的及时发放制度，为保证餐饮产品质量奠定基础。

二、餐饮产品质量构成

美国质量管理专家克劳斯比从生产者的角度出发，认为质量是“产品符合规定要求的程度”；而德鲁克认为“质量就是满足需要”。综合来看，产品质量要明确两个方面：顾客的使用要求和满足程度。对餐饮业而言，做好产品质量包括明确顾客对餐饮产品的质量要求并满足甚至超过顾客的要求两个方面。从顾客角度分析，顾客对餐饮产品的质量要求主要体现在三个方面：餐饮产品本身的质量、餐饮服务的质量和就餐环境的质量。从餐饮产品本身质量来看，顾客的要求主要体现在以下几个方面：

1. 餐饮产品的卫生质量

卫生是菜肴等食品的首要质量标准。卫生质量要求餐饮产品首先在加工菜肴所用的食品原材料方面符合《中华人民共和国食品卫生管理条例》，材料不能含有毒素或其他有害成分。其次是指食品原料在采购、保管和加工等环节中未遭受有毒、有害物质、物品（如化学有害品和有毒品）的污染。最后是食品原料本身不存在由于有害细菌的大量繁殖而带来食物的变质等现象。这三方面无论是哪一方面出现了问题，均会响产品本身的卫生质量。

案例：

2015 年 6 月，根据公安机关掌握的线索，惠州市惠阳区食品药品监管局联合公安机关对惠阳区孙某经营的某烤鱼店进行突击检查，执法人员对餐后汤底和该店使用的调味料“草果粉”抽样检验。结果显示，在调味料“草果粉”中检出罂粟碱。2015 年 7 月 7 日，惠阳区食品药品监管局将此案移送公安机关。经查，烤鱼店老板孙某为吸引消费者来店就餐，在调味料“草果粉”中违法添加罂粟壳。惠阳区检察机关对烤鱼店老板孙某和厨师孙某某以涉嫌构成生产销售有毒有害食品罪批准逮捕并提起公诉。2015 年 12 月 16 日，经惠州区法院判决，被告人孙某犯生产销售有毒有害食品罪，判处有期徒刑 1 年，并处罚金 2 万元；被告人厨师孙某某犯生产、销售有毒、有害食品罪，判处有期徒刑 7 个月，并处罚金 5 000 元。

2. 餐饮产品的营养构成

社会的进步、科学技术的发展，使得人们越来越重视食品营养。出于对健康的重视，餐饮产品的营养构成已成为顾客在消费时对其质量判断的关键因素。鉴别餐饮产品是否具有营养价值，主要看两个方面：一是食品原料是否含有人体所需的营养成分；二是这些成分本身的数量达到了怎样的水平。当然，不同人群对营养的需求程度有所差异，低糖、低盐、低油、素食以及汤类食品在未来对追求健康饮食的人群有更大的吸引力。

案例：

现代健康的饮食理念、中医养生理论成为菜品营养设计和食材营养搭配的理论基础，其核心要求食材本身“绿色”。我在这方面的追求近乎苛刻，所有菜品都不加味精，绝大部分菜品都尽可能少油、少盐、少淀粉；尽量使用纯天然调味料，如用黑芝麻酱代替装饰酱和调味酱，用柠檬汁代替醋，用蜂蜜代替糖，用鲜辣椒汁代替辣椒油。桑叶、松针、玫瑰花瓣，这些取自大自然的有机素材直接成为食材或成为装饰点缀。

另外，我设计的菜严格按少盐、少油、少淀粉标准设计，如我设计的“水煮鱼”一改以往传统川菜的油腻，水煮鱼以传统的油为导味媒介改用汁水为导味媒介，从鱼片改为鱼块，这不仅保持了鱼的原有味道，营养流失也很少。更让人想不到的是，此菜汤汁采用美人椒和鲜花椒来调制，清爽不腻，鱼肉却能麻辣鲜香细嫩。

——某星级酒店厨师长

3. 餐饮产品本身质量

餐饮产品的本身质量，主要是指餐饮产品在色、香、味、形、器、质等6个方面对顾客的满足效果。

（1）餐饮产品的颜色

餐饮产品的颜色是吸引消费者的第一感官指标，许多人往往通过视觉对食物进行第一步评判。“色”往往以先入为主的方式给就餐者留下第一印象。餐饮菜点产品的颜色通常由动物、植物组织中天然产生的色素形成。水果和餐饮产品的生产、加工过程能对菜点成品的颜色变化产生作用，烹调加工的目的之一就是通过恰当的处理，使原料颜色转变为趋于理想的颜色。餐饮产品颜色改变的另一种途径是添加含有色素的调味品，如黄油、番茄汁、酱油等均具有这样的功能。菜肴的颜色要求是自然清新、色彩鲜明，适应季节变化，适合不同地域、不同审美标准，合乎时宜，和谐悦目，带给消费者强烈的美感。

拓展阅读

菜肴颜色如何搭配

菜肴颜色的搭配，其实是主、辅料色泽的配合。一般是通过辅料，衬托或突出主料，其形成的色泽，可以分为顺色、花色、异色。

顺色即主、辅料颜色相同或十分相近。如“水晶田鸡”，田鸡肉剁成丁为白色，覆盖在上面的辅料是虾胶、蛋白、杏仁等，经过拌匀蒸熟后也是白色，此菜肴色泽洁白。

花色指辅料为多种与主料不同的颜色。多种不同颜色的辅料与主料的配搭，必须根据菜肴的特点，使配色的结果形象、生动、和谐，给人以美的感觉。如果只是花花绿绿，凌乱无章，只能给顾客带来厌烦感。如“生菜龙虾”，盘底垫绿色生菜叶，再叠上红色的番茄片，龙虾头摆在盘的上端，龙虾尾置于末端，中间每片龙虾肉上叠上形状一致的一片火腿与一层蛋白，使菜肴色调多彩，形象逼真，和谐协调，十分美观。

异色是指主、辅料色彩相反。异色配合要十分讲究，因为它容易产生令人厌恶的色彩，尤其是动物原料。如在白色的田鸡肉上，盖上黑色的香菇，便容易引起人们不好的联想。

(2）餐饮产品的香气

餐饮产品的香气，是指顾客通过鼻腔上部的嗅觉上皮神经系统感知的菜肴等产品飘逸出的芳香。人们就餐时，总是先闻到菜肴的香气，再品尝菜肴的滋味。在人们将食物送入口中之前，气味就由空气进入鼻中。人们之所以将“香气”单独列出来，是因为食物的香气对增强进餐时的快感有着巨大作用。人的嗅觉较味觉灵敏得多，但嗅觉感受比味觉感受更易疲劳。在餐饮产品生产时尤其要注意时间的把握，以保证产品能在香气最佳的时候传递给消费者。

案例：

在设计菜品的时候，我会刻意寻找菜品主料本身独有的本味，并且在烹饪过程中努力使之实现。如在做宫保鸡丁时，为了突出鸡肉的香味，将日式铁板烧的煎法借鉴进来，改滑油为煎制，使鸡肉表面的蛋白质瞬间凝固、起壳，让它的香味得到充分释放。煎好了就要快速烹制，汁芡尽量少，才能使其焦香之味更加浓郁。另外，厨师还必须掌握好烹调时的火候，这是食材的香气得以释放的保证。煎烙饼时，烙饼刚出锅时香气是最浓郁的。真正的好厨师一定要让食客感受到菜品最好而短暂的香气。

——某星级酒店厨师长

(3）餐饮产品的滋味

餐饮产品的滋味是指餐饮产品入口后对人的口腔、舌头上的味觉系统产生作用，给人口中留下的感受。味是传统中餐菜肴质量指标的核心，人们去餐厅用餐，并非仅仅满足于嗅闻菜肴的香味，更想体验食物的味道。通常所说的五味调和中的五味是指“酸、甜、苦、辣、咸”，这五种基本味在各地不同的民风和习俗的影响下，演化出千万种变异口味，在烹饪中被称为“复合味”，如“酸甜味”“酸辣味”“咸甜味”“香辣味”等，甚至出现多重复合味，如川菜中的怪味。

(4）餐饮产品的外形

产品的外形是指菜肴的成形、造型。原料本身的形态、加工处理的技法，以及烹调装盘的拼摆都直接影响到菜肴的“形”。刀工精美，整齐划一，装盘饱满，形象生动，能给就餐者以美的感受。为达到良好的外形效果，需要厨师的艺术设计。热菜造型以快捷、神似为主；冷菜造型比热菜造型更方便，因而有更高的要求。对菜肴的“形”的追求要把握分寸，过分精雕细刻，反复触摸摆弄，有可能会污染菜肴，甚至给人一种华而不实、杂乱无章的感觉，也是对菜肴的“形”的极大破坏。

拓展阅读

淮扬菜的刀工

淮扬菜指流行于江苏扬州、镇江、淮安及其附近地域的菜肴，是江苏菜系的代表性风味。淮扬菜注重刀工，刀法细腻，口味清淡，以“刀工精细、刀法巧妙”著称。“扬州三把刀”之一的厨刀，其状如“马头”，故又称“马头刀”。前批、中切、后斩，一刀多用，手法巧妙。菜肴刀工以丝细、片薄、段短、块小、整齐划一为特色。在花式菜点中运用花式剞刀，使原本普通的原料，成为精巧细腻的象形物，如荔枝刀法、蓑衣花刀、鸡冠寿字、竹节形等。在小配菜中的花刀块，如秋叶、梅花、城垛、蝙蝠、玉兔等花样繁多。在雕刻中的刀技更是精妙绝伦，其中瓜雕为“扬州一绝”，有旋转宫灯、金鱼灯、八仙过海灯等。千百年来通过淮扬厨师的辛勤劳作，留下众多久负盛名的佳肴，无一不与其善用刀法密切相关。

（5）餐饮产品的器皿

餐饮器皿是指餐饮产品生产出来后用来盛装的容器。菜肴和器皿配合恰当则相映生辉，相得益彰。在器皿的选择上，要求器皿的材质与餐厅的主题和菜肴的特点相适合，盛器的大小与菜肴的分量一致，盛器的名称与菜肴的名称相吻合；盛器的质量与菜肴的价格相匹配，盛器的颜色与菜肴的颜色相搭配。

（6）餐饮产品的质感

质感，即菜肴给人的质地方面的印象，具体表现为韧性、弹性、胶性、黏附性、纤维性及脆性等多种属性。菜肴的质感是影响其可接受性的重要因素。任何偏离菜肴可接受的特有质地，都可使其变为不合格产品。所以人们一般不愿购买发软的脆饼，不喜欢多筋的蔬菜等。

通常，菜点的质地感觉包括以下几个方面：酥，指菜肴入口咬后迎牙即散，成为碎渣，产生一种似乎有抵抗而又无阻力的微妙感觉，如香酥鸭；脆，菜肴入口迎牙而裂，而且顺着裂纹一直劈开，产生一种有抵抗力的感觉，如清炒鲜芦笋；韧，指菜肴入口后带有弹性的硬度，咀嚼时产生的抵抗性不那么强烈，但时间较久。韧的特点，要经牙齿较长时间的咀嚼才能感受到，如干肉丝、花菇牛筋煲等；嫩，菜肴入口后有光滑感，一嚼即碎，如糟溜鱼片；烂，菜肴宛如瘫痪，入口即化，几乎不用咀嚼，如米粉蒸肉。餐饮产品的质感在很大程度上取决于原料的性质、菜肴的烹制时间及温度等。因此，制作菜肴时必须严格选料，并掌握适当的烹制时间。

4. 餐饮产品的温度

餐饮产品的温度，即菜点的出品温度。同一种菜肴、同一道点心，出品食用的温度不同，口感质量会有明显差别。例如蟹黄汤包，热吃汤汁鲜香，冷后则腥而腻口，甚至汤汁凝固；又如拔丝苹果，趁热食用，可拉出万缕千丝，冷后则糖饼一块，无法拔出丝来。另外，人对香气的感受程度同气体产生物本身的温度高低有关，一般来说，物体本身的温度越高，其散发的气体就越易被感受到。因此，温度是重要的菜肴质量指标之一，餐饮生产及服务人员要更好地把握每类菜肴的特色品质，就应遵循如表5－4所示的温度规定：

表 5－4　食品名称出品及提供食用温度

餐饮产品种类		适宜温度
菜肴	冷菜	10℃
	热菜	70℃
	热汤	80℃以上
	熟饭	65℃以上
	砂锅	100℃
饮料	啤酒	6～8℃
	咖啡	70℃
	热茶	65℃
	热牛奶	63℃
	果汁	10℃
水果		8℃

案例：

经过严格的实验，我测量出了最适合菜品上桌温度，如一般冷菜（刺身等除外）在20℃左右，热菜必须保持60℃，半汤半菜应在70℃左右，汤菜、面食和点心必须保持在80℃。这样的温度，保证了菜品应有的质感和香味，也保证了客人稍凉后入口的舒适。如三文鱼在上桌时要保证半冻状态，像雪糕般质感入口（表面5～6℃）最能体现食材本性。

——某星级酒店厨师长

5. 餐饮产品的声效

声效，即产品的声音、声响的效果。有些菜肴，由于厨师的特别设计或特殊盛器的配合使用，会在上桌时发出一定的声响。如虾仁锅巴等锅巴类菜肴和铁板鳝花等铁板类菜肴。此类菜肴上桌时，会发出“吱吱”的响声，给消费者非常直观的认识。餐饮产品的声效会在消费者的印象中形成固定的认识，并成为餐饮产品质量的评价标准之一。

三、餐饮产品生产质量控制方法

1. 阶段控制法

餐饮产品生产，是从原料的购进到产品售出的完整过程，这个过程可分为原材料的采购验收、餐饮产品加工生产和餐饮产品消费3大阶段。加强对每一阶段的过程控制，是保证餐饮质量的基础。

（1）原材料的采购验收控制

原材料的采购验收主要控制原料的采购规格标准、验收质量把关和储存管理方法。严格按采购规格书中规定的质量规格采购各类食品原料，确保购进的原料是优质适用的，能最大限度地发挥食品原料的作用，并使加工生产变得方便快捷。同时全面细致地做好验收工作，保证进货质量合格，把不合格的食品原料杜绝在饭店、餐厅之外。

（2）餐饮产品加工生产控制

在餐饮产品加工生产过程中，首先要严格计划领料，并检查各类将要用做加工原料的质量，确认可靠才可进行生产加工。然后进行菜肴烹调前的预制处理：原料经过加工切割，大部分动物、水产类原料还需要进行浆制，这道工序对成品的色泽、嫩度和口味产生较大影响，如果因人而异，烹调岗位则无所适从，成品难免千差万别。因此，对各类菜肴的上浆，挂糊用料应在“标准菜谱”中做出规定，以指导操作。最后，菜肴在烹制过程中要严格按照规定进行操作，以保证菜肴的质量。

（3）餐饮产品消费控制

制作好的餐饮产品，应及时通过各种渠道传递给消费者，尽量减少在菜品传递过程的中的时间。同时做好餐饮服务质量管理，提高消费者对餐饮产品的满意度。

2. 岗位职责控制法

利用厨房岗位的有效分工，强化岗位职能并检查督导。在确定岗位结构及人员编制后，厨房就将各项生产任务定性、定量地落实到岗位中，明确每个工作岗位的职责和权利，并制定对应的考核和激励制度。在使用岗位职责控制法时应注意以下几个方面：

（1）分工明确，责任到人

菜肴生产要达到一定的标准要求，各工作必须全面分工落实，这是岗位职责控制法的前提，厨房生产既包括主要岗位的炒菜、切配等，也少不了零散、容易被忽视的打荷、领料等。厨房所有工作必须明确划分、合理安排、责任到人，才能保证餐饮生产运转过程顺利进行。首先，每位员工必须对自己的工作质量负责。其次，各部门负责人必须对本部门的工作质量实行检查控制，并对本部门的工作问题承担责任。最后，厨师长要把好出菜质量关，并对菜肴的质量和整个厨房工作负责。同时注意各岗位之间的分工协作，保证餐饮产品生产链的有效衔接。

（2）分清主次，抓住关键

尽管餐饮产品生产的各个环节都很重要，但各岗位承担的工作责任也存在一定的差异性。在生产过程中，应注意将一些价格昂贵、原料高档，或高规格、重要身份客人的菜肴的制作，以及技术难度较大的工作列入头炉、头案等重要岗位职责内容。在充分发挥厨师技术潜能的同时，进一步明确责任，同时有效地减少和防止质量事故的发生。

3. 重点控制法

重点控制法，是针对餐饮生产与出品某个时期、某些阶段或环节质量或秩序相对较差，或对重点客情、重要任务以及重大餐饮活动而进行的更加详细、全面、专注的督导管理，以保证重点活动顺利开展的一种管理方法。餐饮重大活动，不仅影响范围广，营业收入多，同时消耗的成本费用高。加强对重大活动菜点生产制作的组织和控制，不仅可以有效地节约成本开支，为饭店创造应有的经济效益，同时可以向社会宣传餐饮生产实力，扩大饭店及厨房的影响力。

（1）重点岗位、环节控制

通过菜点生产及产品质量的检查和考核，找出影响或妨碍生产秩序和产品质量的环节或岗位，并以此为重点，加强控制，提高工作效率和出品质量。这些重点是不固定的，如配菜部门出现问题，则重点控制配菜间，灶间出现问题，则重点控制灶间。餐饮生产管理者必须加强对炉灶烹调岗位的指导、培训和出品质量把关检查，以提高烹调速度，防止不合格菜肴送出厨房。

（2）重点客情、任务控制

根据厨房业务活动性质，区别对待一般正常生产和重点客情、重要任务。在进行重点客情或重点任务管理时，从菜单制定开始就要强调以针对性为主，在原料的选用到菜点的出品，要注意全过程的安全、卫生和质量可靠。厨房管理人员，要加强每个岗位环节的生产督导和质量检查控制，尽可能安排技术、心理素质较好的厨师为其制作。每一道菜点，在尽可能做到设计构思新颖独特之外，还要安排专人跟踪负责，注意不要与其他餐饮正常生产混淆，以确保制作和出品的质量。在客人用餐后，还应主动征询意见，积累资料，以方便以后的工作。

（3）重大活动控制

在重大活动的控制时，应从菜单制定入手，要充分考虑客人的结构，结合饭店原料库存和供应情况，以及季节特点，开列一份具有一定风味特色，而又能为其活动团体广为接受和生产能力所能及的菜单。接着要精心组织各类原料，合理使用各种原料，适当调整安排厨房人手，计划使用时间和厨房设备，妥善及时提供各类出品。菜点生产管理人员、主要技术骨干均应亲临第一线，从事主要岗位的烹饪制作，严格把好各阶段菜品质量关。

知识链接

沽清单

沽清单是厨房了解当天购进原料的缺货数量、积压原料的一种专用表单，也是一种提示单，它告诉服务员当日的推销品种、特价菜、所缺菜品，以便服务员了解当日菜式，避免服务员在当日为客人服务时遇到尴尬、遭受指责，造成不必要的换菜、退菜，使餐饮企业声誉受到影响。沽清单可参考表5－5的格式。

表5－5　××管理有限公司每日沽清表

_____年_____月_____日（午/晚市）

蔬菜						其他时令蔬菜	
海鲜	重点急推		急推		沽清		
徽菜特别推介			徽菜急推		徽菜沽清		
粤菜特别推介			粤菜急推		粤菜沽清		
面点特别推介			面点急推		面点沽清		
凉菜特别推介			凉菜急推		凉菜档沽清		

四、厨房工作人员数量确定方法

保持合理的员工数量，合理安排分工是保证餐饮生产质量的基础，在确定人员编制时，既要注意人员数量能够保证餐饮生产工作的顺利开展，同时也要避免人员浪费，增加成本。餐饮生产工作主要在厨房进行，厨房员工主要分为厨师和加工人员两类。其人员编制方法可以劳动定额为基础，重点考虑上灶厨师。其他加工人员可作为厨师的助手。其编制方法是：

①核定劳动定额即选择厨师人员和加工人员。观察测定在正常生产情况下，平均一个上灶厨师需要配几名加工人员，才能满足生产业务需要，即确定炉灶看管定额，由此核定平均劳动定额。

②核定人员编制。在厨房平均劳动定额确定的基础上，影响人员编制的还有厨房劳动班次、计划出勤率和每周工作天数等3个因素。通常每周工作时间按国家规定的5天计算，因此，其人员编制的计算公式为：

$$N=\frac{Qn\times F\times 7}{X\times f\times 5}$$

式中：Q_n——厨房炉灶台数；F——计划劳动班次；f——计划出勤率；N——定员人数；X——炉灶看管定额。

案例：

某餐厅以经营粤菜为主，具有较大的经营规模，其炒菜厨房设有炉灶15台。经测定，每位上灶厨师负责1台炉灶。厨房每班同时需用加工厨师5人，水台、打荷4人。每周工作5天，每天2个班次，计划出勤率98%，请核定厨房和管事部各需配备多少员工？如果将劳动班次由2个调整为1.5个，问可节省多少劳动力？

案例分析：

(1) 厨房看管定额 $=\frac{15}{15+5+4}=0.625$（台/人），

(2) 厨房定员人数 $=\frac{15\times 2}{0.625\times 98\%}\times\frac{7}{5}=68.57\approx 69$（人）

(3) 调整班次可节省人力 $=69-\frac{15\times 1.5}{0.625\times 98\%}\times\frac{7}{5}=69-52=17$（人）

子项目三　餐饮生产任务管理

学习任务描述

1. 了解厨房生产管理的基本要求。
2. 掌握确定餐饮生产任务的计算方法。

案例导入

某酒店5月15日据前台反映：703房客人昨日在食街用晚餐，餐后客人另外点了鱼头和排骨，要求打包带到客房。晚上客人发现只有一份排骨，客人表示不满。经调查，当时客人所点的鱼头沽清，服务员已向客人说明并将此菜退掉，可能客人未听清楚，误以为此菜已收钱未打包。大副已向客人解释清楚，客人无异议。

请思考：

1. 案例中问题出现的原因。
2. 怎样避免类似情况？

餐饮生产与工业生产相比，其原材料需求具有门类多、种类杂、波动性大、保存时间有限等特点。因此，餐饮产品生产经常会出现原材料数量不够或者储存过多造成浪费的现象。作为一名合格的餐饮管理人员，必须要能够熟练掌握食品原材料需要量的确定方法，以节约餐饮生产成本，提高餐饮管理效率。

一、厨房生产管理的基本要求

（一）保持原料营养成分

原料加工是为产品烹制服务的。加工方法不当，营养成分就会受到一定损失，增加原料损耗程度和成本消耗。为此，原料加工过程中的拣洗、去皮、拆卸、涨发、解冻、刀工处理、挂糊上粉、煎炸包卷等，都要采用正确的方法。合理利用原材料，尽可能保持原料的营养成分不受或少受损失。

（二）密切配合烹调方法

各种菜点的烹调方法不同，原料加工的方法和要求也不同：粗加工的分档料，必须保证取料部位准确；整只的鱼虾原料，必须做到加工用料的大小、规格一致；同一规格的牛排、肉丝、肉片，加工后应保持其形状、厚薄、大小整齐划一；特别是原料加工过程中的刀工处理，要根据不同花色品种的烹调要求，分别采用不同的刀工技法。急火刀口要小，块状轻薄；慢火刀口较大，块状适宜。同种风味、同一品种和规格的产品原料加工要做到整齐、规格、均匀、利落，才能密切配合烹调方法，保证产品质量。

（三）掌握菜点定量标准

原料加工是为配菜和烹调服务的。加工过程中的切、片、拍、剁、挂糊上粉等，都要事先考虑到其形状大小、样式、厚薄是否和菜肴规格相适应。部分菜点的块状数量及其规格大小往往是固定的，如整条鱼、整只大虾和螃蟹，同一规格的盘菜数量和大小都是一致的；同一规格的菜点的主料和配料，其用量也是相同的。因此，要尽可能做到合理安排，物尽其用，防止引起配菜困难，分量难于掌握，进而引起客人不满现象的发生。

（四）保持原料形状美观

餐饮产品的质量主要通过色、香、味、形表现出来，其中，产品形状是否美观与原料加工密切相关。它主要取决于原料加工时的造型厚薄、大小及整齐程度。因此，在食品原材料加工过程中要根据不同菜点的形状要求，选择原料加工的刀工技法，尽可能保持原料加工后的形状美观，符合配菜和烹调需要，以保证质量。

（五）确保原料清洁卫生

厨房加工卫生是保证产品卫生的基础，是预防食物中毒和疾病传染的重要方面。为此，在厨房生产加工过程中，必须从原料采购、运输、验收、收发到原料清洗、择除、涨发、切配、烹调等各个方面，都要加强卫生管理。坚持卫生操作，保持加工场所、台案、刀具、厨具和人员的清洁，坚持每天消毒，以防止食品污染和疾病传染。

二、餐饮生产任务确定方法

餐饮产品生产任务确定是在统计分析的基础上对一定时期的菜肴及饮品的生产种类和数量的预估，以便于进行原材料和人工的安排。由于受个人消费偏好变化、季节和时间的影响，顾客对餐饮产品的种类和数量的需求具有随机性。因此，厨房难以确定长期生产任务。短期内不同种类和数量的生产任务也只能是预估近似值。但是，合理确定生产任务量仍然是必要的。它既是厨房餐饮产品生产管理的基础，又是合理组织食品原材料、加强成本核算、坚持以销定产、降低损失浪费的客观要求。其生产任务确定方法主要有四种：

（一）经验估计法

经验估计法是根据厨房主管和餐饮部门管理人员的经验，分析前后几天的客源变化和就餐客人的点菜频率，大致确定未来短时间内厨房餐饮产品的生产任务量。经验估计法是在传统小生产管理方式的基础上发展起来的。其做法是以前后几天客源变化为基础，考虑未来短时间内的节假日、周末、天气变化、地区和企业的产品推销活动等因素，大致确定就餐客人数量及对花色品种的要求，以此确定生产任务量，安排食品原材料采购供应，组织餐饮产品生产。经验估计法主要适用于餐饮管理基础工作比较薄弱、缺乏统计报表和有关数据、产品生产管理尚处于经验管理阶段的企业。现阶段，这种方法在我国不少独立餐饮企业以及星级酒店餐饮部的生产管理中还在广泛使用。由于它建立在管理人丰富实践经验的基础上，因此，具有一定实用性和可行性，在企业餐饮经营尚未实现科学化管理以前，它仍不失为一种有效的方法。

在采用现代化管理的酒店中，经验估计法同样适用于米面及干制品、部分罐头、冻货和蔬菜瓜果等食品原材料需要量的确定。方法是根据每天接待人次，分析厨房生产任务量，参照前后几天这部分食品原材料消耗情况，大致估计其需要量。如米面及其干制品，每个客人每天大致需要 0.1 千克，根据预测接待人次，即可确定其需要量。又如瓜果，根据前后几天的消耗情况和当天的预计客人数量，也可确定其需要量。由于这部分食品原材料价值量不大，加工方式相对简单，当天领用后未用完，还可留作下一天使用。因此，其需要量无须十分准确，可以采用粗估计法来确定其每天的需要量。

（二）统计分析法

统计分析法是以餐饮企业客源统计资料为基础，预计未来短时间内的客源数量，安排厨房餐饮产品的生产任务量。这种方法主要适用于团队、会议和宴会等对客源有较准确掌握的情况。其工作步骤是：

1. 统计顾客用餐信息

根据饭店宾馆前厅部团体预订资料或销售部门预约登记的团队、会议和宴会用餐资料，统计未来短时间内的用餐客人数量、标准、餐次、花色品种要求和时间安排；确定其生产任务量。

2. 组织餐饮产品生产

对统计的信息进行综合整理，按照时间顺序和餐次要求，分类归档，在厨房挂牌公布，形成每天、每餐次的生产任务量。同时确定食品原材料需要量，由厨师长向厨房各级人员分派生产任务，组织餐饮产品生产。在实际工作中，团体、会议和宴会用餐的种类和数量是根据客人的用餐标准，由企业和客户协商确定的。其基本要求是每餐不重样，在菜肴品种上尽量涵盖各种原材料类型，以提高顾客的满意度。

（三）喜爱程度法

喜爱程度法是以菜单设计为基础，预测就餐人次或全部产品生产任务量，再根据客人对不同花色品种的喜爱程度确定厨房各种产品的具体生产任务量。这种方法主要适用于零点餐厅，包括各种风味的中餐厅、西餐厅、咖啡厅等。其具体方法有两种：

1. 根据客人接待人次确定喜爱程度和生产任务量

这种方法是以餐厅一定时期的接待人次和菜点销售为基础，分别计算出各种产品的喜爱程度，然后根据前后几天的客源状况和未来几天的天气、气候、节假日情况等，预测出每天客人接待人次，由此即可预测出各种产品的生产任务量。其公式为：

$$r=\frac{D}{n}\times 100\%$$

$$X=Q\times r$$

式中：r——喜爱程度；D——某种菜肴销售份数；n——接待人次；X——某种菜肴预计生产份数；Q——预计接待人次。

案例：

某酒店有客房500间，其中式餐厅以接待散客为主，餐厅有座位300个。根据统计资料，在过去一周内的餐厅接待总人次为2 628人，餐厅过去一周部分菜肴的销售情况见表5－6。根据销售部预测，下一周酒店预计接待人数为2 842人，请根据这些资料确定餐厅未来一周内这些菜肴的生产任务量。

表5－6　过去一周菜肴销售统计

菜肴	销售份数	菜肴	销售份数	菜肴	销售份数
咸水鸭	330	五香牛肉	350	油焖笋	420
龙井虾仁	400	糖醋排骨	350	东坡肉	380

根据过去一周内接待人次和菜肴销售统计，计算不同菜肴喜爱程度，并由此确定厨房生产任务量，结果见表5－7。

表5－7　厨房生产任务量预测表

菜肴	销售份数	喜爱程度	预计下周生产任务
咸水鸭	330	16.27%	462
五香牛肉	350	17.26%	490
油焖笋	420	20.71%	589
龙井虾仁	400	19.72%	561
糖醋排骨	350	17.26%	490
东坡肉	380	18.74%	533

2. 根据菜点平均销售份数确定喜爱程度和生产任务量

这种方法是根据过去一定时期各种菜点的销售份数和总份数计算出平均份数和菜点喜爱程度，然后预测未来几天内每天预计的菜点销售总份数和平均份数，由此，即可确定各种产品每天的生产任务量。其公式为：

$$r = \frac{Sn}{S} \times 100\%$$

$$X = Q \times r$$

式中：r——喜爱程度；S_n——菜点平均份数；S——全部菜点平均份数；Q——预测平均份数；n——菜点生产任务量。

案例：

某酒店有客房300间，其中式餐厅以接待散客为主，餐厅有座位100个。根据统计资料，在过去一个月内部分菜肴的销售情况如表5－3－8所示。根据餐饮部部预测，明天酒店预计销售菜肴280份，请根据相关资料计算餐厅明日的生产任务量。（每月按30天计算）

表5－8　过去一个月菜肴销售统计

菜肴	销售份数	菜肴	销售份数	菜肴	销售份数
咸水鸭	1 200	五香牛肉	1 152	油焖笋	1 005
龙井虾仁	1 321	糖醋排骨	1 125	东坡肉	980

①根据菜肴销售记录，计算过去1个月内平均每天每道菜肴的销售份数。

$$S = 6\,783 \div 30 \div 6 = 37.68\ (\text{份})$$

②根据预测，计算明日平均每种菜肴的销售份数。

$$Q = 280 \div 6 = 46.67\ (\text{份})$$

③根据菜肴过去1个月的销售记录，分别计算每种菜的日均销售量，并和总的日均销售量比较，确定菜肴喜爱程度。计算明日各种餐饮产品的生产任务量，结果见表5－9。

表5－9　明日厨房生产任务量预测表

菜肴	销售份数	日均销售量	全部菜点日平均份数	喜爱程度	明日平均销售份数	预计明日生产任务
咸水鸭	1 200	40	37.68	1.06	47.67	51
五香牛肉	1 152	38	37.68	1.02	47.67	49
油焖笋	1 005	34	37.68	0.89	47.67	42
龙井虾仁	1 321	44	37.68	1.17	47.67	56
糖醋排骨	1 125	38	37.68	1.00	47.67	47
东坡肉	980	33	37.68	0.87	47.67	41
合计	6 783					286

三、餐饮产品生产标准化管理方法

餐饮产品生产标准化是指在做好生产任务的确定和安排的基础上，对同种风味、同一品种的菜点要在原料加工、盘菜用量、烹调方法、质量要求等方面采用同一标准来组织生产，以保证产品用料、用量准确，口味和外观质量的一种生产管理方法。餐饮产品生产标准化管理方法的工作内容主要包括四方面：

（一）产品配方标准化

餐饮产品不管其风味和花色品种如何，就同一规格的产品而言，其盘菜配方中的主料、配料、调味料的原料品种和使用数量都应该是相同的。为此，厨房生产管理应根据每种产品的主料、配料、调味料不同，分别制定产品配方，使之形成配方标准化。在生产时按标准配方投料、用料，组织生产，以保证同一产品原料用量、配料比例、产品规格、营养成分都是相同的，从而达到保证产品质量、维护消费者利益的目的。

（二）原料加工标准化

在产品配方标准化的基础上，原料加工的质量是保证烹调质量的基础，为此，厨房生产管理要推行原料加工标准化。即生产同一品种、同种规格的产品时，其原料加工的方式、方法、规格、出料率的高低应该基本相同，以保证同一产品的原料加工形成标准化管理，从而为烹调制作标准化创造条件。

（三）烹调制作标准化

烹调制作标准化是指在制定生产配方，做好原料加工的基础上，厨房要根据不同风味，不同花色品种的菜点烹制要求，分别制定烹制方法，将同一品种的菜点烹调步骤、烹制方法固定下来，以减少手工操作的随意性。以后凡是烹制同一种菜点，都采用同样的方法和步骤，从而保证产品质量。

（四）成品质量标准化

成品质量标准化是指在采用标准配方、标准烹调方的基础上，所烹制出来的同一花色品种的产品，在色、香、味、形、器、质、盘菜分量、风味特色等方面都应达到同一标准。如炸类的菜品要酥，颜色要金黄色，油不能过量。个别外焦里嫩的菜要保持好原料的水分和鲜嫩度，严格控制炸油的重复使用次数。汤类菜如果勾芡浓稠度以原料刚好不下沉为度，不能太稠或太稀等。

作 业

一、问答题

1. 简述餐饮产品生产机构的组织形式。
2. 简述餐饮产品生产管理的基本要求。
3. 简述餐饮产品的质量构成。
4. 简述餐饮产品的生产质量管理方法。

二、计算题

1. 某餐厅为五星级酒店下属中餐厅，经营规模较大，其炒菜厨房设有炉灶 12 台。经测定，每位上灶厨师负责 1 台炉灶。厨房每班同时需用加工厨师 4 人，水台、打荷 3 人。每周工作 5 天，每天 2 个班次，计划出勤率 98%，请核定厨房和管事部各需配备多少员工？如果将劳动班次由 2 个调整为 1.5 个，问可节省多少劳动力？

2. 某酒店有客房 400 间，其中式餐厅以接待散客为主，餐厅有座位 220 个。

①根据统计资料，在过去一个月内的餐厅接待总人次为 12 300 人，餐厅过去一周部分菜肴的销售情况见表 5 - 10。根据销售部预测，下个月酒店预计接待人数为 13 268 人，请根据这些资料确定餐厅下个月内这些菜肴的生产任务量。（每月按 30 天计算）

表 5 - 10 过去 1 个月菜肴销售统计

菜肴	销售份数	菜肴	销售份数	菜肴	销售份数
鱼香肉丝	1 200	水煮鱼	1 158	油焖笋	1 300
切片火腿	1 058	樟茶鸭子	960	口水鸡	1 122

②据统计资料，该酒店在过去一周内部分菜肴的销售情况如表 5 - 11 所示。根据餐饮部部预测，明天酒店预计销售菜肴 340 份，请根据相关资料计算餐厅明日的生产任务量。

表 5 - 11 过去一周菜肴销售统计

菜肴	销售份数	菜肴	销售份数	菜肴	销售份数
鱼香肉丝	380	水煮鱼	322	油焖笋	356
切片火腿	324	樟茶鸭子	301	口水鸡	368

项目六

食品原材料采购与库存管理

子项目一　食品原材料采购管理

学习任务描述

1. 理解食品原材料采购的方针和组织形式。
2. 熟悉食品原材料的采购程序和方式。
3. 掌握食品原材料的采购质量控制。
4. 掌握食品原材料的采购数量控制。
5. 掌握食品原材料的采购价格控制。

案例导入

餐饮质量控制，从食品原材料开始

海底捞作为中式火锅的连锁企业，一度被写入《哈佛商业评论》案例。作为火锅的口味核心，锅底口味一直都是各大火锅企业的核心竞争力所在。据了解，海底捞门店所使用的火锅底料，均是由海底捞旗下全资子公司——颐海（中国）食品有限公司统一加工生产的。

从口味标准化和食品安全两方面考量，对火锅底料中所使用的各类原材料，海底捞都要层层筛选。为了寻找一种能让海底捞满意的辣椒，采购人员可能要辗转几千公里。市面上能采购到的原材料海底捞要精挑细选，采购不到的就委托供应商种植、研发，供应商研发不出来的海底捞就自己生产，连市场上最常见的鸡精，因为实在采购不到符合生产标准的，海底捞只好自己生产鸡精。

经过层层选拔的供应商，在达成与海底捞合作之后，也不可能高枕无忧，海底捞会悄悄派出品保人员对供应商进行突击检查，甚至跟踪供应商的物流车辆，看供应商是否存在任何违规操作。每一批到货的原材料，都会由专业的品保团队进行抽检、化验。原材料的色泽、大小、都会决定其能否入库，一颗品质没问题但达不到克重的西红柿就可能被拒收，而挑选关键原材料——花椒的标准就更为苛刻了，在经过风选、X 光等检测环节后，最后还设置了人工挑选这一步骤。“机器再好，也比不上人工一颗颗挑”。海底捞底料加工厂 8 年老员工曾师傅感慨道。

请思考：

1. 海底捞火锅是如何做好食品原材料质量控制的？

在餐饮企业的经营中，食品原材料的采购是为客人提供菜单上各种菜肴的保证，只有原材料合格，才能保证菜肴的质量。餐饮企业在保证服务质量的前提下，加强采购管理，还有利于降低餐饮原料成本，是提高产品质量、获得丰厚利润的重要环节。

一、食品原材料采购的方针和组织形式

（一）食品原材料采购的方针

为保证食品原材料供应，控制采购业务，食品原材料采购管理应遵循的基本方针是：面向生产业务，坚持采购计划，掌握市场行情，保证原料供应；严格制度，廉洁奉公，保质保量，降低成本。集中表现为：

1. 明确质量标准

严格以餐饮企业的食品原材料采购规格书或者验收标准为依据。

2. 确定采购数量

以厨房生产和餐厅销售部门的需求为依据，做到适用、适销、适量。

3. 选择适当的供货商

坚持“先国有，后个体；先市内，后市外；先国内，后国外”，选择价格合理、诚实守信、长期稳定的供货商。

4. 控制采购成本

在采购价格上坚持掌握市场行情，减少流通环节，做到“价比三家、货比三家”。

（二）食品原材料采购的组织形式

1. 酒店采购部负责所有食品原材料的采购

酒店采购部在饭店中属于二级部门，通常由酒店财务部领导。由于采购业务归采购部统管，采购时相对规范，制度严密，采购成本、采购资金管理也较严格。其缺点是采购的周期较长，及时性较差。因此，餐饮部有关管理人员必须对采购周期予以明确规定，以保证供需的协调一致。

2. 餐饮部负责所有食品原材料的采购

这种采购组织形态多见于那些餐饮业务范围较大、餐饮营业收入较多、餐饮部地位较重要的大中型酒店。由于食品原材料采购由餐饮部自己管理，所以采购的及时性、灵活性和食品原料本身质量的可靠性等就能得到保证；其缺点是采购的数量、资金及成本难以控制。因此，餐饮部的主管领导应制定相应的规章制度，严把质量和数量关，使采购环节的成本费用

降至最低。

3. 酒店餐饮部负责鲜活物品的采购，酒店采购部负责可贮存物品的采购

这种采购组织机制比较灵活，其缺点是多头采购，给管理、协调带来不便。所以食品原材料的采购应该根据酒店的自身情况及所在地原料市场的供应情况来决定。

（三）采购人员的基本素质

采购人员的合格与否直接影响到餐饮成本率，这也是搞好餐饮成本控制的重要一环。一个理想的采购员可为餐饮企业节约5%的成本。采购人员的基本素质应包括以下方面：

1. 了解餐饮企业经营与生产

要熟悉企业的菜单，熟悉厨房加工、切配、烹调的各个环节，明确本饭店、本餐饮企业的市场定位，懂得各种原料的损耗情况、加工的难度及烹调的特点。

2. 掌握食品饮料的产品知识

要懂得如何选择各种原料的质量、规格和产地，掌握什么季节购买什么产品，什么产品容易存放。这些知识对原料的选择、采购数量的决策有很大用处。

3. 了解食品饮料产品市场

要熟悉蔬菜、副食品、饮料的销售渠道，熟悉各批发商和零售商，熟悉饭店周围的农贸交易市场，了解产品的市场行情。

4. 熟悉财务制度和财务知识

熟悉各种结算方法、程序，决不能违反企业的财务政策和规定。

5. 诚实可靠，具有进取精神

发现有舞弊行为的采购员应立即调离岗位，视情节轻重进行批评教育或处理。

知识链接

老王是新荣记餐饮集团的一名采购员，酒店同事想坐船出去玩，总会先问下他近期海面风浪如何，因为老王常年跟渔民保持着亲密联系，有没有台风、海浪大不大，他都知道得一清二楚。酒店每天供应的新鲜海鲜也都是由他凌晨时守在码头从刚回港的渔船上购买的，因为如果等天亮了再去市场上买，那些海鲜已经没有刚下船时那么新鲜，而且品质好的都已被挑走。除了采购海鲜，他还要经常出差去食材的原产地考察，挑选最好的原料。比如，远赴宁夏寻找出产于大漠里的正宗西北羊肉，深入云贵高原寻觅云南野生菌菇，前往太湖寻找最好的大闸蟹供应商等。他常常笑谈自己是集旅行家、气象员、采购员多职于一身的“全职人才”。

二、食品原材料的采购程序

（一）递交请购单

无论是厨房还是仓库，凡需要购买物品均需填写请购单（见表6－1），然后将请购单交

给采购部进行采购。

表 6-1　请购单

日期：________		请购人：________		
部门：________		部门负责人签名：________		
要求交货日期：________		采购部经理审批意见：________		
品名	价格	数量	订购单编号	建议供应单位

（二）处理请购单

采购部接收到各厨房、仓库送来的请购单以后，组织人力将请购单进行归类、分工，然后制定订购单（见表 6-2）。

表 6-2　订购单

订购单编号：________				订购日期：________		
供货单位：________				付款条件：________		
订货单位：________				交货日期：________		
编号	订购数量	项目	规格	运送单位数	单价（元）	小计（元）
1						
2						
3						
4						
5						
合计						

注意：本订单明确规定，只接受上述的、背面注明的条款和条件及本订购单附件，或用别的方式说明的附加条款和条件。

签字：

（三）征集价目表，确定供货商

采购部在采购物品之前，应把本企业的采购规格标准发放给供货商，再从不同的供货商手中获取原料的报价单，选定最佳供货商。

（四）实施采购

当采购部门决定向哪一位供货商或供货单位定购原料时，要制定正式的订货单（见表 6-3）或订货记录向供货商定货，同时将交一份订货单给验收处，以备收货时核对。当供货单位或供货商将货物送上门后，则交于验收部门进行验收，当验收完毕后，凡厨房订的鲜活原料，直接交与厨房，由厨房开出领料单。仓库订的货则交与仓库进行贮藏。

表6－3　订货单

（供货单位名称）

订货日期	项目	单位	单价（元）	单位数	小计（元）	发货票编号	备注

（五）处理票据，支付货款

当验收完毕，验收人员必须做到以下几点：一要开具验收单；二要在供货发票上签字；三要将供货发票、原料订购单、验收单一起交于采购部，再由采购部转到财务部审核，经审核无误后，支付货款。

三、食品原材料的采购方式

餐饮采购是餐饮成本控制的关键环节，餐饮采购约占餐饮成本的1/3，是餐饮进行食品加工前的第一道关卡。所以说，成本控制的1/3来自采购，合理的采购方法可以为餐饮节约成本、缩短劳动时间、减少浪费和降低从业人员的劳动强度。

（一）按采购频率划分

1. 定时采购

定时采购就是对部分食品原材料如干货（鱼肚、粉丝、淀粉等）、调味品（番茄酱、干辣椒、白糖等）、烟、酒及备用物品，在防止过分积压或脱销的情况下，按照固定的周期进行采购的方法。

2. 即时采购

即时采购就是按照当时（当日）的市场行情，对所需的餐饮原料进行选择性购买的一种方法。其优点是原料新鲜、当日购买、当日使用，能较好地保证原料的质量。缺点是货源和供货价格不稳定，特别是价格往往会受到市场的货源、天气、交通、节假日等因素的影响。

3. 临时采购

临时采购方法，一般在正常采购之外，为应对临时出现的特殊情况，采取的一种紧急采购方式，这在中小型餐饮企业是难以避免的。临时采购的原因包括：

（1）前一天厨房请购时忘记采购的原料。

（2）上座率短时间内提高导致原料短缺，需要临时采购，以保证业务正常运转。

（3）其他紧急特殊情况，如为了满足部分客人的特殊需求等。

（二）按采购途径划分

1. 电话采购

为了减少采购人员平日亲自去市场或商店采购的压力，除有些货物必须自己经手办理之外，可以用打电话的方式进行订货、送货。平时采购人员多选择一些供货商，多记一些供货商的电话、手机号码并与他们搞好人际关系，在特殊情况下可协助送货上门，以减轻采购人员不必要的劳动强度，达到进货及时保证需求的目的。

2. 外出采购

大型酒店由于经营的需要，经常要到原料的原产地进行采购。如较为高档的山珍海味、干货、菌类和野味。为了减少中间环节降低成本，一般到外埠采购的机会较多。尤其大宗的进货，选择起来既直观又可防止假冒，价格上也可便宜。这种定期外出进货，也是采购员的一种采购方式。这就必须要求采购人员有分辨和识别原材料的能力和知识，不但要保证原材料的质地，还要了解其出成率的多少。

原料的采购方式多种多样，原料供货市场纷繁复杂，究竟采用何种采购方式，并没有固定模式。采购人员平时工作中要拓宽进货渠道，货比三家，根据餐饮经营的要求、结合市场的实际情况进行分析比较，从而选择适合本企业的最佳采购方式。

案例：

秋冬是黄鱼的上市季节，临海大酒店大批量采购黄鱼都是按照规格分别采购。今年，采购人员采用了混批的方法，采购价是 15 元/500 克。采购回来后按照鱼的大小，分成大、中、小 3 类存放。目前，小黄鱼的市场价是 15 元/500 克，大黄鱼的市场价是 30 元/500 克，计算下来，黄鱼的采购成本就比以前降低了 30%。

四、食品原材料采购质量控制

酒店食品原材料的质量是餐饮产品质量的保证和前提。食品原材料的质量是指食品是否适用。餐饮管理人员应该确定本企业的目标和编制有关计划规定食品原料的质量标准。采购部经理或成本控制会计应在其他相关管理人员的协助下，列出本企业常用的需采购的食品原料的目录，并用采购规格书的形式，规定对各种食品原料的质量要求。

（一）采购规格书的概念

采购规格书是以书面的形式对餐饮部要采购的食品原料等规定详尽的质量、规格等要求的企业采购书面标准。

（二）采购规格书的内容

1. 餐饮原料名称

注明所需采购的食品的具体名称。原料的名称，一般使用较通俗的、常用的商业名称。比如，“鸡”就应写明老母鸡、肉用鸡、仔鸡、活鸡等。

2. 规格要求

主要是指原料的大小规格、重量规格、容器规格和包装外形等。规格的确定要依据生产需求量的大小和市场的价格。如“淀粉”，市场上有500克一袋的，也有20千克一袋的。如果生产量大，则可购20千克一袋的，因为小袋装的价格要高于大袋装的价格。反之，生产使用量小，如果单纯从价格角度考虑，往往会造成不必要的浪费。

3. 质量要求

主要是指原料的品质、等级、商标、产地等内容。餐饮原料的品质应注明其新鲜度、成熟度、纯度、清洁程度和质地等特征，注明等级可省去许多叙述，可直接标明一级还是二级。对于一些原料有关部门还未正式规定等级的，可做适当说明，标明质量特征。商标是不可忽视的，有些原料在购买时要认准商标，以防假冒产品。产地表示原料是否正宗。另外，对于原料的上市状态也应做一定的说明。比如，原料是新鲜的还是冰冻的，是淡干品还是咸干品，是加工制品还是非加工制品等。对于质量要求的说明要详细具体，不可含糊其辞。

4. 特殊要求

对原料的特殊要求的说明，可依次列在备注上。比如，原料是国产货还是进口货，包装标记、代号、送货要求、其他服务要求等。

（三）采购规格书的作用

①促使有关管理者预先确定每一种原料的质量要求，以防止盲目进货或不恰当进货。

②便于原料统一规格，满足生产需要，保证菜肴质量，有助于食品成本控制。

③向各个供应商分发采购规格标准，便于供货商及供货单位及时了解饭店对原料的质量要求，进行投标供货，使饭店有机会选择最优价格进货。

④可以提高工作效率，减少工作差错。可免去每次订货时向供货商或供货单位重复解释原料的质量要求与规格。

⑤便于对所采购的原料进行标准验收。

⑥可减少采购部与厨房之间的矛盾。采购规格标准是随着企业经营项目、经营要求、市场行情等方面变化而变化的。

总之，采购规格标准应成为采购的依据，购货的指南，供货的准则，验收的标准。而且，采购规格标准应随着菜肴的变化需要不断地改进和完善。

（四）采购规格标准的几种具体形式

1. 肉类采购规格标准（见表6－4）

要获得适用的肉类原料，在制定肉类规格标准时，应着重明确以下几点：

①原料的新鲜度。

②原料的用料部位。

③肉品的嫩度。

④肉品的脂肪含量。

⑤卫生状况。

⑥对于包装的肉品，还应注明其生产厂家、商标及质量标准等。

表 6-4 肉类采购规格标准

品名规格	质量要求	备注
猪里脊肉	1.5~2 千克/条，每条猪里脊肉不得超过规格范围，不得带有脂肪层，新鲜的或冻结良好的，无异味。	送货时予以低温冷冻
猪肋排	25 千克/箱，带肋排骨，不带大排肥膘、奶脯。块形完整，不夹碎肉，净重与商标规定相符。	送货时予以低温冷冻

2. 禽类采购规格标准（见表 6-5）

禽类的质量有肥瘦、老嫩、肉用型和非肉用型、新鲜和冰冻等区别。禽类的生长期与肥瘦老嫩有关。禽类的品种决定其含脂量、出肉量的多少以及鲜美程度，因此，在制定禽类规格标准时，应对禽类的品种、新鲜度、购买形态、生长期、重量、包装等做详细要求。

表 6-5 禽类采购规格标准

品名规格	质量要求	备注
箱装肉用鸡	1 000~1 250 克/只，去头颈爪、内脏，并将肫、肝、心整理后装入腹腔内，冻结良好，外观白净无异味。	低温运输
活老母鸡	1 250~1 500 克/只，两眼有神，羽毛紧贴、不掉毛、叫声响亮，爪子细，两年半至三年生的散养老鸡（草鸡）。	

3. 水产类采购规格标准（见表 6-6）

水产类食品包括各种鱼类、虾类、贝类等。水产品的质量最重要的是新鲜度。因为水产品含水量多，组织细嫩，自身酶和外界细菌的侵蚀，极易使其变质而产生腥臭味，即使在冷藏温度下亦是如此。因此，新鲜度应作为水产品制定规格的重点。

表 6-6 水产品采购规格标准

品名规格	质量要求	备注
鲫鱼	300~350 克/条，鲜活草鲫。	带水送货
青鱼	1.5~2 千克/条，新鲜、鳞片完整，腹不鼓胀，无异味。	低温冷冻
螃蟹	200~250 克/只，鲜活，肉质坚实，壳硬，背青腹白。	
甲鱼	500~550 克/只，鲜活，爬行利落、肥壮，腹部无红印、无针孔，禁止注射水。	
黑鱼	1~1.5 千克/条，鲜活。	

4. 加工制品采购规格标准（见表 6-7）

加工制品是指经过专营厂商加工后的各类餐饮原料。比如，肉制品、蔬果制品、奶制品、调味品等。此类制品的上市形态有罐装、腌制、干货、冷冻等形态。在制定加工制品的采购规格标准时，首先应了解所需加工制品的名称、商标名称、制品等级、食品的净重、大小重量、产品形态以及出厂日期和产地等。特别是对加工制品的包装商标要熟悉。包装商标可说明产品的规格、数量、价格，同时还标明制品的形态和生产时间以及生产厂家等内容。

表 6－7　加工制品采购规格标准

品名规格	质量要求	备注
金华火腿	2.5～4 千克/只，特级，表皮黄亮、整齐、干爽，腿爪细、腿心饱满、油头小，无哈喇味。	送货时防污染
番茄沙司	净重 397 克/瓶，梅林商标，上海梅林罐头厂出品，出厂期在 6～8 个月之内。	

五、食品原材料采购数量控制

编订采购规格书之后，质量标准可使用相当长的一段时间，而采购数量标准却需要经常修改。一般说来，企业每天修改数量标准。由于所有食品原料都会变质，因此，采购部应该只采购马上或即将使用的食品原料。

（一）采购数量的影响因素

采购数量过多，会引起以下问题：

①存货占用过多资金，会影响资金周转。

②食品原料存放时间过长，会引起质量下降或变质。

③增加存储成本和存储场地。

④增加偷盗机会。

采购数量过少，则会引起以下问题：

①库存中断，无法生产某些食品，引起顾客不满。

②紧急采购既费时，又费钱。

③失去大批量采购所能获得的折扣。

（二）采购数量控制的方法

1. 干货类原料的采购数量控制

所谓干货类原料，是指那些可以相对长时间储存的食品原料，如米、面及其制品，食盐、食糖、味精等调味品。它们往往是箱装、袋装、瓶装、罐装的原料，可以在常温下储存数月之久而不会变质，因而可较大批量地进货。但采购过多会造成原料积压和资金占用。因此，为减少仓库占用、防止偷盗、节约仓库管理劳力，必须合理确定每种干货类原料的采购数量。餐饮企业通常采用下述两种方法来确定干货类原料的采购数量：

（1）定期订货法

定期订货法是一种订货周期固定不变、但每次订货的数量任意的方法。订货周期通常根据餐饮企业关于餐饮原料储备占用资金的定额规定来确定，一般为一周一次、两周一次或一月一次。每到订货日期，仓库保管员应对库存原料进行盘点，然后确定订货数量，其计算公式为：

$$订货数量 = 下期需用量 - 现有库存量 + 期末需存量$$

其中的下期需用量为订货周期内餐饮企业的预测耗用原料量，其计算公式为：

下期需用量 = 日平均消耗量 × 订货间隔天数

而现有库存量是指订货前的库存原料盘存量；期末需存量是指每一订货期末餐饮企业必须预留的足以维持到下一次进货日的原料储备量，其计算公式为：

期末需存量 = 日平均消耗量 × 订货在途天数 × 1.5

订货在途天数是指发出订货通知至原料入库所需的天数；1.5 是保险系数，以便在因天气、运输等原因造成的供货延误，或者是订货在途期间可能突然发生的原料消耗量增加等情况下能保证原料供应。

期末需存量也称最低储量。因为，当某些原因造成一定品种原材料在一定阶段的实际用量大大超过以往的日均消耗量时，如不及时采购，就可能造成原料的短缺。为避免这种失误，库管人员在发货时发现某种原料虽然没有到订货日期，但它的现存量已非常接近于最低储量时，就要及时采购。

案例：

某酒店 10 天采购一次罐装番茄酱。番茄酱的平均日需量为 30 听，正常订货周期是 3 天。订货当日盘点的库存量为 100 听，计算番茄酱的期末需存量和需订货数量。

期末需存量 = 30 × 3 × 1.5 = 135（听）

订货数量 = 30 × 10 − 100 + 135 = 335（听）

（2）定量订货法

定量订货法也叫永续盘存卡订货法，是一种订货数量固定不变，但订货周期任意的方法。餐饮企业应为每一种原料建立一份永续盘存卡，用于记录每次的进货和发货数量。每一种原料还必须预订最高储备量和订货点量。

因餐饮企业的仓库容量都较紧张，且用于原料采购的流动资金又有限，因此，企业必须为每种餐饮原料确定最高储备量。在确定原料的最高储备量时，应考虑企业的仓库面积、流动资金、订货周期、原料的日均消耗量、供应商规定的订货批量等因素。

订货点量是指当某种原料的储备量下降到应该立即订货时的数量，相当于定期订货法中的期末需存量。使用定量订货法时，订货数量的计算公式为：

订货数量 = 最高储备量 − 订货点量 + 日均消耗量 × 订货在途天数

案例：

某酒店采购罐装番茄酱，日均消耗量为 30 听，正常订货周期是 3 天，最高储备量是 300 听，计算订货点量和订货数量。

订货点量 = 30 × 3 × 1.5 = 135（听）

订货数量 = 300 − 135 + 30 × 3 = 255（听）

每种原料都有一张永续盘存卡，一般都由仓库保管员使用并记录该种原料的进、出库情况。

2. 鲜货类原料的采购数量控制

所谓鲜货类原料，是指不能长期保存的各类食品原料，如新鲜的肉类、禽类、水产类，以及新鲜的蔬菜、水果、奶制品、面包等。这些原料中，有的必须当天采购当天消耗，有的则必须在较短的有效保质期内消耗。冷藏或冷冻的鲜货类原料虽然有一定的储存期，但与干货类原料相比，仍然较容易变质。因此，鲜货类原料易变质的特点决定了餐饮企业必须遵循先行消耗库存原料，然后才能进货的原则。鲜货类原料在采购时，首先应必须掌握原料的现有库存量，并根据预测的营业量来决定采购数量。餐饮企业通常采用下述两种方法来确定鲜货类原料的采购数量：

(1) 日常采购法

日常采购法适用于原料消耗量变化较大，有效保质期较短而必须经常采购的鲜货类原料，如新鲜的肉类、水产类和蔬菜等以及鲜活的禽类、河鲜、海鲜类原料。其计算方法较为简单，用公式表示为：

$$采购数量 = 应备量 - 现存量$$

其中应备量为当日或近日营业所需的预测量，由行政总厨或者餐饮部经理根据客情来预测决定，必须考虑到特殊餐饮活动、节假日客源变化、天气情况等因素。现存量为采购前的盘存量，要求有专人（一般为食品管理员）每天巡视冷藏室、冷库和鲜活水产养殖池，对各种鲜货类原料进行盘存，并如实记录现有库存量。

为了方便采购，采购员应将每日要采购的鲜活原料编制成采购清单，采购清单上要列出原料的名称和规格、应备量、现存量、需采购量，同时还需要供货商的报价、实际采购量和实际价格。食品原材料采购清单见表6－8。

表6－8　食品原材料采购清单

年　　月　　日

品名	应备量	现存量	需购量	市场参考报价			实际购量及价格
				甲	乙	丙	
猪里脊							
乳鸽							
牛排							
小公鸡							
……							

使用原料采购清单，可以节省厨师长和采购员的工作量，他们不需要每日填写采购原料的品名，同时还能帮助控制采购数量和采购价格。原料采购单和采购规格书联用，能使采购数量、质量和价格标准化，能在一定程度上限制供货商与采购员之间的舞弊行为。

(2) 长期订货法

某些鲜活类食品原材料，如常用蔬菜、鸡蛋、水果、常用饮料、奶制品等，每日的消耗量较大，且消耗数量较为稳定，没有必要填写采购单，因而酒店往往采用长期订货法。长期订货法一般有两种形式：一是酒店与某一供货商签订合约，由供货商以固定的价格每天或每隔数天向酒店供应规定数量的某种或几种原材料，直到酒店或供货商感到有必要改变已有供应合约时再重新协商。二是要求供货商每天或每隔数天把酒店的某几种原材料补充到一定数量，酒店对有关原材料逐一确定最高储备量，由酒店或供货商盘点进货日的现存量，以最高储备量减去现存量得出当日需购数量。采购定量卡见表6－9。

表6－9　采购定量卡

原料名称	最高储存量	现存量	需购量
面包	20块	12块	8块
鲜奶	100kg	25kg	75kg
……			

案例：

新世纪酒店地处鄂尔多斯，牛羊肉价格比全国其他地区都要便宜，但是这里几乎不产蔬菜，也没有海鲜原料，所以蔬菜和海鲜的价格都特别贵。为了降低蔬菜和海鲜的采购成本，采购人员通过改变采购渠道的方式，达到了理想的效果。众所周知，一般类型的酒店都在本地采购食材，找到的多是二级批发商。新世纪酒店则是能找原产地的找原产地，能找最大批发商的找最大批发商。就比如说采购海鲜，酒店采购人员主动出去寻找最权威和最大型的海鲜批发商。绝大多数的海鲜原料都是在北京的京深市场采购的，以三文鱼为例，在北京采购的三文鱼1斤价格在30多元，但是在鄂尔多斯采购的价格至少是50多元，而且品质没有在北京的好，采购成本比以前要降低一成。再比如蔬菜，其他酒店大多是本地采购，但是新世纪酒店跟本地最大的蔬菜供应商联合采购，用代发的形式运到酒店，这种采购方式将蔬菜的采购成本降低了两成。

六、食品原材料采购价格控制

采购价格的控制是采购工作的重要任务之一，成功的采购就是要获得理想的采购价格。餐饮原料的价格受诸多因素的影响，因而价格的波动较大。影响餐饮原料价格的主要因素有：市场货源的供求情况；采购数量的多少；原料的上市季节；供货渠道；饮食市场的需求程度；供货商之间的竞争以及气候、交通、节假日等。面对这样的价格因素，对采购价格实行控制是必要的。控制采购价格的途径有以下几个方面：

1. 限价采购

限价采购就是对所需购买的原料规定或限定进货价格，这种方法一般适用于鲜活原料。

2. 竞争报价

竞争报价是由采购部向多家供货商索取供货价格表，或者是将本饭店所需的常用原料写明规格与质量要求，请供货商在报价单上填上近期或长期供货的价格，采购部根据所提供的报价单，进行分析，确定向谁定购。

3. 直接采购

尽可能地绕开不必要的供货单位，减少中间环节，从批发商、生产商或者种植商及市场直接采购，获得优惠价格。

4. 招标采购

由使用方提出品种、规格等要求，再由供货商报价、投标并择期公开开标，公开比价，以符合规定的最低价得标的一种买卖契约行为。这种采购方式公平竞争，可以使买者以合理的价格购得理想的货品，但是不适用于紧急采购与特殊规格的货品。

5. 合作采购

几个类型相似的餐饮企业为了降低进货成本，对某些共同需要的原料凑成大批数量，向供货单位进货，从而获得批发价或者优惠价。

6. 集中采购

大型酒店或餐饮集团往往建立地区性的采购办公室，区域内的各酒店将各自所需的原材料及数量定期上报公司采购办公室，办公室汇总后进行集中采购，从而可以享受更多的优惠价格。

7. 规定供货单位和供货渠道

为了有效地控制采购的价格，保证原料的质量，饭店的管理层可指定采购人员在规定的供货商处采购，以稳定供货渠道。这种定向采购一般在价格合理和保证质量的前提下进行。在定向采购时，供需双方要预先签订合约，以保障供货价格的稳定。

8. 控制大宗和贵重餐饮原料的购货权

贵重食品的原料和大宗餐饮原料其价格是影响餐饮成本的主体。因此，有些饭店对此则规定：由餐饮部门提供使用情况的报告，采购部门提供各供货商的价格报告，具体向谁购买，必须由饭店管理层来决定。

9. 提高购货量和改变购货规格

根据需求情况，大批量采购可降低原料的价格，这也是控制采购价格的一种策略。另外，当某些餐饮原料的包装规格有大有小时，购买适用的大规格，也可降低单位价格。

10. 根据市场行情适时采购

当有些餐饮原料在市场上供过于求，价格十分低廉，且厨房日常用量又较大时，只要质量符合要求，可趁机购买储存，以备价格回升时使用。

子项目二　食品原材料验收管理

学习任务描述

1. 理解建立验收制度的重要性。
2. 掌握验收的程序。

一、建立验收制度

（一）验收人员

（1）验收员必须聪明、诚实，对验收工作感兴趣，食品原料知识丰富。

（2）在招聘验收员时，企业的人事部门应负责甄选应聘人员，审查应聘人员的资历，然后同财会部门和营业部门主管人员决定验收人员的录用。

（3）挑选验收员的最好方法是从贮藏室职工、食品和饮料成本控制人员、财会人员和厨工中发现人才。这些人员有一定的食品知识和经验，而且往往愿意通过从事验收工作积累管理工作经验。

（4）收货时，验收员应该对订货单进行数量盘点和质量检验。他们的工作极为重要，因此在许多国外的饭店、餐馆里，验收员的地位和工资级别与部门经理相同。

（5）企业制定培训计划，对所有验收人员进行培训。在某些大型企业里，职工定期轮换工作，培训就显得更为重要。

（6）验收员必须懂得：未经经管人员同意，任何人无权改变采购规格。在工作中，验收员需和采购人员、餐饮部经理、厨师、库管人员接触，虚心向他们学习，丰富自己的知识和经验。

（二）验收场地和设备

酒店一般设有验收处或验收办公室，它的位置一般在饭店的后门或边门，靠近储藏室，这样送货车开到饭店后门就可以看到验收处，以便于验收。此外，要有足够的空地便于卸货。

为使验收工作更有效率，就要有适当的设备和工具。磅秤是验收部最重要的工具。验收部可配备重量等级不同的磅秤，各种磅秤都应定期校准，以保持精确度。

有一种有记录的磅秤，可将货物的准确重量印在发票或收据上面，不仅可以节省人力，还可以减少手记数的错漏。验收办公室还应有直尺、温度计、小起货钩、纸板箱切割工具、铁榔头、铁皮条切割工具，一两把尖刀以及足够数量的公文柜。公文柜用以存放验收部的各种表格，如“验收单”“验收日报表”等。还有一种特殊设计的验收架，一些水果可放在上面，察看是否有腐烂或斑痕。若质量没有问题，架子上的水果可漏下来，再装入容器。

（三）验收监督检查

餐饮企业管理人员应不定期检查验收工作，复查货物的重量、数量和质量，并使验收员明白，管理人员非常关心和重视他们的工作。

二、制定验收程序

（一）核对订购单

当供货单位送来食品原料时，验收员首先将供货单位的送货发票与事先拿到的相应的订购单核对。

验收员首先应核对送货发票上的供货单位的名称与地址，避免错收货和接受本饭店未订购的货物。其次是核对送货发票上的价格。若发票上的价格高于订购单上的价格，验收员要询问送货员提价的原因，并将情况反映给采购部经理、成本控制员或厨师长，无论退货还是不予退货，都要有厨师长和成本控制员在货物验收单上签字，表示责任。若供货单位送货时的价格低于订购单上的价格，验收员应请厨师长检查食品原料的质量，质量合格，厨师长在验收单上签名，验收员可按此价接受这批原料。

（二）检验食品原料质量

食品原料技师检验的依据是“食品原料采购规格标准”和“请购单”“订购单”。因为在这些表中均有对采购的食品原料质量要求的描述。一套完整的“采购规格表”应贴在墙上或特别的大块批示牌上，以便到货时核对参考。若发现质量问题，如食品原料的腐烂、变色、气味怪异、袋装食品有效期过期、水果有明显斑痕等现象，验收站有权当即退货。

（三）检验食品原料数量

验收员根据订购单对照送货单，通过点数、称量等方法，对所有到货的数量进行核对。数量检查核对应注意下列事项：

（1）若有外包装，先拆掉外包装再称量。

（2）对于密封的箱或其他容器的物品，应打开一只做抽样调查，查看里面的物品数量与重量是否与容器上标明的一致，然后再计算总箱数。但对高规格的食品原料，仍需全部打开逐箱点数。

（3）对于未密封的箱装食品原料，仍应按箱仔细点数或称重。

（4）检查单位重量。除了称到货的重量之外，还应抽查单位重量，检查单位重量是否在验收规格规定的范围之内。

（四）在发货票上签名

所有送货应有送货发票。送货员呈现给验收员的送货发票有两联，送货员要求验收员在送货发票上签名，将第二联还给送货员以示购货单位收到了货物。上联交给付款人员。

发票上面应该有价格，验收员要检查发票上的价格，避免产生错误，无论是有意还是无意的。发货票样表见表 6－10。

表 6－10　发货票

户名：　　　　　　　　　　　　　　　　　　　　　　年　　　月　　　日

项目	单位	数量	单价	小计

（五）填写验收单

验收员确定他所验收的这批食品原料的价格、质量、数量全部符合订购单或食品原料采购规格书后，可填写验收单。

验收单一式四份：第一联交验收处；第二联交贮藏室；第三联交成本控制室；第四联交财会部。验收单样表见表 6－11。

表 6－11　货物验收单

酒店编号________　　　　　　　　　　　　　　　　　　供货单位日期________

订购单标号________

存货编号	项目及价格	单位	数量	单价（元）	合计（元）
总计					

验收员送货员：

库存管理员：

（六）退货处理

若送来的食品原料不符合采购要求，应请求餐饮部经理或厨师长；若因生产需要决定不退货时，应由厨师长或有关决策人员在验收单上签名；若决定退货的话，应填写退货单。

在退货单上填写所退货物名称、退货原因及其他信息，要求送货员签名。退货单一式三联：一联留验收部；一联交送货员带回供货单位；一联交财会部。

设法通知供货单位，本饭店已退货，如果供货单位补发或重发，新送来的货物按常规处理。

交货中有腐烂食品原料，退货之后，应向采购部有关人员报告，以便尽快找到可替代的供应来源或可能的生产办法，以减少生产部门的不便。退货单样表见表 6－12。

表 6－12　退货单

（副本备存）编号：

发自：　　　　　　　　　　　　　　　　　　　　　　　　　　交至：

发票号码：　　　　　　　　　　　　　　　　　　　　　开具发票日期：

货品	单位	数量	单价（元）	总价（元）

退货理由：__________　　　　　　　　　　　　　　　　总计：__________

送货员：__________负责人签字：

（七）盖验收章

验收员检查完食品原料的价格、数量、质量及办理完必要的退货之后，可在获准接受的食品原料的送货发票上盖验收章，并把盖了验收章的送货发票贴在验收单上，以便送往会计部。

验收章内容有：饭店名称、验收员签名、验收日期、成本入账部门。

使用验收章有以下几种意义：

①证实收到食品原料的日期。

②验收员签名可明确责任。

③管理人员签名表明已知道收到订购的食品原料。

④食品控制师核对发票金额的正确性。

（八）注明信息

注在货物包装上的信息主要有：

①收货日期，有助于判断存货流转方法是否有效。

②购价，在存货时就不必再查寻验收日报表或发货票。

（九）存货标签

所有冷藏室的肉类和海产品这些成本费很高的食品原料，都必须系上冷藏鱼肉食品标签。

肉类标签有正、副两联（也可上下或左右两联），正联由验收员用绳子扎在食品外包装或者直接拴在食品原料上。副联与验收单一起交成本控制办公室。

厨房领料之后，解下标签，加锁保管。原料用完之后将标签送食品会计师，核算当天鱼肉成本。

食品成本控制师核对由其保管的下标签和厨房送来的副标签，根据未使用的标签，盘点存货。发现存货短缺，应分析是否存在偷盗，或者记错了金额。鱼、肉类食品存货标签样表见表 6－13。

表 6－13　鱼、肉类食品存货标签

标签号：
收货日期：
项目：
重量/单价/成本：
发料日期：
供货单位：

（十）货品贮存

将到货物品送到贮藏室、厨房。所收到的食品原料一部分被直接送到厨房或销售地点，称“直拔原料”；另一部分被送到贮藏室，称“入库原料”。出于质量和安全方面的原因，验收员应负责保证把货物送到贮藏室。由供应单位的送货员直接把货物送入仓库置放的做法是不可取的。当送货员离去后，验收人员或本单位其他工作人员应把货物迅速搬到安全可靠的贮藏室。验收员把验收单中规定的一联交给贮藏室管理员，后者根据验收单再次验收，最后入库贮存。

为了便于进行食品成本核算，验收员在发票上明显的地方逐项注明哪一项是直接送厨房的，哪一项是送仓库的；或者根据不同的送货地点，使用不同颜色的发票，以方便送货，并凭此编制“验收日报表”。

验收日报表有以下作用：

①分别计算食品成本和饮料成本，为编制有关财务报表提供资料。

②计算“餐饮直接采购食品”总额，以便计算每日食品成本。

③在大型酒店中，应配有数名验收员和保管员，便于将收货控制的责任从验收员转至保管员。

表 6－14 是一份食品原材料验收日报表。

表 6－14 食品原材料验收日报表

原料品名	供应商	发票号	数量	单价	金额	直接采购原料		库房采购原料	
						数量	金额	数量	金额
合计									

（十一）填写报表

验收完毕后，大多数大型企业要求验收员完成一张列明所有收货项目的表格，这张表格通常以供货商分类，以验收的顺序排列。表格之一是验收日报表。除了每种食品原料的价格栏目外，该表将成本分为三类：直拔、贮藏室和杂项。杂项指不是食品原料的项目，如纸张和清洁用品，不属于食品原料的成本。

（十二）上交验收单

将各种验收记录呈交给有关部门，并标明过期到达的货物。验收员在所有发票盖章签字，并把发票贴在“验收单”上，然后将贴着发票的“验收单”送给管理人员，管理员在发票上签字后送至成本控制师，由成本控制师核对发票数字的正确性。成本控制员检查完毕后，送交会计部，会计部会将有关数字填进采购日志内。

建立验收程序的目的，是为了保证企业收到的货物是已订购的数量、已明确的质量和已报过的价格。不论是对大型企业还是对小企业来讲，这些步骤是最基本的，也是通用的。

（十三）验收防盗

在验收工作中，还应做好防盗工作。防盗工作的基本原则如下：

①指定专人负责验收工作，应尽可能将交货时间安排在验收员比较空的时候。

②验收工作和采购工作分别由专人负责。

③如果验收兼管其他工作，不能谁有空谁验收。

④商品应运送指定验收区域。

⑤验收之后，应立即将商品送入贮藏室，防止食品变质和职工偷盗。

⑥不允许推销员、送货员等进入贮藏室或食品生产区域、验收、检查区域靠近入口处。

⑦入口处大门应加锁，大门外应安装门铃。送货人到达之后，应先按门铃。送货人在验收处时，验收员应始终在现场。

拓展阅读

食品原材料的验收和检验标准

一、食品原材料品质鉴定的依据和标准

根据食品原料品质的基本要求，对品质鉴定的依据和标准主要有以下几点：

①嗅觉检验：即用嗅觉器官来鉴定原料的气味，如出现异味，说明已变质。

②视觉检验：视觉检验范围最广，凡是能用肉眼根据经验判断品质的都可以用这种方法对原料的外部特征进行检验，以确定其品质的好坏。

③味觉检验：可根据原料的味觉特征变化情况来鉴定品质好坏。

④听觉检验：有些原料可以根据听觉检验的方法鉴定品质的好坏，如鸡蛋，可以用手摇动，然后听声音来鉴定。

⑤触觉检验：触觉是物质刺激皮肤的表面的感觉，手指是敏感的，接触原料可以检验原料组织的粗细、弹性、硬度等，以确定其品质好坏；感官鉴定品质的方法是常用的基本方法，另外还有精确可靠的理化鉴定，如肉类水分快速测定、农药残留测定、吊白块测定、甲醛测定等。

二、蔬菜鉴定标准

1. 蔬菜的分类

按照蔬菜的构造及可食部位分为叶菜类、茎菜类、根菜类、果菜类、花菜类和食用菌类等。

2. 蔬菜的检验

蔬菜的品质检验主要是鉴别其新鲜度，收获的最佳期，品种的优越性，一般可从其含水量、形态、色泽等方面来检验。

三、瓜果类检验标准

大白菜：新鲜洁白，表面无黑色斑点，里面无烂心、无开花、坏叶不超过 3 片。

白萝卜：表皮光洁，无黑心、无空心，小的不低于 0.5 斤，大的不超过 3 斤。

青笋：新鲜、通体匀称，无竹节、无乱尾、无空心，叶片不能超过长度的 1/3。

尖椒：无异味，尾部新鲜、硬朗、硬而不青，长度不短于 10 公分。

圆椒：无异味，尾部新鲜、硬朗、硬而不青。

红椒：无异味，尾部新鲜、硬朗、硬而不烂，个头不能太小。

包菜：1.5 斤以上，无黄叶、虫叶、结实无烂心。

蒜薹：长而匀称、绿色鲜艳、无暗斑、尾部老硬不能超过 1 公寸，没有冻伤（中间抽看，防冻烂）。

胡萝卜：直径2cm、长度1公寸，大而均匀、色泽鲜艳。

豆角：新鲜、长度40cm左右，长而结实，折断为实心、无虫。

花菜：直径1公寸，洁白而无黑点斑点，箱装则防冻烂。

西兰花：表面蓓蕾平展，无开花现象，无异味臭味，外表如有潮表色则证明已变质。

青瓜：长而直、带刺、折断为实心无籽，两头大小一致。

节瓜：大小合适，鲜嫩带毛，指甲掐进有水冒出。

粉葛：灰白色，有木质感、结实、外表无凸出枝节。

蒲瓜：油绿色、粗短头大、中间稍细、折断无籽、有籽则老。

冬瓜：个小、结实、无松软感，检查表皮，防烂。

京包菜：个小、结实、呈圆锥状，味甜、无黄叶、虫叶。

玉米棒：个大，粒满，老嫩适中，防虫咬。

南瓜：金黄色、红心，表皮如有指头大小黑块，则已变质。

生姜：个大、金黄色、无芽、黑色则烂，白色则嫩。

西芹：嫩绿色折断无筋，无烂心；进口西芹则棵大、秆长、节稀。

土豆：大而圆滑、无泥土、无发芽。

茄瓜：长、直、嫩、折断洁白无籽。

西红柿：红而不软，硬而不青。

四、猪肉类鉴定标准

五花肉：必须有检疫章和检验单，印章模糊的属于私人宰肉。要新鲜、皮薄、肉质好，不能太肥，一般二指厚为准。

前上肉：不能有淋巴瘤，不带前腿肉，颜色要好，不能有瘀血、猪毛。

扒肉：不能太薄，用手感要有沾性，肉红色，重量每条4～6斤，不要有瘀血，白色为注水肉。

后上肉：不能太肥，要瘦肉多，无淋巴瘤，皮无斑点。

后瘦肉：肉色要好，不能有淤血，不能有肥肉、碎骨，表面上不能有发白积水。

肥肉：厚度为3cm，1公寸宽，不要有瘦肉。

前梅肉：每条半斤左右，不能有猪油存在。

猪肝：最好为粉红色。

五、牛肉类鉴定标准

牛肉瘦肉呈均匀的鲜红色或深红色、有光泽，脂肪呈乳白色或微黄色。具有牛肉正常气味，无异味，瘦肉切面纹理清晰，皮下脂肪适度、均匀、形态丰满；肉质紧密、有弹性、表面湿润、不黏手、无注水；牛腩应色泽新鲜、无杂质、无异味、无注水。

六、禽类鉴定标准

1. 家畜肉类的品质检验

家畜肉的品质好坏主要是以肉的新鲜度来评价的，常用感官检验方法来鉴定；感官检验主要是以外观、硬度、气味、脂肪的状况确定肉的新鲜程度。

①外观：新鲜肉色泽光润，肉的断面呈淡红色，稍湿润，但不黏，肉的液体透明。

②硬度：新鲜肉的刀断面，肉质紧密、富有弹性，用手按后能迅速恢复原状。

③气味：新鲜肉具有每种家畜肉的特有气味。

④脂肪：新鲜肉的脂肪分布均匀，没有酸败味和臭味，并保持原有色泽。

2. 家畜内脏的品质检验标准

肝：新鲜的肝呈紫红色、有光泽、质地坚实、有弹性。

腰：新鲜腰呈浅红色、有光泽、质地坚实、表面不湿。

肠：新鲜的肠，色泽发白、黏液多。

心：新鲜的心脏用手挤压，有鲜红血块排出，组织坚韧、富有弹性、外表有光泽。

肚：新鲜的肚呈浅黄色，有光泽、黏液多、质地坚实、有弹性。

3. 家禽的品质检验标准

家禽的品质检验，主要是对新鲜度进行检验，一般根据家禽体外部特征变化，以感官检验方法从家禽的嘴部、眼部、皮肤组织及脂肪状况等方面判别品质好坏。

嘴部：新鲜的家禽嘴部有光泽、干燥、有弹性、无异味。

眼部：新鲜家禽的眼部，眼珠充满整个眼窝，角膜有光泽。

皮肤：皮肤呈淡白色，表面干燥，具有该家禽特有的气味。

脂肪：新鲜家禽的脂肪色白、稍带淡黄色，有光泽，无异味。

肌肉：新鲜家离的肌肉结实而有弹性，有特殊香味。

七、禽蛋类鉴定标准

外观鉴别：新鲜的蛋外壳有层霜状粉末，壳表面比较粗糙，但有光泽。

透视鉴别：新鲜蛋用光照，能透光，呈橘红色，气室小而透亮，蛋黄轮廓完整清晰，无斑点。

嗅觉鉴别：新鲜的蛋用鼻闻，清新、无异味。

摇荡鉴别：将蛋轻轻摇动，听不到声音或感觉不到振动的为新鲜蛋。

八、鱼类/海虾类等产品质量鉴定标准

1. 鲜鱼类

鲜鱼类质量的好坏主要通过感官来鉴别，其主要方法有：

眼睛：鲜鱼眼睛凸起，澄清有光泽，不新鲜的鱼眼睛凹陷，色泽混浊不清，呈微蓝色。

腮：鲜鱼腮紧闭，腮片呈鲜红色，无黏液和污物，不新鲜的鱼鳃发暗，呈灰红、灰紫或灰色，有污垢。

鳞：新鲜的鳞片整齐，排列紧密，有黏液和光泽，轮层明显；不新鲜的鱼鳞片松弛，没有光泽，轮层不明显，腐败的鱼鳞片不仅松弛，并有大片脱落现象。

2. 虾类

活虾的质量一般从其外形、色泽和肉质三方面进行鉴别：

外表：新鲜的虾头尾完整，有一定的弯曲度、虾身较挺、不新鲜的虾尾容易脱落或易离开，不能保持其原有的弯曲度。

色泽：新鲜的虾皮壳发亮，呈青白色，不新鲜的虾皮壳发暗，原色变为红色或灰紫色。

肉质：新鲜虾肉质坚实、细嫩、不新鲜的虾肉松弛。

死虾的质量鉴别：死虾应选择体型完整、外壳透明光亮、体表呈青白色或青绿色、头节与躯体紧连、肉体硬实而有韧性、体表无污秽黏附、无异常气味的生虾为好。

虾仁的鉴别标准：市场上出售的虾仁必须冰冻，来保持其新鲜程度，选购和验收时应注意冻虾仁的外包装是否完整、清洁；好的虾仁应是肉质清洁、完整，呈淡青色或乳白色，坏的虾仁则肉体不整洁、组织松软、色泽变红，具有酸臭味。

虾米：优质虾米外观整洁，呈淡黄色而有光泽肉、质紧密坚硬、无异味，而劣质虾米往往表面潮湿、暗淡、无光泽为灰白色或灰褐色，肉质疏松或有霉味。

鳝鱼：因死鳝鱼同河蟹一样，体内含有一种含胺的有毒物质，食用极易引起食物中毒，鉴别方法：

(1) 看鳝鱼丝的血色：活鳝鱼加工成鳝鱼丝的血液色彩是鲜红色的。

(2) 看积血形成：活鳝鱼划出的鳝丝，肚内的血块凝结成丝条状。

(3) 看肉质的粗细：活鳝鱼加工的鳝丝，肉质细腻，具有弹性。

(4) 看皮色：活鳝鱼加工的鳝丝，表面皮黑中透亮，皮色光洁。

3. 海鲜类检验标准

鲩鱼：正常情况下购买以2.5斤/条为好。

大头鱼：正常情况下购买2~3斤/条为好。

鲮鱼：一般为0.3斤/条为好。

鲤鱼：一般情况下是1斤/条为好。

大福寿鱼：0.8斤/条左右为好。

九、稻米、面粉、淀粉的检验和选购标准

1. 稻米的质量检验标准

大米的品质是由多方面因素决定的。主要从大米的品种、成熟情况、含水量等来检验。主要的方法和标准是看大米的存放时间的长短。综合上述因素，检验大米的品质，以其粒形、腹白、硬度及其新鲜度来确定。

(1) 米的粒形：米粒形均匀、整齐、重量大没有碎米和爆腰米的品质较好，相反则差。(碎米是指米的体积在整粒的2/3以下的米；爆腰米为米粒上有裂纹的米，易碎、品味较差)。

(2) 米的腹白：米粒上呈乳白色的部分叫腹白，没有腹白的米，体积小、硬度低、易碎、蛋白质含量低，品质差。

(3) 米的硬度：米能承担机械力的程度叫米的硬度，凡是硬度大的米品质就高；硬度小的米，品质就差，易手成碎。

(4) 米的新鲜度：米的品质检验除上述3种外，对其新鲜度和卫生状况的检查是最主要的方面。新鲜的米有清香味和光泽，无米糠和其他杂质、无虫草害、无异味、无霉味，用手摸时滑爽、干燥；而陈米则颜色暗淡无光、染有虫害痕迹，甚至发霉、粘连，煮熟食用质感粗糙、口味差。

2. 面粉的品质检验标准

面粉的品质好坏有较明显的区别，主要从含水量、颜色、面筋质和新鲜度等几个方面进行检验。

(1) 水分：国家规定面粉含水量在12%~13%，含水量正常的面粉用手捏有滑爽的感觉；如捏而有形无散，则含水量过多，不易存放。

(2) 颜色：面粉的颜色随着面粉的加工精度不同而不同，颜色越白精度越高，但其维

生素含量低，如果保管时间越长或保管条件潮湿，面粉的颜色就会加深，品质降低。

（3）面筋质：面筋质决定面粉品质，面筋质含量高，品质就好。如果过高，其他成分就相应减少，品质就不一定好。

（4）新鲜度：新鲜的面粉有正常气味，颜色较淡，如果带有腐败味、霉味、颜色发深的面粉则是陈面粉；如有水分过多、产生发霉、结块现象，表明已变质；新鲜程度是鉴定面粉品质的基本标准和方法。

3. 淀粉的品质检验标准

淀粉的品质因不同的加工原料而有差别，因此对淀粉的品质检验，除考虑其固有品质外，应从其加工纯度是否含有其他杂质及含水量等方面来检验。纯度愈高，杂质愈少，含水量愈低，其品质愈好。

十、定型包装类食品的检验标准

凡是带有包装的食品，其质量卫生标准除符合国家规定的质量卫生标准外，还应包括以下方面：

（1）包装类食品必须包装整洁、完美。

（2）包装食品其包装盒或标签上须注明食品名称、生产厂家、生产地址。

（3）包装食品的内容和重量必须和包装上标明的完全一致。

十一、冻品类的检验标准

1. 冻肉的分类

冻肉按照每种动物的取食部位可以分为冻排、冻瘦肉（包括冻1号肉、冻2号肉、冻3号肉和冻4号肉，其中冻3号和冻4号肉最常用）。

（1）凡是冻肉类产品必须包装完整并有生产厂址和生产日期。

（2）冻肉类产品中冻3号肉和冻肋排必须有产品卫生检疫标准。

（3）冻肉类产品质量必须合乎验收标准（如新鲜度等）。

（4）冻肉类产品中间不能有过多冰块。

（5）冻肉类产品重量必须和包装箱上标明的重量一致。

十二、食用油脂的种类及其鉴别标准

1. 食用油脂的分类

（1）植物油脂

植物油脂包括豆油、菜籽油、芝麻油、棉籽油、花生油、玉米油等。

（2）动物油脂

动物油脂包括猪油、鸡油、鸭油、牛油、羊油等。

2. 食用油脂的鉴别

食用油脂的检验一般用感官检验方法，具体办法如下：

（1）气味：每种动植物油都具有特有气味，油脂的气味可以说明原料状况、加工方法及油脂质量的好坏，食用油脂不应有酸败、焦糊及其他异味。

（2）滋味：除芝麻油外，品质正常的食用油脂无任何滋味。品质较差的油脂可能带有轻重不同的酸败味。

（3）色泽：各种油脂本色正的为质量好。如猪油为白色、豆油为深黄色、花生油为淡

黄色；如色泽加深或有异常现象即为劣质油。

（4）透明度：品质正常的油脂在溶液状态时应当完全透明，如油脂中存在过多的水分蛋白质、磷脂蜡及其他油质和变质油所产生的高熔物质均能引起油脂混浊、透明度下降。

（资料来源：http：//www. canyin168. com）

子项目三　食品原材料库存管理

学习任务描述

1. 熟悉食品原材料库存要求。
2. 掌握食品原材料的库存管理。
3. 掌握食品原材料的发放管理。

食品原材料的库存是生产和销售的准备阶段，同时又是企业开源节流的重要一环。缺少库存准备阶段，生产和销售将会面临原料短缺，以致造成停工停产，在人力、物力和财力方面给企业带来损失；库存物品筹措过多，将会使企业出现物品积压的现象，造成资金周转减慢、库存管理费用上升，引起极大的浪费。因此，加强对原材料库存管理工作是十分重要的。

一、食品原材料库存要求

（一）库房的分类

餐饮原料的易坏程度是不同的。不同易坏程度的物品需要不同的贮存条件，对餐饮原料要求使用的时间不同，因而应分别存放在不同的地点。餐饮原料往往会处于不同的加工阶段，例如，新鲜的鱼、洗削好的鱼、半成品的鱼和加工成品的鱼，又需要不同的贮存条件和设备。因此，饭店就设置不同功能、类别的库房。库房的类别通常有以下几种：

1. 按地点分类

（1）中心库房。

（2）各餐饮经营点的分库房。

2. 按物品的用途分类

（1）食品库。

（2）酒类饮料库。

（3）非食用物品库。

3. 按贮存条件分类

（1）干藏库。

（2）冷藏库。

（3）冻藏库。

（二）库房的位置和面积

1. 库房位置

库房的位置应尽可能设置在验收处与厨房之间，以便于将食品原料从验收处运入贮藏室及从贮藏室送至厨房，这样可以减少搬动距离，避免延误原料供应。在实际中，由于受建筑格局的限制，各个厨房与验收处很难设置在距离较近的同一楼层。如果同一家酒店有几个厨房，且位于不同的楼层，则应将库房安排在验收处附近，以便及时地将已验收的食品原料送到库房，这样可以减少原料被“顺手牵羊”的可能性；或者也可以考虑把库房设在地下室内，地下室避光，而且温度和湿度相对比较容易控制，对原材料的保存更加有利。

一般而论，食品贮藏室被设计在底楼或地下室内。

2. 库房的面积

确定库房面积时，应考虑到企业的类别、规模、菜单、销量、原料市场的供应情况等因素。库房面积过大，不仅增加资本支出，而且会增加能源费用和维修保养费用；此外，库房面积过大，可能会引起存货过多的问题；如果库房没有放满食品原料，空余的场地就有可能用来堆放其他用品，各类存货增多，进出库房的人数也增加，会影响安全保卫工作。菜单经常变化的企业，库房面积就应大些。有些企业远离市场，进货周期较长，这类企业的库房就要比每天都能进货的企业的库房大一些。有些企业管理人员喜欢一次性大批量进货，这些企业就必须有较大面积的库存场地。

库存面积过小，也会引起一系列问题：不少食品原料只能露天堆放，库房的食品原料堆放过多，给库管人员的管理带来不便，同时也不易保持清洁卫生。快餐厅、咖啡厅及供应品种有限的企业，或者采购周期短、采购频繁的企业库房面积也可以小些。下面给出两种比较常用的库房面积推断方法。

（1）根据餐厅的餐位数和开餐次数来推算库房面积，其公式为：

$$库房面积 = 每餐位所需库房面积 \times 餐位数 \times 开餐次数$$

例如：某酒店有 800 个餐位，日均供应三餐，每供应一餐所需库房面积是 $0.1m^2$，该酒店所需的库房面积为：

$$库房面积 = 0.1m^2 \times 800 \times 3 = 240\ (m^2)$$

（2）根据酒店实际储备量和需求量来确定库房面积。一般将维持两个星期营业所需的原材料储备作为前提，计算所需的库房面积。

确定库房面积之后，可根据酒店的实际情况对不同的库房类别进行面积分配，可参考表 6－15。

表 6－15　各类库房面积分配参考表

库房类别	占总面积百分比	总面积（m^2）	应分配面积（m^2）
干藏库	40%	240	96
冻藏库	10%	240	24
冷藏库（肉类）	8%	240	19.2

续表

库房类别	占总面积百分比	总面积（m^2）	应分配面积（m^2）
冷藏库（水果、蔬菜）	10%	240	24
冷藏库（乳制品）	5%	240	12
酒类饮料库	20%	240	48
走道面积	7%	240	16.8
合计	100%	240	240

（三）食品库房对温度、湿度和光线的要求

食品原材料的保质期长短与储存过程中的温度、湿度、光照、通风条件密切相关。因此，不同的食品饮料应存放于不同的库房之内，并给予不同的温度、湿度及光线条件，使食品、饮料始终处于最佳待食用状态。

1. 温度要求

（1）干藏库

干藏库的最佳温度最好控制在15℃～22℃，一般不需要供热和制冷设备。如果没有空调设备的话，最好选择远离发热装置的位置，并且有较好的防晒设施。

（2）冷藏库

冷藏的主要作用是防止细菌生长。细菌通常在10℃～49℃繁殖最快。冷藏是利用低温抑制细菌繁殖的原理来延长食品的保存期，因此，所有冷藏食品都必须保存在10℃以下的冷藏间里。

由于食品的类别不同，故不同的食品其对应的冷藏温度也各异。

（3）冻藏库

冻藏库的温度一般须保持在－18℃～－24℃，其原料的保存期一般不超过3个月。

2. 湿度要求

食品原料库房的湿度也会影响食品存储时间的长短和质量的高低，不同的食品原料对温度的要求是不一样的。

（1）干藏库

干藏食品库的相对湿度应控制在50%～60%；如果是贮藏米面等食品的仓库，其相对湿度应该再低一些。如果干藏库的相对湿度过高，微生物容易繁殖，原材料会迅速变质，应安装去湿干燥装置；如果湿度过低，空气太干燥，会引起食物干缩和失鲜，应使用湿润器或在库内泼水。

（2）冷藏库

水果和蔬菜冷藏库的湿度应在85%～95%；肉类、乳制品及混合冷藏库的湿度应保持在75%～85%。相对湿度过高，食品会变得黏滑，助长细菌生长；相对湿度过低，会引起食品干枯，可在食品上加盖湿布，或直接在食品上泼水。不同食品原材料最适宜的冷藏温度和相对湿度见表6－16。

表 6-16　不同食品原材料最适宜的冷藏温度和相对湿度

食品原材料	冷藏温度	相对湿度
新鲜肉、禽类	0℃～2℃	75%～85%
新鲜鱼、水产类	-1℃～1℃	75%～85%
新鲜蔬菜、水果类	2℃～7℃	85%～95%
奶制品类	3℃～8℃	75%～85%
一般冷藏品	1℃～4℃	75%～85%

（3）冻藏库

冷冻库应保持高湿度，否则干冷空气会从食品吸收成分。冻藏食品应用防潮湿或防蒸发的材料包好，防止食品失去水分及脂肪变质发臭。

3. 光线要求

所有食品库房均应避免阳光的直射。库房的玻璃窗应使用毛玻璃。在选用人工照明时，应尽可能挑选冷光灯，亮度为每平方米 2～3 瓦为宜，以免由于电灯光热，使仓库的室内温度升高。

另外，库房应保持空气流通。干藏库最好每小时换 4 次空气。冷藏间和冷冻室的食品不要靠墙存放，也不要直接放在地板上或堆放到天棚，以利空气流通。

（四）对清洁卫生的要求

①干藏库和冷藏库的地板和墙壁的表面应经受得起重压，易于保持清洁，并能防油污、防潮湿。

②食品库房的高度至少应该是 2.4 米。如果使用空调，库房里就应有充足的压力通风设备。

③库房内应有下水道，以便清洗冰箱、擦洗墙面和地板。

④食品库房在任何时候都应保持清洁卫生。企业应制定清洁卫生制度，按时打扫。食品库房里绝对不可堆放垃圾。

⑤干藏库同样应每天清扫，特别是要注意角落和货架底下的打扫。

⑥干藏库要做好防虫、防鼠工作。墙上、天棚和地板上的所有洞口都应堵塞住，窗口应安装纱窗。如果暖气管和水管必须穿过库房的墙壁，管子周围应填塞。在杀虫灭鼠工作中，库管人员应请专家指导，以便正确使用杀虫剂和灭鼠毒药。

（五）对设备、器材的要求

1. 货架

干藏库房宜采用结实的钢制或铁质货架，最好能调节搁板高度以适应不同原料的存放需要。冻藏库的货架以选用不易导热的木质货架为好。

2. 容器

散装原料必须有相应的能密封、防虫的不锈钢容器盛装，并在容器上表明原料信息。

3. 搬运工具

库房应有金属手推车，用于搬运较重的货物；还要配备坚固的梯子，以存取位置较高的货物。

4. 称量工具

库房应配有各类称量工具，如台秤、磅秤、电子秤等，以便掌握发料的重量。

5. 其他设备

如防盗报警装置、监控装置等。

二、食品原材料库存管理

食品原材料验收入库以后，进入库存保管阶段。库存保管是库存管理工作的中心环节。对库存保管的基本要求是：合理存放，精心养护，认真检查，使物品在保管期内质量完好，数量准确；使库存耗损和管理费用下降到尽可能低的水平；使物品发放工作便于开展，更好地为生产和销售服务。

（一）影响库存管理的因素

①原材料的种类和性质。
②原材料的成品程度。
③餐饮生产部门的生产能力。
④原材料的库存能力。
⑤原材料市场的供应状况。
⑥原材料供货期限。
⑦库存部门内部工作组织实施。
⑧餐饮企业购销政策和计划。

（二）原材料的存放方法

科学、合理的物品存放往往能保持较高的工作效率。这些方法有：

1. 分区分类

根据物品的类别，合理规划物品摆放的固定区域。同一品种的原料不能放在两个不同的位置上，否则可能引起采购过量、给盘点带来麻烦，甚至在发料的时候容易被遗忘。

2. 四号定位

四号是指库号、架号、层号、位号；四号定位是指对四者统一编号，并和账页上的编号统一对应，也就是把各仓库内的物品进一步按种类、性质、体积、重量等不同情况，分别对应地堆放在固定的仓位上，然后用四位编号标出来。这样，只要知道物品名称、规格，翻开账簿或打开电脑，就可迅速、准确地发料。如罐装番茄酱在账页上的编号是 3－2－2－1，便可以知道其存放于 3 号库、2 号架、第 2 层的第 1 号货位上。四号定位便于存料发料、盘点清仓，也便于新来的仓库保管员尽快掌握库房管理业务。

3. 立牌立卡

立牌立卡是指对各类原材料建立料牌和卡片。料牌上标明物品的名称、编号、到货日期，有可能再加上涂色标志。卡片上填写记录物品的进出数量和结存数量。

4. *五五摆放*

五五摆放就是根据各种物品的性质和形态，以“五”为计量堆放物品，即做到“五五成堆、五五成行、五五成排、五五成串、五五成捆、五五成层”。这样，既能使物品整齐美观，又便于清点、发放。

（三）原材料库存基本要求

①各类原料不应接触地面和墙面，一般距离地面15cm、墙面5cm以上。

②标明原料的编号、名称、入库日期等信息。

③非食用原料不能存放在食品库房内。

④常用的或者重量较大的原料应放在离出口近的地方或者货架的底部。

⑤对原料进行“先进先出”原则，滞压原料要进行报告，请厨师长及时使用。

⑥将开封的原料放在加盖并有标识的容器内。

⑦定期对库房进行盘点和清洁。

⑧定期检查库房的温度、湿度、光照、通风是否适宜。

（四）冷藏库管理要点

①原料在验收后应尽快收藏。

②温热的成品和半成品在冷藏前应先冷却后再冷藏。

③一般外包装往往附有泥污和细菌，因此应先拆除外包装后再放入冷藏库。

④有特殊气味的原料或者食物应在密闭容器内冷藏。

⑤冷藏设备的底部及靠近制冷管的地方一般温度较低，宜放肉类、禽类、水产类等原料。

⑥当制冷管外的冰霜厚度超过0.5cm时，应进行除霜处理。

⑦定期清洁打扫冷藏库卫生。

⑧已加工的食品和剩余的食品应密闭冷藏，防止与其他食物串味。

（五）冻藏库管理要点

①冻藏温度需保持在－18℃以下，在存料、发料时尽量减少冰库的开门次数和时间。

②冻藏的原料在验收时必须处于冰冻状态。

③冻藏自制半成品和成品时最好先使用速冻设备，迅速降温，保持原材料的鲜美。

④冻藏的原料最好使用抗挥发性的材料包装，以免原料失水引起变色和变质。

⑤各类冻藏食品原料应分别解冻，解冻一般在室温下进行，注意防止污染。

⑥冻藏原料一经解冻，不得再次冷冻储存，否则会破坏食物的外观、营养和口味，甚至还会引起食物的腐败变质。

⑦冻藏的面点类食品、蔬菜不用解冻即可直接烹饪，这样能更好地保持事物的色泽和外形。

三、食品原材料的发放管理

食品原材料的发放管理有3个目的：保证各营业点用料得到及时充分的供应；控制各营

业点用料数量；统计各营业点的原料成本和库存额。

（一）发放管理要求

1. 定时发放

一般要求领料部门提前一天交领料单，并在规定时间段内到库房领料，其他时间除紧急情况外不予领料。为了减少库房管理人员的工作量，有的酒店规定上午两个小时（8：00—10：00）和下午两个小时（2：00—4：00）为库房发料时间。定时发料的特点是：

①督促领料部门对次日的顾客流量进行预测，做出周密的用料计划；

②使库房管理人员有充足的时间整理库房，检查各种原料的库存情况；

③使库房管理人员有充分的时间提前备料，避免和减少差错；

④减少领料人员的等候时间，提高领料效率；

⑤有利于库房保管，减少库存原料的丢失。

2. 凭领料单发放

领料单是库房发出原料的原始凭证。领料单上正确地记录库房向各厨房发放的原料数量和金额，它具有以下3大作用：

①控制库房的库存。

②核算各厨房的餐饮成本。

③控制领料量。

领料单上要列出原料的品名和数量以及实发原料的数量、价格和金额，见表6－17。

表6－17　食品原材料领料单

领料部门：　　　　　　　　　　　仓库类别：　　　　　　　　　　　日期：

品名	货号	领取数量	实发数量	单价（元）	金额（元）
本日领料总金额					
本月领料总金额					

领料人：　　　　　　　　　　　审批人：　　　　　　　　　　　发料人：

领料单必须由厨师长核准签字，库房才能发料。库房发料后，发料人和领料人都要签字。领料单上如有剩下的空白处，应当着领料人的面划掉，以免管理员私自填写。领料单一式三联：一联随发出的原料交回领料部门，一联转财务部，一联由库房留存，以汇总每日的领料总额。

3. 正确计价

原料从库房发出后，库房管理员有责任在领料单上列出各项原料的单价，算出各项原料的金额，并汇总每份单据上的总金额。

干货制品原料，一般价格和规格比较稳定，在发放时只需在领料单填写实发数量，然后乘以每件货物的成本单价，计算出领料总额。部分原料价格常有波动，货物入库时在储存的盛器上贴上标签，注明数量和单价，领料时按标签上的价格计算领料总额。

肉类及其他冷冻原料发出后，解下系在货物上的标签，按标签上的价格和金额记在领料单上。如果一张领料单需要好几种原料，则按照标签上的不同价格分别计算原料金额，最后相加汇总。

（二）库存原料的计价方法

一般来讲，原材料的库存总值应该等于实物数量乘以原料的单价。但是，由于同种原料在不同时间的购进价格往往是不同的，因此，在核算库存额时，应首先确定不同时间原料的单价。在财务处理时，根据实际情况采用不同的方法确定原料的库存价值，常采用的方法有：

1. 实际进价法

如果酒店在库存的原料上挂上货物标签，上面写有进货的单价，那么，采用实际进价法计算库存原料的价值就较为简单和合理。

2. 先进先出法

先进先出法的思路是：原料发放是以先进先出为原则，即先购进的货物，在发料时先计价发出，而剩余的原料都是最近进货，以最近价格计算。

3. 后进先出法

一般来说，市场物价呈上升趋势，采用后进先出法可使计入成本的原料价格较高，而计入库存的价值较低，企业可以在未来的经营中减少压力。后进先出法只是原料价值计算的一种财务处理方法，在实际发料过程中，还是应坚持原料实物的先进先出，以避免原料的积压。

4. 最后进价法

如果酒店没有使用货物标签或者货品库存卡，可采用最后进价法来估计原料的库存价值。最后进价法是一律以最后一次进货的价格来计算库存的价值，这种方法最简单，但会使月末库存额偏高或偏低。

5. 平均价格法

平均价格法是将全月可动用原料的总价值除以总数量计算出单价的方法。如果酒店储存的原料数量较大，市场波动价格也较大，可采用平均价格法。但这种方法需要计算可动用原料的全部价格，比较费时，所以应用不广泛。

拓展阅读

干货制品原料常识

干货制品原料是指鲜活的动植物原料、菌藻类原料经过脱水干制而成的原料，简称干货或干料。干货原料是烹饪原料的一大组成部分。一些干货原料由于供货稀少，营养成分特殊而成为烹饪技术的重要研究对象。

（一）选择干货的基本标准

1. 干爽不霉烂

原料经干制后，一方面质地变硬变脆，另一方面又使原来的细密组织变得多孔，加之原料中还含有很多的吸湿成分，有很强的吸湿性，一旦空气湿度过大，便会吸湿变潮，发生霉烂变质。因此，干爽不霉烂是干货质量的首选标准。

2. 整齐、均匀完整

原料干制后，质地变脆，在贮存运输过程中，很容易弄碎。有一些鲜活原料在采摘、收集的过程中大小不一，也影响着干制原料的质量。

3. 无虫蛀杂质，保持规定的色泽

干货原料在保管中，由于保管条件不好而发生虫蛀、鼠咬或混入的杂质太多，都会影响干料的质量。另外，每一种干料都有其规定的色泽，一旦色泽改变，也说明其品质发生了变化，都会影响到干制原料的质量。

4. 干货制品的保管要求

（1）贮存环境应通风、透气、干燥、凉爽，还要避免阳光长时间的照晒。

（2）有一些气味较重的原料，应分开保存，否则会相互串味，影响食用。

（3）对于质地较脆的干料，应减少翻动，轻拿轻放，不能压重物。

（4）要有良好的包装和防腐、防虫设施。

（5）勤于检查。一旦发现有变质的干货，应及时清除，防止相互传染，造成不必要的损失。

（二）常用干货原料

动物类干料：

1. 干肉皮

干肉皮又名“皮肚”，是将鲜猪肉皮晒干而成，用猪后腿皮及背皮制成，皮坚而厚，涨发性好，其他部位的皮质较差。干肉皮经涨发后，可切丝、片等形状，适宜于拌、烧、扒、作汤等烹调方法，可制作“拌皮丝”“肉皮汤”“扒皮肚”等菜品。

2. 蹄筋

蹄筋是由猪的前后蹄中抽出的筋干制成的，从后蹄中抽出的筋长而壮，质量好，蹄筋为前端分叉的圆条状，质硬，白色。蹄筋在烹调中应用较广泛，经涨发后，用作主料宜于烧、扒、拌、作汤等烹调方法，可制作“芥末蹄筋”“红烧蹄筋”等菜肴。蹄筋本身无鲜味，在制作菜肴时要注意增加鲜味。

3. 哈士蟆油

哈士蟆油是雌哈士蟆蛙输卵管的干制品，并非脂肪。哈士蟆学名为“中国林蛙”，两栖动物蛙类，主要产于我国东北长白山区和黑龙江尚志县（今为尚志市）、内蒙古自治区等地区。雌性哈士蟆蛙体长约90毫米，外形如青蛙，头部长宽相等，趾长细，蹼发达，皮肤颜色随季节变化，秋季为褐色，夏季为黄褐色。取秋季捕捉的雌性哈士蟆的输卵管干制者为好。

哈士蟆油形状大小不一，呈不规则的胶质块状，颜色洁白或黄白色，有脂肪样光泽，味微甘，嚼之微有黏滑，摸之有滑腻感，以块大、干燥、无膜、无杂质、白色或黄白色为佳。

哈士蟆油是珍贵的烹调原料。干品须经涨发后使用。在烹调中多作主料使用，适宜于汆、烩等烹调方法，调味可甜可咸，可制作“汆哈士蟆油”“冰糖哈士蟆油”等菜品。

4. 鱼肚

鱼肚是鱼鳔（鱼泡，即沉浮器）干制成，有黄鱼肚、鲟鱼肚、鮰鱼肚等，主要产于我国沿海及南洋群岛等地，以广东所产的“广肚”质量最好，福建、浙江一带所产的“毛常肚”次之，但也属佳品。广肚、毛常肚色泽透明，无黑色血印，体大者涨发性强。黄鱼肚分3种，体厚片大者称为提片，体薄片小者称为吊片，提片和吊片以色泽淡黄明亮者为佳，涨发性也好。还有一种搭片，系将几张小鱼肚搭在一起成为大片晒干的，色泽混而不明，质量次，涨发性不足。鮰鱼肚的性质比较坚硬，以色泽淡黄色为佳品，虫蛀的、色灰黑的为次品。

鱼肚是营养丰富的滋补品，它所含的营养成分主要是高黏性胶体蛋白和黏多糖物质，有补气血，润肺健胃，补肝、补肾等滋补强身的作用。

5. 鱿鱼

鱿鱼也称枪乌贼，为海洋性软体动物，体内含赤、黄、橙等色素，在水中能随环境的变化而变化。腹部为筒形，头部生有8只软足和两只特别长的触手，除一个口腔外，只在背脊上有一条形如胶质的软骨。把鲜鱿鱼自腹部至头部剖开，挖去内脏放入盐水洗净，再以清水洗后晒干，待干烘七八成时，数层重叠，略加压力，晒干即成鱿鱼干。

鱿鱼产于我国广东、福建、浙江等沿海各地。日本、越南，朝鲜也产。鱿鱼适用于爆、炒、烧、烩、汆等烹调方法。

6. 海蜇

是一种腔肠动物，学名水母，海蜇呈伞形，在水中飘浮，产于我国沿海各地，夏季是捕捞季节，捕捞后加明矾和盐紧压，除去水分，洗净后再用盐渍，伞部为蛰皮，口腔称为蛰头。海蜇按产地分有南蛰、东蛰、北蛰等种。南蛰以福建、浙江所产最好，个大、浅黄色、水分大、脆嫩；东蛰产于山东烟台，又有沙蛰、棉蛰之分，沙蛰泥沙含于肉内，不易洗掉，碜牙，棉蜇肉厚不脆；北蜇产于天津北塘，色白个小，比较脆嫩，质量较次。海蜇用作凉拌酒菜为最多，也可熟吃，炒食或汆汤。

7. 海米

海米又称虾米，产于辽东半岛、山东半岛、河北沿海、舟山群岛等地，产期分春秋两季，春产以3月至6月中间，秋产从7月至10月下旬，以秋产的为最好。虾米的品质一般以身干、色艳、口淡、个粒整齐为佳，产于龙须岛的金钩米质量最优；产于海河口盐滩沟的为勾米，其色鲜红；胜芳产的为河米，个粒较小；洪湖产的为湖米、勾米，大虾干、钳子米以渤海、黄海产的味最鲜美。虾米可作汤、菜肴的配料。

植物类干料：

1. 紫菜

紫菜是海水中的红藻类植物，生长于浅海岩石中，富含蛋白质和碘、磷、钙等物质，分布于我国辽东半岛、山东半岛及浙江、福建沿海，分野生和人工养殖两种。

紫菜多以干制品上市。其品质以浓褐色或黄褐色，表面油亮有光泽，菜质柔嫩，无杂藻和砂粒等杂物的为上好品；成品粗硬，缺乏光泽，呈紫红色者质次。

紫菜有清热利尿、补肾、养心的作用，经常食用，对软化血管、降低血压有良好的功能。紫菜食用简便，用不着提前发制，一般都是做汤，吃时加调料，用开水冲沏即可，味道鲜美。

2. 海带

海带是一种褐藻，藻体褐色，一般长 2 ~ 4m，最长达 7m，可分固着器、柄部和叶片 3 部分。固着器又形成分枝用以附着海底岩石；柄部粗短，圆柱形；叶片狭长，带形生长在水温较低的海中，分布于我国北部沿海及朝鲜、日本、俄罗斯太平洋地区沿岸，我国北部及东南沿海有大量养殖，海带营养丰富，含有较多的碘、钙等成分，在所有食物中，海带含碘量名列第一，有“碘的仓库”之称，因此，有治疗甲状腺肿大之功效，海带可以冷拌食用，也可以做热炒菜，如酥海带、如意海带卷等。

3. 玉兰片

玉兰片是南竹未出土或刚出土的嫩笋干制品，因其形状似玉兰花瓣，故名玉兰片。玉兰片含蛋白质，味鲜美，质脆嫩，主要产地为湖南、福建、浙江、湖北等地。

玉兰片有冬片、桃片、春片之分。冬片即用立冬至立春之间尚未出土的竹笋干制成，色泽黄白、鲜嫩、洁净、肉厚，体长 13 ~ 15cm，质量最佳。桃片即用立春至谷雨间出土的竹笋干制成，因出土时正是桃花盛开之期，故称桃片。桃片比冬片大，比春片小，肉厚，质脆而嫩，节较稀疏，体长 15 ~ 25cm。春片是从清明至谷雨间的竹笋干制成，片大，肉质比桃片粗老，纤维多，肉薄节疏。

玉兰片可以切成各式各样的片、丝、丁，主要做各种菜肴的配料，有时亦作主料。

4. 金针菜

金针菜又名黄花菜。干黄花菜以黄花菜的花苞（含苞待放的花蕾）经热水浸烫后干制而成，也有直接晒干的，其色泽金黄，富含胡萝卜素和磷、钙、铁等矿物质。主要产于湖南、山西、江苏、山东、河南、四川、安徽等省，而以湖南、山西、江苏等省产量最多，质量最好。著名品种有湖南的茶子龙、山西大同花菜、河南三刀菜等，陕西大荔的黄花菜色泽黄亮，条长肉肥，香馥油润，也是传统的出口土特产品。

5. 黑木耳

黑木耳状如耳朵，系寄生于枯木上的一种菌类，褐色，湿润时呈半透明，富含铁、钙、磷和维生素 B_1 等，富有营养，质地柔软滑润而厚实，清脆可口，具有帮助清化纤维一类物质的特殊功能，并有补血、强精、镇静的功效，还有一定的抗肿瘤特性。

黑木耳在我国分布较广，北起黑龙江、南至海南岛，西至甘肃，东到福建均出产，其中湖北、湖南、四川、贵州、陕西为主要产区，以湖北产量最大，质量最好。3—5 月生产的为春耳，6—8 月生产的为伏耳，9—10 月生产的为秋耳，其中以伏耳质量最好。黑木耳以做辅料为主，食用方法很多，荤素皆宜，炒、烩均可，味道异常鲜美。

6. 银耳（又称白木耳）

银耳属于木质寄生菌类，实体状以鸡冠或花瓣，产于我国四川、贵州、湖北、陕西、福建等地区，四川达县专区的通红、万源等地产量大、质量好。

按照传统要求，上燕窝就跟上一道银耳汤，它是一种名贵的滋补品，含有丰富的胶质，多种维生素和17种氨基酸及肝糖。银耳有补肾、润肺、生津、提神、益气、健脑等功效，因此又是一种药用菌。银耳中含有一种重要的有机磷，有消除肌肉疲劳的功能。银耳在副食中是珍贵品种，吃法多以汤为主，如清汤银耳，冰糖炖银耳等。

7. 香菇（又称香蘑）

香菇因生长在冬季（立冬后至来年清明前），故又叫冬菇。其种类有冬花菇、冬厚菇、冬薄菇、平菇之分，是蘑菇中营养价值最高的一种。在100克干菇中含有蛋白质12.5克、糖类60克、脂肪6.4克，主要产于浙江、福建、江西、安徽等省山林地带。香菇味鲜而香，为优良的食用菌。

香菇属于贵重的烹饪原料之一，是筵席大菜中不可缺少的配辅料。

8. 霉干菜（又称咸干菜、梅菜、梅干菜）

它是用雪里蕻或茎用芥菜腌制的干菜，主要产于浙江绍兴、慈溪、余姚、萧山、桐乡等地和广东惠阳一带。霉干菜以色泽黄亮，咸淡适度，质嫩味鲜，香气正常，身干、无杂质、无硬梗者为佳。

霉干菜在食用前，用冷水迅速洗净便可蒸炒、烧汤，制成荤素食品，如霉干菜炒肉丝、面筋干菜汤。特别是霉干菜烧肉或蒸肉，是江浙一带脍炙人口的家常菜，菜透肉味，肉具菜香，油而不腻，入口鲜、香、糯、甜，即使在盛夏酷暑，放2~3天，也不会发馊变质。霉干菜煮烂切碎配猪肉调制包子馅心也别有风味。

（三）干货制品的保管

干货制品由于产品干燥，含水量低（10%~15%），一般能做较长期间的保管。但是，如果贮存条件不适宜或者包装差，也会发生受潮、发霉和变色等现象，使产品质量降低。

干货制品经过干制加工，失去大量水分后，其组织疏松，空隙多，并且所含干物质中有许多吸湿性成分（如糖类、蛋白质等），因而具有强烈的吸湿性。如果产品包装不严密，或者空气相对湿度过高，则很快吸湿受潮，严重时可引起发霉。干货制品中有些经过重硫、浸硫处理的产品（如玉兰片），也会因吸湿受潮而降低了二氧化硫的浓度，使防腐性减退而发生变质。

干货制品在贮存中应注意以下几点：

第一，产品要有良好的包装。干货原料常用的包装中，以木箱、木桶、纸板箱衬防潮纸或塑料薄膜的包装防潮效果较好；竹篓、麻袋等包装防潮性差。但无论采用哪种包装，在贮存时应做到轻搬轻放，防止因包装损坏而降低防潮性能。

第二，控制贮存的温度、湿度，使库房保持凉爽、干燥、低温、低湿，是干货保管的基本措施，尤其是容易生虫的黄花菜和易发霉的玉兰片，只有在低温、干燥的环境里，才能避免虫蛀和变质。另外，在玉兰片中放入小包的亚硫酸钠（1%~3%），也可起到防霉的效果。

第三，干货库内，切忌同时存放潮湿性的物品。同时还应注意码堆的底垫和高度，以保干货制品不受潮。

（资料来源：职业餐饮网）

作　业

一、问答题

1. 食品原材料的采购程序和采购方式是什么？
2. 什么是采购规格书？采购规格书有哪些作用？
3. 如何更好地控制食品原材料采购数量、采购质量及采购价格？
4. 食品原材料的验收主要有哪些环节？
5. 食品原材料库存的各类库房需要什么样的储存条件？

二、计算题

某酒店使用每10天一次的定期采购法，罐装可乐的发货周期为3天，根据以下要求，计算罐装可乐的期末需存量和订货数量。

（1）如果罐装可乐的正常消耗量是每天5箱，请计算出期末需存量。

（2）如果采购前库房里还有罐装可乐20箱，请计算酒店应采购多少箱罐装可乐。

项目七

菜单设计与制作

子项目一　菜单的种类及作用

学习任务描述

1. 了解菜单的概念。
2. 了解菜单的种类。
3. 掌握菜单的作用。

案例导入

近年来，餐饮业竞争愈演愈烈，各种各样的经营奇招纷纷粉墨登场，有很多饭店在菜名上大做文章，挖空心思取一些奇葩搞怪的菜名，以此吸引食客的好奇心，借机炒作自己、招徕顾客。

有故弄玄虚的：红灯区——辣子鸡丁；马云大脑——红烧青鱼；火山飘雪——糖拌西红柿；乌云遮日——紫菜鸡蛋汤；女人四十——炒豆腐渣；让子弹飞——醋泡花生；霸王别姬——甲鱼炖老母鸡；群英荟萃——各种萝卜丝拌在一起；翡翠碧玉——萝卜缨子炒毛豆；情人的眼泪——菠菜拌芥末。

有李代桃僵的："太太乐"就是韭菜炒鸡蛋；"健美型男"就是炸牛蛙；"茄把青春留住"就是烩茄子；"珍珠翡翠白玉汤"就是米饭、白菜、豆腐汤；"臭脾气社交女王"就是"榴莲冰淇淋"；"会跳钢管舞的鸡"就是烤鸡；"青黄相接忘忧菜"就是凉拌的绿色黄花菜；"初生猪肚就不怕"就是韭黄炒猪肚……

据说有道菜叫"青龙卧雪"，就是一盘白糖上面放一根黄瓜；"火山下大雪"就是凉拌西红柿上面撒一层白糖；"金钩钓银块"居然是豆芽烧豆腐；有一款叫"心痛的感觉"的饮品，其实就是一杯标价50元的白开水。

有一次在餐桌上点了一道菜，名为"独秀峰"，端上来一看，竟然是一盘立着摆放的鸭屁股；"裸体美女"这道菜，其实就是去了皮的花生米；"黑熊耍棍"——就是木耳炒豆芽。

在北京某饭馆，有一道菜叫“八戒踢球”，原来是八个猪蹄和一个四喜丸子。

有人到饭馆，看见有一道菜，名叫“猴子捞月亮”，觉得可能不错，端上来一看：一盘醋上面滴了一滴香油，简直气晕了。想知道“给力手”这道菜如何“给力”吗？“椒盐猪蹄”会告诉你。

有一次在外聚餐，看见一道菜叫“白马王子”，一众人等皆不知为何物，于是就要了一盘。端上来一看：一盘清蒸豆腐，上面插了张刘德华的照片。

有一年去云南旅游，点过一道菜叫“水性杨花”，其实就是清炒一种水生植物。还有一道“鸡蛋里挑骨头”，端上来一看——蒜薹炒鸡蛋。

如今，商家将一些收视率高的电影、电视剧的名字变成了菜肴的名称，借此提升卖点。如“黯然销魂饭”，出自周星驰的电影《食神》；一道以柿子为主题的菜名叫“一生一柿”，据说厨师的灵感来源于电影《一生一世》；一道咖喱鸡肉被取名为“黄金食代”，和电影《黄金时代》同名；一家在互联网上非常火爆的餐厅为一道色彩鲜艳的沙拉取名为“致青春”，灵感来源于赵薇的电影《致青春》。“借名”之风不仅仅弥漫电视剧和电影，就连综艺节目也难逃其手，某餐馆就将一道清蒸猪脑命名为“最强大脑”。

时下，越来越多的餐厅为了营造出家的感觉，在菜肴的取名上开始主打亲情元素。如“老妈的汤”、“外婆红烧肉”，“十三姨生煎包”、“小叔家的鸡脆骨”、“自家的滚豆腐”等，倒也给人以一种温馨的感觉。

滥鱼充数、让鸡蛋飞、丝瓜侦探、桑拿肘子、加勒比海蜇、水煮奥巴牛、唐伯虎点秋葵、罗密欧与猪百叶、这只猪手不太冷、情人眼里出鱿鱼丝……

餐饮店要想生意兴隆，不能仅靠一些稀奇古怪、博人眼球的菜名招徕顾客，而要靠诚信经营、优质服务、优美环境和美味佳肴。此外，取菜名一定要依法依规，有内涵、讲品位，切勿哗众取宠、低俗恶搞，否则必将适得其反。

（资料来源：《库尔勒晚报》陈耀民，2016 年 3 月 31 日）

请思考：

1. 你认为案例中的餐厅起的菜名有不当之处吗？
2. 你认为餐厅靠怪异的菜名带来的是长久的发展还是负面影响？

一、菜单的种类

菜单的种类繁多，不管是星级饭店还是一般的酒楼饭庄，要进行正常营业，都必须拥有一份属于自己的菜单。根据不同的分类标准，可将菜单分成若干类别：

（一）根据餐饮的形式和内容划分

1. 早餐菜单

早晨是一天的开始，因此，早餐应简单、快速，但要求高质量。星级饭店的早餐菜单一般分为中、西式两种。

2. 午、晚餐菜单

午、晚餐是一天中的重要两餐，一般说来，客人对午餐的要求相对简单一些，但对晚餐的要求高一些。客人对午、晚餐菜单的要求是品种繁多，选择余地较大，并富于特色。在一部分西餐厅，午、晚餐菜单是分设的，但绝大多数中餐厅的午、晚餐菜单是合一的。

3. 周末早晚餐菜单

随着人们休闲观念的增强，相当一部分人会在周末早晨睡懒觉，待这部分客人赶到餐厅时，可能已经错过了早餐时间。为此，有一些餐饮企业为适应这些客人的生活特点和饮食需求，便在周末推出早午餐（也称晚早餐，brunch）菜单。早午餐菜单介于早餐和午晚餐菜单之间，既有早餐菜品，又有午餐菜品。

4. 客房送餐菜单

在星级饭店的餐厅，还有客房送餐菜单。住在客房中的客人由于某种原因不能或不愿去餐厅用餐，因而要求在客房中就餐。为满足这些客人的要求，星级饭店大都提供客房送餐服务（Room Service），并制定了专门的客房送餐菜单。该菜单的特点是：品种较少，质量较高，价格较高。

5. 自助餐菜单

自助餐菜单与套餐菜单相似，两者的主要区别是菜品的种类和数量。自助餐菜单的定价方式一般也有两种：一种是与套餐菜单相同的包价方式，即价格固定，然后客人任意选择餐厅提供的所有菜品；另一种是每种菜品单独定价，客人选择某种菜品就支付该菜品的价格。在计划自助餐菜单时，要预计目标顾客所喜欢的菜品类别，预计客人的数量，提供相当数量的多种类菜品，供客人自由选择。

6. 咖啡厅菜单

咖啡厅的服务特色是快捷、方便，餐厅通过快捷有效的服务加大客流量并增加利润。因此，咖啡厅菜单的菜品品种要以简单、快捷的西餐为主；菜单的制作应简单明了，项目不宜太多，色彩和图案要和餐厅的主题、气氛相协调。咖啡厅的菜单有固定菜单、附加菜单、台卡式菜单、纸垫式菜单和招贴式菜单等不同形式。

7. 酒水菜单

酒水单和菜单同等重要，相当一部分餐饮企业的菜单与酒单合二为一。但最好还是单独设计酒水菜单。酒水菜单应清楚、整洁和精美，不宜太复杂，而且应根据客人的需求经常更新。

（二）根据餐别划分

1. 中餐菜单

中餐餐馆使用的菜单，餐食的内容、所用的原料、烹饪的方法及服务的程式，反映的是中华民族的饮食风格和习惯。

2. 西餐菜单

以欧美国家和民族的餐馆使用为主，它反映的是西方人的风俗特点、饮食习惯、菜品的烹饪加工特点、口味特色等内容，同时也反映出相应的服务要求和服务方法。

3. 其他菜单

中西菜单以外的其他菜单的总称。目前餐饮业常见的菜单有：日本餐、韩国餐、越南餐、印尼餐、拉美餐等。此类菜单就是为这些不同的餐食所配备的，它反映的是上述民族、国家的餐食风格和服务办法。

（三）根据菜单价格形式划分

1. 零点菜单

零点菜单是餐厅最基本的菜单。一般零点菜单提供的菜品品种较多，顾客可根据自己的需要自由选择。顾客选择菜品一般根据自己的偏好、菜品的价格选择有餐厅特色的菜品。这就要求零点菜单的品种要搭配平衡，注意对菜品的原料，烹饪方法和价格搭配合理，并选择一些能反映本餐厅特点的拿手菜，将它们作为特色要加以重点推销。

顾客选择餐品的顺序一般首要选择主菜，由于某些主菜往往是顾客选择餐厅的原因，所以主菜、特色菜应安排在菜单的引人注目的位置。

点菜菜品一般是现点菜、现制作并要做工精细，因而零点菜价常贵于套菜和团体菜单上的价格。

2. 套餐菜单

这种菜单的特点是将几种不同的菜品形成一组，整餐定价销售。顾客购买的是整餐食品，而无须逐个点菜。套式菜单的优点是顾客用餐方便、快捷，无须逐个选择菜品，但缺点是顾客对菜品选择的余地较小，所以在设计制作菜单时要特别注意菜品的合理搭配。

（1）普通套菜菜单

普通套菜菜单通常是将一个人或几个人吃一餐饭（如西餐）需要的几种主食、菜品和饮料组合在一起，以一个报价销售。这种套菜通常比零点菜便宜。普通套菜单应选一些制作比较简单的菜品。推出普通套菜菜单的目的就是为了吸引更多的客源，特别是回头客。

（2）团体套菜菜单

团体套菜菜单是针对旅行社组织的团队、各类会议等客源的。团体套菜通常需要大批量生产和同时服务，这种菜单上不宜选用做工精细的菜品，因而团体套菜价格比较经济实惠。

（3）宴会菜单

宴会菜单也是一种套餐菜单，是由一定规格质量的一整套的菜品饮品，按照约定俗成的进餐顺序和礼仪组合而成的菜单，其主食、菜品和饮品的组合搭配等方面的要求均远高于团体套餐和普通套餐，具有主题多样化、菜单执行规格和标准灵活、设计技术性强、易于批量加工制作等特点。宴会菜单有多种类型，如公务宴请、婚宴或生日宴请等都需要不同的菜单。

3. 混合式菜单

混合式菜单综合了零点菜单与套餐菜单的特点和长处。最初的混合式菜单是一份零点菜单及一份套餐菜单组合在一起，即一部分菜式以套菜形式打包供客人点用，而另一部分菜式则以零点形式出现。这种方法的主要缺点是菜单过大，使用不便。现在各地餐厅、饭店使用的混合式菜单稍有变化。以西餐为例，有些餐厅的混合式菜单以套菜形式为主，但同时欢迎顾客再随意点用任何主菜，并以零点形式单独付款；有的餐厅使用混合式菜单则以零点形式为主，但凡主菜皆有两种价格：一种是零点价格，一种是套菜价格，吃套菜的顾客在选定主菜后，可以在其他各类菜中选择价格在一定额度内的菜式作为辅菜。

（四）根据市场特点划分

1. 固定菜单

固定菜单不是一成不变的菜单，而是一种菜式内容标准化、不做经常性调整的菜单。餐饮企业通常把在长期经营实践中受到好评的菜品作为品牌保留下来，把不合适的菜品淘汰掉，这种菜单相对稳定，一经合理制定便能长期使用。

优点：有利于选购设备，采购保存，降低成本；有利于实现菜品加工烹饪的标准化；有利于提高产品质量，创造名牌菜品。

缺点：容易使客人产生厌倦情绪，减少客源；对季节变化和原材料价格的波动的适应性差，影响盈利；菜品生产的简单重复性容易使员工厌烦，影响生产积极性。

2. 循环菜单

循环菜单是按一定天数的周期循环使用的菜单。使用循环菜单，餐厅必须按照预定的周期天数制定一套菜单，即周期有多少天，这套菜单便应有多少份各不相同的菜单，每天使用一份。

循环菜单适宜于旅游饭店的团体餐厅、度假型饭店、长住型饭店、公寓型饭店及企事业单位食堂餐厅使用。旅游饭店使用循环菜单一般以一周左右为宜，因为大多数旅游者不会在饭店逗留一周以上。有的饭店也根据不同的季节准备4套菜单，这种菜单能反映不同季节的时令菜，减少不同季节原料缺货或原料成本过高的现象。

3. 即时性菜单

即时性菜单是根据一定时间内原料的供应情况制定的临时性菜单，它既不固定也不循环，仅供限定的天数内或某一餐饮活动使用。编制这种菜单的依据是菜品原料的可得性、原料的质量、价格及厨师的烹调水平。美食节餐饮促销活动菜单、宴会菜单、每日精选菜单、自助餐形式菜单等多采用即时性菜单形式。这种菜单因其灵活性，有利于采购、使用新鲜廉价的原料，还可大大提高餐饮管理和营销人员的积极性。

二、菜单的作用

菜单是餐饮企业向客人提供的餐饮产品的品种和价格的一览表。从形式上看，菜单是餐厅提供商品的总目录，它实际上是餐厅将所能提供的各种菜品、食品、饮料等经过科学的组合，排列于纸上，供就餐者从中选择的一种销售工具，也是餐厅向顾客提供有关餐饮服务的内容、特点及价格等信息的一个渠道。

从菜单的功能来看，主要表现在两个方面：

（一）餐饮经营方面

1. 菜单是沟通餐饮经营者与消费者之间的桥梁

菜单是连接宾客与餐饮服务的信任桥梁，起着促成买卖交易的媒介作用。餐厅通过它向客人介绍餐厅提供的菜品、推销餐饮服务，体现餐厅的经营特色、风格和主题等。客人则通过它了解餐厅的类别、特色、产品及其价格。经营者和消费者通过菜单开始交谈，信息通过菜单开始沟通。减少了交易的不透明性，消除了客人的不信任心理。同时也减少了服务人员与客人的沟通障碍，经营者和消费者通过菜单开始交谈，信息通过菜单开始沟通，提高了服务效率。

2. 菜单反映了餐饮企业的经营方针和市场定位

菜单是餐厅经营者和生产者通过对客源市场需求的分析以及竞争对手产品的研究后，结合本餐饮企业具体资源状况制定的，是餐厅经营方针和经营思想的具体体现。在餐饮经营中，菜单一经制定，其客源层次、客源对象就确定了。所以说菜单是市场定位的集中体现。

3. 菜单反映了餐厅的菜品特色和水准

餐厅有各自的等级、风格特色和规格水准，菜单上的食品饮料的品种、价格和质量都反映出了餐厅商品的特色和水准。

4. 菜单是餐饮市场营销的客观依据

餐饮市场营销是发生在供求双方之间的交易行为和过程。从市场需求来看，菜单的设计与制定必须根据目标市场的需求来选择产品风味、花色品种、确定菜单结构、产品价格；从市场供给来看，菜单上的产品风味、花色品种、产品结构、定价方式和价格水平，必须同企业的等级规格、技术力量、成本消耗、利润目标相适应。唯有供需有机结合，才能合理制定菜单。餐饮经营者必须根据目标市场的供求关系及其发展变化来设计、制定和调整菜单。而菜单一旦确定，经营者又必须根据菜单内容和价格来加工、制作、销售其产品，提供相应服务。所以说，菜单是餐饮市场营销的客观依据。

5. 菜单是餐饮企业形象宣传的载体

菜单是企业与顾客沟通的直接窗口，作为印刷品，菜单图文并茂，本身就是艺术品，同时也是餐饮企业的主要广告宣传品。它的形象能影响到顾客对企业形象和烹调水准的评价，它所含的信息更是直接影响着顾客需求的指向、购买的数量和频率。一份高雅得体、印刷精美的菜单，无疑会刺激消费者的消费欲望。

餐厅菜单种类和形式虽然多种多样，但都是为推销产品而服务的。由于现代餐饮市场已经进入完全竞争的时代，因而促使各餐饮企业的菜单设计与制作越来越具有个性特色。现代餐饮通过菜单设计的内容、形式、装帧、具有吸引力的菜色品种、价格组合等来招徕顾客，菜单由此起到了组织客源、承担形象推广、扩大产品销售的作用。

（二）餐饮管理方面

1. 菜单决定食品原料的采购与存储

食品原材料采购贮藏是餐饮业务活动的必要环节，它们受到菜单内容和菜单类型的影响和支配。菜单内容规定了采购的贮藏工作的对象，菜单类型在一定程度上决定着采购和贮存活动的规模、方法和要求。如果在一定时期内菜单的菜式品种保持不变，那么所需原材料的品种、规格也应不变，也使得企业在原材料的采购方法、采购规格标准、贮藏方法和仓库条件要求等方面保持相对稳定。如果饭店餐饮部门使用循环菜单，食品原料的采购与储存活动就会变得烦琐复杂。

2. 菜单决定着餐厅装饰和厨房布局

餐厅装饰是为了给顾客营造一个良好的就餐环境，达到形成产品理想销售环境的目的。

所以餐厅的装饰与布置必须围绕菜单的内容和特点进行构思和设计，确保餐厅风格与菜单保持一致，突出餐厅特色。

厨房是厨师加工制作菜品的场所。厨房内各业务操作中心的选址，各种设备、器械、工具的选择，应以适合既定菜单内容的加工制作需要为准则。因为中餐厨房与西餐厨房烹饪的食物方法不同，所需设备工具不同，所以它们的布局安排往往大相径庭。即使同是中餐厨房或西餐厨房，也会因各家菜单的差异而形成自己独特的布局。

3. 菜单决定了餐饮设备的选购

菜单一经确定，餐饮产品的风格特点、花色品种、技术要求、产品价格便随之确定，同时相应的烹饪加工设备和服务用具也便确定，这样菜单上的菜品品种越多，所需的设备用具也就越繁杂。因此，餐饮企业选择购置的设备、工具及用品，其种类、规格、数量以及质量等，都取决于菜单的菜品品种。

4. 菜单决定了所需员工的质量和数量要求

菜单是餐饮企业风格特色与规格水平的标志。菜单内容的丰富程度不同，厨房设备的机械化、自动化以及操作使用的熟练程度就不同，这样，人力资源的开发和控制程度就不同。菜单的内容复杂繁多就必然需要更多的烹饪技艺精湛的厨师和服务水平高超的服务员。反之，员工的素质要求就低一些，需要的员工数量也会减少。

5. 菜单是成本控制的依据

菜品用料珍稀、原材料昂贵，必然导致食品原料过高；而精雕细琢、煞费苦心的样式过多，又会无端增加餐厅的劳动成本。所以，如果餐厅菜单上的菜品多为高档繁杂的菜品，将会影响到餐厅的盈利能力；而多选择成本低廉的菜式又会影响到酒店餐厅的档次。各种类的菜式搭配是否得当会直接影响到酒店的品牌档次与盈利情况，因此，菜单上不同成本的菜式应按照一定的比例合理搭配。

6. 菜单是餐饮服务方式的基础和依据

餐饮服务的开展是由菜单内容来决定的，菜单的内容体现了餐厅经营取向、风格和价格策略等方面的思想。不同的国家、地区和民族，由于生活习俗的差异，其饮食规范、程序和标准亦有不同。不同的饮食习惯要求餐饮服务必须把握菜单的精髓，使菜单目标和服务工作完美地结合起来。

子项目二 菜单设计原则与步骤

学习任务描述

1. 了解设计菜单时菜品的选择原则。
2. 了解菜单的内容、设计原则、布局安排、制作要求、设计程序、制作步骤。
3. 掌握菜单的定价方法。
4. 能独立完成菜单的设计。

案例导入

2015年习近平总书记访美期间，奥巴马夫妇宴请习近平夫妇的餐单一曝光，就引起了媒体的广泛兴趣。我们先来看看《人民日报》公布的菜单内容：

Wild mushroom soup with black truffle 黑松露野蘑菇汤，配绍兴黄酒；

Butter poached lobster with spinach, shiitake and leek rice noodle rolls 黄油焗缅因龙虾和菠菜，香菇和韭菜米粉春卷，配2014年的Penner－Ash Viognier ‘Oregon’干白葡萄酒；

Grilled cannon of Colorado lamb with garlic fried milk and baby broccoli 烤科罗拉多羊肉、蒜香脆皮奶丁和西兰花苗（类似芥蓝菜尖），配2012年的Pride Mountain 的Merlot “Vintner Select”干红葡萄酒；

Poppyseed bread and butter pudding with Meyer lemon curd lychee sorbet，甜点是罂粟籽面包、黄油布丁，加柠檬奶冻和荔枝沙冰，配2011年的Schramsberg Cremant Demi－Sec半甜起泡酒。

此外，还有一个中国亭桥园林特色的点心拼盘，以及应景的南瓜月饼。

这几道宴会料理中，其实有很丰富的设计思想。

一方面，设计者在食材上大做文章。原料中的龙虾和羊肉都是美国地方精品，蔬菜则是本地种植，以及白宫菜园产品，突出了新鲜、自然、本土的特色。同时，宴席所用的食材也必须足够“上档次”，比如，野蘑菇、黑松露、龙虾等都是西方美食的高档原料，优质牛羊肉也是历年国宴餐单的主力，通常会根据客人的爱好选择其中一种。

第二个要点就是烹调者考虑到了健康因素。虽然西方人一向以动物蛋白质丰富和甜品精美为宴席特色，这次也不例外，龙虾和羊肉担纲，包括了“山上的”和“水里的”美食；甜点品种多样。但是，其中也考虑到了配合植物性食品如菠菜、西兰花嫩苗、韭菜3种绿叶蔬菜，也加入了野蘑菇、黑松露、香菇这3种菌类蔬菜。

在西方人看来，菠菜和西兰花嫩苗都是一等一的高档健康蔬菜，是深绿色叶菜的优秀代表，其中富含叶黄素、叶酸、维生素B_2、维生素K、维生素C、钙、镁和膳食纤维等多种健康成分，对预防视网膜衰老、预防心脑血管疾病、预防糖尿病等都有很高的价值。

作为西方宴席的传统，其中并未提供明确的主食，而是把春卷纳入主菜当中，并用自由取食的甜点和杂粮面包来提供碳水化合物。其实这个食物比例也不仅仅是厨师的做法，它和近年来美国营养学界“精制碳水化合物比脂肪更坏”的理念是一致的。罂粟籽中富含钙、镁、钾等矿物质，以及脂肪酸和维生素E，连壳碾成的粉还含有较高的膳食纤维，很多国家被用于食品调味和面包配料当中。

第三个看点是宴席美食也要讲究多样化的口感，突出感官的享受。在国宴的每个一个菜品当中，都会使用多种食材，并做成多种质感。比如说，烤羊肉、脆皮奶丁和西兰花苗，是完全不同的3种口感，但每一种都要做得恰到好处，烤肉要柔嫩多汁，奶丁要酥脆，菜苗要爽脆。

西方烹调使用黄油来作为主要烹调油，在烹调中经常加牛奶和奶酪，这些是中国人不太常用的做法。在宴席中有黄油焗龙虾，也有脆皮奶丁和黄油布丁。虽说黄油在中国人看来并不那么健康，但它热稳定性强，很适合高温烹调，用来制作煎炸食品时口感酥脆，而且味道非常浓郁诱人。只要不作为日常主要烹调油，偶尔少量食用黄油作为美食材料之一，并不必过度恐惧。相比之下，国人满不在乎地用对热稳定性差的液体植物油作为油烟滚滚的烹炒油，甚至反复高温过油或油炸，长期而言对预防多种慢性疾病反而是不利的。

有一点不能忽略，那就是宴席上的酒类非常精美。用白葡萄酒来烘托海鲜类菜品的鲜美，用红葡萄酒来配合牛羊肉菜品的浓郁，用起泡酒来提升甜食的情趣，都是西方宴席的经典搭配。宴席中选用的酒自然都是精品，口感和风味经过反复比较，能与菜品的味道配合得最为完美。

最值得一提的是，设计者考虑了中国人的味觉喜好，把传统中国因素自然地融入其中。比如，野蘑菇松露汤所搭配的绍兴黄酒，就是中国的传统酒类，放在开胃汤的时段恰如其分，又让习总书记想起当年在浙江省工作的时光。第二道主菜使用了香菇和韭菜这两种浓郁中国风情的食材做成春卷；最后的甜点中用了荔枝这种中国水果特产，也是有意取悦中国客人。因为中国人大部分不太习惯吃奶酪，宴席上没有出现西方宴会常有的奶酪。考虑时间上是中秋佳节，还设计了南瓜月饼和中国亭台情调的点心，让客人有宾至如归的感受。

总之，设计一个宴席菜单，既要展示本餐厅的饮食和文化特色，又要迎合客人的口味，表示对客人的尊重，还要考虑到食材品质、味道鲜美、食用方便、摆盘漂亮，餐具高档，气氛温馨，再加上健康概念，真的是一件非常不容易的事情。

（资料来源：《人民日报》，2015 年 9 月 26 日）

请思考：

如何根据餐厅或宴会主题设计出一份符合餐厅定位、反映餐厅特色的菜单？

一、菜单的内容

菜单是餐厅服务的一个重要的窗口，一份设计合理、内容齐全的菜单应包括以下几个方面：

（一）菜品的名称和价格

菜品的名称直接影响就餐者对菜品品种的选择。顾客对于那些自己未曾尝试过的菜品，往往会凭菜名去挑选。消费者对某一餐厅是否满意，在很大程度上取决于阅读了菜单之后对菜品产生的期望值。更重要的是，餐厅提供的菜品是否能满足消费者的期望。所以菜单上的菜品名称和价格必须具有真实性，这种真实性体现在以下几个方面：

1. 菜品名称应真实可信

菜名既要朴实无华，又要巧妙含蓄，但必须真实，不能太离奇。事实上，故弄玄虚、哗众取宠的菜品不仅不能吸引顾客，相反还会使顾客觉得反感，不易被顾客所接受。小型的以常客为主的餐厅可采取不寻常的名字，而面向大众开放的餐厅应该采用切合实际并为顾客所熟悉的菜名。

2. 外文名字准确

菜单是餐厅质量的一种标记，如果西餐厅菜单的外文名字出现拼写错误或者语法错误，说明对该国的文化和烹调根本不熟悉，餐厅质量难以得到保障，从而使顾客难以对餐厅产生信任感。

3. 菜品的质量应真实可靠

菜品的质量真实可靠指包括原料的质量和规格要与菜单的介绍相一致。如果菜品是炸里脊肉，餐厅就不应用五花肉作为该菜的原料。原料的产地也应该真实，菜单上说是神户牛肉，就不应该用国产牛肉代替。菜品的份额同样应该真实，菜单上注明分量为多少，就应该足量供应。原料的新鲜程度也应该保证真实，如菜单上标明的是新鲜海鲜，就不应该用速冻品代替，以次充好。

4. 菜品的价格应明码标价

菜品的价格一定要准确、真实，菜单应明码标价，且菜单上所列的价格应该是菜品价值的真正体现，绝不能随便乱收费。加收服务费的则必须在菜单上说明，价格变动的应重新印制，不能随意涂改。有些餐饮机构加收服务费、包房费、开瓶费等，都必须在菜单上加以注明。

5. 菜单上所列的产品应保证供应

有些餐饮经营者为了让客人觉得自己餐厅所供应的品种繁多，好给客人选择的余地，通常会把本餐厅所能制作的菜品全部列入菜单中。但有些产品的原材料是很难保证供应的，所以忽视了是否能够保证供应的问题。菜单上所列菜品如不能保证供应会使餐饮企业显得不严肃、不可靠，从而降低客人的满意度和信任度。

（二）菜品的介绍

菜单应对某些产品进行介绍，可以替代服务人员向客人介绍，帮助客人下决心挑选某些菜，减少客人的选菜时间。菜单上应对菜品进行简要说明的内容包括：

①主要配料以及一些独特的浇汁和调料。

②菜品的份额。

③菜品的制作工艺和服务方法。

④菜品的口味特征及适用对象。

⑤菜品烹饪所需的等待时长。

（三）特色菜品推荐

菜品的介绍中，最应突出的就是特色菜。在菜单上推销特色菜品，一是可以大力宣传畅销菜、名牌菜，二是可对一些利润高但不太畅销的菜品作为重点推销对象，引导顾客消费，使之成为既畅销又利润高的菜品。

（四）告示性信息

告示性信息必须十分简洁明了，一般包括以下内容：

①餐厅的名字，通常在封面，要注意设计，确保其美观性和独特性。

②餐厅的特色风味。如果餐厅具有某些特色而餐厅名字本身又反映不出来的，最好在菜单封面、餐厅的全名下面列出其风味。例如，四季厅——西餐厅。

③餐厅的地址、电话。一般列在菜单的封底下方，有的菜单还会将餐厅在城市中的地理

位置标出。

④餐厅的营业时间。一般列在菜单的封面或封底。

⑤餐厅加收的费用。通常在菜单每一张内页的底部注明。如时令海鲜以当日价格为准；送餐每道菜品加收10%的服务费等。

（五）机构性信息

有的菜单上还介绍餐厅的质量、历史背景和餐厅特点等企业宣传性信息。许多餐厅需要推销自己的特色，而菜单是最佳的途径。例如，肯德基快餐店在刚刚进入中国市场的时候，在其各个分号的餐馆中利用菜单介绍了这个国际集团的规模、历史背景、企业发展过程等。

二、菜品的选择

菜品是菜单上的主要内容，一张好的菜单应该能够反映出当前餐饮市场菜品销售动态。在编制菜单前，应首先对餐饮市场的各类菜品进行调查分析，确定哪些菜品特别受顾客欢迎，哪些菜品利润较高，哪些菜品具有可开发性，这样才能保证菜单在实施的过程中保持稳定性。

制作一份完整的菜单，最重要的内容之一就是要做好菜单上菜品的选择，菜单上菜品的选择是否得当在很大程度上体现了菜单对客人的吸引力，而菜单的一大功能就是更好地向客人推销自己餐厅的菜式，所以，菜单上菜品的选择至关重要，在选择菜品时应注意考虑以下因素：

1. 餐厅主题风格

饮食文化具有地域及民族特色，餐厅的主题也要能够体现多元文化的特征，涉及不同时期、不同国家和地域的历史、文化、艺术、风情、宗教及生活方式。在菜单设计时选择菜品必须与本餐厅的主题装潢档次相一致，装潢豪华的餐厅提供的菜品档次也一定要高，否则会使人大失所望。布置设施简单的档次较低的餐厅一定要让人们吃上物美价廉的普通菜，否则顾客也会因价格太高而觉得受到欺骗。

2. 市场需求和顾客喜好

经营餐厅的最终目的就是为了经济效益，而要有经济效益就必须有顾客，产品必须有市场。

餐厅里的一切产品都必须根据顾客需要而制作，因为只有符合顾客需求的产品才能受到消费者的喜爱，才能有市场。为使餐饮产品能被顾客所喜爱、所接受，就必须进行市场调研，制定出符合市场需求的菜单。当然任何一家餐饮企业都不能满足所有档次顾客的需求，所以必须选择一些有相似消费需求的顾客作为目标客源市场，如对于流动性大的过往游客，应多提供制作简单、服务快捷的菜品；对于宴会菜品，则要做工精致、搭配合理；对于附近居民，则应富于变化、物美价廉。总之，菜单的设计必须时刻以市场的需求为中心，积极应对市场的需求变化。

3. 食品原料供应情况

列入菜单的菜式品种，厨房必须无条件地保证供应。这就要求原料的供应应该有保障。一份菜单的出菜率应该在95%左右。这是一条相当重要但极易被忽视的餐饮管理原则。原料供应往往受到市场供应关系、采购、运输、季节、餐厅地理位置及库存条件等因素的影响。菜单设计时必须充分估计到各种局限性，应尽量使用供应充分的食品原料。

4. 餐饮生产条件

菜单设计时一定要充分考虑到餐饮企业的生产条件。厨房设备是重要条件之一，应该保证厨房设备与餐厅菜单相对应。另外，设计时必须考虑到设备的生产能力大小、单位烹饪时长、技术性能等，应避免出现过多地使用某一种设备而致使其他设备闲置的情况。厨师的技术水平和烹饪技能是另一个重要条件，设计菜单时要考虑其年龄、菜系、工作经历、文化程度、技术等级等状况，否则设计出来的菜单只能是空中楼阁。

5. 成本控制与盈利能力

获取利润是每一个餐饮企业的追求目标，而利润与菜单的设计直接相关。不同菜品有不同的成本率，如果菜单设计不合理，高成本菜品过多又难以出售的话，即使制定有完善的食品成本控制措施，也难以获取利润。从菜品的销售量及获利能力来看，菜单上的菜品可分为4类：畅销且高利；畅销但低利；不畅销高利；不畅销低利。

这4类菜品中的第一类一定要列入菜单中；第二类要进行一定的调整，畅销虽然说明符合市场需求，但低利润是不符合餐饮企业的要求的，而且极有可能影响到高利润菜品的销售；第三类为高档菜，对高档餐厅来说应保留，普通餐厅不宜过多；第四类多为装饰性菜，可有可无。

6. 花色品种及营养结构

一张菜单的设计还要注意各类花色品种的调配，既要保持传统风味、地方特色、又要不断研制新花色、新品种，在食品的色彩、形状、香味等方面下功夫，增加食品的吸引力。

菜单的花色品种不宜过多，但要丰富，而且要搭配合理，如中餐的凉菜、热菜、面点、汤类的比例大致为5∶15∶4∶3。除了常年固定的菜单外，还应定期推出时令菜、特色菜，不断更新。品种过多，会使宾客无所适从，不知该点什么菜好；而且品种过多，会使原料采购供应产生一定困难，造成原料缺档或者存储困难，增加成本；还会使厨房的准备工作增加，影响出菜速度。但是如果菜式品种过少，会使人感到单调厌烦，因此菜式品种必须适当。

随着生活水平的提高，人们的消费观念已发生很大的改变，从吃得饱转向吃得有营养，因此菜单的制定应注意营养均衡。人体所需的蛋白质、脂肪、糖、维生素和无机盐5大营养成分的平衡，在菜单设计的过程中，必须充分满足人们对健康饮食的需求，做到品尝性、欣赏性和营养性的高度统一。

三、菜单的设计

（一）设计原则

因为菜单对餐厅的经营管理具有重要的意义和作用，所以餐厅在设计和制定菜单时不能马虎了事，而应精心设计制作出一份精致美观、科学合理的菜单。其制作和设计原则主要有以下六点：

1. 以顾客需求为导向

餐厅要以顾客需求为导向，顾客喜欢吃什么菜，吃什么档次的菜必须清楚。因为满足顾客需求是餐厅经营制胜的根本，所以菜单设计也必须体现顾客的需求，例如，是普通菜还是风味菜，是川菜还是粤菜。顾客的需求不同，菜单的设计也完全不同。

2. 体现出自己的特色

餐厅首先要根据自己的经营方针来决定提供什么样的菜单。菜单设计要尽量选择能反映本店特色的菜品进行重点推销。即使大众化的餐厅，往往也必须有几道拿手菜。因为如果没有几道能拿得出手的看家菜，便很难吸引新老顾客。因此，设计菜单一定要突出自己的特色，突出本企业的“拿手好菜”和“拳头产品”，把它们放在菜单的醒目位置，单列介绍。只有体现了自己的特色，才能给顾客留下深刻的印象。

3. 不断创新以适应新形势

变是世间万物存在的根本，循规蹈矩只会走向失败。社会不断发展，顾客的口味和餐饮的形势也在不断变化，所以菜单也要推陈出新。最好是一个季度或半年更换一次，如果菜单长期不换，首先会导致缺乏吸引力，从而失去顾客；其次，也会影响菜肴的正常供应，因为有些原料受季节的影响，季节过后，供应和品质难以保证，从而影响餐厅的信誉；最后长期不换菜单也不利于厨师烹调技艺的提高，餐饮企业难以得到更好的发展。菜单变更除了考虑季节因素以外，还要注意顾客饮食习惯的变化，例如，在营养、健康、营养均衡等方面的饮食要求。

4. 形式美观大方

菜单不仅是餐厅的宣传工具，它也是艺术品。所以菜单的式样、大小、颜色、字体、纸质、版面安排需要与餐厅的等级和气氛相协调，要与餐厅的陈设、布置、餐具、服务人员的服装相适应。大众化的餐厅尽管无须装饰精美的菜单，但仍应保证菜单美观大方。

5. 能创造经济效益

餐厅经营的最终目的是赚钱盈利，所以设计菜单时不仅要考虑到菜品的销售情况，还要考虑其赢利能力。如果菜的价格过高，顾客就可能接受不了；如果菜的价格过低，又会影响毛利，甚至可能出现亏损。因此，设计菜单时，应适当降低高成本菜的毛利而提高低成本菜的毛利，以保证在总体上达到规定的毛利率。

6. 量力而行，确有把握

以自己的能力为依据设计菜单，才能确保其发挥最佳的效用。所以，菜单设计者应对餐厅的生产能力做到心中有数，且具备过硬的生产服务技艺，保证所选择的菜品质量能达到预期的效果。这就要求在策划菜品时应充分考虑厨房生产人员的技术水平，同时要配有生产许多菜品的专用设备。

总之，在设计菜单时，要综合考虑上述几项原则和依据，只有如此，才能制定出较为科学合理的菜单。而且对于新制定的菜单，餐厅还必须对其进行测试，经过分析完善后正式投入使用。

（二）定价方法

餐饮菜单定价是销售和成本控制的一个重要环节，价格将会直接影响到企业的经济效益，体现了一个餐厅的产品定位，价格还是企业营销的重要手段，在餐饮企业营销组合的诸多因素中，价格是作用最直接、见效最快的一个，在扩大市场占有率和推广新产品时，价格是一个常用的营销战略。

下面是五种具体的定价方法，这些方法是饮食业目前普遍采用的。在实际应用中，应该使用这五种方法的哪一种，则完全由餐厅经营者根据当时情况而定，亦可把这些方法糅合，灵活掌握，并加以创新。

1. “随行就市”法

这是一种最简单的方法，即把竞争同行的菜单价格为己所用。这种以竞争为中心的定价策略，在实际中还是经常使用的。使用这种方法要注意以成功的菜单为依据，避免把别人不成功的定价搬为己用。

2. 系数定价法

以食品原材料成本乘以定价系数，即为食品销售价格。这里的定价系数是计划食品成本率的倒数：如果经营者计划自己的食品成本率是40%，那么定价系数即2.5。

例如，已知一小盘炒肉丝成本为6.00元，计划食品成本率为40%，则：

售价 =6×2.5 =15（元）

这种方法是以成本为出发点的经验法，使用比较简单，问题是定价者要避免过分依赖自己的经验，计划时要全面、充分，并留有余地。

食品销售价格 = 食品原材料成本 × 定价系数

3. 毛利率法（详见项目十之子项目二）

4. 主要成本率法

把食品原材料成本和直接人工成本作为定价的依据，并从损益表中查得其他成本费用和利润率，则可计算出食品销售价格。

食品售价 =（食品原料成本 + 直接人工成本）/1 -（非原料和直接人工成本率 + 利润率）

主要成本率法亦是以成本为中心定价的，但它考虑到了餐厅较高的人工成本率，这样如能适当降低人工成本，则定价可更趋于合理。

例如，一盘炒什锦原材料成本3元，直接人工成本1元，从财务损益表中查得“非原材料和直接人工成本率”及“利润率”之和为40%，则：

售价 =（3 +1）/（1 -40%） =6.66（元）

5. 本、量、利综合分析定价法

本、量、利综合分析定价法是根据菜肴的成本、销售情况和盈利要求综合定价的。其方法是把菜单上的菜点根据销售量及其成本分类。每种菜点总能被列入下面4类中的一类：

①高销售量、高成本。

②高销售量、低成本。

③低销售量、高成本。

④低销售量、低成本。

虽然第二类菜点（高销售量、低成本）是最容易使餐厅得益的，但在实际餐厅出售的菜点中，四类都有。所以在考虑毛利的时候，第一类和第四类的菜点要加适中的毛利，第三类加较高的毛利，第二类加较低的毛利，然后根据毛利率法计算菜单上菜点的价格。

这一方法是综合考虑了客人的需求（表现为销售量）和餐厅成本、利润之间的关系，并根据“成本越大，毛利应该越大；销售量越大，毛利可越小”这一原理定价的。同时菜单价格还取决于市场均衡价格，如果价格高于市场价格，难以招徕客人。反之若低于市场价格，餐厅容易产生亏损。因此在定价时，可以经过调查分析或估计，根据企业自身情况，再综合以上各因素，在经营中把菜单上的菜点及价格进行适当调整。

本、量、利综合分析定价法看上去比较复杂，有一定的难度，但餐厅经营者多做一些调查分析，经过综合考虑多种因素后给菜单定的价，必定是比较合理的且能使餐厅经营得益的，而且这些市场调查分析的结果能使餐厅经营服务得到不断改进。

（三）布局安排

1. 菜品的顺序

菜单的布局首先要注意菜单品种的排列顺序及菜单的程序。菜品的排列应按照用餐习惯进行，再结合原料分类排序。菜单上菜品顺序的编排可按照上菜的先后顺序。这既符合人们的正常思维，又能使客人很快找到菜点的类别，不至于漏点某些菜品。中餐的一般程式为：凉菜、热菜、汤、主食、饮料。西餐的一般程式为：开胃菜、汤、沙拉、主菜、甜点、饮料。注意千万不要按菜品价格的高低来排列菜品，否则客人会仅仅根据价格来点菜，这对餐厅菜品的推销是不利的。

心理家研究表明，单页菜单的上半部、对折菜单的右页上部以及三折菜单的中心部位，一般最受客人的注意。客人的目光首先并经常会停留在这些地方。因此，在设计菜单时，应设法把需要重点促销的菜点安排在这些显眼的位置。如果由于菜单程式的限制而不能做到，则应该将这些重要菜品加以框边或者纹饰，或者用不同的字体印刷以吸引客人的注意。若要着重突出这些主要菜品，则应该将特色菜品的数目控制在菜单上菜品的20%~25%之间。

2. 临时菜品的推销

餐厅经常会有一些临时菜品或者特别菜肴需要推销。对于这些菜品，可以采用小卡片的形式附在菜单上。由于这种形式很醒目，也能引起客人兴趣，附小卡片所用的小夹子必须在制作菜单时就已设计妥当，菜单上也应留有一定的空白，以免小卡片遮盖菜单的内容。

3. 酒水的处理

对于档次较高的餐厅，酒单最好单独印刷，分别列出开胃酒、餐前鸡尾酒、餐间酒和甜点用酒等不同类别，使酒水与菜品匹配。

（四）制作要求

在具体设计和制作菜单时有以下要求：

1. 菜单的制作材料

菜单的制作材料不仅能很好地反映菜单的外观质量，同时也能给顾客留下较好的第一印象。因此，在菜单选材时，不仅要考虑餐厅的类型和规格，也要顾及制作成本，根据菜单的使用方式合理选择制作材料。一般来说，长期重复使用的菜单，要选择经久耐磨又不易沾染油污的重磅涂膜纸张；分页菜单，往往是由一个厚实耐磨的封面加上纸质稍逊的活页内芯组成；而一次性使用的菜单，一般不考虑其耐磨、耐污性能，但并不意味着可以粗制滥造。许多高规格的宴会菜单，虽然只使用一次，但仍然要求选材精良，设计优美，以此来充分体现宴会服务规格和餐厅档次。

2. 菜单封面与封底设计

菜单的封面与封底是菜单的“门面”，其设计如何将在整体上影响菜单的效果，所以在设计封底与封面时要注意以下4点：

①菜单的封面代表着餐厅的形象。因此，菜单封面必须反映出餐厅的经营特色、主题风格和等级档次等特点。

②菜单封面的颜色也应当与餐厅内部环境的颜色相协调，使餐厅内部环境的色调更加和谐一致，这样在顾客点菜时，菜单可以变为餐厅的点缀品。

③餐厅的名称一定要设计在菜单的封面上，并且要有特色，笔画简单，简单易读。这样一方面可以增加餐厅的知名度，另一方面又可以树立餐厅的形象。

④菜单的封底应当印有餐厅的地址、电话号码、营业时间及其他营业信息，这样可以借此向顾客进行宣传。

3. 菜单的文字设计

菜单作为餐厅与顾客沟通的桥梁，其信息主要是通过文字向顾客传递的，所以文字的设计十分重要。

一般情况下，好的菜单文字介绍应做到描述详尽，起到促销的作用，而不能只是列出菜品的名称和价格。如果把菜单与杂志广告相比，其文字撰写的耗时费神程度并不亚于设计一份精彩的广告词。文字部分的设计主要包括食品名称、描述性介绍、餐厅声誉的宣传（包括优质服务、烹调技术等）三方面的内容。

此外，菜单文字字体的选择也很重要，菜单上的菜品一般使用楷书，以拉伯数字排列、编号和标明价格。字体的印刷要端正，使客人在餐厅的光线下易于识别。

除非特殊要求，菜单要避免用外文来表示菜品，即使用外文也要保证拼写、语法准确，避免出现差错。

4. 菜单的插图与色彩运用

为了增强菜单的艺术性和吸引力，往往会在封面和内页使用一些插图。使用图案时，一定要注意其色彩必须与餐厅的整体环境相协调。

菜单中常见的插图主要有：菜品的图案、中国名胜古迹、餐厅外貌、本店名菜、餐厅历史变革、重要人物在餐厅就餐的图片。除此之外，几何图案、抽象图案等也经常作为插图使用，但这些图案要与经营特色相对应。

此外，色彩的运用也很重要。赏心悦目的色彩能使菜单显得更有吸引力，更好地介绍重点菜品，同时也能反映出一家餐厅的风格和情调。色彩能够对人的心理产生不同的反应，能体现出不同的暗示特征，因此选择色彩一定要注意餐厅的性质和顾客的类型。

5. 菜单的规格与篇幅

菜单的规格应与餐饮内容、餐厅的类型与面积、餐桌的大小和座位空间等因素相协调，使客人拿起来舒适，阅读方面，因此菜单的开本和选择要慎重。调查资料表明，最理想的开本为 23cm × 30cm。经营人员确定了菜单的基本结构和内容，并将菜品清单列出后，选择几种尺寸较合适的开本，排列不同型号的铅字进行比较。篇幅上应保持一定的空白，通常文字占总篇幅的面积不超过 50%。

6. 菜单的照片和图形

为了增加菜单的营销功能，许多餐厅都会把特色菜品的实物照片印在菜单上，能为菜单增加色彩与美观度，从而加快客人选菜的速度。但是在使用照片或图片时一定要注意照片和图片的拍摄和印刷质量，否则难以达到预期效果。此外，许多菜单上的彩色照片并没有对号入座，即没有将彩色照片、菜品名价格及文字介绍列在一起。解决这一问题，最简单的方法就是用黑色线条将其框起来，或者使用小块彩色面使其突显出来。

（五）设计程序

1. 准备所需材料

①各种旧菜单，包括餐饮企业目前在用菜单。
②标准菜谱档案。
③库存原料信息。
④菜肴销售结构分析。
⑤菜肴的成本。
⑥客史档案。
⑦烹饪技术书籍。
⑧菜单词典等。

2. 制定标准菜谱

标准菜谱一般由餐饮部和财务部共同制定，其内容有：
①菜肴名称（一菜一谱）。
②该菜肴所需原料（主料、配料和调料）的名称、数量和成本。
③该菜肴的制作方法及步骤。
④每盘分量。
⑤该菜肴的盛器、造型及装饰（装盘图示）。
⑥其他必要信息，如服务要求、烹制注意事项等。

3. 菜单总体构思

①根据菜单设计依据确定菜肴种类。
②根据进餐先后顺序决定菜单程式。
③进行菜单定价。
④着手菜单的装潢设计。
⑤印刷和装帧。

（六）制作步骤

1. 材料

菜单的制作材料应根据餐厅使用菜单的方式而定。一般说来，菜单有“一次性”和

"耐用"两种使用方式。"一次性"是指使用一次即处理掉的菜单，如咖啡厅的纸垫式菜单、客房送餐服务的门把手菜单、宴会菜单等；"耐用"是指能长时期使用的菜单，如零点菜单等。

2. 规格与式样

菜单的尺寸大小应根据餐厅规模、菜点品种而定，一般规格在26cm×36cm或28cm×38cm范围内。当然这并非绝对，关键是要求菜单的大小必须与餐厅面积、餐桌大小和座位空间相协调。

菜单的式样最常见的是长方形，但也可以根据餐厅的具体情况设计成圆形、正方形、梯形、菱形等，但必须与餐厅风格相协调。

3. 菜单的内容

菜单上除了餐饮产品名称、价格等信息之外，还必须注明餐饮企业名称、地址、电话号码、餐厅营业时间、服务内容、预订方法等。此外还必须有一些描述性说明，但产品的描述性说明应准确并恰如其分，做到实事求是、易于理解。

菜单上的文字图案均应印刷清楚、清晰可读。菜点名称应有中英文对照，风味餐厅的菜名还应配有相应国家或地区的文字。

4. 菜单的装潢设计

在对菜单进行装潢设计时，可召集有关广告宣传、美工、有经验的厨师及相关管理人员，对菜单的封面设计、式样选择、图案文字说明等工作进行讨论。但是无论在哪个步骤，设计者必须把顾客的需求放在第一位，优先考虑他们的消费动机和心理因素，然后以此为据做好各步骤的工作。

（七）特殊设计

1. 菜单的防污染设计

首先，菜单的表面要易于清洁，由于翻阅菜单的人很多，菜单容易被弄脏损坏，一般应选用质地优良、厚实的纸张，如胶版纸、铜版纸等。

其次，可以考虑在菜单表面进行塑化，也可以防水；但注意不要过塑，过塑后会显得很低档，手感也不好。菜单的整洁程度，会直接影响到客人对餐厅的第一印象。

同时，还必须考虑纸张的防污、防折和耐磨等性能。若是一次性菜单，应选用比较轻巧、便宜的纸张。

2. 菜单的防破损设计

菜单纸张的厚度、硬度、耐磨性、防酒水、防火、防油渍等都要符合相应的菜单要求，增加菜单的使用寿命和完好性。

3. 菜单的质感设计

菜单的纸张还存在着质的差异，有表面十分粗糙的，也有表面十分光洁细滑的。由于菜单是客人拿在手里读的，所以纸张的质地和对手感的影响也是一个重要的问题。纸的不透光度、光洁度和白皙度等也是质感考虑的因素。

（八）常见问题

虽然大部分餐厅的经营者或管理者都花费了很大的心思和精力去设计菜单，但还是有很多餐厅的菜单不尽如人意，以至于出现这样那样的问题，给餐厅经营造成很大的影响。常见问题主要有：

1. 制作材料选择不当

有的餐厅为了节省成本，就采用各色簿册制品，其中有文件夹、讲义夹，也有用信邮册和影集来充当菜单，而不是专门设计的菜单。这样的菜单不但不能起到点缀餐厅环境，烘托餐厅气氛的效果，反而与餐厅的风格格格不入，显得不伦不类。

2. 规格和装帧不当

很多小规模的餐厅，菜单正文都是以16k普通纸张制作，这个尺寸无疑过小，造成菜单上菜品名称等内容排列过于紧凑，主次不分。有的菜单甚至只有练习本大小，但页数竟有几十张，无异于一本小型杂志。绝大部分菜单纸张单薄，印刷质量差，无插图，无彩页，加上保管使用不善，显得极其简陋肮脏。

3. 字体选择不当

不少菜单是打字复印本，即使是印刷本，也大多使用同一号字。如果餐厅照明情况不好，阅读3mm大小字的菜单，加之油渍，会使客人更加难以辨认。同时，大多数菜单字体单一，忽视了使用不同字号、不同字体等手法来突出宣传重要菜品。

4. 随意涂改菜单

随意涂改菜单是菜单使用中最常见的情况之一。对菜单的菜品、价格及其他信息进行随意涂改，会使菜单显得极不严肃，很不雅观，引起客人的反感。

许多中小餐厅的菜单除了有上述常见问题以外，有时还会出现文字介绍过于简单、菜品与菜单不符、人为省略和粗心遗漏某些信息等问题。这些对餐厅的经营都会带来一定的负面影响，所以餐厅的管理者一定要注意对其查漏补缺，避免上述问题的出现，使菜单的设计和制作都做到尽善尽美。

子项目三 主题菜单设计

学习任务描述

了解主题菜单的设计流程及注意事项。

案例导入

2月19日上午，合肥市磨店职教城新东方烹饪学院里，首届李鸿章美食文化节在此举办。活动现场，舞台一侧的圆桌上摆放着由烹饪学院师生复原的李鸿章家宴，共13道菜。菊花银鱼、蟹黄虾盅、鸿章杂烩、五彩白丝鱼等流传百年的菜肴出现在市民眼前的时候，引来不少市民掏出手机拍照，还有的人在一旁不停地咽口水。

美食文化节自然有美食表演。刀工表演、基础翻锅表演、花式调酒、高跷剪刀面等。最令市民惊叹的要属龙须拉面表演，只见表演的黄师傅在拉面时不断重复一拉一折，一直拉到14扣，共计28 924根，细如银丝，引得市民们惊叹不已。

活动最后的试吃环节是市民们最喜爱的，每个试吃台前都挤满了市民，他们争先恐后地将手里的塑料碗递给台前的厨师，希望可以品尝到自己想要的小吃。就连最常见的烤肉串也引来市民的"疯抢"，一名厨师将烤好的肉串拿到人群中分发，不一会儿就被市民一抢而空。

（资料来源：合肥网综合2017年2月19日）

我们在前面讲了菜单的功能、种类、菜品的选择、菜单的内容及设计，下面我们就以美食节为例来讲讲如何进行主题菜单设计。

一、美食节的特点

制定美食节主题菜单首先要了解美食节的特点，美食节是在餐饮正常经营的基础上所举办的各种形式的餐饮产品推销活动，和正常一日三餐的产品销售方式不同，美食节活动具有如下6个特点：

1. 经营方式灵活多样

美食节可以采用灵活多样的经营方式，如美食周、美食月、花园烧烤节、池畔晚餐会等。其活动内容、活动方式大多是根据客观市场环境的机遇和市场竞争需要来确定的；活动地点可以在各种餐厅、宴会厅；其形式可以是餐厅零点、套餐，也可以是宴会和自助餐；菜点品种和就餐环境布置则根据活动内容、活动方式、活动地点的客观条件等来确定。因此，其经营方式完全超越了一日三餐的限制，十分灵活。为此，餐饮经营者必须树立开拓精神、创新意识，善于抓住机遇，采用灵活多样的经营方式，才能广泛开展美食节活动，搞活餐饮经营。

2. 产品内容丰富多彩

饭店、餐馆每一次美食节的活动内容、活动方式和菜点品种都不完全相同。如"意大利美食节"，其产品内容主要是意大利饮食名优产品；"法国美食周"，其产品内容则以法式名优食品为主；"重阳美食节"，主要围绕中国民族文化的特点提供适合于老年人健康长寿的中餐菜肴和各种小吃。每次美食节活动的菜单大多是根据活动计划、活动内容、活动方式单独设计的，其产品内容丰富多彩。它没有餐厅正常经营的常年菜和季节菜之分。对于相邻两次美食节活动而言，其产品内容和菜单设计可能完全不同。为此，餐饮经营者必须十分重视每次活动与菜单设计和花色品种安排。美食节菜单中的花色品种既要做到丰富多彩，突出名优特色产品，又要同美食活动的具体内容和形式结合起来，具有广泛吸引力。

3. 经营时间有阶段性

美食节活动是各餐饮企业一日三餐正常的产品销售以外的特殊经营活动，在全年的餐饮计划中，无论是大饭店每月举办的美食节活动，还是中小饭店一年几次美食节活动，其时间都是有限的，较长的美食节一般为1个月，大多数为1周、10天或2周。由于它在时间上具有明显的阶段性，所以要求比较高，必须经过精心策划与组织，可在经营方式上使用灵活多样的手段，以保证活动的丰富多彩和成功率。而且餐厅内还要根据日常运转接待各种各样的外宾散客、团体、会议及参加各种活动的客人，不能安排在十分繁忙的时期，还要考虑到其他接待任务。假如时间过长，3 个月或半年、1 年，那就不是美食节，而是餐厅长年累月的一种经营特色和项目。正是因为美食节的阶段性，经营者可以利用广告效应进行促销，并聘请名家高手展示丰采，使餐饮运转充分地活跃起来。

4. 活动策划创意多样

美食节活动是为搞活餐饮经营、开展市场竞争、广泛招揽顾客、扩大产品销售而举办的。它没有固定的活动方式，这就要求企业在进行市场可行性分析时，大胆发挥想象力，吸引顾客，改进服务，标新立异，以求获得大众的关注。因为美食节的主题是多种多样的，不同的美食节有不同的创意设计。如“乡土风味美食节”，可在餐厅装饰乡间田野的物品、食品，以渲染气氛；各种美食节活动又可以同时举办演唱会、文艺演出、名曲欣赏、钢琴演奏等，其活动方式变化无穷。这和餐厅一日三餐的正常经营有明显的区别。

外国美食节的创意是多种多样的，有许多值得国内餐饮业经营者参考。如“花园自助美食节”在欧洲较为普遍，在宽敞的露天花园内，摆上桌椅，陈列食品，花香四溢，环境优雅，品美酒，尝美食，自由选取，十分惬意。“画廊美食周”中间摆放餐台，陈列食品，餐厅墙壁挂着名人字画，餐厅中间不设餐椅，墙边放置凳子。顾客手拿盘子，让顾客吃边浏览，年轻的朋友还可以随着音乐而摆动身子，疲倦了可以到一边休息等。由于创意十分独特，吸引了一大批慕名就餐的客人。

5. 组织管理过程复杂

对于餐饮行业的美食节活动，经营者是需要投入很大的人力和物力的，它具有一定的规模，其组织策划与管理工作是一个比较复杂的过程，所以，组织工作要求细致严密。首先，活动计划安排严密。在每次美食节活动开展以前，要选择时机、活动内容和活动方式，做好客源预测，并周密安排好活动的工作步骤。其活动计划还要经过深入研究，报企业总经理审批后方才实施，这必然是一个复杂的过程。其次，准备工作内容复杂，每次美食节活动前，都要做好拟定广告、宣传推销、聘请或组织名厨技师的工作。特别是利用国外节假日为机遇的美食节活动，还要从国外聘请厨师、组织食品原料进口，拟定食品展销期间的菜单，做好各项准备工作。要将这些准备工作内容统一组织起来，也是一个复杂的过程。最后，组织管理严密。餐饮企业的美食节活动涉及各部门、各环节的工作，包括公关部、销售部、采购部、工程部和厨房、餐厅、公共场所等各部门、各环节。要做好组织管理工作，必须加强各级部门的协调配合。如原料采购，菜单设计，场地选择，就餐环境及其设施、设备布置，人员组织，节目安排等，都不是餐饮部门单独能够完成的。为此，企业内部管理人员必须树立系统观念和整体意识，具有全局一盘棋的思想，保证各级、各部门通力合作，才能保证美食节活动的顺利开展，收到良好的效果。

6. 社会影响范围广泛

饭店、餐馆的美食节活动都是有目的、有计划、有组织进行的，为什么要经过周密的计划和准备？就是为了在行业中、在社会上、在宾客心中产生好的效果。饭店餐厅举办美食展销活动，往往事先要做好可行性分析，预测客源接待数量和销售收入，为了广泛招揽顾客，开展市场竞争，扩大产品销售，必须把自己的产品宣传出去，让人们都知道。企业往往利用海内外的报纸、杂志、电台和电视做好广告宣传，形成宣传攻势。通过宣传后的美食节活动，客源增多，人均消费水平增加，这就造成了美食节展销活动宣传集中，具有局部竞争优势，社会影响广泛性的特点。为此，餐饮经营者必须事先做好计划，根据每一次的活动内容选择活动方式。在客源组织、设施设备安排、餐厅用品准备、就餐环境布置、服务方式和人员安排等各个方面做好各项准备工作。才能使食品展销的活动方式和就餐环境、服务方法结合起来，广泛招揽客人，扩大产品销售，获得优良经济效益和社会效益。

二、美食节的主题

制作美食节的主题菜单，一定要根据美食节选定的主题来设计菜单内容。一般来说美食节主题常用的主要有以下几类：

（一）以节日为主题

以节日为主题推出的美食节在国内外都很普遍。随着人民生活水平的提高，休闲消费已经成为餐饮促销的一个热点，酒店经常会借助于国内外的一些特殊节日策划美食节，例如“辞旧迎新美食月”“情人之约美食周”“中秋月圆美食节”“圣诞平安美食周”，等等。这类美食节的菜品选择和菜单制定必须与节日相结合。“辞旧迎新美食月”就应有中国的传统食品，如年糕、饺子、汤圆、过年菜等；“圣诞平安美食周”就要以西餐菜品为主，并要求有“烤火鸡”等特色食品；“情人套餐美食周”就要有以“两情相悦”“百年好合”“天长地久”等命名的菜品，甜食也是必不可少的，寓意甜甜蜜蜜。

（二）以某类原料为主题

比如，“海鲜美食月”“野菜美食节”“海南椰子美食节”“秋冬滋补菜品美食节”，等等。这类美食节主要是围绕主题原料开发菜品，确定零点菜单和套餐菜单，要凉菜、热菜、面点及各种烹调方法兼顾，其价位应根据酒店的规模和档次予以确定，由于临时投入较多，可以比平日同档次的菜肴价位高5%~15%。如胶东家宴举办的“春到咱家野菜美食节”就包含着这样一些菜品：凉拌马齿苋、炸鲜花椒叶、小笼面条菜、松花仙人掌、野菜蛋花羹、鲜花养生汤、野菜百花酿海参、煎饼野菜小豆腐、荠菜大水饺，等等，充分考虑到高中低档菜品的搭配和烹调方法的运用。

（三）以地方菜系为主题

我们经常会看到某些酒店举办的“川菜美食节”“传统鲁菜美食节”“傣族风味美食节”等，就是借助地方风味来举办美食节，这也是餐饮企业经常运用的主题。为突出地方风味菜口味纯正、制作正宗的特点，通常会邀请外来厨师制作或指导，菜品原料的选择也要突出地方风味，选用最具有代表性的一些菜肴，来满足食客的需要。

（四）以名厨为主题

如“颜景祥大师菜品巡回展”“孔府家厨菜品展”，等等。这类主题的菜单肯定是大师的拿手菜品和绝活技艺，如“颜景祥大师菜品巡回展”就包含着“糖醋鲤鱼”“滑炒里脊丝”“八珍布袋鸡”“油爆双脆”“汆脊髓黄管”等鲁菜历下派的代表菜，每到一处都能引起轰动，也充分展示了颜大师的精湛技艺和菜品精华。

（五）以某种食品或某种烹调技法为主题

如“秋冬火锅美食节”“砂锅美食节”“盛夏烧烤美食节”，等等。火锅的运用丰富多彩，从高档的山珍海味到普通的白菜、粉丝、豆腐等，都可以成为火锅的原料，火锅的配料、调料也很丰富，可根据需要随意调配。砂锅有耐酸碱、散热慢的特性，冬季食用最佳，主料选用多样，可荤可素，可清可淡，关键是汤的调配和火候的把握要恰到好处。

（六）以店庆等纪念日为主题

这类主题通常是把本酒店（规模较大的）各餐厅不同风味的食品集中售展，菜品设计方面，可把过去的传统风味、现在的流行菜式、将来的预期消费进行有机结合，让客人尤其是老客户在享受美食的同时，产生怀旧感、时代感、亲情感和对本酒店的信赖感。

（七）以外来菜为主题

有条件的大型酒店，通常会邀请国外名厨或请专家指导，举办如“法国菜美食节”“阿拉伯菜美食节”“日韩菜品美食节”“泰国风味美食节”等。以外来菜为主题的美食节可以零点、套餐或自助餐的形式，也可各种形式并存、兼顾，以最具代表性的菜品为主。这类美食节的举办成本较高，必须充分考虑到酒店所在城市的消费群体和消费水平。

三、美食节主题菜单设计要求

（一）要根据市场规律设计菜单

掌握客人需求变化，又要了解餐饮市场的前瞻性，敢为人先，满足客人求新求变的饮食心理，使客人感到新鲜时尚。

（二）要根据企业的客观条件设计菜单

根据餐饮企业的厨师力量和技术水平、食品原料供应情况、库房的储存条件、厨房中的各种设施设备、盛器等客观条件来设计菜品。

（三）要根据供餐方式设计菜单

菜单的种类形形色色、多种多样，每种菜单在设计上各有不同，所以要根据美食节主题选择适合的供餐方式，然后按照供餐方式设计菜单。一般美食节上的主题菜单有以下几四类：

①宴会菜单。

②零点菜单。

③套餐菜单。

④自助餐菜单。

四、美食节主题菜单设计的原则

美食节菜单设计必须围绕以下五个原则：

①菜品必须围绕主题。

②菜品必须富有特色。

③菜品必须控制数量。
④菜品必须搭配合理。
⑤菜品必须进行成本核算。

五、美食节菜单设计应注意的问题

各种美食节菜单的菜品多少及价格高低，应根据本地区人们的饮食习惯和市场价格规律及变化做出必要的调整，不可照抄别人的菜单。在对美食节各种类型的菜单进行设计时，每个菜品最好用中英文编注，便于中外客人阅读。

除了以上我们提到的这些特别注意事项外，美食节主题菜单的设计流程与方法和普通的菜单设计基本一致。

作　业

一、问答题

1. 简述菜单在餐饮活动中的作用。
2. 菜单的种类多样，请列出常用的几种菜单。
3. 简述菜单内容设计的原则。
4. 根据所学内容，设计一份主题菜单。

二、实作题

（一）主要内容

设计一份主题菜单。

（二）实训目标

掌握主题菜单的设计内容和策划流程，培养团队合作意识和创新意识。

（三）设计要求

1. 以 3 ~ 5 人组成小组，进行小组分工并填写小组成员工作安排表。
2. 明确菜单主题。
3. 编写主题菜单，内容至少包括以下几个方面：

①主题说明。
②主要目标市场及定价。
③菜肴组成及简单说明。
④成本核算。

4. 字数不少于 2 000 字。
5. 制作 PPT 并进行课堂展示。

项目八

宴会经营管理

子项目一　宴会类别与特点

学习任务描述

1. 理解宴会的含义、类别与特点。
2. 熟悉宴会的命名依据。
3. 掌握宴会的组织机构管理、组织流程管理。
4. 掌握主题宴会设计的要求和内容，了解宴会的起源。

案例导入

我国宴会的发展历史

宴会最早源于原始社会末期和奴隶社会初期的祭祀、礼俗等活动。在生产力极度低下的当时，人们无法理解一些社会自然现象，只能将之归为神鬼的作为。于是就产生了对天地神鬼的各种祭祀活动。当时最为隆重的活动为“太牢”，祭祀品由猪、牛、羊组成，其次是“少牢”，由猪、羊组成。

同时，原始氏族部落就在季节变化的时候往往会举行各种祭祀、典礼仪式。这些仪式往往有聚餐活动。农业出现以后，因季节的变换与耕种和收获的关系更加密切，人们也要在规定的日子里举行盛筵，以庆祝自然的更新和人的更新。中国宴会较早的文字记载，见于《周易·需》中的“饮食宴乐”。《诗经》中有许多宴饮诗，著名的有《鹿鸣》《国风》等。

到先秦时候，宴会逐渐形成了社会上层人物的一种生活方式，下层人民也有婚宴、寿宴、节日祭祀宴等，特别是王室宴，其制度已比较讲究，而且还注重宴会的气氛营造。宴会经过不断的发展，出现了各种不同名目的主题宴会。目的性也非常明确：如帝王登基宴、游猎宴、团年宴等。到唐宋时，经济迅速发展，这就为餐饮业的发展奠定了基础。而且宴会用的器具也得到了很大的发展，品种和质地都有了较大提高，酒水饭菜更为讲究，宴会名目更为繁多，情调与氛围性更强，到宋时有了“主随客便”的意识，使宴会的层次上了一个新台阶。到清朝宴会的发展时达到了顶峰，其中以“满汉全席”为代表。此时的宴会更加注重对进餐环境的营造。

请思考：

1. 宴会出现的原因有哪些？
2. 成功举办一次宴会需要准备哪些方面？

一、宴会含义与类别

（一）宴会含义

宴会是人们为了一定的社会交往目的，集饮食、社交、娱乐于一体而举行的高级宴饮聚会。中国从古至今，宴会有着不同的名称：筵席、宴席、筵宴、酒宴、燕饮（古时宴与燕通用）、会饮、酒席、酒会、招待会和茶话会。称谓虽不同，但含义大体相同。

宴会一般要求格调高雅。在厅堂布置及台面上既要舒适、干净，又要突出隆重热烈的气氛。在菜点选配上有一定格式和质量要求，按一定的顺序和礼节递送上台，讲究色、香、味、形、器、质、名，注重菜式的季节性，用拼图及雕刻等形式烘托喜庆、热烈的气氛。在接待服务上强调周到细致，讲究礼节、礼貌，讲究服务技艺和服务规格。

（二）宴会的类别

1. 按规格划分

（1）国宴

国宴是国家领导人或政府首脑为国家庆典活动或为欢迎来访的外国元首、政府首脑而举行的正式宴会。这种宴会规格最高，庄严而又隆重。宴会厅内悬挂国旗，设乐队演奏国歌及席间乐，席间有致词或祝酒，代表性强，宾主均按身份排位就座，礼仪严格。国宴的形式包括庆典类宴会、迎送类宴会、接待类宴会、新春茶话会。

（2）正式宴会

正式宴会通常是政府和团体等有关部门为欢迎应邀来访的宴客，或来访的宾客为答谢主人而举行宴会。这种形式除不挂国旗，不演奏国歌以及出席者规格底于国宴外，其余的安排大致与国宴相同。宾主同样按身份就座，礼仪要求也比较严格，席间一般都有致词或祝酒，有时也有乐队演奏席间乐。

（3）便宴

便宴多用于招待熟识的亲朋好友，是一种非正式宴会。这种宴会形式简便，规模较小，不拘严格的礼仪，不用排席位，不做正式致词或祝酒，宾主间较随便、亲切，用餐标准可高可低，适用于日常友好交往。

（4）家宴

家宴是在家中设便宴招待宾客的宴请形式。家宴不仅广泛适用于亲朋好友的聚会，也越来越多地用于官方宴请或公务往来活动。

2. 按餐型划分

（1）中式宴会

中式宴会是中国传统的聚餐形式，宴会遵循中国的饮食习惯，以饮中国酒、摆中式台面、用中国餐具、吃中国菜肴、遵从中国习俗、行中国传统礼仪为主，其装饰布局及服务等无不体现中国的饮食文化特色。历代著名的宴会有乡饮酒礼、百官宴、大婚宴、千叟宴、定鼎宴等。中国传统宴会目前在宴会经营中占90%以上。

（2）西式宴会

西式宴会是鸦片战争之后的舶来品，是按照西方国家的礼仪习俗举办的宴会，是现在宴会外卖服务的前身。其特点是遵循西方的饮食习惯，采取分食制，以西菜为主，用西式餐具，行西方礼节，遵从西方习俗，讲究酒水与菜肴的搭配，其布局、台面布置和服务都有鲜明的西方特色，突出西方民族文化传统。由于举办宴会的目的，宴请的对象、人数的不同，西式宴会的形式也有所不同，目前采用的形式主要有：正式宴会、冷餐酒会和鸡尾酒会。

（3）中西合璧宴会

中西式结合宴会取两种宴会之长，近年颇为流行，是中、西饮食文化交流的产物。如我国举行的大型冷餐宴会，一般用大圆桌设座椅，主宾席排座位，其余各席不固定座位，食品和饮料均是先备好放置桌上，宴会开始后由客人自助进餐。

（4）鸡尾酒会

鸡尾酒会以供应鸡尾酒为主，附有各种小食如三明治、小串烧、炸薯片等，鸡尾酒会一般在正式宴会之前举行。鸡尾酒会与冷餐会一样，都不需要排座次。宾客来去自由，不受约束，既可迟到又可早退。整个酒会气氛和谐热烈、轻松活泼、交际面广。近年来，庆祝各种节日、欢迎代表团访问以及各种开幕、闭幕典礼、会议公布要闻、文艺、体育、演出等，往往都采用鸡尾酒会这种形式。

（5）冷餐会

冷餐会是一种立餐形式的自助餐，不排座位，但有时设主宾席。冷餐会供应的食品以冷餐为主，兼有热菜。食品有中式、西式或中西结合式，分别以盘碟盛装，连同餐具陈设在菜台上，供宾客自取。酒水饮料则由服务员端至席间巡回敬让。由于冷餐会对宾主来说都很方便，特别是省去了排座次步骤，消费标准可高可低，丰俭由人，参加人数可多可少，时间亦灵活，宾主间可以广泛交际，也可以与任何人自由交谈，拜会朋友。这种形式多为政府部门或企业、银行、贸易界举行人数众多的盛大庆祝会、欢迎会、开业典礼等活动所采用。

（6）茶话会

茶话会也是一种简便的招待形式，多为社会团体单位举行纪念和庆祝活动所采用。会上备茶、点心和数种风味小吃。茶话会对茶叶、茶具的选择要有讲究并具地方特色。外国人一般备红茶、咖啡和冷饮。茶话会不排座次，但在入座时有意识地将主宾和主人安排在一起，其他人则随意入座，宾主共聚一堂，饮用茶点、亲切交谈，席间常安排一些短小的文艺节目助兴。

3. 按主题划分

（1）婚宴

婚宴是人们在举行婚礼时，为宴请前来祝贺的宾朋和庆祝婚姻美满幸福而举办的喜庆宴会。婚宴主办者对饭店提出的要求很高，要求饭店提供精美的食品及较佳的服务。

（2）生日宴会

生日宴会是人们为纪念出生日而举办的宴会。做生日一般以老年人居多，老年人喜人多、热闹。现在为小孩过生日而举办宴会的也日益增加。

（3）纪念宴会

纪念宴会是指为纪念某人、某事或某物而举办的宴会，要求有一种纪念、回顾的气氛，因此在宴会布置时有特殊要求。

（4）商务宴会

商务宴会在宴会经营中占有一定比例。国内外商务客人要求饭店为他们提供增进友谊、联络感情的宴请和业务洽谈、协议签约、资料信息交流的工作条件。商务宴会的消费水准以中等偏上为多。

4. 其他形式的划分

①按照时间可以划分为早宴、午宴和晚宴。

②按照规模可以划分为小型宴会、中型宴会和大型宴会。

③按照价格可以划分为普通宴会、中档宴会和高档宴会。

④按照礼仪可以划分为迎送宴、答谢宴。

⑤按照菜品特征可以划分为仿古宴、风味宴、全类宴席、素食宴。

⑥按照节日可以划分为迎春宴、除夕宴、中秋宴、端午宴、圣诞宴等。

二、宴会的特点

（一）宴会基本特点

1. 聚餐式

聚饮会食是宴会的形式特点。多人围坐而食，多席同室而设，在愉快的气氛中共同进餐。每桌有主宾、随从、主人、陪客之分，全场又有主席、二席……之别。主人是东道主，宴会中的一切活动及安排由主人决定；主宾是宴会的中心人物，常安排在最显要的位置，宴饮中的一切活动都要围绕他而进行；陪客是主人请来陪伴客人的，有半个主人的身份，在奉酒敬菜、交谈交际、烘托宴会气氛、协助主人待客中起着积极作用；随从是主宾带来的客人，伴随主宾。大家在同一时间、同一地点品尝同样的菜点、享受同样的服务，为了一个共同的主题而聚饮会食。

2. 规格化

规格化是宴会的内容特点。宴会不同于日常便饭、大众快餐、零餐点菜，要求宴会环境优美，礼仪程序井然，席面设计考究，菜点组合协调，烹饪制作精良，餐具精致整齐，保持祥和、欢快、轻松的气氛，给人以美的享受。同时，还要考虑因时配菜、因需配菜，尊重宾主的民族习惯、宗教信仰、身体状况和嗜好忌讳等。

3. 社交性

社交性是宴会的功能特点。人们设宴皆有明显目的：国际交往、国家庆典、亲朋聚会、欢度佳节、红白喜事、饯行接风、酬谢恩情、疏通关系、乔迁置业、商业谈判等。人们相聚一堂，品佳肴美味，谈心中之事，增进了解、加深情谊，从而实现社交目的，这正是宴会长盛不衰、普遍受欢迎的一个重要原因。

4. 礼仪性

礼仪性是宴会的人际特点。“夫礼之初，始诸饮食”。宴会礼仪是赴宴者之间互相尊重的一种礼节仪式，也是人们出于交往目的而形成的为大家共同遵守的习俗。其内容广泛，如要求酒菜丰盛、仪典庄重、场面宏大、气氛热烈，讲究仪容修饰、衣冠整洁、表情谦恭、谈吐文雅、气氛融洽、相处真诚，以及餐厅布置、台面点缀、上菜程序、菜品命名、嘘寒问暖、尊老爱幼等。上至国宴，下到民宴，礼仪越是隆重，越能体现主人对来宾的尊重和欢迎。

（二）不同类别的宴会特点（见表8－1）

表8－1　不同类别宴会的特点

<table>
<tr><th>宴会类别</th><th colspan="2">宴会特点</th></tr>
<tr><td rowspan="5">国宴</td><td colspan="2">□ 一国元首或政府首脑为国家重大庆典，或为外国元首、政府首脑到访而举行的正式宴席，是接待规格最高、礼仪最隆重、程序要求最严格、政治性最强的一种宴会。国宴是一种特殊的公务宴席，是公务宴席的最高级形式。
□ 政治性强，礼仪礼节特殊而隆重。国宴设计既要体现民族自尊心、自信心、自豪感，又要体现各国家和各民族之间的平等、友好、和睦气氛。另外，负责外交事务的部门和人员通常要负责安排和组织宴席的接待工作。
□ 环境高贵典雅，气氛热烈庄重。国宴从环境布置、宴席乐队、与宴人员和服务人员的装束、言谈举止都必须显示出热烈、庄严的气氛。宴会场所悬挂国旗，安排乐队演奏双方国歌及小型文艺节目等，双方元首或政府首脑席间致辞、祝酒等。在环境布置、宴席台面、菜单设计、服务程序上突出本国的民族特色，又要考虑宾客的宗教信仰和风俗习惯</td></tr>
<tr><td>庆典类国宴</td><td>□ 由国家元首或政府首脑举行的庆祝庆典宴会，如国庆招待会。请柬、菜单及座位卡上均印有国徽，宴会厅内悬挂国徽和国旗，宴会开始时奏国歌，国家领导人发表重要讲话，席间乐队演奏乐曲。
□ 形式多为宴会或中西自助餐，场面宏大，主桌人数较多</td></tr>
<tr><td>迎送类国宴</td><td>□ 国家元首或政府首脑为欢迎来华访问的外国国家元首或政府首脑而举行的正式宴会。
□ 请柬、菜单和座位卡上印有国徽，宴会厅内悬挂两国国旗。宴会开始时先奏宾客方国歌，然后奏本国国歌。主、宾先后致辞，席间乐队演奏乐曲。
□ 宴会时间掌握在45～75分钟以内，菜肴为：1冷菜、4热菜、1汤、3点心、1水果、1主食。各类规格不能随意变更</td></tr>
<tr><td>接待类国宴</td><td>□ 国家元首或政府首脑为国际或国内的重大活动而举行的宴会。如为感谢外国专家，为表彰全国劳动模范、科技界精英，为欢迎在我国举行的大型国际峰会的重要与会代表，或为招待大型国际体育赛事的重要官员等，中国国家主席或中国政府总理举行国宴款待</td></tr>
<tr><td>迎春茶话会</td><td>□ 在中国传统节日春节，为迎接新年的到来，由国家元首或政府首脑举行的迎春茶话会，邀请各界人士同欢同庆，相互拜年，气氛轻松欢快随意，伴有演出，以茶水、点心、小吃、水果为主</td></tr>
</table>

续表

宴会类别	宴会特点
正式宴会	□ 在正式场合举行的、礼仪程序严格、气氛热烈隆重的高规格的宴会。有时安排乐队奏席间乐。宾主均按身份排位就座。对排场、餐具、酒水、菜肴的道数及上菜程序有严格规定。 □ 正式宴会有：公务正式宴会如国宴、地方政府宴；民间正式宴会一般以婚宴、高档商务宴较多
便宴	□ 相对于正式宴席而言，是一种非正式宴会，用于非正式场合的日常友好交往宴请。 □ 形式比较简便，不讲究礼仪程序和接待规格，不排席位，不做正式讲话，气氛较随便、亲切，对菜品数量无严格要求，菜单设计随客人要求而定
家宴	□ 在家中款待客人的宴席。礼仪与程序较为简单，不排席位，菜品可由主妇亲自下厨烹调，家人共同招待，菜品道数亦可酌情增减，气氛轻松、随和、亲切。 □ 家庭便宴是最不正式、应用最广的一种宴会形式，但却最能增进人们之间的情感交流，即便是各国政要亦常以这种形式宴请来宾
中式宴会	□ 菜点以中式菜品和中国酒水为主，对生产加工人员的技艺要求较高。 □ 环境气氛、台面设计、餐具用品、就餐方式等反映中华民族传统饮食文化气息，如最具代表性的餐具是筷子，餐桌为圆桌，就餐方式为共餐式、民族音乐伴奏等，凸显出浓郁的民族特色。 □ 服务程序和礼仪都较复杂，具有中国特色。 □ 适应面广，既适用于礼遇规格高、接待隆重的高层次接待，又适用于一般的民间聚会
西式宴会	□ 菜点以欧美菜式为主，饮品使用西洋酒水。 □ 环境布局、厅堂风格、台面设计、餐具用品、音乐伴餐等均突出西洋格调，如使用刀、叉等西式餐具，餐桌为长方形，西式台面布置，采取分食制等。 □ 采用西式服务，席间播放背景音乐，服务程序和礼仪都有严格要求。 □ 宴席形式多样，如正式宴会、自助餐会、冷餐酒会、鸡尾酒会等。 □ 根据菜式与服务方式的不同，又可分为法式宴会、俄式宴会、英式宴会和美式宴会等。随着日、韩菜式的兴起，日、韩式宴会在我国亦被纳入西式宴会范畴
中西合璧宴会	□ 融合了中式宴会与西式宴会的菜品组合、宴席摆台、菜点制作、服务方式和就餐方式等特点的一种新型宴会，使人耳目一新，深受宾客欢迎。 □ 菜肴风味有中、有西，还有中西混合；餐具有筷子和刀叉；客人自主取菜，也有厨师现场烹调、切割和派菜。 □ 宴会形式有中西合璧正式宴会、鸡尾酒会、冷餐酒会（含自助餐会）等。分为立餐（不设座）和座餐（设座或部分设座）两种形式，现在比较流行的是全部设座
鸡尾酒会	□ 冷餐会的一种形式。酒会举行的时间、地点灵活。 □ 自由选食，站立进餐，宾客来去自由。 □ 以饮为主，以吃为辅。酒水主要为鸡尾酒

续表

宴会类别	宴会特点
冷餐会	□ 属于自助式宴会，常用于各种隆重的大型活动。举办场地选择余地大，气氛热烈隆重，形式自由灵活，规模可大可小，规格可高可低。 □ 台型布置多样，不排席位，菜点、酒水摆放在餐桌上，供客人自由取食、站立用餐，以便于沟通交流。 □ 菜品丰富多彩，菜点以冷食为主
茶话会	□ 以饮茶、吃点心为主的欢聚或答谢的座餐式宴会，是正式宴席中最简便的一种招待形式。简便而不失高雅，气氛随和而热烈，近年来国内许多大型接待活动已由传统餐桌服务式宴会向茶话会过渡，体现了人们简朴务实的时代风尚。 □ 场地、设施要求简单。通常设在会议厅或客厅，厅内设茶几、座椅，一般不排席位，但有贵宾出席时可考虑将主人与贵宾安排坐在一起，其他人随意就座。 □ 饮品以茶为主，略备茶点、水果，不设酒馔。茶叶、茶具的选择，应考虑季节、茶话会主题、宾客风俗与喜好等因素。如春、夏、秋季举行茶话会一般用绿茶，冬季举行茶话会用红茶；接待欧美宾客的茶话会用红茶，接待日本及东南亚宾客的茶话会用绿茶；某些接待外国客人的茶话会，有时以咖啡代替茶叶，其组织和安排与茶话会相同
婚宴	□ 婚宴是婚礼的组成部分，是人们在举行婚礼时为宴请前来祝贺的亲朋好友和祝愿婚姻幸福美满而举办的宴会。 □ 环境布置、台面与餐具用具的选择均应突出喜庆吉祥的气氛，如用吉祥喜庆的红色；突出新郎新娘的主桌位置；保持餐桌间距离，便于新郎、新娘与来宾相互敬酒；同时还要考虑不同地区和民族的风俗习惯。 □ 婚宴类型有： ①传统型婚宴。菜式丰富实在，菜名吉祥如意，道数较多，追求吃剩有余。 ②排场型婚宴。比较富裕的家庭的婚宴，菜式要求既有传统观念的菜式，又有流行名贵菜，菜式反差大，道数较多，追求排场。 ③浪漫型婚宴。菜式要求组合随意，喜欢流行菜，道数不讲究，追求过程。 ④玫瑰型婚宴。爱自己做主的普通型婚宴，喜欢流行菜，道数按常规，菜肴选择中低档价位。 ⑤华丽型婚宴。菜式要求有传统豪华的菜式，既讲究规格，又要大气，追求排场。 ⑥传统知识型婚宴。菜式精制细巧，编制讲究，菜肴命名高雅，要有民族传统又要透出文化品位。 ⑦海归派婚宴。菜式实用、简捷、清淡，色彩素雅，讲究仪式，中西合用。 ⑧简约式婚宴。菜式要求家常实用，价格实惠，数量适当
寿宴	□ 寿宴即生日宴，人们为纪念出生日和祝愿健康长寿而举办的宴会。一般 50 岁前称为生日宴，50 岁后称为寿宴。在我国一些地区，在小孩出生满一个月时，有宴请亲朋以示庆贺的习惯，俗称“满月酒”，是一种特殊的生日宴。 □ 菜品选择突出健康长寿，如冷菜拼盘采用松鹤延年，主食配寿桃、寿面等。随着中西文化的不断交流，人们在生日宴席上配以生日蛋糕，庆祝程序也中西合璧，如点、吹蜡烛，唱生日歌等

续表

宴会类别	宴会特点
商务宴会	□ 各类企业和营利性机构或组织为了一定的商务目的而举行的宴会。既可以是为了建立业务关系、增进了解或达成某种协议而举行，也可以是为了交流商业信息、加强沟通与合作或达成某种共识而进行。 □ 在环境布置、菜品选择上突出与迎合双方共同的喜好，表现双方的友谊，使商务洽谈在良好的气氛与环境中进行。 □ 宾主边宴饮边洽谈，要及时与厨房沟通，控制好上菜节奏。 □ 宴请过程中如果出现洽谈不顺利的局面，服务人员应利用上菜、分菜、斟酒、送毛巾等服务暂时转移一下双方注意力，缓和一下气氛
纪念宴会	□ 人们为了纪念与自己有密切关系的某人、某事或某物而举办的宴会。环境设计要突出纪念对象的标志，如照片、文字或实物，以烘托出思念、缅怀的气氛，菜品和用具的选择亦要表现出怀旧的格调
节日宴会	□ 突出节日喜庆气氛。人们为欢庆法定或民间节日，沟通感情而举行的宴席活动。通常选用具有节日特点的装饰物来布置宴会厅，如圣诞节用圣诞树、彩灯、彩球、圣诞老人图画、员工戴圣诞小红帽，选一名身材高大、和蔼可亲的服务员装扮成圣诞老人，为来宾发放圣诞礼物，同客人合影留念等。春节可张贴春联、悬挂彩灯、摆放金橘树等。 □ 设计节日宴席菜单。针对不同节日的特点及各个节日所处的季节，推出既沿袭传统习俗又新颖独特的菜单，吸引宾客前来消费。 □ 设计娱乐演出节目。如组织乐队演奏；邀请歌星、影星前来助兴；组织有奖竞猜，席间抽奖；派发神秘礼物等。服务员要坚守岗位，不为热闹场面所吸引，不被节目吸引而驻足旁观，保证宴席服务质量
小型宴会	□ 规模在 10 桌以下，参加人数相对较少。 □ 按照主宾的要求进行认真设计，严格操作，都能收到很好的效果
中型宴会	□ 规模在 11 桌至 30 桌，参加人数较多。 □ 在菜单设计、组织安排上要针对客人的要求，精心策划，按程序操作
大型宴会	□ 规模在 31 桌以上，参加人数很多。 □ 有特定的主题，参加人数众多，工作量大，要求高，组织者必须具有较高的组织能力。详见项目六的大型宴会特点的内容
普通宴会	□ 价格较低，烹饪原料以常见的鸡、鸭、鱼、肉、蛋、蔬菜等为主。菜肴制作注重实惠，讲究口味，餐厅的环境及服务相对要低于中、高档宴会
中档宴会	□ 价格在高档宴会与普通宴会之间，烹饪原料多以一般的山珍海味、鸡、鸭、鱼、虾、肉、蔬菜等为主，菜肴制作较讲究，餐厅环境和服务较好
高档宴会	□ 价格昂贵，是普通宴会价格的几倍甚至十几倍，多为山珍海味或高档、稀有原料，菜肴制作精细，就餐环境豪华，服务讲究。其中最为高档的是豪华级宴会
迎送宴	□ 人们为了给亲朋好友接风洗尘或欢送话别而举办的宴会。接风洗尘宴要突出热烈、喜庆的气氛，体现主人热情好客以及对宾客的尊敬与重视；围绕友谊、祝愿和思念的主题来设计。特点是规模小、喜安静、重叙谈、讲面子

续表

<table>
<tr><th>宴会类别</th><th colspan="2">宴会特点</th></tr>
<tr><td rowspan="4">答谢宴</td><td colspan="2">□ 为了表示感谢曾经得到过的帮助，或为了表示感谢即将得到的帮助而举行的宴会。这类宴会特点是为了表达自己的诚意，故宴会要求高档、豪华，环境优美、清静</td></tr>
<tr><td>酬谢宴</td><td>□ 为表示对他人的帮助或请求他人帮助而设宴感谢。菜肴和服务要让客人感受到主人的殷勤与诚意</td></tr>
<tr><td>谢师宴</td><td>□ 学生毕业、学徒满师，新生活将要开始，为了表达对老师、师傅的感激，并再次聆听老师的临别赠言而举办的宴会。要求环境清静优雅，菜式清淡秀丽，道数不多，选料讲究，上菜速度不快，服务规范</td></tr>
<tr><td>升迁宴</td><td>□ 因职务变化、工作的变迁，原共事的同仁相聚相送，新单位同事的欢迎而举行的聚会。此类宴会比较放松，菜式比较随意，饮酒较多，用餐时间较长</td></tr>
<tr><td>仿古宴</td><td colspan="2">□ 将古代特色宴席融入现代文化而产生的宴会新形式。对历代的宴席形式、宴席菜品、宴席礼仪加以挖掘、整理、吸收、改进、提高和创新，如“仿唐宴”“孔府宴”“红楼宴”“满汉全席”，深受宾客青睐</td></tr>
<tr><td>风味宴</td><td colspan="2">□ 宴席就餐环境、宴席台面、餐具、菜品、原料、烹调技法、就餐与服务方式具有鲜明的地方特色和民族风格，有的甚至是带有一定的宗教色彩的宴会。
按地方风味来分，有川菜宴席、粤菜宴席、湘菜宴席、清真宴席等；按原料特殊风味来分，有海鲜宴席、野味宴席、药膳宴席等；按特殊烹调方法来分，有烧烤宴席、火锅宴席等；按某一国家的菜品来分，有法式宴席、日式宴席、泰式宴席等；按菜点来分，有风味菜肴宴席、风味小吃宴席，如西安饺子宴、四川风味小吃宴等</td></tr>
<tr><td>全类宴席</td><td colspan="2">□ 全类宴席也称“全席”“全料席”。
□ 一指宴席的所有菜品均以一种原料，或者以具有某种共同特性的原料为主料烹制而成，如全鸡席、全鸭席、全猪席、全牛席、全羊席、全鱼席、全素席、豆腐席等。通常情况下“全席”是指这种含义。
□ 二指凡有座汤的宴席，在座汤之后跟上 4 个座菜的宴席称为全席，座菜多为蒸菜。
□ 三专指“满汉全席”</td></tr>
<tr><td>素食宴</td><td colspan="2">□ 也称“斋席”，指菜品均由素食菜肴组合而成的宴席</td></tr>
</table>

（三）宴会的命名

宴会命名的名目繁多，内容丰富，寓意深刻，风格各异。宴会命名时要求突出主题，突出特色，体现内涵，具有文采。

1. 依据头菜原料命名

宴席头道主菜（又称台柱）原料体现了宴席的档次与价格。头菜要求用料名贵、烹制精美，头菜一旦确定，其他菜肴则可按需到位。如鱼翅宴、海参宴、乳猪宴等。

2. 依据原料大类命名

宴会的菜品选用同一大类原料，要求原料充足，品种较多，能烹调出不同风味的菜肴，显示厨艺高超、调味谐和、情趣盎然，如海鲜宴、湖鲜宴、野味宴、山珍宴等。

3. 依据主要用料命名

宴会菜品选用相同的原料为主料，配以不同的辅料，烹调方法各异，充分发挥一菜多吃的神韵，每只菜品所变的仅是配料、调料、烹调方法和造型。宴会菜品制作工艺难度较大，要做到“主料不变中有变，变中主料不能变”，例如，饺子宴、河蟹宴、全羊宴、烤鸭宴、全鱼宴、长鱼宴、刀鱼宴、海参宴、菌菇美食宴、水产美食宴、素食美食宴等。

4. 依据地方风味命名

按地方风味命名的宴会有明显的地域特色，菜品纯正，风味地道，配有地域特征的环境布置、餐具摆设，体现中国饮食文化的博大精深、品种繁多、风味各异的鲜明特点，如川菜风味宴、粤菜风味宴、鲁菜风味宴、苏菜风味宴、上海风味宴等。

5. 依据菜品数目命名

宴会注重菜肴的数量，菜肴的道数越多档次越高。在乡镇民间较为流行，现今旅游点上的农家宴有时还会采用，如八大席、重九席、三扣九蒸席、五福奉寿席、八仙过海席等。

6. 依据风景名胜命名

宴会菜点用名胜风景命名，菜式做工考究、工艺装饰很强，配合宴会厅内布置的书画，使人有一种流连忘返的感觉，如长安八景宴、辋川八景宴、洞庭君山宴、羊城八景宴、西湖十景宴等。

7. 依据历史渊源命名

将古代具有特殊意义的一些宴会注入现代文化而产生的宴会，继承了我国历代名宴的形式、礼仪、菜品制作的精华，进行改进与创新，又称仿古宴会，如三国宴、红楼宴、满汉宴、孔府家宴等。

8. 依据宗教信仰命名

宴会按照宗教禁忌，严格选择原料，制作菜肴。在宴会厅、台面的布置中也应考虑这种因素，如清真宴、素斋宴、禅宴等。

9. 依据时令季节命名

宴会从就餐环境布置、原料、烹饪方法和餐饮文化等方面体现时令季节的特点，如春令宴、秋令宴、冬令宴、端午宴、中秋宴等。

10. 依据席面布置命名

宴会利用台面艺术化的布置，偏重台面与菜点组合，菜肴艺术，席名典雅，寓意吉祥，有很强的象征意义，人情味浓厚，如孔雀开屏宴、万紫千红宴、百鸟朝凤宴、返璞归真宴等。

11. 依据环境布置命名

宴会充分利用酒店或周边的环境，以景色为主，配合当地的特产，营造出一个特殊的用餐氛围，很有特色与情趣，如田园风光宴、皇家宫廷宴、山城景色宴、湖上船舫宴等。

12. 依据民族特色命名

宴会从就餐环境、原料构成、烹调方法等突出民族特色，如蒙古族全羊席、朝鲜族狗肉宴、白族乳扇宴等。

13. 依据名人名著命名

宴会突出以古今名人、名著等文化内涵，如东坡宴、宫保席、谭家席、大千席、孔府宴、随园宴、乾隆御膳宴等。

14. 依据植物名称命名

宴会选取具有高洁、雅致、富贵、吉祥等寓意的植物花草命名，展现悠远的意境和对高尚品格的追求，例如兰宴、菊宴、梅宴、竹宴、牡丹宴、荷花宴等。

15. 依据文化名城命名

宴会主要突出地域文化特色，荆州楚菜席、开封宋菜席、洛阳水席、成都田席等。

16. 依据烹饪技法命名

宴会主要突出食材的烹饪技法及制作方式，如铁板系列宴、砂锅系列宴、烧烤系列宴、火锅系列宴等。

17. 依据菜品功能命名

依据菜品功能的命名目前较为流行，人们举办宴会招待亲朋好友，不但注重形式还要讲究宴会的特色、环境、气氛，注重营养、养生等要求，如延年益寿宴、滋阴养颜宴、美容健身宴等。

18. 依据时代特征命名

宴会选取具有重大政治意义或时代特征、社会现象、居住环境等命名，主要反映当代社会人们热爱祖国、热爱家园以及对美好居住环境及生活的向往，如一带一路宴、环保宴等。

知识链接

中国古代名宴

八珍宴

这是我国迄今发现最早的宫廷宴会。八珍宴由六菜二饭组成，专供周代天子食用。所谓的“八珍”是指：“淳熬、淳母、炮、捣珍、渍、熬、糁和肝”。八珍宴的出现，说明了我国当时烹饪技艺的精美性，并对后代产生了重要影响；而且，当时天子就餐时已经非常讲究宴会的气氛和情调，还有乐队的伴奏，以促食欲。八珍宴反映了当时奴隶社会统治者的饮食风气。

楚宫盛宴

反映了两千多年前长江流域楚宫宴饮的场面。楚宫盛宴从菜肴的选料上来说非常精细，制作方法多样，菜与点的组合比较合理，对后代宴会的发展起到了一定的奠基作用。

洛阳水席

洛阳水席与洛阳牡丹、龙门石窟并称为“洛阳三绝”，有“天下第一席”之称，距今已有一千多年的历史。洛阳水席的产生与当地的地理气候有很大的关系。洛阳四面环山，地少而干燥，古时天气异常寒冷，因此民间惯用汤类，并加酸辣以抵御严寒，当地人习惯用本地出产的淀粉、山药、萝卜等制作汤水宴席。由于此宴席的上菜方式是吃一道换一道，如行云流水一般，故名“洛阳水席”，共计24道菜，冷热、荤素、甜咸、酸辣皆有。

皇寿宴

以为宋皇祝寿为主题的宴会形式。将歌舞、奏乐、杂剧、饮酒等环节穿插于寿宴的进行过程中，充分展示了寿宴的欢乐、祥和之美。比如，寿宴以九杯奢寿酒为主线展开，每杯酒都配以不同的节目，或歌或舞，杂技、足球、摔跤等不一而足。

张俊供奉宋高宗御宴

据南宋周密在《武林旧事》记载，宋高宗赵构驾幸河郡王张俊府，张俊以盛宴接待，名曰“御宴”，宴会中有海陆珍肴佳馔、各式蜜饯点心、时令鲜果20盘等，而且烹调方法颇为讲究，特别讲究食品菜肴的造型，令人叹为观止。

赏花宴

元大都以赏花为主题的宴会。宴会进行中，可边欣赏鲜花美景，边品尝美味佳肴，而且还有音乐弹唱和杂剧表演。从中可以看出古人已非常讲究宴饮的氛围，注重宴会的选址，寄情于景，达到怡性情、品美食的双重目的。

千叟宴

千叟宴盛行于清朝，是清宫中规模最大，与宴者最多的盛大御宴。乾隆五十年（1785年）农历正月初六，为庆祝乾隆登基50年而设，御宴设在紫禁城皇宫内，请来三品以上的“古稀”大臣及陪宴老人约2 000人；乾隆六十一年（即嘉庆元年，1796年）正月，请大臣、三品以上官员、古稀老臣3 000人在皇宫内举办御宴，即席赋诗三千余首。后人称千叟宴是“恩乾礼洽，为万古未有之举”。

满汉全席

这是中国古代宴会发展的巅峰之作。满汉全席是满汉两族风味肴馔兼用的盛大宴会，宴会的规模宏大，程式复杂，菜肴多达上百种，汇四方异馔和各民族珍品，是中国古代宴会发展的顶峰。

孔府宴

孔府是孔子及其子孙后代生活居住的地方。由于孔子在中国历史文化所处的特殊位置，其家族也具有极高的政治、经济、文化地位。孔府举办过各种不同类型的宴会，集中国宴会之大成，兼具了等级森严、礼仪庄重、品类繁多、款式高贵、技艺精湛、用料考究等典型的贵族气派和私家风格。

子项目二 宴会组织管理

学习任务描述

1. 理解宴会的经营特点。
2. 熟悉宴会的组织机构。
3. 掌握宴会的组织管理流程。

案例导入

小张的困惑

小张是某五星级商务酒店的餐饮服务生。某日，该酒店承接了一项非常重要的大型国际会议。小张的领班孙某在晚宴之前进行了详细的接待计划安排，考虑到在用餐高峰时客流较大，领班孙某特别安排两名领位员，原本负责值台的小张被领班安排和小王合作，在餐厅入口处做领位员，餐饮总监也在现场做指导。可是就在用餐高峰之前，餐饮总监发现某包厢准备还不到位，于是临时让小张去该包厢做好卫生及相关准备的扫尾工作。小张一见是总监的命令，不敢怠慢。可当小张做好包厢工作回到餐厅入口处时，客流量已经很大了，小王一人无法应付，导致不少客人产生不满情绪。领班对小张擅自离开岗位给予严厉批评，并称事后将追究其相应责任。而小张简直是一肚子的冤枉，自己明明是被餐饮总监调用的，并不是擅自离岗，他对领班的批评觉得很困惑和委屈。

请思考：

1. 造成小张困惑的原因的是什么？
2. 宴会组织管理应注意哪些方面的问题？

一、宴会组织机构管理

（一）宴会经营管理特点

在大型的星级酒店，一般由宴会部来负责宴会的预订、策划、环境布置、宴会服务管理等业务。在宴会业务不多的情况下，宴会部隶属于餐饮部，但即使隶属于餐饮部，宴会部也拥有自己相对独立的机构体系。综合性饭店的宴会部拥有举办大型宴会的环境设施和实际能力，在宴会业务比较多的情况下，宴会部即为独立部门。宴会部拥有多个规格的多功能厅，为各类宴会的举办提供场地。每个宴会一般包括宴会预订、宴会服务和宴会菜品生产 3 项工作。

宴会部除经营活动灵活多样外，还具有不同于餐饮部的特点。

①每次宴会需要一定数量的服务人员参与，并在同一时间内进行大量集中的餐饮服务。

②宴会每桌的用餐标准统一，在宴会现场完全用同一菜单向客人提供菜品、酒水和餐饮

服务，服务方式完全相同。

③大部分宴会事先都有预约，宴会部是根据预约准备宴会的。零点餐厅是连续性营业的，宴会以断续性营业的情况居多。

④宴会形式多种多样，需要做大量的准备工作。有些宴会需要豪华的装饰与布置，如婚宴；有些只需一般桌椅陈设及视听设备即可，如冷餐酒会、鸡尾酒会；有些由于宴会需要，还要安排娱乐节目表演。

⑤为了宴会场面更加隆重，宴会承接方要根据宾客需求，在会场的布置上花费心思，如增设舞台、红地毯、花卉等，营造宴会的华丽气氛。此外，餐桌的设置形式根据宴会的需要不断变化。

（二）宴会组织机构设置

1. 宴会组织机构设置的原则

宴会部组织机构设计必须遵循一定的原则，各企业可根据这些原则，结合企业本身的营运特点，设计出符合实际业务且具特色的组织机构。

（1）根据宴会业务需要设计组织机构

宴会部的工作通常包括主题宴会策划与销售、预定菜单设计、原料采购、原料验收、储藏原料、加工烹调、宴会厅服务等业务活动。但不同的餐饮企业各有不同的特色和侧重点，任何宴会部门的组织机构都必须根据各自的实际情况和需要，如规模、性质、市场等因素综合考虑。例如，有的酒店与餐饮企业宴会部设立专门的部门进行主题宴会的策划与销售及菜谱的开发与创新；而有的大型酒店宴会部通常设立专门的部门负责宴会的预订工作、客户档案管理等宴会业务信息管理事宜。

（2）统一指挥，分层负责

宴会业务部门的工作十分繁杂，从宴席预订、制定菜单、经营计划、组织、实施到宴席结束以及宴后跟进等工作，都需要全体员工的共同努力方可完成。因此，其组织机构必须保证各种业务活动能在统一指挥下协调一致，以免造成多头管理、越级管理等现象。在权责方面，要做到逐级授权，分层负责、责全分明，分工协作，以确保各项业务活动有条不紊地进行。

（3）因人制宜，各司其职

宴会部门在员工定岗或分配工作任务时，应根据员工的工作能力、技术水平，因人制宜，适当安排，才能充分调动其工作积极性，尽力发挥其主观能动性和聪明才智，完成部门的工作目标。

2. 宴会部组织机构（如图 8－1 所示）

一般来说，宴会部的组织机构大致由四个层级组成。

①部门最高管理层：宴会部经理。

②现场管理层：宴会部业务经理。

③作业组织层：宴会厅主管、宴会部预订主管、宴会厅领班。

④作业层：宴会部秘书、宴会部预定员、宴会厅服务员。

其中，①、②管理层的职能是对宴会部的计划、促销、督导、成本控制等进行管理；

③、④作业层的职能是负责宴会部的生产、销售等一线工作。管理层次一般都呈金字塔形式，从塔底到搭顶，由宽到窄。管理的幅度则是越往上层，管理难度越大，管理的幅度越小。

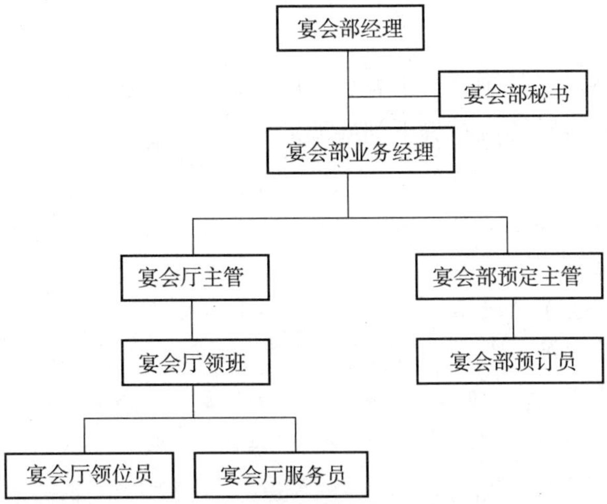

图 8 –1　宴会部门组织机构图

二、宴会组织流程管理

（一）宴会预订阶段

宴会部受理预订是宴会流程的第一步，也是重要的一个环节。预订工作做得好与坏，直接影响到宴会的设计策划及整个宴会活动的组织与实施。因此，宴会部应设预订专门机构和岗位，挑选有多年餐饮工作经历、了解市场行情和有关政策、应变能力较强、专业知识丰富的人员承担此项工作，从而推动宴会的销售。

1. 宴会预订的主要工作流程

①宴会洽谈。

②接受预订。

③填写宴会预订单。

④填写宴会安排日记本。

⑤签订宴会合同书。

⑥收取订金。

⑦跟踪查询。

⑧正式确定。

⑨发布宴会通知。

2. 宴会预定的主要了解信息

宴会部要了解有关宴会活动的各种信息，它为宴会活动的策划和设计提供正确、充足、必要的依据，这些信息包括：

①赴宴客人人数。

②宴会规格。

③宾客风俗习惯。

④宾客生活忌讳。

⑤宾客特殊需要。

⑥如果是外宾，还应了解国籍、宗教、信仰、禁忌和口味特点等。

对于规格较高的宴会，还应掌握下列事项：

①宴会的目的和性质。

②宴会的正式名称。

③宾客的年龄和性别。

④有无席次表、座位卡、席卡。

⑤有无音乐或文艺表演。

⑥有无司机费用等。

⑦主办者的指示、要求、想法。

案例：

小张是南京某饭店宴会预订部的秘书，她第一次接到一家客户的大型宴会预订电话时，在记录了宴会日期、时间、主办单位、联系人情况、参加人数、宴会的类别和价格、宴会厅布置要求、菜单要求、酒水要求等基本情况后，就急忙带上预订单与合同书要亲自到客户的单位去确认。同屋的老王止住她说："你最好请对方发一个预订要求的传真过来，然后根据要求把宴会预订单、宴会厅的平面图和有关的详细情况反馈给对方，并要求对方第二次传真预订。有必要时，还要请客户亲自来饭店看一下场地和布局情况，然后填写宴会预订表格、签合同再排入宴会计划。"

小张按照老王所说的程序把信息反馈回去，几天后，她接到了客户的传真。果然，这一次对方对宴会厅的布置、参加人数等要求均比电话所讲详细了很多，双方在价格上又进行了一番商谈。为了发展客户，争取客源，饭店最终同意给客户让利。客户交纳了订金并在规定期限的合同上签字后，这个预订终于成功了。通过这次预订，小张熟悉了大型宴会预订的程序与方法。

（二）宴会设计策划阶段

宴会部在接受宴会预订，签订宴会合同之后，就应着手根据了解的信息进行宴会的设计与策划工作。

宴会的设计与策划，简单地说就是指受理预订后在举办宴会前，根据有关信息资料和宴会规格要求，编制主题突出，科学合理，令主办者满意的宴会活动计划。宴会计划的内容要求详细、明了，只有经过周密的策划与设计之后，才能进行宴会准备和组织实施。

宴会设计策划的内容如下：

1. 宴会厅环境与气氛策划

①宴会厅的餐桌与台型设计。

②宴会厅绿化和鲜花等装饰设计。

③讲台、话筒位置和花卉布置、工艺装饰。

④宴会娱乐项目策划（背景音乐、乐队人员的位置安排、文艺演出的场地范围等）。

⑤灯光的要求等内容。

2. 宴会服务策划

①主桌台的席次排列和花卉布置、工艺装饰。

②贵宾（VIP）随行人员座位安排。

③随行人员和陪同人员座席安排。

④宴会服务人员人数确定工作安排。

⑤管理人员、服务人员岗位位置安排。

⑥上菜、撤盘的线路设计。

⑦餐具、布巾等项目的数量等。

3. 宴会食品策划与菜单设计

①宴会菜单设计。

②宴会食品原料的采购计划加工烹调工作安排。

③宴会酒单设计等。

上述宴会活动的所有计划内容，并不是完全由宴会部指定，而是由酒店相关部门分别拟定的，各部门依照所收到的宴会通知单，各自拟定所负责部分的工作计划，并列出工作清单，作为标准的依据。若为特殊的宴会，如大型酒会或国际会议，宴会部可将各部门集合开会，共同策划，各部门有任何问题，都可在会中讨论并加以解决，并将讨论结果印成书面资料，分发给各部门分头进行相关工作。宴会工作千头万绪，各部门工作计划的拟定相当重要。

除了上述宴会活动计划外，宴会部还应编制一个宴会时间控制表。从客人进入宴会厅到整个宴会结束，将其间的各项活动纳入控制表中，并落实到每位服务人员，使整个宴会有计划、有步骤、有条不紊地进行。

（三）执行准备阶段

1. 宴会场地布置

宴会工作人员在进行场地布置时，应该充分考虑到宴会的形式、宴会的标准、宴会的性质、参加宴会者的身份等有关情况，进行精心设计、精心实施，使宴会场景既反映出宴会的特点，又使宾客进入宴会厅后有清新、舒适和美的感受，以体现出高质量、高水平服务。

宴会场地何时开始着手布置，应视宴会复杂程度而定，可能在宴会当天、前一天或数天以前，并应由各部门根据场地规划进行安排。客人若有事先进场布置的需求，负责人员应先了解该场地是否有空当，并依照宴会厅规定收取场租之后，方可让客人进场布置。

2. 人员的分工

人员分工必须根据宴会类型，针对迎宾、值台、备餐、传菜、酒水、服务桌、供酒、区域负责人等进行工作任务分配，将任务落实到每个人。宴会部主管应在宴会开始前，计算所需服务人员的总数，若有人数不足的情形，宜提早申请临时工。为确保临时工能随时补缺，酒店需预先安排临时工的来源，比如，对社会人士、学校或酒店其他部门的人员进行培训，并随时保持联系以备不时之需。

3. 物品的准备

（1）台面用品

宴会服务使用量最大的是各种餐具，宴会组织者要根据宴会菜肴的数量、宴会人数，计算出所需用餐具的种类、名称和数量，并分类进行准备。通常需由宴会服务开出清单交给餐饮部或管事部工作人员进行准备。所需餐具、酒具的计算方法是：将一桌需用的餐具、酒具的数量乘以桌数即可。各种餐具、酒具要按一定数量备用，以便宴会中增人或者损坏时替补。一般来说，备用餐具不应低于 20%。桌布和餐巾同样需按照桌数准备，此外，餐巾数量应比宴会预定人数多准备 10% 左右，以便应付宴会人数临时增加使用。

（2）酒品饮料

宴会开始前 30 分钟按照每桌的数量拿取酒品饮料。取回后，要将瓶、罐擦干净，摆放在服务桌上，做到随用随开，以免造成不必要的浪费。

（3）冷菜围碟

大型宴会一般在开始前 30 分钟摆好冷菜。冷菜的多少应根据宴会的规模、规格来定，一般安排 8 个围碟，高档宴会外加一道花式冷盘。服务员在取冷菜时要使用大长形托盘，操作规范。

4. 开宴前的检查

开宴前的检查是宴会举行前的关键环节。它是消除宴会隐患、将可能发生的事故降至最低，确保宴会顺利、高效、优质举行的前提条件。宴会的组织在各项准备工作基本就绪后，应该立即对餐台进行检查。检查的主要内容包括餐桌的检查、卫生检查、安全检查和设备检查，具体内容如下：

①宴会厅内的摆设及形式是否同宴会订席单上的内容一致。

②宴会通知单上的注意事项、客人数、器材设备、桌布颜色等是否与宴会现场摆设相符。

③宴会厅外的海报及指示牌内容与宴会是否相符。

④宴会指示牌、宴会厅名称、宴会场地示意图是否正确无误。

⑤接待桌的位置及所需物品是否备妥。

⑥会场上所需物品及使用器材是否准备齐全并维持在良好状况。例如，喜宴时会场上的喜字、蛋糕、香槟酒等是否准备妥当；会议时所需的器材，例如，幻灯机、投影机、麦克风等是否备妥并功能完善。

⑦设备，如灯光、音响、冷气、电器等，运作是否正常。

⑧音响、背景音乐是否备妥；应在宴会开始前半个小时将空调设备开启。

⑨餐具、家具、地毯是否合乎卫生标准。

⑩检查房间窗帘和服务台是否整洁美观；盆花是否新鲜，玻璃、银器是否擦拭光亮；桌布和餐巾是否有破损的情况，应确保其卫生；维护服务区域与工作台的整洁；检查服务人员

是否随身携带笔、打火机及开罐器等必备物品。

5. 宴会前集会

待宴会前检查工作完成后，紧接着应在宾客达到之前集合员工召开宴会前会议，告知该宴会的注意事项。许多宴会服务工作大量采用钟点工及临时工，没有受过严格训练，所以需要事先就宴会服务工作充分协调，并且给予最精确的指示。会议的内容包括：

①宴会主管在会前必须先跟负责接洽的主办者进行沟通协调，了解主办者的需求和宴会进行的方式，然后再跟主厨商讨菜单内容，并让主厨了解宴会进行的程序，以便控制出菜时间。

②宴会主管集合员工，确认人员是否到齐，一旦有缺席便应立刻调派人员替补。检查员工的服装仪容，尤其是临时工作人员和钟点工。

③宴会主管分配服务区域，详细说明该场宴会的性质、菜单内容、每道菜的服务方式、客人的特别需求、每位服务人员所服务的桌（人）数、上菜的顺序、上菜的信号以及其他相关注意事项。

宴会当中菜肴的展示、上菜、收拾均需同步进行，所以必须有统一的动作和信号传达指令。一般小型宴会便以服务主宾的服务员动作为信号，但在大型宴会中，由于服务员不一定能看清楚服务主宾的服务员的动作，因此，都以当班主管规定的信号来指挥所有服务人员的行动，举手、点头或其他容易看到的动作均可作为服务信号。在欧美国家，有些宴会场所在厨房入口处上方装设彩色电灯，以亮灯为信号，指挥所有服务人员。例如，绿灯表示可到厨房端菜，黄灯表示待命，红灯表示开始收拾等。

（四）组织实施阶段

1. 宴会现场的接洽

宴会人员应在客人到场时主动与其接洽，讨论该场宴会所需配合的事项及流程，领班还应将讨论要点在宴会前告知员工。

以婚宴为例，在宴会之前，一定要将婚宴的程序表与相关人员进行协商和接洽。首先要确认宴会负责人与结账人，并分别做自我介绍以认识对方，取得信任。其次，宴会人员应与负责人确认喜宴开席的桌数及酒水的数量，以免结账时有所争议。最后，双方商讨宴会流程与所需配合的事项，如致辞时间、上菜的时间、灯光与音乐的配合等事宜。一般而言，酒店会向对方负责人提供宴会程序表及宴会进行所需的相关资料，以便其掌握宴会进行流程。

2. 迎接顾客光临

临近宴会时间，可安排若干服务人员列队于宴会厅门口等待迎接客人。列队时需注意高矮顺序、男女服务员分列而站。

另外，衣帽间的管理也是迎接客人的一环，亲切的服务将使宾客留下美好印象。客人如有物品需寄放于衣帽间，管理员便会在寄放物上挂一个号码牌，然后将同一号码的副牌交给客人当收据，客人离去时再凭副牌领回寄放物。

有些宴会在宴会入口处设有接待桌，供宾客办理报到、签字等手续。

3. 服务时的注意事项

①服务人员必须了解客人的喜好及要求，进而提供亲切、周到的服务。例如，有些客人

不习惯别人帮忙分菜而偏好自己动手，因此，服务人员应先询问客人的意见。

②服务人员若在服务中遇到突发事件，必须马上向宴会厅经理反映，以便做最快速且最适当的处理。例如，服务不周而令客人感到不愉快，或是客人蓄意骚扰服务人员等事件，均应立刻向上级反映，将负面影响减至最低。

③服务人员在服务过程中应谨言慎行，不能窃窃私语或对顾客的行为妄加评论。

④服务人员应随时留意客人的需求。完成上菜与收拾等分内的工作后，若暂时没有其他任务，仍须坚守在自己的服务区内待命。进行宴会服务时，服务员应随时保持机动性，一面留意自己的客人是否需要其他临时性服务，一面注意主桌服务员的动作或当班主管的信号，绝对不能倚墙靠椅，也不可和同事聊天说笑。

⑤部门主管应提高服务人员的反应能力，并耐心地对待员工。对于员工所提出的疑问，主管必须仔细倾听，并给予正确的答复，否则将很容易造成沟通上的误会，得不偿失。

宴会进行过程中，宴会经理或主管要加强现场指挥，其工作重点包括：

①了解宴会所需时间，以便安排各道菜的上菜间隔，控制宴会进程。

②了解主人讲话、致辞的开始时间，以决定上第一道菜的时间。

③掌握不同菜点的制作时间，做好与厨房的协调工作，保证按顺序上菜；同时，注意主席与其他席面的进展情况，防止过快或过慢，影响宴会气氛。

④整个宴会进行过程中，要加强巡视，及时纠正服务上的差错，处理一些意外事故；特别要督促服务员严格遵守操作规程，掌握宴会进度。

⑤客人用餐结束后，要迅速组织服务员拉椅让座，告别客人；并组织服务员立即清台。

⑥如果宴会后安排有歌舞、卡拉 OK 等娱乐活动，要组织有关服务人员及时到位，确保娱乐活动顺利进行。

（五）宴会结束工作

1. 结账工作

宴会后的结账工作是宴会收尾的重要工作之一，结账要做到准确、及时。如果结账发生差错，多算则会导致主办单位的不满，影响宴会厅的形象；少算则使宴会厅的利润受损失，相应增加了宴会成本。

在预订宴会时，客户与宴会部门双方便已就付款方式达成协议，所以在宴会接近尾声时，为确保结账正确无误，要认真做好如下工作：

①负责结账的人员必须逐一清点所有必须计价的项目，然后再依单价和实际数量，结算出总消费金额，各项费用务必先行确认，不可遗漏，金额也应核对清楚。

②在宴会各种费用单据准备齐全后，由酒店财务部门统一开出正式收据，宴会结束马上请宴会主办单位的经办人结账。

③如有额外消费服务，领班应在宴会前先请主办人签字同意，结账时才能减少不必要的纠纷。例如，有些闲杂人员会对喜宴接待处谎称自己是某受邀贵宾的司机，要求代付司机餐费。为避免类似状况发生，必须先向主办人汇报，经确认再行处理。

2. 撤台、清场

宴会结束后，宴会主管人员应监督服务人员按照事前的分工，进行撤台并整理宴会场地，抓紧时间完成清洗餐具、清扫餐厅的工作。负责清洗餐具的服务人员要做到爱护餐具，洗净擦净，分类摆放整齐，把餐具的破损率降到最低。负责整理宴会厅的服务人员要把宴会厅恢复原样，工作包括撤餐台、收餐椅、搞好宴会厅场面卫生等。宴会组织者在各项工作基本结束后要认真进行全面检查，最后关上电灯、切断电源、关好门窗。

3. 跟踪回访

在宴会结束后，宴会部经理或主管应主动征询主办单位或主办个人对宴会的评价及意见，发现问题可进一步改进，并向他们表示感谢。征求意见可以从菜肴、服务、宴会厅设计等几个方面考虑。如客人对菜肴的口味提出意见和建议时，应虚心接受并及时转告厨师，以防止下次宴会再出现类似问题。征求意见可以是书面的，也可以是口头的。如果在宴会进行中发生一些令人不愉快的场面，要主动向宾客道歉，求得宾客的谅解。

顾客离店后，宴会部要及时跟踪回访。宴会部秘书需打印一份跟踪表或表示感谢和征求意见表交付预订员，由预订员亲自拜访或打电话给客户，追踪客户对此宴会的满意程度以及对酒店的改进意见和建议，并希望今后继续加强合作。

宴会部经理也可寄一份感谢函给每一位宴会的主办人员，并请其评估该次宴会的优缺点，作为酒店工作未来改进的依据。如果顾客产生误解之处应及时解释清楚；顾客反映的负面情况属实，则可找到改进方向；如果客人反映是正面的，即可作为日后推广宴会业务的卖点。

子项目三　主题宴会设计

学习任务描述

1. 理解主题宴会的含义和设计要求。
2. 掌握主题宴会设计的内容。

一、主题宴会设计的概念

（一）主题宴会设计的含义

主题宴会设计是围绕一个或多个历史文化或其他主题为吸引标志，向宾客提供宴会所需菜肴、基本场所和服务礼仪的宴请方式。它最大的特点是赋予宴会以某种主题，围绕既定的主题营造气氛，宴会的菜品、服务、色彩、灯光、摆台、装饰及活动都为主题服务，使主题成为宾客容易识别的特征和产生消费行为的刺激物。

（二）主题宴会设计的要求

主题宴会的设计应根据宴会主题、地方习俗、时代风尚、地方风格、客源需求、社会热点、时令季节、人文风貌、菜品特色等因素进行设计，然后根据主题收集整理资料，依照主题特色去设计菜单，吸引公众关注并调动顾客的进食欲望。

1. 强调主题的单一性和个性化

主题宴会的明显特点就是主题的单一性。一个宴会只有一个主题，只突出一种文化特色。设计某一个主题宴会时，要求主题个性鲜明，与众不同，形成自己独特的风格。其差异性越大，就越有优势。宴会主题的差异也是多方位的，包括产品、服务、环境、服饰、设施、宣传、营销等有形与无形的差异等各个方面。

2. 主题和文化内涵紧密结合

餐饮经营不仅仅是一个商业性的经济活动，在餐饮经营的全过程始终贯穿着文化的特性。在策划宴会主题时，更是离不开“文化”二字。每一个宴会主题，都是文化铸就。如地方特色餐饮的地方文化渲染，不同地区有不同的地域文化和民俗特色。在确定宴会主题后，策划者要围绕主题挖掘文化内涵、寻找主题特色、设计文化方案，制作文化产品和服务，这是最重要、最具体、最花精力的重要一环。独特的主题，运用独特的文化选点，主题宴会自然就会获得圆满的成功。

3. 宴会菜单应扣紧主题文化

在设计主题宴会菜单时，菜单、菜名及技术要求应围绕主题文化为中心展开。可根据不同的主题确定不同风格的菜单，应考虑整个菜名的文化性、主题性，使每一道菜都围绕主题，这样可使整个宴会气氛和谐、热烈，产生美好的联想。设计主题菜单时应考虑主题文化强烈的差异性，突出个性，而不是泛泛之作。主题菜单只考虑一个独特的主题，菜单的制定必须具有特有的风格。菜单越是独特，就越是吸引人，越是能产生意想不到的效果。

4. 主题宴会设计应考虑当地风俗

我们国家是一个多民族的国家，每个民族均有自己独特的风俗习惯和饮食禁忌，在设计婚宴菜单时应先了解宾客的民族、宗教、职业、嗜好和忌讳，灵活掌握搭配出宾客满意的菜单。比如，传统的清真婚宴八大碗、十大碗中的菜品通常以牛、羊肉为主，讲究一点的配上土鸡、土鸭、鱼等菜肴，有着丰富的民族特色。

5. 主题宴会设计应名副其实，切忌空洞

主题宴会设计不能脱离宴会本身的特点及烹饪的基本规律，但不少主题宴会设计时菜品给人牵强附会之感。有些菜品重形式轻内容，华而不实，中看不中“吃”，如部分风景名胜宴，在盘中摆出山山水水、花花草草，还有亭台楼阁、人和动物，许多菜难以食用。另外，在主题宴菜品的设计上，许多企业对菜品本身的开发不重视，而是一味地注重菜名的修饰、装扮、奇巧，有些甚至是在玩文字游戏；许多菜品的名称很艰涩，让人看不懂、搞不明，削弱和违背了菜肴应有的价值。

二、主题宴会设计的内容

（一）设计人员应具备的文化知识

1. 饮食烹饪知识

主题宴会的菜单中包括各类菜品 20 余种，是从成百上千道菜品中精心选配而成。宴会设计人员要掌握菜肴知识，包括每道菜的用料、烹调方法、味型特点等，熟知不同菜点的组合、搭配效果。

2. 成本核算知识

设计人员要掌握宴会成本核算知识，根据客人宴会价格标准，对宴会的直接成本和间接成本做出科学、准确的核算，确保正常盈利。

3. 营养卫生知识

设计人员要了解各种食物原料的营养成分状况、烹调对各营养素的影响、各营养素的生理作用以及宴会菜肴的合理搭配和科学组合。

4. 餐饮服务知识

设计人员应具备丰富的餐饮服务经验和服务技能，掌握宴会服务规律，设计切合实际、便于操作的宴会服务流程。

5. 消费心理学知识

顾客由于其年龄、性别、职业、信仰、民族、地位等各不相同，文化修养、审美情趣、饮食心理各异，所以要求设计人员掌握顾客的餐饮消费心理，投其所好，避其所忌。

6. 民俗学知识

“十里不同风，百里不同俗”。设计人员要充分展示本地的民风民俗，同时也要适应客人的生活习俗和禁忌，切不可冲犯。

7. 美学知识

宴会设计要考虑时间与节奏、空间与布局、礼仪与风度、食品与器具、菜肴的色彩与装盘等内容，需要设计人员用美学原理做指导，给顾客留下美的享受。

8. 文学知识

设计菜单中，雅致的菜名可起到先声夺人的效果，食者未尝其味而先闻其声；许多菜肴的民间传说也蕴含着浓厚的文学色彩，这需设计人员具备一定的文学修养。

9. 史学知识

设计人员应对历史文化、社会生活史有一定的了解，能深入探讨饮食文化的演变和发展，挖掘和整理具有浓郁地方历史文化特色的仿古宴，才能设计出风格古朴、品位高雅的宴席。

10. 管理学知识

宴会方案的设计与实施都蕴含着管理学知识，包括人员管理、物资管理、成本管理、现场指挥管理等，要求设计人员必须掌握管理学原理、餐饮运行规律以及宴会服务规程。

（二）主题宴会菜单设计

主题宴会菜单的设计是一项复杂的工作，是宴会活动最关键的一环。一套完美的宴会菜单应由厨师长、采购员、宴会厅主管和宴会预订员（代表顾客）共同设计完成。厨师长熟知厨房的技术力量与设备，使设计出的菜点能保质保量生产加工，还能发挥专长体现酒店特色；采购员了解市场原料行情，能降低菜点的原材料成本，增加宴会利润；宴会厅经理能根据宴会厅接待能力来指导菜单设计；顾客是上帝，能让顾客参与设计菜单，就一定能够使赴宴者称心满意，这样才能设计出顾客满意、酒店获利的菜单。

一般，主题宴会菜单的设计包括菜名设计、菜点设计和装帧设计。

1. 菜名的设计

通过好的菜名，应能让一些简单的菜点成为一种思想情感交流的工具，一种文化、艺术的载体，使这些普通的菜点具有良好的审美价值和“语言”功能。如婚宴菜单中的花好月圆，鸳鸯戏水，鸟语花香，珠联璧合，百合莲心，其菜单寓意夫妻的和睦恩爱，体现了人们的美好祝愿，给人一种喜悦的遐想和享受。

宴会菜名的设计，必须根据宴会的性质、主题，采用寓意性的命名方法，使其主题鲜明，寓意深刻富有诗意。

知识链接

秋色宴

菜品包括：金秋硕果盘、秋艳八味碟、菊花美鱼肚、脆皮炸全鸡、大蒜烧鲶鱼、黄酒煨香鸭、葱辣烩蹄筋、清蒸大闸蟹、秋色双味蔬、玻璃素烧麦、三鲜南瓜面、冬瓜云腿汤、鸭梨桂圆盘。

2. 菜单设计

宴会菜单设计要点如下：

（1）了解客人，投其所好

主题宴会菜单的设计应根据客人的目的设计，好的宴会菜单是使客人宴请达到目的的一种手段，所以宴请菜单设计一定要了解主办单位或主人举办宴会的意图，掌握其喜好和特点，并尽可能了解参加宴会人员的身份、国籍、民族、宗教信仰、饮食嗜好和禁忌，从而使我们设计的菜单满足客人的爱好和需要。

（2）分主次轻重、突出主题

宴会菜单的设计犹如绘画之构图，要分清主次轻重，突出主题，把观赏者吸引到某一点上，宴会菜单的设计必须注意层次，突出主菜，创造使人回味的亮点，同时任何艺术作品均需有自己的风格，宴会菜点的设计同样应显示各个地方、各个民族、各家酒店、各个厨师的风格，独树一帜，别具一格。

（3）合理搭配，富于变化

宴会菜单如同一曲美妙的乐章，由序曲到尾声，应富有节奏和旋律。因此，宴会部主管在设计菜单时，应注意以下几点：

第一，注意冷菜、热菜、点心、水果的合理搭配。造型别致、刀工精细的冷菜，能将与宴者吸引入席，先声夺人；丰富多彩、气势宏大的热菜，能引人入胜；小巧精致、淡雅自然的美点，就像乐章的“间奏”承上启下，相得益彰；而色彩艳丽、造型奇妙，寓意深刻的水果拼盘，则像乐章的“尾声”可使人流连忘返。

第二，注意菜点原料、调味、形态、质感及烹调方法的合理搭配，使之丰富多彩，千姿百态，口味各异，回味无穷。

第三，注意营养成分的合理搭配，达到合理营养、平衡膳食。

3. 菜单装帧设计

菜单装帧主要体现在制作菜单的材料、形状、大小、色彩、款式及印刷等方面。其要求如下：

①在字体的大小上应适宜目标客源阅读为主要根据。

②在字体的选择上则可灵活行事，若中式餐饮，可采用飘逸的毛笔字。

③若是儿童菜单，可选用幼稚活泼的卡通字。

④若是寿宴，可选择古老的隶书。

⑤若是正规宴会菜单，则宜选用端庄的字体。

⑥菜单上的标准色宜淡不宜浓，宜简不宜多，否则会影响到效果。

知识链接

太湖船宴

太湖，面积2 250平方公里，号称“三万六千顷”，是我国五大淡水湖之一。太湖美，美在太湖水。它辽阔苍茫，烟波浩渺，称“吴中胜渺”，以自然风光秀丽、雄浑而著称于世。太湖的淡水资源十分丰富，太湖明珠无锡，土肥物饶，被称为“鱼米之乡”。人们研制的“太湖船宴”，以太湖水产品资源和当地的特长原料为主，整个宴席主题突出，风格独特。其主要菜品有：活炝虾、八位佳碟、太极鱼脑、银鱼双味、翡翠塘片、太湖野鸡、雪花蟹斗、荷叶焖鳜鱼、太湖船点、鱼米烧麦、扁豆酥糕、湖珍馄饨、时令三蔬等。

泡馍宴

西安的“泡馍宴”是根据当地地方特色浓郁的名小吃“牛羊肉泡馍”而精心策划和发展的。“泡馍宴”由多种食品组成，其上菜顺序也很讲究。第一道是干果和茶水；第二道是冷菜，由花拼和八围碟组成，边尝冷菜，边亲手掰馍（似黄豆粒状）；第三道是热菜，热菜用完后，每人喝一碗羊羹；第四道是点心，品尝风味小吃羊肉饼和灌汤小包；第五道是泡馍，客人根据自己的口味和爱好选择：干泡、水围城、口汤、单走，以便师傅烹制；第六道是水果。

（三）主题宴会台面设计

成功的主题宴会台面设计，就像一件艺术品，令人赏心悦目。在设计时既要充分考虑到宾客用餐的需求，又要有大胆的创意，让实用性和观赏性完美结合。

1. 按主题宴会的餐饮方式

（1）中式主题宴会

中式主题宴会台面以圆桌台面为主，台面的餐具一般包括筷子、汤勺、骨碟、筷架、味碟、汤碗和各种酒杯。

（2）西式主题宴会

西式主题宴会台面有直长台面、横长台面及组合的T形台面、“工”字台面、腰圆形台面和M形台面等。西餐台面的小件餐具一般包括各种餐刀、餐叉、餐勺、菜盘、面包盘和各种酒杯。

2. 按主题宴会的台面用途

(1) 餐台

主题宴会餐台也叫食台、素台，在餐饮服务行业中称为正摆台。这种主题宴会台面的餐具摆放应按照就餐人数的多少、菜单的编排和宴会标准等来配备。餐台上的各种餐具、用具，间隔距离要恰当，清洁实用，美观大方，放在每位就餐宾客的就餐席位前。各种食物都必须整齐一致地摆放，而且要尽量相对集中。

(2) 看台

主题宴会看台是指根据宴会的主题、性质、内容，用各种小件餐具、小件物品和装饰物品摆设成各种图案，供宾客在就餐前观赏。在开宴上菜时，撤掉桌上的各种装饰物品，再把小件餐具分给各位宾客，让宾客在进餐时便于使用。这种主题宴会台面多用于民间宴会和风味宴会。

(3) 花台

主题宴会花台，顾名思义就是用鲜花、绢花、花篮以及各种工艺美术品和雕刻物品等点缀构成各种新颖、别致、得体的主题宴会台面。这种台面设计要符合主题宴会的内容，突出宴会主题，图案造型要结合主题宴会的特点，要具有一定的代表性或者政治性，色彩要鲜艳醒目，造型要新颖独特。

3. 根据主题宴会的类型和风格

主题宴会的类型和风格丰富多样，大致上可以将主题宴会类型划分为仿古宴、风味宴、正式宴会、亲（友）情宴、节日宴、休闲宴、养生保健宴、会展宴、其他主题宴会等。见表8－2。

表8－2　不同类型主题宴会的台面风格

主题宴会类型	台面风格	适用宴会
仿古宴	仿古代名宴的餐具、酒具、台面布局、场景布置，礼仪规格高	红楼宴、宋宴、满汉全席、孔府宴等
风味宴	具有鲜明的民族餐饮文化和地方饮食色彩	清真宴、海鲜宴、饺子宴、椰子宴等
正式宴会	主题鲜明、政治性强、目的明确、场面气氛庄重高雅，接待礼仪严格	国宴、公务宴、商务宴、会议宴等
亲（友）情宴	主题丰富、目的单一、气氛祥和、热烈，突出个性	毕业宴、谢师宴、生日宴、福寿宴等
节日宴	传统节日气氛浓重，注重节日习俗	除夕宴、端午宴、中秋宴、国庆宴等

续表

主题宴会类型	台面风格	适用宴会
休闲宴	主题休闲，气氛雅静舒适	茶宴、禅宴、牡丹宴、竹宴等
保健养生宴	倡导健康饮食主题，就餐的环境、设施与台面设计有利于客人的健康需要	美容养颜宴、延年益寿宴、食补药膳宴等
会展宴	宴会的台面设计与会展主题相符，就餐形式多种多样	各类大型会展主题宴会、冷餐会、鸡尾酒会、茶话会等

（四）主题宴会酒水设计

酒水在主题宴会上占有举足轻重的地位。世界上各个国家、各个民族在饮酒方面形成了自己的习俗和方式。在我国，酒一般是不兑在一起喝的，认为容易使人喝醉，喝白酒或绍兴酒，喜欢用热水温一下。欧美人恰恰相反，他们喜欢喝兑酒、混合酒、加酒的混合饮料，喝白酒（烈性酒）、白葡萄酒等时，喜欢喝冰镇的或加上小冰块喝。正确地设计主题宴会的酒水，可以增强宴会饮食的科学性和宴会的气氛。在酒水选配时，应符合客人的不同需求、符合宴会的规格、突出宴会的主题、适合台面特色、适应季节气候。

1. 常用的宴会酒水

（1）酿造酒

酿造酒指以谷类、果类等为原料，经过发酵后过滤或压榨而得到的酒，一般在20度以下，刺激性较弱。谷类的有黄酒、啤酒；果类的有各类葡萄酒，还有其他类型的如奶酒、蜜酒等。

（2）蒸馏酒

蒸馏酒指以谷类、果类等为原料先进行发酵，然后将含有酒精的发酵液进行蒸馏而得到的酒，酒精度数较高，刺激性强。谷类酒有各类白酒、威士忌、金酒、伏特加等；果类酒有白兰地、朗姆酒等。其中白酒的香型有清香型如山西杏花村汾酒；浓香型如四川泸州老窖特曲、五粮液、剑南春、古井贡酒、洋河大曲等；酱香型如贵州茅台酒；米香型如桂林三花酒；其他香型又称兼香型：如贵州的董酒、陕西的西凤酒。

（3）混配酒

在各种酿造酒、蒸馏酒或食用酒精中加入一定数量的水果、香料、药材等浸泡后，经过滤或蒸馏而得到的。混合酒如鸡尾酒；配制酒如杨梅烧酒、人参酒、三蛇酒、竹叶青、甜食酒、味美思、利口酒等。

2. 酒水与菜点搭配

①色味淡雅的酒应配颜色清淡、香气高雅、口味纯正的菜肴。例如，汾酒配冷菜，清爽合宜；干白葡萄酒配海鲜，纯鲜可口，恰到好处。

②色味浓郁的酒应配色调浓艳、香气馥郁、多味错杂的菜肴。例如，陈年老窖酒宜配鸡、鸭菜肴，意在取其味道浓郁、厚重、香馥；红葡萄酒宜配牛肉菜，酒纯肴香，口味相合。

③咸鲜味的菜肴应配干酸型酒。

④甜香味的菜肴应配甜型酒。

⑤香辣味的菜肴应选用浓香型酒。

⑥中国菜尽可能选用中国酒，西方菜尽可能选用西方酒，在难以定夺时，则选用中性酒类，如葡萄酒，或视客人和就餐者本人的意见而定。

3. 酒水与酒水的搭配

①低度酒在先，高度酒在后。

②软性酒在先，硬性酒在后。

③有汽酒在先，无汽酒在后。

④新酒在先，陈酒在后。

⑤淡雅风格的酒在先，浓郁风格的酒在后。

⑥普通酒在先，名贵酒在后。

⑦干冽酒在先，甘甜酒在后。欧美人的饮食习惯，在进餐的结尾才吃甜食，因为“甜”的味觉会影响到品尝别的菜肴。

⑧白葡萄酒在先，红葡萄酒在后（甜型白葡萄酒例外）。

⑨最好选用同一国家或同一地区的酒作为宴会的用酒。

酒水的搭配没有明确的规定性，在主题宴会酒水搭配设计上，符合主题，突出特色，满足客人的需求即可。

（四）主题宴会气氛营造

一场成功的主题宴会，除了菜肴的质量，关键在于宴会的主题气氛是否浓烈，客人的情绪是否高昂。所以，宴会的设计者和组织者应当了解与掌握如何调节宴会的气氛、控制宴会的节奏。宴会气氛的调节，主要指在宴会进行过程中，通过采用一些必要的辅助手段来烘托和调节气氛，从而使宴会达到高潮。宴会气氛的调节可以运用以下手法：

1. 色彩的运用

主题宴会厅的布置，在色彩选择时尽量选用暖色系列，如红色、橙色、黄色等。置身于暖色系列的进餐环境中，容易使宾客情绪饱满、开朗，有交流和沟通的欲望，同时暖色系还可以增进人的食欲。为了营造某些主题，也可以选择白色、紫色、蓝色等颜色，并搭配各种图案来营造宴会的气氛。

2. 灯光的调节

宴会灯光调节主要指通过灯光明暗度的变化，或无色光源与有色光源的变幻来调动和调节进餐者的情绪，以烘托宴会的气氛。

3. 背景音乐的应用

背景音乐在宴会厅里的应用，可以使宾客在品尝美味佳肴的同时，得到味觉与听觉上的双重享受。轻松而舒缓的音乐，有利于减轻大脑的疲劳，使身心得以放松，从而保持较好的精神状态。宴会厅里背景音乐的选择，应以轻柔舒缓的抒情音乐为主，如钢琴曲、小提琴曲、萨克斯独奏曲、民乐及小曲等。

4. 文艺团体现场助兴

在较高规格的宴请活动中，邀请文艺团体、著名艺术家做现场表演，也是调节宴会气氛非常行之有效的方法。它不仅可以提高宴会的档次，也使宴会进行过程中始终保持一种热烈、欢快的气氛。必要时主办方还可以邀请主宾或重要客人上台即兴表演，将宴会气氛带入高潮。

案例：

“狼爱上羊”主题婚宴

一、宴会概况

1. 宴会对象：南星女士，辛建先生。

2. 宴会时间：2016 年 5 月 20 日。

3. 宴会地点：香格里拉大酒店。

4. 宴会规模：180 人左右。

二、主题创意说明

在一片广袤的草原深处，传来了凄厉的哀号声，原来是只狐狸擒住了一只小羊羔。此时，远处突然又出现了两道凶残的目光，狐狸落荒而逃，因为它看见了一只狼。羊顿时又陷入了更大的恐慌，战栗着发出无助的哀叫。而狼望着羊蓄满泪水的目光，猛然间居然不舍得就这样将它吃掉。羊见狼迟迟都愣在原地，就试探地向后挪了一小步，见狼仍无动于衷，便发疯似的撒腿就跑。狼平生第一次眼睁睁看着猎物就这样轻易地跑掉。

在一片微风拂面芳草地，一群羊正在欢快地嬉戏吃草，却不知道危险早已降临在它们头上。突然一只猎豹冲向了羊群，它选择了这只洁白的小羊羔，正当小羊羔无助地哀叫的时候，狼冲了出来，经过与猎豹的厮杀，狼终于战胜了猎豹，之后狼把小羊羔送回了羊群。

小羊一直以为再也见不到狼了，但是之后的几次危险都是狼挺身而出救了小羊，于是它们决定冲破世俗的眼光，到了一个没人认识的地方，过着幸福的生活。春天的早晨，狼带着羊到草原上最鲜嫩的草地上吃草。羊幸福得如同是草原上的公主，而狼则是羊最忠实的保镖。夏天的傍晚，狼带着羊到草原上最清澈的湖畔喝水，随后便相互依偎在晚风的爱抚中……

所有的相遇都是上天赐予的缘分，我们经历了多少磨难，才从相识走到了相爱，为了遇见你，我珍惜自己，好不容易，终于等到你。我不怕我们之间有很长的距离，就算跋山涉水，翻山越岭，我也要找到你，因为我爱你，狼和羊也可以在一起。

以“狼爱上羊”为主题，象征着新郎新娘之间坚贞不渝的爱情，又一次证明了爱情之间没有距离，没有界限，只要相爱，就可以永远在一起。

三、设计元素解析

1. 仪式区：浪漫草坪婚礼

近年来草坪、自然风格的餐厅婚礼不断升温，低调中流露着奢华，阳光、绿地、庭院婚礼受到新人及来宾的认可。很多新人都希望自己的婚礼能走进大自然。无论是长辈还是孩童，惬意的田园风格都令来宾像度假一样，消除以往参加婚礼的疲惫感，尽情享受浪漫婚典。适宜草坪风格的婚礼布置色系很多，新人可以考察周边户外环境后量身定制，无论粉系温馨，白绿清新还是蓝紫圣洁，都相当怡人。

仪式区正门口是花门，由纯洁、浪漫的百合花来点缀，舞台正中央两侧为小型照片链，舞台正中央为礼仪台，礼仪台左侧为音控区，礼仪台右侧为香槟台，周围由装饰物做点缀。

在草坪上铺成新娘、新郎走的花瓣路，象征着两人历经坎坷，到最后终于牵手的浪漫场景，一起走向幸福的婚姻殿堂。

草坪现场的装饰花主要以象征着百年好合、一生幸福的百合花和具有爱情浪漫色彩、象征着永恒的爱、高雅、诚实的紫罗兰来装饰。

请乐队现场即行演奏，可以根据新人或者证婚人情绪的高低弹出音乐的舒缓和高亢甚至天籁之音的不同效果，更能调动现场的情绪和气氛。

婚礼现场设为香槟塔和蛋糕塔，寓意爱情源远流长，预示婚后甜蜜生活节节高，再次将现场气氛推向高潮。

2. 就餐区：温馨浪漫奢华

在酒店大堂左侧摆放签到台，便于宾客签到，签到台旁放置指示牌，指示举行仪式的草坪以及宴会就餐的中餐厅的位置，草坪入口在大堂左侧，中餐厅在左侧通道直走。

宾客座次安排表，放在指示牌旁边，方便提醒客人入座。

浪漫紫罗兰和百合花组成的装饰物，放置于签到台的旁边，主要作用于渲染气氛。宴会厅的整体布局，以紫色、白色为主要基调。

主桌布草以白色有光泽的绸缎台布为主要基调，以紫色的口布和紫色的椅套为辅助基调。主桌的中心装饰物，选用圣洁的百合花炸成绣球状，以高脚花瓶支撑，既美观大方，又不阻挡视线，且颜色与整个台面布置相映成趣，十分和谐。

其他桌均以白色有光泽的绸缎台布为主要基调，再加上白色的口布和白色的椅套，中心装饰物选用小型的紫罗兰和百合花装饰一个心形，整体简单大方。

椅背以白色为主基调，配上淡紫色的绸缎，以鲜花和绿色的藤蔓作为点缀，烘托出浪漫温馨的氛围，又给人一种清新自然的感觉。选用高档的骨瓷餐具，款式古朴典雅，白底色与桌布相统一，餐盘印花为浅紫色的百合花，增加整体协调性，酒杯使用水晶玻璃杯。

四、宴会菜单设计

以“狼爱上羊”主题婚宴菜单的主色调为紫红色，寓意大紫大红，同时与宴会白色为主基调、淡紫色为辅助基调的整体风格相呼应，更是为宴会增添了一份浪漫情怀。菜单上方“执子之手，与子偕老”8个大字是对新人最美的祝福，而“喜”字和左方抱着捧花的美丽新娘无不洋溢着幸福和喜庆祥和的氛围。

冷菜

龙凤和鸣——龙凤大拼盘

热菜

鸾凤喜映——迷你佛跳墙

百年好合——玉环鸳鸯贝

海誓山盟——蒜蓉蒸龙虾

月老红线——刺参扣鱼肚

比翼双飞——金钱酿鸡翅

天长地久——糖醋黑鲔鱼
纱窗绣幕——什锦烩蔬菜
执子之手——佛手鱼丸汤
与子偕老——红鲟蒸米糕

甜点

甜甜蜜蜜并蒂莲——团圆莲子露

果盘

馥兰馨果合家欢——田园鲜果盘

酒水

香槟：酩悦
白酒：五粮液
啤酒：百威
红酒：长城干红
饮料：鲜榨橙汁、鲜榨西瓜汁

五、接待方案设计

1. 餐前准备

（1）了解预订的情况，该次宴会有180人出席，预订桌数为18桌，宴会的规格为高档宴会，了解菜肴的内容、出菜顺序、了解客人是否有特殊需求及付款方式。

（2）与厨房及时沟通，在开餐前5分钟核实出菜顺序与准备情况。

（3）安排充足的人力，保证宴会服务质量。

（4）根据预订情况进行摆台，按标准的摆台方法进行摆台，要求餐具干净、无破损、无指纹、油迹，口布颜色必须统一、无破损。

（5）主桌必须突出。

（6）餐台摆完后，根据预订桌数，去吧台领取湿巾、纸巾、矿泉水，按标准的湿巾、纸巾要求摆放，湿巾摆在每个位置的左上角，与汤碗的上端平行，店徽朝向客人，纸巾摆在主宾和副主宾的位置上，备好白酒杯和矿泉水。

（7）根据桌数排数摆放落台，餐具备量应根据预订桌数备餐，必须统一整齐，保证餐具充足，以方便使用。

（8）协助客人摆放席位卡，及介绍整个宴会情况，并与主办方保持良好的沟通。

（9）根据桌数划分员工区域。

（10）检查宴会厅的灯光是否良好，保证宴会厅内灯光明亮。

（11）根据菜单情况，组织员工上冷菜，要求水果朝统一方向，冷盘之间距离相等，盘边无异物，并对冷盘予以检查是否有漏上、错上等情况。

（12）询问调音师是否准备好背景音乐，在开餐期间可以适当的播放，以调整宴会厅内气氛。

（13）检查室内温度，并做好温度调整。

（14）检查迎宾是否到岗，并与迎宾协调，做好接待工作。

2. 餐中接待

(1) 准备工作就绪后，把冷盘的保鲜膜除去，要求员工按划分的区域站岗，保持良好的站姿，不可串岗聊天，不可脱岗。

(2) 客人陆续到来后，服务员应主动与客人打招呼及协助客人找位置，等客人入座后，应及时为客人提供茶水。(将茶盅盖在茶碟上，与茶壶一同用托盘托至客人右侧，当着客人的面打开茶盅，为客人斟茶。)

(3) 当一桌客人坐得差不多时（7～8人），及时询问客人是否可以打开酒水，同意后将酒水取下并为客人斟上礼貌酒。

(4) 每桌10位客人坐齐后，将席位卡撤下放置工作台上，客人不喝的白酒、红酒及时送到放酒处，以便宴会结束后整理。

(5) 如宴会厅内的客人快坐满时应及时通知厨房备菜，并询问客人是否可以上菜，经允许后方可上菜。

(6) 上菜时传菜员应从主桌先上，以表示对主桌的尊敬。并根据事先安排好的顺序传至相应的落台，值台服务员在上菜前应核对菜单是否有此道菜，确认后方可上菜，员工上菜时应灵活掌握，最好找一个空位比较大的位置上菜，不可单手上菜，不可从客人头顶上上菜，更不可从小孩或老人旁边上菜，上菜时应把菜肴放置转盘边缘，便于客人夹菜（烫的菜除外），上另一道菜时应把前面一道菜放置转盘中间，保证一桌客人都能夹到菜，上菜时必须保持先撤后上的原则，始终保持从一个位置上撤菜，上菜前应检查菜肴内是否有异物。

(7) 上菜期间要掌握好出菜顺序，及时通知厨房，根据要求上菜。

(8) 在客人用餐期间，提倡主动式服务，主动及时为客人更换骨碟等，并及时捡起地面的空瓶及湿巾空袋，以保证整个台面及四周环境的整洁干净。

(9) 在撤菜换小盘时，必须在征得客人同意后，方可撤下换小盘，切不可将换小盘的食物倒掉，应及时上桌。

(10) 菜上齐后，必须与客人说明菜已上齐，请慢用。

(11) 清整餐桌，保持整个桌面的干净。

(12) 菜上齐后，并不代表服务已结束，应继续为客人提供服务，如客人在聊天时应主动为其倒茶。

(13) 客人起身离去时应提醒客人带好随身物品，服务员应立即检查客人是否有遗留物品，如客人已走，应将遗留物品交至上级处理。

(14) 提供打包袋，协助客人打包菜肴。

3. 宴会结束工作

(1) 关闭比较费电的电源，以做到节能。

(2) 检查厅内地毯是否有可燃物。

(3) 根据收尾工作进行收台。

(4) 根据明日预订情况布置餐具，将桌子、椅子定位。

(5) 员工下班后，通知消控中心安检，以保证整个酒店安全。

(6) 做好宴会总结工作，分析错误原因，吸取成功经验。

4. 跟踪回访工作

(1) 宴会结束后，由负责的销售人员亲自拜访或打电话给客人表示感谢之意，并追踪客人对此次宴会的满意度及所需改进之处。

（2）如果客人负面反应居多，产生误解之处应该及时解释清楚。

（3）整理客人意见或建议，可把客人正面的反映作为日后推广宴会的卖点。

（4）将所追踪的结果都列入记录并存档，作为将来评核改善成果的参考，同时，也可作为客户下次光临时应特别注意的服务咨询，以提高我们的服务质量。

六、应急方案设计

1. 客人反映菜品不熟等情况的处理

（1）若出现因烹制火候不足或加热方法不当导致菜品不熟或焦煳，因调味不当导致菜品味不足或味太重，因摘洗不净或其他原因导致菜品中出现毛发、草棒、虫卵等异物时，宴会厅领班或主管、经理应向客人表示歉意，征得客人同意后，重新更换一份，如是第三种情况，重新更换的一份或改做的菜品应免收费用，并请客人原谅。

（2）若出现因客人不了解菜肴风味的特点而误认菜肴不熟或不了解调味方法导致难以食用的情况时，服务员应有礼貌地说明菜肴风味的特点、烹制方法和食用方法，使客人消除顾虑。

（3）处理以上情况，都要态度和蔼真诚，语言流利准确，词意表达清楚。

2. 发生食物中毒

（1）发生食物中毒现场人员不能慌张，要及时报告当班领导。

（2）应立即通知总经理，部门管理人员必须马上到达出事现场，了解情况。

（3）有必要的情况，安排专人拨打 120 急救电话。

（4）安全部要保护好中毒者所在的现场，查明食物中毒的时间、地点、人数、餐饮部协助急救人员抢救、转移中毒者、保留呕吐物，使用过的食品和厨房内的食品进行封存备查，安全部不允许任何人触摸有毒或可疑物品。

（5）要将中毒者的私人物品进行登记交警方处理。

（6）安全部、餐饮部人员要防止闲杂人员围观。

3. 结账预案

（1）客人消费后提出种种理由要求免单或者打折时，应视情况给客人合理的答复，客人对答复不满意，报告上级领导或者通知值班经理，给客人最终答复。

（2）如客人最终还是不满意，值班经理通知安全部执行酒店决定。

4. 停电应急预案

（1）如遇停电，服务员要做到不惊慌，首先要安抚好客人。

（2）通知值班经理与相关部门联系，并留意电梯里是否有被困人员。

（3）通知吧台做好防范工作，并加强安全防卫工作。

（4）检查电器开关，在来电前先断掉相关电源。

5. 应对打架

（1）应立即制止打架行为并劝散围观的客人。

（2）如双方不听制止，事态继续发展，立即通知保安部及值班经理前来处理，防止事态扩大。

（3）如酒店物品有损坏，应将斗殴者截留，要求赔偿，如有受伤者应给予急救后交警方处理。现场应保持原状以便警方勘查，并协助警方辨认肇事者。

（4）斗殴者如乘车逃离，应记下车型、车号、乘车人数等特征，交警方处理。

（5）安保人员协助警方勘查打斗现场，收缴各种斗殴工具。

6. 火灾应急预案

（1）婚宴开始时领班要做到把各个区域划分到人，责任到人，做到勤换烟缸，如遇到有未熄灭烟头应第一时间用水消灭。

（2）要求员工多注意餐桌上的火柴，不要让儿童玩耍，如遇此情况及时制止并提醒儿童家长。

（3）如遇火灾的处理方式

①向有关部门报告：自己的姓名、工作岗位，电话号码，起火的具体部位，烧伤物，燃烧面积，有无人员伤亡。

②按照指明的疏散通道，安全出口方向疏散客人，不要使用电梯。

③帮助客人用毛巾或手绢捂住鼻子，不要大喊大叫，减少吸入更多的烟雾和有毒气体。

④保持良好的疏散秩序，不要做挤、拉、拽等非理性动作。

7. 客人报失后的应急预案

（1）在这种大型宴会接待时，必须要提醒客人妥善保管好自己的贵重物品，并在显眼处粘贴温馨提示。

（2）如出现客人物品丢失，客人报失后必须及时热心的帮助客人查找。

（3）通过努力没有找到时，必须汇报给管理人员通知安保部。

（4）协助安保部保护好现场做进一步调查。

（5）丢失较贵重物品时，应通知上级领导报相关派出所进行处理。

七、成本预算

1. 酒店迎宾区域

留影区域：3 000 元

桌位导视图：300 元

指示牌 2 个：600 元

迎宾区特殊布置：2 600 元

签到桌椅背景：5 000 元

2. 仪式区域

主舞台区域：8 000 元

侧舞台背景：8 000 元

地毯：2 800 元

T 台两侧路引和照片装饰：6 000 元

交接亭：1 800 元

花柱：2 600 元

3. 仪式区音响设备

音响一组：8 000 元

4. 宴会厅布置

音响一组：8 000 元
灯架：5 000 元
追光灯：1 500 元
5. 花艺部分
婚车装饰费用：2 000 元
主桌花：400 元/桌
副桌花：200 元/桌
胸花，捧花：300 元
路引花艺：2 000 元
仪式亭：1 600 元
6. 人员费用及其他
出城费用：3 000 元
司仪：5 000 元
摄影：5 000 元
请帖：1 200 元
7. 餐费及酒水
餐费：3 000 元/桌 ×18 桌 =54 000 元
酒水：
白酒 450 元/瓶 ×18 桌 =8 100 元
香槟一瓶：1 000 元
红酒：300 元/瓶 ×18 桌 =5 400 元
百威啤酒：96 元/箱 ×18 桌 =1 728 元
饮料：100 元/2 扎 ×18 桌 =1 800 元
香烟：中华 8 条 ×440 =3 520 元
喜糖：500 元
成本总计：163 348 元

（资料来源：餐饮运营网：www. cy110. com）

作　业

一、问答题

1. 宴会的分类有哪些？
2. 宴会具有哪些特点？
3. 宴会命名的依据有哪些？
4. 简述宴会的组织管理流程。
5. 主题宴会设计包括哪些内容？

二、实训题

（一）实训目标

掌握主题宴会的设计内容和策划流程，培养团队合作意识和创新意识。

（二）实训内容与要求

将学生分组，每小组学生 3 ~ 5 人，各选定一个主题宴会，其中包括宴会的菜单设计、环境布局、餐台设计（用图表形式设计）、服务流程等，最终形成主题宴会策划书，并以演讲（PPT 演示）方式进行展示。

策划书的内容包括：

1. 封面

（1）主题宴会名称。

（2）项目小组负责人、小组成员。

（3）编制完成日期。

2. 编制说明

（1）策划有效期。

（2）宴请对象、特点。

（3）预算与报价。

3. 正文

（1）主题创意说明：主题宴会背景分析及主题内涵诠释。

（2）菜单菜肴设计说明：菜单及酒水单设计。

（3）服务接待设计说明：服务流程规划安排、标准化、个性化及增值服务设计。

（4）台面台型设计说明。

（5）环境氛围设计说明。

（6）成本核算及对外报价。

（7）任务分解：将任务分解，落实到每个部门和每个人，相关部门进行分工合作安排。

4. 附件

（1）菜单、酒水单及其装帧设计。

（2）宴会台面和台型设计图。

（3）室内设计与装饰局部效果。

（4）其他相关图表和说明。

项目九

餐饮服务管理

子项目一　餐饮服务质量的含义及特点

学习任务描述

1. 了解服务质量的含义和内容。
2. 掌握餐饮服务质量的特点。
3. 熟悉餐饮服务质量的主要特点。

案例导入

4 月 1 日晚上，在某酒店的中餐厅内有一些外宾在用餐。餐厅东侧的一张餐桌坐着两名顾客。其中一位 50 余岁留着小胡子的男宾，他边用餐边玩弄着桌上一只精美的银制酒杯，显得爱不释手的样子，他的女伴也对桌上的筷子和细瓷餐具很感兴趣。这些情形并没有被服务员小章所注意，她正在忙着为另一桌的客人上菜。

当小章转身为澳洲客人上菜时，感觉到餐桌上好像少了些什么。当她为客人报菜名时，仔细观察发现那位留着小胡子的客人离开了餐桌，可他面前的银制酒杯不见了，取而代之的是他的女伴的玻璃葡萄酒杯。此外，餐桌上还少了两双筷子和一个细瓷汤碗。小章不动声色地笑问一位面前没有汤碗和筷子的女宾："女士，你没有餐具，是否需要我为你重新添放？你是要刚才那种黄色的汤碗，还是要其他的颜色的？""不，不，我们什么都不要，谢谢你。"女宾神色尴尬地说道。

此时，那位男宾手里拿着两副不锈钢的刀叉走回来坐下。他看了小章一眼，不自然地说："我们习惯用刀叉，所以我又要了两套。"

"没关系，下次你有什么需要请告诉我，我很愿意为你效劳。"小章说完就离开了，立即将此事报告了餐厅经理，几分钟后，小章又回到了客人面前，手里拿着几样包装精致的餐具，微笑着对留小胡子的客人说："先生，我刚才发现你们对中国的餐具很感兴趣，此餐具确实很精致。为感谢大家对这些工艺品的喜爱，我代表餐厅送上 1 个银质雕龙酒杯，1 个细瓷雕花福寿汤碗和6双高级筷子，给各位留个纪念，筷子是免费的，碗和酒杯将按优惠价格记在餐费的账单上，你同意吗?”留小胡子的客人马上明白了小章的意思，他接过小章手里的物品，又仔细看了几眼：“请你先离开会儿，让我们考虑下。”小章会意地转身离去。

当客人再招呼服务员回到餐桌前时，小章看到刚才不见了的餐具和酒杯又摆在原来的位置上。客人笑着对她说：“小姐，谢谢你的建议，这些筷子和酒杯我们就收下，汤碗请拿回吧。今天是愚人节，连餐具都想和你们开玩笑，你看，这酒杯、汤碗和筷子又回来了。”

请思考：

1. 案例中服务员的处理方法体现了餐饮服务什么什么原则?
2. 在处理类似事件时，我们有什么要注意到的地方?

一、餐饮服务质量的含义

餐饮服务是指餐饮企业为顾客提供食品、酒水饮料和一系列劳务服务行为的总和。即向顾客提供有形的食物产品（食品、酒水）和无形的服务（劳务行为）的有机结合。

餐饮服务质量是指餐饮企业以其拥有的设备设施为依托，为客人提供的服务在使用价值上适合和满足客人物质需要和心理需要的程度。适合是指餐饮企业为客人提供的服务的使用价值能否为客人所接受和喜爱；满足是指该使用价值能为客人带来身心的愉悦和享受。

二、餐饮服务质量的内容

餐饮服务是有形产品和无形劳务的有机结合，餐饮服务质量则是有形产品质量和无形产品质量的完美统一。有形产品质量是无形产品质量的凭借和依托，无形产品质量是有形产品质量的完善和体现，两者相辅相成，构成完整的餐饮服务质量的内容。客人在一家五星级酒店的中餐厅用餐时，感到非常不满，原因也许是服务员的专业服务技能不过关、服务态度不好，也可能是菜肴不合胃口，甚至是餐厅的气味或者温度不合适等，可到底是谁的责任呢?对于客人来说，他不会细细追究是餐厅哪个环节出了问题，他会将这种不满归结为整体服务质量水平的底下。因此，我们必须重视服务质量各内容之间的关联性。

（一）有形产品质量

有形产品质量是指满足宾客物质方面的需求，主要包括餐饮设施设备质量、餐饮实物产品质量以及餐饮服务环境质量。

1. 餐饮设施设备质量

餐饮设备设施包括客用设备设施和供应用设备设施。其中客用设施设备指直接供客人使用的设备设施，如餐厅、酒吧的各种设备设施等，其质量的高低主要取决于其为客人带来的舒适度。如家具应该构造标准、顺滑平稳，相反，如客人在较小的方桌上就餐，对坐时会因餐桌太窄而互相碰脚，双脚要勉强安排在方桌的四角，就很不方便，直接影响了进餐的情绪。

供应用设备设施是指餐厅服务人员使用的生产性设备设施，如厨房设备设施等。厨房设备设施在很大程度上决定了餐饮产品质量的优劣。

2. 餐饮实物产品质量

餐饮实物产品质量包括菜点酒水质量、客用品质量和服务用品质量。菜点酒水是引导宾客走进餐厅的最初始的缘由，因此，其对菜点酒水的质量也是最为基本的要求。但是宾客的口味需求各异，且其通常以适口为准对菜点酒水进行质量评判，这就加大了满足宾客需求的难度。为此，餐饮管理者应调研并了解市场需求，以及宾客的消费偏好的变化，供应符合目标市场的需求的菜点酒水；制定严格的食品原料采购标准，从原料上把好关；制作时照顾不同宾客的口味要求；原料采购供应、厨房制作生产、餐厅服务等各环节衔接恰当，密切配合，一旦出现问题，及时解决，最大程度上提高菜点酒水的质量，满足消费者需求。

客用品质量是指餐饮服务过程中直接供客人消费的各种餐饮服务用品的优劣，包括一次性消耗品（如牙签、纸巾等）和多次性消耗品（如棉织品、餐酒具等）。客用品质量应保证安全、卫生，与饭店星级相适应。

而服务用品质量是指餐饮部在提供服务过程中供服务人员使用的各种用品的优劣，如托盘、毛巾夹等。它的质量优劣主要表现在品种的齐备性、性能的优良、和使用的方便及安全卫生上。

3. 餐饮服务环境质量

餐饮服务环境的因素主要包括餐厅建筑和装潢，布局的合理、装饰风格，环境的卫生状况以及服务员的仪表仪容等。客人走进餐厅，会对环境有感官上的认识，餐厅的整体环境布局、建筑装潢、餐厅容量、风格、环境等都能够形成客人对餐厅的认识，从而决定客人的满意程度。如果能够做到空间布局安排合理、风格独特、环境幽雅整洁，餐厅容量与接待量大小相符，就能使宾客生理上和心理上都得到满足。

（二）无形产品质量

无形产品质量是指满足宾客精神方面的需求，是餐厅提供的服务的使用价值，判断无形产品质量的好坏是宾客体验之后满意程度的感受。无形产品质量主要包括仪容仪表、礼节礼貌、服务态度、服务技能与服务效率、安全卫生等五大方面。

1. 仪容仪表

仪容，通常是指人的外观、外貌。在人际交往中，每个人的仪容都会引起交往对象的特别关注，并将影响到对方对自己的整体评价。仪表就是人的外表，包括容貌、姿态、个人卫生和服饰，是人的精神面貌的外在表现，良好的仪表能够在视觉上体现酒店的气氛、档次、规格。

在餐饮服务中服务员的仪容仪表要求整洁、简约、朴素，在宾客面前展现出庄重大方、优雅自然的整体形象。

2. 礼节礼貌

在整个服务过程中，礼节礼貌是非常重要的。礼貌是人与人在接触交往中，相互表示敬重和友好的行为规范，是文明行为的最起码要求。礼节是人们在日常生活和交际场合中相互问候、致意、祝愿、慰问以及给予必要的协助与照料的惯用形式。礼节是礼貌的具体体现。

在餐饮服务中，通过服务员的语言、行动来表达对宾客的欢迎、尊重、感谢、道歉等态度和意愿。一个优秀的服务员能够使用敬语，讲究言行举止，事事、时时、处处表达出热情好客、彬彬有礼、态度谦逊、和蔼可亲，给宾客一种宾至如归的感觉。

3. 服务态度

服务态度是服务质量的基础，优质的服务是从良好的服务态度开始的。良好的服务态度，会使客人产生真诚感、亲切感、热情感。餐饮服务员应该做到认真负责、积极主动、热情耐心、细致周到、文明礼貌等服务态度。避免不热情、不耐烦、不主动、不负责、不尊重的态度。

餐饮服务员为宾客服务的过程中，在迎宾环节，服务员需要给予顾客热情的指引，对顾客的问询给予耐心的回答；在餐中服务时，服务员专业的服务技能、与顾客真诚的交流、热情的接待等都能体现出良好的服务态度。

在餐厅服务中，良好的服务态度可以从以下几点得到体现：

①主动、及时的微笑问好。

②耐心、专业地回答宾客的问询，满足宾客的合理要求。

③遇到特殊情况时，表现沉稳、冷静，将宾客的利益和需求放在首位。

④遇到宾客投诉时，应该态度诚恳地向宾客道歉，将对的让给顾客。

⑤了解不同区域的顾客需求，提供个性化服务。

4. 服务技能及服务效率

娴熟服务技能技巧是每一名服务员提供优质服务最基本的保障。如果餐饮基本功不过硬，再甜美的微笑、再热情的接待也不会赢得顾客的满意。

客人来到餐厅吃饭希望得到快速高效的服务。客人在高峰期就餐时，餐饮服务的速度难以保证。餐厅生产、服务人员的不足，将会导致大量顾客的等待时间，容易增强顾客的不满情绪，极易引发矛盾。有消费心理调研表明，让宾客较长时间的等候是宾客最无法忍受的事情，甚至会令服务员之前的服务全部归零。因此，在为客服务中一定要讲究效率，缩短客人等候时间是客我两全的事情，宾客能高兴而来，满意而归，餐厅除了能够赢得客人的满意度，提高回头率以外，还能够提高餐座利用率，增加营业收入。

5. 安全卫生

宾客在餐厅用餐，首要考虑的就是餐饮部门的安全卫生。对于宾客来说，食材的安全与否，加工的清洁与否都会关系到宾客的用餐情绪甚至是健康问题。此外，要求餐饮部门，从生产到消费的整个卫生标准必须认真对待，达到规定要求，具体做到两个方面：

（1）制定严格的安全卫生标准

在厨房生产方面，保证从食材、制作工艺、生产设备、布局等各方面都要符合法定要求的卫生标准；就餐环境、服务用具的卫生高标准、严要求；各工作岗位有安全卫生的相应要求；员工个人的卫生标准要求。

（2）制订明确的执行计划及检查保证制度

餐饮部门制订明确的卫生计划，从短期的周计划、月计划到长期的季计划甚至年计划等，部门领导要监督执行；在检查方面做到经常检查和突击检查相结合的原则，实现安全卫生的标准化、经常化。

三、餐饮服务质量的特点

（一）综合性

餐饮服务质量的构成是一系列要素的组合，优质的服务质量有赖于餐饮领导人员的计划安排、具体的业务控制、物资设备、标准规范及执行力度、服务员的综合素质及与其他部门的协同配合和保证。

（二）关联性

从饮食产品生产的后台服务到给宾客提供餐饮产品的前台服务有众多环节，而每个环节的好坏都关系到服务质量的优劣，任何一个要素出现问题，都会不同程度上影响服务质量。这众多的工序与人员只有通力合作、协调配合，发挥集体的才智与力量，才能够保证实现优质服务。

（三）短暂性

从宾客进入餐厅，到客人结账离开，短短的1～2个小时内，餐饮部经历了宾客所需菜品的生产、销售、消费，相比其他非服务性质的企业来说，生产与消费几乎同步进行。短暂的时间内满足宾客需求，提高宾客的满意程度，对餐饮工作人员来说是一个不小的挑战。

（四）一致性

这里说的一致性是指餐饮服务与餐饮产品的一致性。质量标准是通过制定服务规程这个形式来表现的，因此服务标准和服务质量是一致的，即产品质量、规格标准、产品价格与服务态度均保持一致。

子项目二　餐饮服务质量管理方法

学习任务描述

1. 掌握餐饮服务质量分析及管理方法。
2. 能够运用相关方法分析处理餐饮质量管理中的常见问题。
3. 熟悉服务质量控制方法。

案例导入

一天，餐厅里来了3位衣着讲究的客人，服务员李艳引至餐桌坐定后，其中一位客人便开了口：“我要点××菜，你们一定要将味调到浓些，样子摆得漂亮些。”同时转身对同伴说：“这道菜很好吃，今天你们一定要尝尝。”菜点完之后，李艳拿菜单进了厨房。当她再次来到桌前时，便礼貌地对客人说：“先生，对不起，今天没有这道菜，给您换一道菜可以吗?”客人一听勃然大怒：“你为什么不事先告诉我？让我们无故等了这么久，早说就去另一家餐厅了。”他发完了脾气，仍觉得在朋友面前丢了面子，于是拂袖而去。

请思考：

1. 案例中服务员有哪些失误？
2. 如果你是餐厅经理，如何避免类似情况？

一、餐饮服务质量分析及管理方法

餐饮部门可以通过服务质量分析方法找出餐厅存在的主要服务质量问题并找出引起问题的原因，从而采取有效措施加以解决。服务质量分析的要素即为服务质量的内容，如设施设备、礼貌礼节、服务态度、安全卫生、工作效率等。常用的几种分析及管理方法有排列图分析法、因果分析法以及 PDCA 管理循环法。

（一）排列图分析法

排列图分析法又称为主次因素分析法，或者 ABC 分析法，由意大利经济学家帕累托首创。这种方法通过图表形式将影响餐饮服务质量的因素一一排列出来，表示出各项问题的累积百分比，找出存在的主要问题。

排列图分析法是以“关键的是少数，次要的是多数”为基本思想，通过对影响餐饮服务质量的诸多方面的分析，以质量问题的个数和质量问题发生的频率为坐标轴，进行定量分析。具体方法是先计算出每个问题在总体问题中所占的比重，接着按一定的标准把问题分为 A、B、C 三类，从而能够找出对餐饮服务质量影响较大的一至两个关键性的问题。

排列图分析法的步骤是：①确定餐饮服务质量问题的收集方法，并对问题进行统计汇总。通常用的方法包括调查表法、质量考核表方法、领导检查记录法，以及客人投诉的主要问题收集法等。②服务质量问题分类和计算。根据餐饮服务质量的构成要素，将汇总的问题进行分类，如服务态度类、菜品质量类、设施设备类、工作效率类、安全卫生类等，并计算出每类质量问题所在总质量问题数量的百分比。③绘制帕累托曲线图。帕累托曲线图是由两条纵轴和一条横轴构成的直角坐标图。横轴上从左到右对分类后的服务质量问题按照次数多少进行顺序排列。两条纵轴中，左边的坐标为餐饮服务质量问题出现的次数，右边的坐标为服务质量问题出现的频率百分比，以每类问题出现的次数做直方图，按照累计频率做帕累托曲线。④分析找出主要的餐饮服务质量问题。处于排列图上累计百分比在 70% 以内的因素为 A 类因素，即主要因素；70% ~90% 的因素为 B 类因素，即次要因素；在 90% ~100% 的因素为 C 类因素，即一般因素。A 类因素为餐饮部门存在的主要服务质量问题，这类问题的特点是数量少、频率高，是关键的少数应该高度重视的问题。B 类因素属于一般的质量问题，管理人员应给予这类问题足够的重视，预防其扩大上升为 A 类。C 类问题是次要问题，这类问题具有较大的偶然性，只需稍加注意，进行防范即可。

可以看出，我们通过排列图分析法得出的结论中，如果能对 A 类问题进行高度重视并且彻底解决，那么餐饮服务质量将有大幅度的提升。

例如，某饭店餐饮部 2016 年上半年通过调查表向宾客进行服务质量问题的意见征询，调查顾客经历过的使其印象较为深刻的一项有关服务质量的问题，最终收集到餐饮服务质量问题 300 项。

第一步：餐饮服务质量问题统计表，见表9－1。

表9－1　某饭店餐饮部服务质量问题统计表

质量问题	问题数量
菜肴质量	195
服务态度	54
外语水平	30
卫生状况	12
其他	9

第二步：按照数据分类统计情况，分别计算各类问题的频数、累积频数、频率、累积频率，制作出分类统计表，如表9－2所示。

表9－2　某饭店餐饮部服务质量问题分类统计表

质量问题	频数	累积频数	比率	累积比率
菜肴质量	195	195	65	65
服务态度	54	249	18	83
外语水平	30	279	10	93
卫生状况	12	291	4	97
其他	9	300	3	100
合计	300	—	100	—

第三步：根据表9－2结果所示，绘制帕累托坐标图，在横坐标上将质量问题按照频数大小从左往右进行排列，根据累积频率坐标点绘制曲线，如图9－1所示。

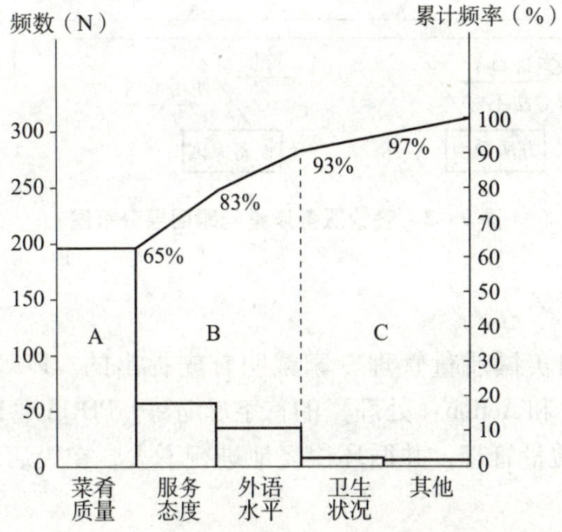

图9－1　服务质量问题帕累托统计图

第四步：进行分析，找出主要问题。按照累积频率锁定主要问题是处于 0% ~70% 的菜肴质量，为 A 类主要因素；处在 70% ~90% 的服务态度和外语水平，为 B 类次要因素；在 90% ~100% 的卫生状况和其他是 C 类一般因素。

（二）因果分析法

因果分析法又称为鱼刺图、树枝图、因果图，是利用因果分析图对产生服务质量问题的原因进行分析的方法，该分析法是由世界著名质量管理专家日本东京大学石川磐教授提出的。

用排列图分析法找出了餐饮服务质量的主要问题所在，可是这些问题产生的原因是什么呢？因果分析法就是分析餐饮服务质量问题产生原因的最简单而有效的方法。

在实际工作中，影响服务质量问题产生的因素是多方面且错综复杂的。因果分析法是对影响质量的各种问题因素之间的关系进行梳理分析，并将结果用鱼刺图予以显示。鱼刺图是一条主干线以及一系列带箭头的表示质量问题的分支线组成，如图 9 -2 所示。

因果分析法步骤：

①确定要分析解决的餐饮质量问题。即通过排列图分析法找出的 A 类质量问题，对 A 类问题中最亟待解决的问题进行因果分析。

②寻找造成质量问题的原因。通过部门内部员工会议、领导会议等，遵循从大到小、从粗到细的原则，讨论找出问题产生的各种原因。

③根据整理结果画出因果图。按照结果与原因之间的关系将整理结果反映到图上，画出主干线、大原因，再依次画出中原因和小原因。

④确定解决质量问题的主攻方向。经过因果分析图的绘制，排除影响微弱的原因，在剩下的原因中再确定 1 ~2 项亟待解决的问题。

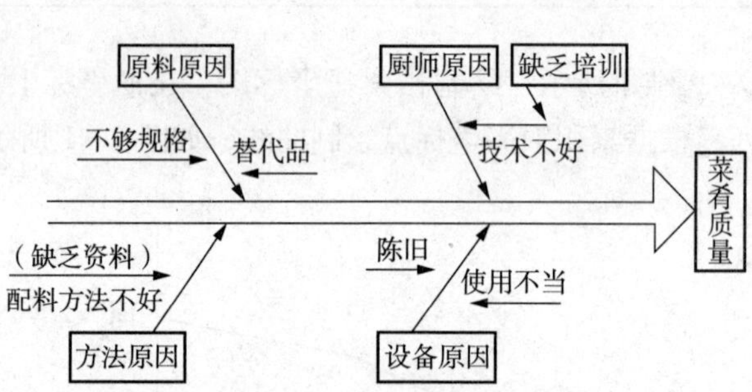

图 9 -2　餐饮服务质量问题因果分析图

（三）PDCA 管理循环

PDCA 管理循环是由美国质量管理专家戴明首先提出的。PDCA 是 Plan（计划）、Do（执行）、Check（检查）和 Action（处理）的首字母缩写。PDCA 管理循环按照计划、执行、检查和处理的步骤进行质量管理，并循环往复地进行下去，在饭店服务质量管理中广为应用，如图 9 -3 所示。

1. 制订计划阶段

制订计划就是制定服务质量目标、计划、项目以及措施，具体可分为 4 个步骤：

①分析现状，找出问题。通过排列图分析法，找出目前餐饮服务质量存在的主要问题。

②分析问题，找出原因。抓住关键问题，利用因果分析法找出问题的原因。

③找出主要原因。在众多原因中排除影响微弱的因素，找出主要因素。

④制定措施，提出计划。针对关键服务质量问题出现的主要原因，制定管理措施和计划，具体落实到时间、地点、执行者、部门、方法等，具有可操作性。

2. 执行计划阶段

根据制订的计划，餐饮部门管理者组织相关人员分工执行，确保责任到人。

3. 检查计划阶段

餐饮部门管理者负责检查计划的实施效果，对比检查是否达到预期的效果和目标。总结经验教训。

4. 处理阶段

总结经验，巩固成绩并处理问题。取得的成绩加以巩固，失败的部分吸取教训，找出问题，准备开始下一阶段的 PDCA 管理。

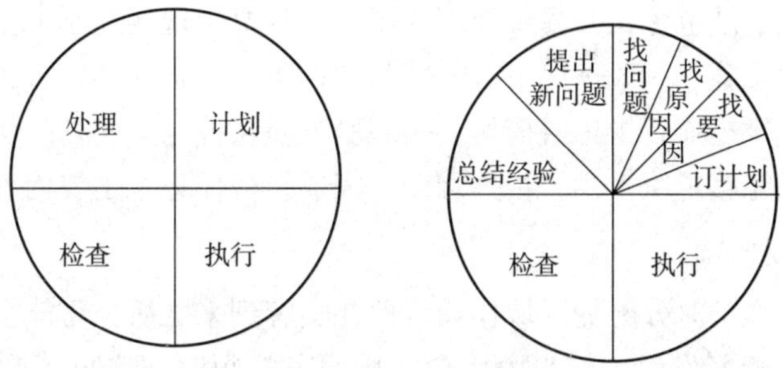

图 9－3　PDCA 管理循环图

二、餐饮服务质量控制

（一）预先控制

预先控制即为使服务质量结果达到预定目标，在餐饮服务之前准备阶段的质量控制。预先控制是餐饮服务质量控制的重要环节。根据服务质量管理标准，贯彻“预防为主”，确保宾客到达之前有备无患。检查可首先由岗位人员自查，再由基层管理人员如领班、主管等逐个检查，中高层领导临时抽查，检查不合格，绝不能投入使用。预先控制的主要内容是：

1. 后厨方面

后厨是保障菜品质量的前提，后厨餐前准备是否充分直接影响到宾客对餐饮产品消费的满意程度。在开餐前，检查厨房食品原材料、炊具、炉火等是否准备到位，确保其达到最佳准备状态。

2. 人员安排方面

餐厅或餐饮部门应该根据场地大小、客流量等条件，灵活安排服务班次，保证恰当的人员安排。开餐前，在班前例会上对员工的仪容仪表进行检查，务必要求每位对客服务人员严格符合仪容仪表规定，并对当日推荐菜品、估清菜品等通知给每位当值服务员。服务员根据安排的既定位置，姿势端正地站在有利于服务的位置上，面向餐厅入口等待宾客光临，随时准备好服务用语，为宾客留下良好的第一印象。

3. 物资方面

宾客到来之前，必须将餐台、服务台、服务用具、备用餐具数量、质量等按照规定准备到最佳状态，防止餐台客用物品遗漏、餐具有豁口、服务台杂乱、服务用具未准备到位或者备用餐具数量质量不达标等情况发生。此外，必须备足“翻台”用品，以防高峰期工作需要。

4. 卫生方面

厨房、地面、墙面、天花板、灯具、餐台、布草等卫生质量进行检查，确保顾客用到的、看到的、接触到的物品和环境干净舒适。

（二）现场控制

现场质量控制即餐饮服务接待过程阶段现场监督的质量控制，将服务质量控制在计划范围之内，使其标准化、规范化，并妥善处理现场突发状况。现场控制需要在负责人指挥和监督下，全体员工共同实施，一般情况下，各部门的领班、主管在参与服务的同时，负责监控服务质量，餐饮部门经理前后指挥或操作，实施服务质量控制。此外，当服务过程中出现了意外或突发情况时，能够组织得当，指挥调度，完成接待任务。主要内容有：

1. 人员控制方面

服务员按照餐前准备时分配的区域作业，但在宾客到来之后，可能会出现众多宾客都喜欢在某一区域用餐的情况发生，使集中用餐区域服务员短时间应付不来，其他区域人力空闲，这时，就需要餐厅领班或主管根据现场情况进行人员再次分工，抽调空闲区域服务员进行支援，待恢复正常后再根据情况按照既定安排工作。

2. 服务程序方面

开餐期间，餐厅主管应该站在第一线，巡视、督导、指挥服务员按照服务标准及程序服务，发现问题，及时纠正。

3. 突发事件控制方面

餐饮服务中会碰到形形色色的宾客，也会有各种各样的意料之外的事情发生，如服务中餐厅突然停电、碰到醉酒客人、行动不便的客人等。此外，服务员是直接面对面地对客服务，在对客服务时难免会遇到一些突发问题，比如，服务中出现失误引起客人投诉、客人对菜品不满意要求退菜、账单出现异议等。此时，餐饮服务员应该配合基层领导，妥善处理意外事件，尽可能地降低宾客的不满，让宾客高兴而来，满意而归。

（三）反馈控制

反馈控制发生在事后，通过质量信息的反馈，找出服务的不足之处，吸取经验教训，并将经验运用到服务中去，从而提高服务质量的一种手段。

反馈控制有三种途径，分别是内部系统、外部系统和投诉。内部系统是指通过现场服务员及领导等相关人员，在餐饮服务结束之后，经过反思，来改进服务质量，也可由酒店其他部门，如销售部工作人员所了解的信息，来帮助提高服务质量。外部系统是指宾客层面，通过宾客意见卡、餐后交流等方式询问宾客对餐饮服务质量的意见。最后，大堂副理、旅行社等反馈回来的宾客投诉，应该予以高度重视，通过分析总结，改进服务方式，提高餐厅服务质量，满足宾客需求。

子项目三　餐厅投诉事故处理

学习任务描述

1. 了解餐厅投诉的主要类型。
2. 掌握餐厅投诉处理的原则。
3. 掌握餐厅投诉处理的基本程序。
4. 能够运用相关方法正确处理餐厅投诉问题。

案例导入

某酒店中餐厅领位员小吴正在焦急地等待一个迟到的旅游团。该团原订用餐时间为晚上6时，现在已经过了原订时间很久。小吴看见导游员带着一群客人向着餐厅走过来。“你是F11旅游团的陪同吗?”小吴忙着走上前问道。“不是。我们团没有预订，但想在你们这用餐，请务必帮忙解决。”对方解释道。“请你稍后，我马上替你联系。”小吴说毕就马上找餐厅经理联系。餐厅经理看到F11号旅游团都超了一个小时，就同意了客人的要求请客人先用原订旅游团的餐位。谁知服务员小吴刚把这批客人安排入座，F11旅游团就到了。餐厅经理看着这些面带疲倦的客人马上急中生智解释说：“实在对不起，先生。你们已经超出原订的时间太久了，所以你原订的餐位我们已经安排了其他的团队。不过，我先带你们去休息室休息一下，马上给你们安排座位，时间不会太久。”小吴带客人去了休息室，并为他们送来茶水。餐厅经理急忙去联系餐位。10分钟后餐厅经理赶到休息室告诉客人：“现在的客人太多，大家还要稍等一下。”又过了5分钟，餐厅终于完成了空闲台位的撤台、摆台、并立即通知厨房出菜等餐前准备工作，当小吴再次来到休息室对大家说：“对不起，让大家久等了，由于餐前与你们联系不够，没有及时掌握大家晚来的原因，致使大家等候，请原谅。”“这次迟到主要是我们自己的原因，餐厅能在这么短时间内为我们准备已经相当不错了，感谢你们主动热情的服务。”陪同带头鼓起掌来。客人们怀着满意的心情，跟随小吴走进餐厅。

请思考：案例中酒店员工的行为有哪些值得借鉴之处?

顾客投诉是顾客由于对餐饮服务不满，对饭店口头或书面进行的意见反映。餐饮管理人员必须要正确认识顾客投诉，不能认为顾客投诉就是给餐厅或自己找麻烦，从而厌恶投诉、应付处理、态度不端正等，长此以往，餐厅的回头客会越来越少，影响发展。研究数据表明，不满的顾客中只有4%的顾客会投诉，其他96%的顾客心有不满却也不愿反馈，这

96%的不满顾客不愿再次光顾餐厅，甚至会影响其他潜在客户，对餐厅造成严重影响。由此可见，少数投诉的顾客是餐厅应该感谢的客人，他们的投诉不仅可以帮助餐厅改进不足，并且处理好会赢得顾客的再次光顾。因此，我们应该正确认识餐厅投诉并且给予足够重视。

一、餐厅投诉的类型

餐厅顾客投诉主要有以下几种类型：

（一）服务态度投诉

餐饮服务是直接面对面的对客服务，对服务员的职业素养和道德水平等要求很高，服务员的一言一行都会被宾客看在眼里，稍有怠慢，便很可能会招来顾客投诉。常见的服务态度类型的投诉有：对宾客服务中言语不敬、服务冷漠、服务动作粗鲁、服务卫生意识差等引起的投诉。

（二）餐厅环境投诉

餐厅环境是形成宾客进入餐厅的第一印象的重要因素，也能够对宾客用餐心情形成持续影响，因此，环境的好坏会直接关系到客人的满意程度。宾客对环境投诉一般有以下几种：对餐厅噪声的不满，餐厅桌面、地面、墙面等脏乱差，餐厅空气有异味，温度过冷或过热等。

（三）出品投诉

宾客所点的餐点、饮品等是宾客来到餐厅消费的最重要的产品，引起客人对出品不满的投诉有：出品速度投诉、出品有异物、出品变质投诉、出品分量投诉、出品味道投诉等。其中最为常见的是对出品速度的投诉。

（四）工作失误投诉

引起客人对服务员工作失误的投诉有：菜品上错、账单有误、忘记宾客要求而没有或没有及时回应顾客、服务失误冒犯到顾客等。这类由服务员工作失误引起的投诉主要是由于服务员服务技能不过硬引起的不必要的且经过培训或指导可以避免的投诉。

二、投诉处理的原则

餐厅顾客投诉的心理一般是求宣泄、求补偿、求尊重，只有极少部分比较挑剔的顾客存在故意刁难心态。在餐饮服务中，顾客的正常需求没有得到满足或受到不公正对待而产生挫败感，这类客人投诉是向餐厅发泄愤怒，寻求情感补偿。顾客感到自尊心受到伤害后，要求当事人或管理人员认错并赔礼道歉，来平复顾客尊严。部分顾客的怨气在得到宣泄之后，激动情绪得到缓解，进而需要维护其权益，需要对其所售的损失进行物质赔偿。处理餐厅顾客投诉的一般原则有：

（一）不争论原则

在处理顾客投诉时，应学会倾听，耐心地接待每一位投诉者，绝不允许与顾客争辩甚至争吵，禁止使用“但是”“可是”“不过”等转折性词汇与顾客交谈，以免激怒客人，让客人感到餐厅缺乏诚意。顾客在情绪激动时，应该尽量平息和化解顾客的愤怒，稳定顾客情绪，此时不管对与错，任何争论都是不可取的。

（二）隐蔽性原则

处理宾客投诉时应尽力将其劝离至安静的环境中，尽量避免在公众场合或有其他宾客在场的情况下处理投诉。首先是避免影响到其他客人用餐；其次，在嘈杂且有其他宾客在场的情况下，客人的心情难以平复甚至会更激动，不利于投诉的处理。

（三）及时性原则

对于顾客投诉，应迅速做出反应，力争在最短时间里全面解决问题，给顾客投诉的问题一个圆满的结果。否则，拖延或推卸责任，会进一步激怒顾客，使事情进一步复杂化。此外，任何一个投诉都应该秉承负责到底的态度，不允许对顾客的投诉置若罔闻，造成客人彻底失望或者二次投诉。

（四）补偿性原则

对于餐厅的原因造成客人的不满，或给客人带来不便，除了向顾客郑重道歉（必要时可请经理当面道歉）之外，还应给予客人一定的补偿，切莫由于“利润观”而因小失大。常用的补偿方法有餐费打折、送精美果盘、赠送菜品、赠送餐券等。处理时应该根据具体情况选用最合适的补偿方法，求得客人的谅解与包涵。

三、投诉处理的基本程序

在餐饮服务管理中，应尽量降低投诉数量，但是一旦发生投诉事件，也应该积极处理。处理餐厅顾客投诉的一般程序是：

（一）倾听

在顾客投诉时，首先用友好、真诚的态度耐心听取客人的不满和意见。此时应注意聆听投诉的全部情况，明白问题所在，不允许打断客人的陈述，适时地点头或者记录会在态度上赢得客人好感。在倾听过程中适当有所回应，如：“是的”“对”“您说的是”“我非常理解您的感受”等。

（二）致歉

无论被投诉者是管理者还是员工、是本人或是非本人，处理投诉时都要站在企业的角度向顾客道歉，安慰客人并重点性地复述客人投诉内容。诚恳地赞同顾客提出的某些意见，如“你说得很有道理”“你把这个问题提出来便于我们更好地服务，谢谢您”等，与顾客站在一边。接受投诉时，在言语和态度上和顾客立场保持一致会取得顾客信任，便于投诉的处理。

（三）调查投诉事件

结合顾客投诉的内容，找到参与投诉事件的企业当事人，调查并了解事情的原委，切不可听取顾客一面之词便急于下决定，甚至不容辩解地去惩罚员工。调查投诉事件除了有利于投诉的处理，也会使领导在一线员工和顾客心里留下好印象，树立管理人员公平、公正的处事态度，便于餐饮服务管理和树立社会公众形象。

（四）采取措施及跟踪回访

结合事情的经过分析，采用精神补偿、物质补偿或者两者相结合的方法及时补偿，以取得客人的再次信任。即使顾客的投诉不合理，也应用委婉和蔼的语气告诉顾客，表示理解，时刻做到将对的“让给”顾客，而得理不饶人、咄咄逼人、非黑即白的处理态度只会让顾客望而远之，逼走餐厅的衣食父母，得不偿失。

在顾客投诉问题解决之后，还应做好回访，看客人是否满意，如顾客还有要求，应跟踪办理。如果顾客对处理结果表示满意，应再次向顾客致歉并表示感谢，希望顾客下次光临。

（五）总结改进

对顾客投诉及处理经过进行记录，并可作为案例用于培训。对重点投诉问题的改进步骤可参考如下几点：

1. 分析投诉的原因

处理好投诉之后，需要对重点投诉问题，如 VIP 客人的投诉或者数量较多的投诉问题，进一步分析，探讨投诉的具体因素及原因是什么。

2. 责任分析

如果顾客投诉的原因在餐厅可控范围内，如服务失误、出品有异物等引起的投诉，则应责任到分部门或者个人，将问题明晰化，并根据事情的严重程度可给予口头警告、通报批评、扣罚奖金、扣发工资、停职培训等处罚。如果顾客投诉的原因在餐厅可控范围之外，如用餐过程中突然停电导致顾客财物丢失引起的投诉，责任由餐厅来承担，并制定相应的预案。

3. 服务改进

针对顾客投诉问题的分析结果，制定改进措施，通过专业技能提升培训、员工服务意识培训等提高服务质量，做好服务质量的预先控制。

四、餐中特殊问题处理

餐厅接待的客人来自五湖四海，服务员会遇到各种各样的顾客。在餐饮服务中，会碰到形形色色的事情，要想使每位顾客都吃得满意，是很不容易的。因此，我们要懂得在碰到一些特殊人群或者问题时该如何处理。

（一）对醉酒客人的处理

①客人有喝醉酒的迹象时，用礼貌婉转的语言劝告客人不要再喝，同时建议喝一些不含酒精的饮料，如咖啡、茶或是果茶等。

②为醉酒客人备好垃圾桶、纸巾、漱口水，泡好解酒茶或蜂蜜水。

③如有呕吐，应及时处理污物，并提醒醉客的朋友给予关照。

④协助客人同伴，安置客人休息，如是在酒店入住的单独就餐的客人，通知保卫部门陪同客人回房，切忌单独扶客人回房。

⑤如有客人在餐厅醉酒闹事，寻机闹事，对于这种情况，服务人员应报告大堂副理和保安部，以便及时处理。如果因为闹事，损坏了餐厅的设备财产，服务员要及时统计清点，通过适当的方式，请客人照价赔偿。

（二）对残疾客人的接待

①为残疾客人服务的原则应是，绝不允许用惊奇或者好奇的眼光去注视客人，或在客人背后窃窃私语或者做小动作，应该热情、细心、耐心地去服务。

②由于残疾人的情况各不相同，在服务时一定要有针对性，细心观察，及时提供所需要的服务。

③照顾残疾客人的自尊心，在服务的同时要把握度，服务员所提供的帮助应该让客人看来是周到的而非特殊照顾，在语言及表情态度上要与对待其他客人一样。

（三）客人用餐时忽然停电的处理

在晚间开餐时，突然停电的情况是会发生的。

①服务员应该要沉着，不应惊慌或惊叫，要安慰客人，让客人不要惊慌，坐在椅子上不要走动。

②如是经常发生的停电现象，服务员要向客人做解释工作。

③如是偶尔发生的情况，服务员应该向客人表示歉意。在此种情况下，服务员的沉着冷静是十分重要的，服务员的任何不安，都会导致客人的心慌。与此同时，餐厅经理应与有关部门及时联系，搞清楚停电的原因，并尽可能地让客人知道。

④一般情况下，餐厅都有应急电源，停电几秒钟后应启用应急电源供电。

⑤如果没有应急电源，服务员应立刻拿来蜡烛等照明用具，为客人照明，蜡烛的存放一定要有固定位置，方便需时取用。

⑥恢复供电后，应巡视餐厅，向客人致歉。

（四）账单有误的处理

①用餐客人在结束用餐时，认为服务员送来的账单有误。此时，餐厅服务员要做的第一件事就是耐心，换位思考，急客人之所急。

②在处理这种情况时，应该先向客人道歉，之后让客人稍等，立即将账单拿回收银台重新核对。

③多数情况下，账单不会有问题，因为在给客人送上账单之前，必须将账单核对清楚，如果服务员没有做到这一步，说明工作粗心大意，值得反思。

④在收银台重新核对后，将账单重新送给客人，此时，应耐心地和客人共同核对客人点的菜肴、主食、饮料等，待客人认可后再收款，切忌不可有任何不耐烦的态度和不礼貌的语言。

⑤如果工作失误造成结账收款这个环节上出现了失误，应该立即改正，并诚恳地请求客人原谅；如果是客人算得不对，我们应该巧妙地掩饰过去，以免使客人难堪。

⑥收款后向客人表示感谢。

（五）餐厅服务员由于工作不慎将汤、菜汁等洒在客人身上的处理

①向客人表示歉意，立即拿一块半湿的毛巾为客人擦拭。

②擦拭时应注意，如是异性客人，应让其他合适的服务员为其擦拭，或者将毛巾或纸巾递给客人，让客人自己擦拭。

③如果是非住店客人，服务员将其衣服弄脏的面积较大，应请客人到无人的包间，将脏衣服换下，立刻送洗，将店内准备的干净衣服暂请客人穿上，继续用餐；送洗的衣服最好能够在客人用餐完毕时拿回，送还给客人衣服时，同时还应根据情况进行物质补偿，必要时经理出面道歉，或者携带经理的道歉信函，以求得客人谅解。

④如果是住店的用餐客人，可征询客人的意见护送其进回客房，免费为客人在洗衣房洗衣，并将餐饮品打包客房送餐，并根据情况免费赠送精美果盘，或餐费打折等，请客人原谅。

（六）客人在进餐中损坏餐具的处理方法

①客人损坏餐具大致有两种情况，一种是无意的，一种是有意的，所以应该首先弄清楚是属于哪一种情况。

②对于无意损坏餐具的客人，首先餐厅服务员应该耐心和气地给予安慰，询问客人是否受伤，并立即将损坏的餐具撤离餐桌，为客人送上新的餐具，然后客气地向用餐客人讲清有关赔偿的规定，争取客人的合作，在餐后结账时一并付款。

③对有意损坏餐具的客人，应委婉地指出其错误的的同时，要求其照价赔偿，与这样的客人打交道，必须十分注意态度和做法，必要时应请保安人员到场，以保证餐厅营业的正常进行。

（七）发现未付账的客人离开餐厅的处理方法

①服务员遇到这种情况要沉着，不要惊慌，可以暗示自己，客人是忘记了。

②采取的方法是立即拿好账单追上前去，当走到客人面前时，应该有礼貌地小声把情况说明："先生，对不起，由于刚才工作较忙，没有及时把账单送给您，这是您的账单"，请客人补付餐费。

③如果客人是请朋友吃饭后离去，服务员应请付款的客人到一边然后将情况讲明，以照顾客人的面子。服务员不得质问客人，不要高声与客人讨论此事，更不能得理不让人。

作业

一、选择题

1. 下列选项中，不属于处理顾客投诉的原则的是（　　）

A. 不争论原则　　B. 隐蔽性原则

C. 回避性原则　　D. 补偿性原则

2. 以"关键的是少数，次要的是多数"为思想的定量分析方法是（　　）

A. PDCA 管理循环法　　B. 排列图分析法

C. 圆形图分析法　　D. 因果分析法

3. 下列选项中，不属于无形产品质量的是（　　）

A. 仪容仪表　　B. 服务用品

C. 服务态度　　D. 服务效率

4. 餐饮服务质量中的有形产品质量包括设施设备质量、实物产品质量和服务环境质量，下列属于餐饮实物产品质量的是（　　）

A. 餐桌质量　　B. 建筑和装饰质量

C. 厨房设备质量　　D. 菜点酒水质量

二、问答题

1. 餐饮服务质量的特点包括哪几方面？

2. 餐厅服务员由于工作不慎将酒水洒在客人身上，该如何处理？

3. 服务质量控制中的预先控制从哪几个方面体现？

三、案例分析题

8 月中旬，某四星级酒店承办了一个婚宴，婚宴要求安排 12 席，宴会部经理在酒店二层百合轩的大厅内安排了 12 席。对能容纳 16 席客人同时就餐的大厅来说，还能安排部分餐位提供给零点客人。因此，宴会部经理决定用两节屏风将婚宴与零点的两部分用餐区域进行隔开。

用餐时间临近，参加婚宴的客人陆续进入餐厅，有些客人带着小孩子一同赴宴。婚宴在热烈的氛围中顺利进行着，婚宴过半时，几个小孩子围着屏风转来转去玩耍。忽然，一节屏风被拉到，砸在邻近用餐客人的椅背上。服务人员赶紧将屏风扶起，检查有没有伤到客人，万幸的是，客人并无大碍，但是搭在椅背上的两件皮衣出现了不同程度的磨损。皮衣主人刘先生几乎同时发现了损坏，非常生气，对酒店进行了投诉，要求酒店给予赔偿。

请思考：

1. 面对刘先生的投诉，宴会部经理该如何处理？

2. 案例中的突发状况可以通过预先控制来避免吗？如何避免？

项目十

餐饮营销管理

子项目一　餐饮市场定位

学习任务描述

1. 熟悉市场营销的定义及其主要作用。
2. 了解餐饮市场定位的含义及作用。
3. 了解餐饮市场定位的步骤。
4. 掌握餐饮市场定位的基本方法并能加以运用。

案例导入

亏损的火锅店

徐先生是曾经在成都羊西线上开火锅店的一位老板，本想大赚一把，没想到一下子就亏了400多万元。现在一提起餐饮就头疼，这辈子都不想再做餐饮了。

据介绍，他的火锅店装修得很时尚，一共3层楼，一、二层为火锅厅，三楼是厨房、办公室、库房。营业面积1 600多平方米，共投入400多万元。主打菜是深海鱼，由于主菜的进价较高，所以售价相对较高，导致来酒楼就餐的人不够多，二楼常常要唱“空城计”。

“我们过去没有做过餐饮，看到红杏、大蓉和等酒楼生意好得订不到座位。手里正好有些闲钱，于是就在蜀汉路租下了3层的营业新房。那时候羊西线大多数酒楼就是中餐，我认为还差一个像样的火锅店，于是就决定做火锅。没想到刚开业就碰到重庆‘8632’的低价狂潮，开张就亏了。”

请思考：

1. 徐先生的火锅店亏损的原因是什么？
2. 在进行餐饮创业时，首先要做好哪些准备？

一、餐饮市场营销定义

（一）什么是市场营销

美国市场营销协会认为：市场营销是在创造、沟通、传播和交换产品中，为顾客、客户、合作伙伴以及整个社会带来价值的一系列活动、过程和体系。

市场营销理念发源于20世纪初，是随着市场的发展、竞争的加剧而不断发展完善起来的。在其发展过程中，菲利普·科特勒、格隆罗斯等学者分别从营销的价值导向、营销的目的等方面对营销概念进行了深入分析。其中菲利普·科特勒认为市场营销是个人和集体通过创造产品和价值，并同别人自由交换产品和价值，来获得其所需所欲之物的一种社会和管理过程。并在此基础上提出了4P的营销组合理念。4P是指产品（Product）、价格（Price）、渠道（Place）、促销（Promotion）4个单词的词首字母，即市场营销要注意产品的开发和功能诉求；根据不同的市场定位，制定不同的价格策略；注重经销商的培育和销售网络的建立；以及进行品牌宣传（广告）、公关、促销等的营销行为。

在科特勒营销理念的基础上，美国著名的营销专家劳特朋教授于1990年提出4C营销理论。4C营销理论是以消费者需求为导向，重新设定了市场营销组合的4个基本要素：即消费者（Customer）、成本（Cost）、便利（Convenience）和沟通（Communication）。它强调企业首先应该把追求顾客满意放在第一位，其次是努力降低顾客的购买成本，然后要充分注意到顾客购买过程中的便利性，而不是从企业的角度来决定销售渠道策略，最后还应以消费者为中心实施有效的营销沟通。

（二）餐饮市场营销

餐饮市场营销是指餐饮企业根据目标市场定位，在分析目标市场需求特点的基础上开发餐饮产品和服务，并选择合适的价格、渠道和销售策略，实现产品销售的一系列活动的总和。

在当前餐饮业激烈的市场竞争中，营销管理倍显重要。它是联结餐饮经营服务与社会需要的重要纽带，是提高餐饮业市场竞争能力的重要手段，也是提高餐饮业经济效益的必要条件，更是促进我国餐饮走向国际市场的必由之路。

二、餐饮市场定位的定义和影响因素

（一）什么是餐饮市场定位

餐饮市场定位是指餐饮经营者根据自身的经营条件选择特定类型的客源作为目标市场，并以此为基础进行餐饮产品和服务的开发和销售的过程。

餐饮业的客源市场的范围十分广泛。但随着餐饮企业的不断增加，其市场竞争日趋激烈。任何一家餐饮企业都不可能在所有的餐饮细分市场上获得竞争优势。只有到特定的目标市场来开展市场营销和业务经营活动，才能集中自身的资源更好地满足顾客需求，从而获得在特定市场上的竞争优势。因此，只有选好了目标市场的范围、类型、地域、层次，形成了自己的细分市场和目标市场，建立起合理的市场结构，才能有针对性地做好市场开发和客源组织，提高餐厅上座率、扩大产品销售，获得良好的经济效益。

（二）餐饮市场定位的影响因素

1. 餐饮企业自身条件

餐饮企业的自身条件是指其在同一时期餐饮市场上的综合实力。这种综合实力既包括餐饮企业在资金、人力、位置、产品特点等方面的硬实力，也包括餐饮企业品牌、管理等方面的软实力。

（1）餐饮企业的等级规格

餐饮企业的等级规格是其进行市场定位的首要依据。餐饮企业的等级规格在很大程度上取决于投资主体的经济实力。足够的资金可以保证餐饮企业在设计、装修、选址以及产品设计上占据优势。但实际上，大部分餐饮企业都处于资金相对有限的状态，并根据能够投入的资金决定预期达到的等级。

（2）餐饮企业的地理位置

有“现代饭店管理之父”美誉的斯塔特勒曾说过，决定饭店成功与否有三要素：第一是位置，第二是位置，第三还是位置。餐饮企业所处的地理环境对其影响极大，位于交通便利、客流量大、目标市场客源适应性强地区的餐饮企业，在市场上往往占据更大的优势。在现代社会中，由于家庭自用车辆的不断增加，便利的交通条件还应该加上足够的停车空间这一点。

（3）餐饮企业的设计和装修风格

餐饮企业的设计和装饰布置特点，在很大程度上影响了企业的市场形象，进而对目标市场产生更大的吸引力。餐饮企业门面装饰布置美观大方，餐厅室内装修主题越鲜明，消费环境越典雅，个性越突出，形象越鲜明，对目标市场客人的吸引力越大。

（4）产品特色和适应程度

突出的餐饮产品特色，对目标市场客人能产生更好的吸引。但在进行产品特色设计时，要充分考虑目标市场的适应能力，并根据目标市场的需求特点对产品特色进行一定的改良。如著名的重庆火锅，以味道鲜辣而著称。但在向东南沿海地区推广时，就要注意到目标市场对辣的接受能力。在保留产品自身特色的同时，针对当地的需求特点开发更适应其口味特点的产品。

（5）餐饮企业经营管理能力

餐饮企业经营管理能力，取决于其管理理念的先进程度、管理制度完善程度和执行者的执行力。具有较高经营管理能力的企业，能够更好地接受餐饮创新理念，适应不同的市场环境，应对更多的复杂情况，在进行市场定位时更容易获得容量大、利润高的目标市场。

（二）潜在目标市场的规模和发展前景

在进行餐饮市场定位的过程中，目标市场的选择必须建立在科学调查和分析的基础上。在进行目标市场选择前，首先要进行认真的市场调查，在市场细分的基础上找出可以选择的市场范围、市场类型和地域范围，确定客源层次和客源结构。然后要分析预测这一目标市场的规模和发展前景，即目标市场的容量和市场占有情况，是否和自己的餐厅等级规格、接待能力相适应。同时，对未来所选目标市场的规模、结构、数量、消费水平、支付能力的发展情况进行预测，在进行分析时充分考虑目标市场的地域范围内的政治、经济、文化、社会和人口变化等多种因素。尤其是区域经济规划中的新建科技园区、高新技术产业区、各种新兴的城市小区和规模庞大的居民住宅区，这些地区往往在短短的几年内就会形成人口集中、交通便利和客源众多的消费市场。

（三）竞争对手情况

由于餐饮业的市场进入壁垒较低，其市场竞争较为激烈，一些受到市场认可的餐饮产品很容易出现大量的竞争对手。餐饮企业在进行市场定位时，必须明确目标市场上的竞争对手，并掌握其规模大小、产品特点、经营策略等关键性因素，并有针对性进行改进产品和选择正确的市场策略。如在快餐业，麦当劳与肯德基是一对强劲的竞争对手，针对麦当劳服务标准化的定位特点，肯德基强调自身在鸡肉烹制方面的优势，提出了“鸡肉烹调专家”的差异定位策略。

案例：

西贝的凉皮

西贝餐饮发源于内蒙古临河市（今为临河区），迄今已有28年的发展历程，主要经营地方特色食品。但与众不同的是，其产品价位远高过同类产品。以凉皮为例，著名的魏家凉皮才卖9元一份，而西贝的一份凉皮要卖到33元。令人惊讶的是，其产品在市场上还受到了较大的欢迎。在其广告语中，西贝强调：“原料来自西北的草原、山野、乡村，绿色、营养、健康！菜品烹制简单，调味单纯，不添加味精，保证食材的本色、本味。”

请问：西贝餐饮的市场定位是什么？

三、餐饮市场定位的步骤

餐饮产品在进行市场定位时，其关键在于明确产品的竞争优势并传递给目标市场的消费者。餐饮产品的竞争优势既体现在产品本身的特色、价格优势方面，也体现在购买渠道的便利性、产品形象等方面。一般来看，餐饮市场定位应该包括以下三个方面：

（一）分析目标市场的现状

在进行目标市场分析时，首先要在市场调查的基础上明确目标市场上顾客的需求特点及满足程度。对顾客的需求进行分析并形成具体的要点。其次要分析目标市场上竞争对手的产品特点及市场策略。再次要分析自身的产品特点和经营目标。最后在前三者的基础上寻找市场的空白点并总结自身餐饮产品的竞争优势。在这一过程中，可借助SWOT分析法等市场分析方法帮助分析。

（二）明确竞争优势，对目标市场初步定位

在明确餐饮企业的竞争优势后，根据竞争优势的内容中顾客重视的程度进行排序，在企业的经营中通过产品、价格以及销售渠道等方面体现这些优势，选择合适的促销策略向消费者准确地传递企业的优势所在。餐饮企业的竞争优势可以表现在多个方面，但在向市场进行传递时应选择那些特色最鲜明、顾客最感兴趣的因素，强化目标顾客形象，保持目标顾客对企业的了解，稳定目标顾客的态度和加深目标顾客的感情。同时，餐饮企业的消费评价具有很大的自身感受特点，因此尤其要注意对到店顾客的影响，以形成良好的口碑效应。

(三) 根据市场变化进行弹性定位

餐饮市场处在不断的发展变化中，以健康、快捷为代表的未来餐饮发展趋势对传统餐饮业正造成巨大的冲击。同时除惯常饮食外，消费者对餐饮产品的消费倾向会发生一定的变化。这就要求餐饮企业能够根据目标市场的变化对其原有的定位进行一定的调整。或者在竞争对手推出的新产品定位与本企业重合，侵占了本企业产品的部分市场份额的情况下，也应对企业的定位进行一定的调整。

同时餐饮企业还要注意到在市场定位过程中，由于企业市场定位宣传上的失误，目标顾客对其理解可能会出现一定偏差，企业应及时分析问题，找出原因并进行重新定位。重新定位可能导致产品的名称、价格、包装和品牌的更改，也可能导致产品用途和功能上的变动，企业必须衡量定位转移的成本和新定位的收益。

四、餐饮市场定位的方法

(一) SWOT 分析法

SWOT 分析法，是一种通过对比分析企业和竞争对手的各种资源条件和外部环境，从而确定企业自身的竞争优势、劣势、机会和威胁的一种科学分析方法，于 20 世纪 80 年代初期由美国旧金山大学的管理学教授韦里克提出。在分析过程中，将与企业密切相关的各种主要内部优势、劣势和外部的机会和威胁等，通过调查列举出来，并依照矩阵形式排列，然后用系统分析的思想，把各种因素相互匹配起来加以分析，从中得出一系列相应的结论，从而为决策提供一定的参考。

SWOT 分析法分为 4 个部分，S（strengths）是优势、W（weaknesses）是劣势，O（opportunities）是机会、T（threats）是威胁。从整体上看，SWOT 可以分为两部分：第一部分为 S 和 W，主要用来分析内部条件；第二部分为 O 和 T，主要用来分析外部条件。具体如图 10－1 所示。

优势（Strength）	劣势（Weakness）
Q——品质（安全性、稳定性、可靠性） C——成本/价格 D/D——产量/效率/交付能力 D/L——产品研发/技术 M——人才/设备/物/方法/测量 S——销售/服务	Q——品质（安全性、稳定性、可靠性） C——成本/价格 D/D——产量/效率/交付能力 D/L——产品研发/技术 M——人才/设备/物/方法/测量 S——销售/服务
机会（Opportunity）	**威胁（Threats）**
P——政治/法律/政策 E——经济 S——社会文化/市场 T——技术	P——政治/法律/政策 E——经济 S——社会文化/市场 T——技术

图 10－1 SWOT 矩阵及主要项目

通过SWOT分析，企业在不同的条件下可以选择不同的经营战略，并进行合理的市场定位。具体如图10－2所示。

项目	优势（S）	劣势（W）
机会（O）	SO战略——增长性战略 （进攻策略，最大限度地利用机会）	WO战略——扭转型战略 （调整策略，战略转型）
威胁（T）	ST战略——多种经营战略 （调整策略，多种经营）	WT战略——防御型战略 （生存策略，严密监控竞争对手动向）

图10－2　不同条件下企业的营销战略

（二）知觉图法

1. 什么是知觉图

知觉图是消费者对某一系列产品或品牌的知觉和偏好的形象化表述，目的是尝试将消费者或潜在消费者的感知用直观的、形象化的图像表达出来。

知觉图一般利用平面二维坐标图的品牌识别、品牌认知等状况做直观比较，以解决有关的定位的问题。其坐标轴代表消费者评价品牌的特征因子。图上各点则对应市场上的主要品牌，它们在图中的位置代表消费者对其在各关键特征因子上的表现的评价。

如图10－3所示啤酒的知觉图，图上的横坐标表示啤酒口味苦甜程度，纵坐标表示口味的浓淡程度。而图上各点的位置反映了消费者对其口味和味道的评价。如百威（Budweiser）被认为味道较甜，口味较浓，而菲斯达（Faistaff）则味道偏苦及口味较浓。

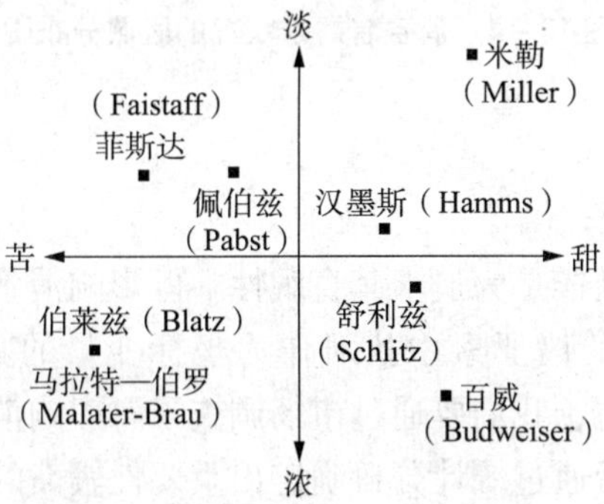

图10－3　美国知名啤酒品牌的知觉图

（资料来源：百度文库）

2. 知觉图的运用

（1）根据与竞争品牌之间的差异来确定定位

定位图直观地显示了消费者对各种品牌的产品的性质及之间的差异的认知。在图中，只要两点不重叠，就说明它们之间存在着差异，而纵、横向距离的大小则表示它们在这两方面特征因子上的差异的大小。在图10－3中，米勒（Miller）与百威在味道上几乎一致，都被消费者认为较甜，但它们在口味的浓淡上却相去甚远；菲斯达（Faistaff）与佩伯兹（Pabst）

在图中的位置相当接近，这表明这两种品牌的啤酒味道相似，口味相近，但菲斯达与百威则无论在味道上还是口味上都大相径庭。

（2）找寻市场机会

市场上即使品牌泛滥也不等于再没有插足的余地，利用知觉图有助于找寻出尚被忽略的市场空白。

在图 10－4 中，A～G 是根据消费者的需求状况而划分的 7 个区域，即 7 个细分市场。区域中的点表示符合该类型需求的品牌。这 7 个区域中点的密度并不相同，其中 A、C、E、G 的密度相当大。密度越大则竞争越激烈，因此不宜去硬碰；D、F 两区中的点相对稀疏，这表示竞争相对缓和；而 B 区还处于空白，这昭示着一个诱人的潜在市场。20 世纪 80 年代初，在新兴的大市场上尚未有一种品牌的啤酒被认为是清新的，鉴于此，喜力便让其定位走清新路线（令人心旷神怡的啤酒）。厂家一方面给产品穿上了绿色的衣装，另一方面通过广告向消费者散播大自然的清新气息。这令人耳目一新的定位切中了喜爱清新感受的消费者的需要，从而令喜力占据到一定的市场地位并得以一直保持。

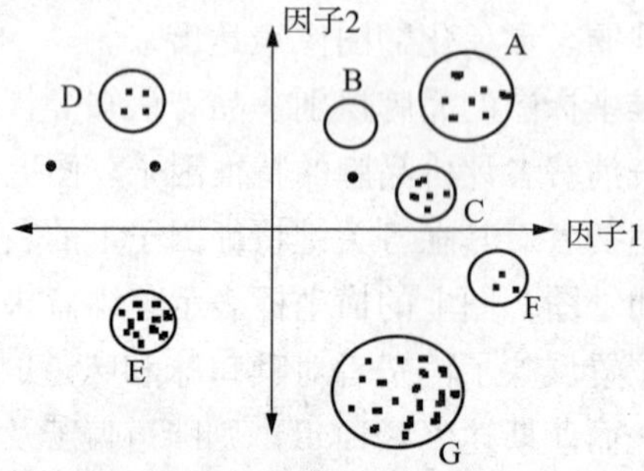

图 10－4　消费者需求状况的区域分布图

3. 知觉图的制作

（1）确定关键的特征因子

知觉图一般是两维的，这样是为追求其直观性。但影响消费者决策的特征因子是多种多样的，那么，该如何在复杂的诸要素中找对作为坐标变量的关键的两点呢？方法只有一个——从消费者身上找。首先，我们要通过市场调查了解影响消费者购买决策的诸因素及消费者对它们的重视程度，然后通过统计分析确定出重要性较高的几个特征因子，再从中进行挑选。在取舍时首先要剔除那些难以区分各品牌差异的因子。其次，要剔除那些无法与竞争品牌形成竞争的因子。最后，在剩下的因子中选取两项对消费者决策影响最大的因子。有时对于相关程度甚高的若干个因子可将其合并为一个综合因子以作为坐标变量。如可将餐饮产品的价格和就餐环境两特征因子综合为品质因子。

（2）确定诸品牌在知觉图上的位置

在选取关键因子后，接着就要根据消费者对各品牌在关键因子上的表现的评价来确定各品牌在定位图上的坐标。在确定位置之前，首先要保证各个品牌的变量值已量化。特别对于一些主观变量（如啤酒口味的浓淡程度），必须要将消费者的评价转化为拟定的数值，只有这样才便于在图上定位。

案例：

"洋"快餐为何能长驱直入广州城

广州素有"食在广州"之美誉，因而很多人并没料到洋快餐竟能在此大行其道。但只要分析洋快餐进攻广州之前的餐饮市场知觉图（图 10－5），就可知洋快餐的成功并非偶然。

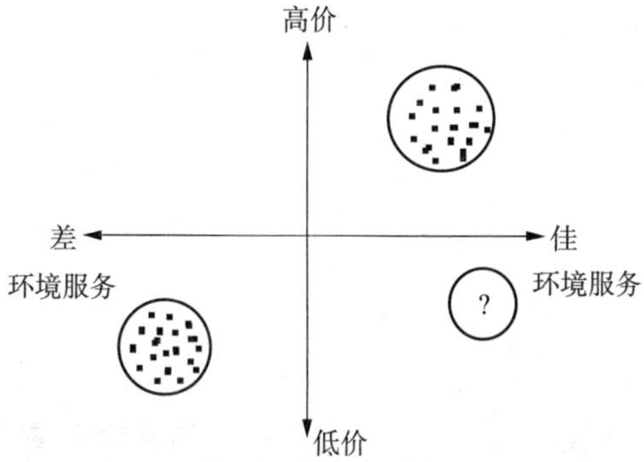

图 10－5　洋快餐进攻广州之前的餐饮市场知觉图

虽然市场上餐饮企业竞争激烈，但我们从图上看到，环境、服务优良但价格适中的区域却尚是一片空白。而若我们了解广州近年的经济发展状况及市民对餐饮消费需求的变化，就很容易明白这片空白是机会所在。随着经济的发展，人们的收入有了很大增长，对进餐的卫生条件、环境、服务质量等方面的要求也提高了，因而低档食肆已不能满足越来越多人的要求，特别是日益壮大的白领阶层，更是将在这类食肆进餐看作是有失身份的事，但去高档酒楼进餐只能偶然为之，将其作为解决日常进餐问题的场所是不现实的。生活水准的提高，生活节奏的加快，都令中档快餐有着不可估量的市场潜力。洋快餐供应快捷，环境洁净，服务有道，这些特点与都市人的需求相当合拍，因而它们一打入广州市场，便大获成功。

子项目二　餐饮产品价格制定

学习任务描述

1. 了解餐饮产品的价格构成。
2. 了解餐饮产品定价程序。
3. 掌握餐饮产品价格制定方法。
4. 掌握餐饮定价的策略并能进行案例分析。

案例导入

九锅一堂的食材成本控制

九锅一堂以“80 后”“90 后”年轻顾客为主要目标市场，菜品以麻辣、口味有冲击力、过瘾的石锅菜为主，人均消费只有 30 元，但毛利却高达 63%。如何保证如此高的毛利率呢？九锅一堂在食材成本控制上有自己独到的见解。如水煮鱼片，鱼片下面是铺豆芽还是笋片，成本是不一样的；哪个季节铺豆芽、哪个季节铺笋片，成本又是不一样的。再如香菜贵的时候，他们的后厨甚至想到用新鲜的芹菜叶来代替提味，一试效果很好，降低了成本，顾客还感觉很新鲜。

请思考：

1. 九锅一堂的做法为什么能够得到市场认可？
2. 其他餐饮企业能否效仿其做法？

（案例内容根据豆瓣网站相关资料整理）

餐饮产品的价格制定是餐饮销售管理的核心内容。餐饮产品价格不仅是餐饮企业获得销售收入的基础，同时也是体现餐饮企业的档次、规格，反映餐饮企业的市场定位和经营指导思想及经营策略，促进餐饮产品销售的重要凭借。

一、餐饮产品的价格构成

产品的价值决定其价格，根据餐饮产品价值构成可将其价格分为原料成本、费用、税金和利润四大部分，其公式如下：

餐饮产品价格 = 原料成本 + 费用 + 税金 + 利润

在计算原料（含主料、辅料、调料）的成本时，不能只计算其净料，还要计算其购进时的毛料。饮料在计算成本的时候，要涉及滴漏损耗问题，在计算一杯净饮或鸡尾酒的成本时，应把滴漏、溢出的损耗考虑在内。费用是指餐饮产品生产和销售过程中的各项费用开支，主要包括人工费、设计费、租金、固定成本折旧费、水费、电费、煤气费、行政管理费及其他各项费用。税金是指餐饮企业作为一个营利性的商业实体，应当向国家或地方税务局缴纳税金，国内的餐饮企业通常应把营业税分摊到每份菜品或饮料上进行销售。所有的餐饮企业是以盈利为经营目标，其主要任务是获取最大限度的利润。所以在制定价格时应包含其目标利润。

习惯上，又可将价格结构中的费用、税金、利润 3 部分合称为毛利，这样餐饮价格结构可以简化为：

餐饮产品价格 = 原料成本 + 毛利

二、餐饮产品定价程序

（一）判断市场需求

餐饮产品的价格并非完全由企业自身决定，同种产品在市场上的竞争越激烈，餐饮产品在定价时要考虑的因素就更多。在制定餐饮产品价格之前，首先要做好市场调查。明确产品的市场定位、目标市场消费者的价格接受能力和竞争对手的替代产品价格，在此基础上选择定价策略。通常情况下，餐饮产品的定价方法分为3种情况。

一是随行就市，按同类产品的市场价格定价。这种情况适合于市场竞争不太激烈的情况，同时餐饮企业具有一定的竞争实力，产品在市场上也具有一定的认可度。既可以保证一定利润率，又可以吸引一定的消费群体。

二是新产品或者优质产品的高出市场价格定价。这种定价方法适合于具有较强实力的餐饮企业，其产品在市场上的认可度高，同时新产品或者优质产品的竞争对手少，容易获得独占性的市场地位，从而获得较高的利润。但随着竞争对手产品的调整，价格会逐渐回落。

三是按低于竞争对手的价格定价。这种定价方法一般在餐饮企业不具备市场竞争优势，或者需要进行市场扩张的情况下使用。其目的在于通过树立价廉物美的印象，迅速占领市场。需强调的是，低价位虽然能够迅速占领市场，但由于价格刚性，在达到市场占领目标后要进行价格提升通常会有一定的困难。

（二）确定产品定价目标

定价目标是价格策略在价格制定中的具体体现。产品定价目标不同，决定了其价格水平。因此，在判断市场需求和核定产品成本的基础上，还要根据餐厅等级规格、产品类型、花色品种等不同，确定产品定价目标以保持产品价格和市场需求的最佳适应性。餐饮产品的定价目标主要包括市场导向目标、利润导向目标、成本导向目标、竞争导向目标、享受导向目标等多种。在实际工作中，具体选用哪些定价目标，要根据餐饮企业及其餐厅的等级规格、产品风味、花色品种、市场竞争程度和目标市场客人对价格水平的接受能力等多种因素来确定。

1. 以保证利润为定价目标

以经营利润作为目标是指管理人员根据利润目标，预测经营期内将涉及的经营成本和费用，然后计算出餐饮产品价格。这种定价目标一般在市场竞争不激烈或者企业具有明显市场优势的情况下采用。

2. 注重销售的定价目标

采用这种定价目标时，餐饮管理人员考虑的首要因素不是利润，而是增加客源和菜品的销售数量。在餐饮产品受市场欢迎度不高或者竞争激烈的情况下，为了提高或保持市场占有率，一般采用这种定价目标。当市场上出现新的竞争对手的时候，部分餐饮企业也会采用这种定价目标，以达到控制市场的目的。

3. 带动其他消费的定价目标

这种定价目标一般在星级酒店下属的餐饮部采用。某些情况下酒店为了实现的总体经营目标，通常把餐饮产品价格定得较低，以增加客房或其他产品的客源。例如，以较低的餐饮价格来吸引会议团队、旅游团队或者其他类型团队，以此提高客房出租率，提高酒店的整体利润。

4. 以生存为定价目标

采用这种定价目标时，一般意味着市场不景气或企业在竞争中处于弱势。这种情况下餐饮企业一般不会考虑盈利，甚至由于固定资产在前期已进行了投入也不再进行折旧。当餐饮销售收入与变动成本和营业税之和相等时，餐饮企业就能继续生存。其计算公式为：保本点的餐饮收入等于固定成本除以贡献率（即1－变动成本率－营业税税率）。保本点的客人平均消费额等于固定成本除以贡献率和客人数之乘积，即：

$$保本点平均消费额=\frac{固定成本}{客人数\times（1-变动成本率-营业税税率）}$$

案例：某餐厅每月固定成本预计为120 000元，餐饮变动成本率为35%，营业税税率为5%，该餐厅预计下月顾客数量为18 000人次，该餐厅若要保本生存，客人平均消费额要达到多少：

$$保本点平均消费额=\frac{120\ 000}{18\ 000\times（1-35\%-5\%）}=11.11（元）$$

（二）确定原料成本和费用

随着生产要素成本的不断增加，不但成本是影响价格的主要因素，各种费用，尤其是人工费用已成为餐饮产品价格制定时必须考虑的因素。餐饮产品的成本包括主料成本、配料成本和调料成本三种。费用主要包括人工费、租金、固定成本折旧费、水电燃料费等。通过明确餐饮产品的成本和费用，为餐饮产品价格制定提供客观依据和数量标准。

（三）选择适当的基价制定方法

餐饮产品基价是根据产品成本和毛利制定出来的平均价，不同的定价目标会直接影响基价的高低，进而影响餐饮产品的具体价格。因此，在确定基价时要根据企业的利润目标和市场竞争的实际情况选择适当的基价制定方法。

三、餐饮产品价格制定方法

（一）毛利率定价法

餐饮产品基价制定是在核定产品成本和毛利率的基础上完成的，其定价方法有多种。其中，毛利率法是最常用，最简单的方法之一。具体方法分为两种：

1. 销售毛利率法

采用销售毛利率法制定价格通常在核定单位产品成本的基础上，根据产品的花色品种，参照分类毛利率标准来制定。它主要适用于零点餐厅餐饮产品定价。其计算方法是：

$$产品价格=\frac{单位产品成本}{1-销售毛利率}$$

案例：某餐厅在春天来临之际，新推出一道菜肴春笋红烧肉，其每道菜主料成本为14.6元，配料成本为1.6元，调料为0.2元，销售毛利率为56%，请确定该产品的价格。

$$春笋红烧肉价格=\frac{14.6+1.6+0.2}{1-56\%}=37.27\approx37（元/份）$$

2. 成本毛利率法

采用成本毛利率法确定产品价格，通常是根据其主料、配料及调料成本计算出其成本，然后根据规定的成本毛利率定价。成本毛利率因其比较的基础和销售毛利率不同，毛利水平一般比销售毛利率更高。其价格计算方法是：

$$产品价格 = 单位产品成本 \times (1 + 成本毛利率)$$

案例：某饭店为吸引市场，新推出一批徽菜代表菜，其中油焖冬笋这道菜的主料成本为10.8元，配料成本2.8元，调料成本0.4元，成本毛利率80%，请该产品的盘菜价格。

油焖冬笋价格 =（10.8 + 2.8 + 0.4）×（1 + 80%）= 25.2 ≈ 25（元/份）

3. 两种毛利率的换算在餐饮产品价格管理中，不同部门的偏好有所差异，例如，财务部门采用的毛利率指标往往是销售毛利率。它直观地反映出毛利在销售额中的水平，但部分企业厨房工作人员喜欢用成本毛率，这就需要进行换算。事实上，两种毛利率之间存在着互相转换的内在联系。其转换公式为：

$$S = \frac{C}{1 + C}$$

$$C = \frac{S}{1 - S}$$

式中：S——销售毛利率；C——成本毛利率。

以上面两个案例中的菜肴为例，春笋红烧肉的销售毛利率换算成本毛利率和油焖冬笋的成本毛利率换算成销售毛利率分别为：

春笋红烧肉成本毛利率：$C = \frac{S}{1 - S} = \frac{56\%}{1 - 56\%} \times 100\% = 127.27\%$

春笋红烧肉价格 =（14.6 + 1.6 + 0.2）×（1 + 127.27%）= 37（元/份）

油焖冬笋销售毛利率：$S = \frac{C}{1 + C} = \frac{80\%}{1 + 80\%} \times 100\% = 44.44\%$

油焖冬笋价格 = $\frac{10.8 + 2.8 + 0.4}{1 - 44.44\%} = 25$（元/份）

采用换算后的毛利率重新制定价格，可以检验菜肴的定价是否相同，计算正确的情况下结果应该是一样的。

（三）主要成本法

主要成本法是根据菜点的主要成本和定价系数来制定价格。菜点的主要成本是指原料成本和直接人工成本之和。在核定菜点原料成本和直接人工成本的基础上，可以算出菜点的定价系数，然后制定价格。其价格计算方法是：

1. 计算不同类型菜点的成本率

它以餐厅统计资料为基础，分别确定不同种类菜点的成本率，如蔬菜、肉类、主食、面点、野味、禽蛋等，菜点种类不同，成本率的高低会有所不同。

2. 计算直接人工成本率

直接人工成本是餐饮部门员工成本，不包括企业高层管理人员和综合管理部门的人工成本。如果核定一个餐厅的产品价格，则只算一个餐厅的直接人工成本，其计算方法是根据过去餐厅的人工成本和销售收入大致确定。

3. 计算产品定价系数

将分类产品的原料成本和直接人工成本结合起来，分析它们与价格之间的关系，即可确定定价系数。其方法是直接用预算收入和主要成本来计算。其计算公式为：

$$r=\frac{Q}{C_1+C_2}$$

式中：r——定价系数；Q——预算收入；C_1——原料成本；C_2——直接人工成本。

4. 核定产品基价

在核定菜单各种产品标准成本的基础上，求出主要成本，制定产品基价。其计算公式为：

$$P=(C_1+C_2)\times r$$

式中：P——产品基价；C_1——原料成本；C_2——直接人工成本；r——定价系数。

案例：某饭店下属中餐厅以接待旅游观光者为主，2017 年预计销售收入 480 万元，其中肉类菜品的销售收入占总收入的 36%，肉类菜品的毛利率为 58%，餐厅直接人工成本率为 16.8%。请问肉类菜品的定价系数是多少？为更好地吸引旅游者，餐厅现推出一道仿唐菜——光明虾炙，该产品的原料成本为 12.6 元，请问该产品的售价应该为多少？

①计算该餐厅肉类菜品的定价系数

$$r=\frac{Q}{C_1+C_2}=\frac{480\times 36\%}{480\times 36\%\times(1-58\%)+480\times 16.8\%\times 36\%}=\frac{172.8}{72.58+29.03}=1.7$$

②计算光明虾炙的价格

$$P=(C_1+C_2)\times r=\left(12.6+\frac{16.8\%}{1-58\%}\times 12.6\right)\times 1.7=29.99\approx 30\ (\text{元/份})$$

四、餐饮定价的策略

（一）撇脂定价策略

撇脂定价策略即为市场高价策略。一般在餐厅开发新产品时，由于具有市场的垄断性，制定较高的价格以获取更多的利润，当别的餐厅也推出同样产品而顾客开始拒绝高价时再降价。这项策略适合用于产品独特性大、竞争者难以模仿、产品的目标顾客对价格敏感度小的情况。采取这种策略能在短期内获取尽可能大的利润，尽快回收投资资本。由于这种价格策略能使企业获取暴利，因而会很快吸引竞争者形成激烈的竞争，从而导致价格下降。另外，在采取这种高价策略时，要考虑到政府对价格的监督程度。

（二）渗透价格策略

渗透价格策略是将新产品价格定得低于市场平均价格，目的是使新产品迅速地被消费者接受，迅速打开和扩大市场，尽早在市场上取得领先地位。企业虽然获利低，但可以有效地防止竞争者挤入市场，从而实现自己长期占领市场的目的。市场渗透政策用于产品竞争性大且容易模仿，且目标顾客需求的价格弹性大的新产品。新餐厅开业往往采取这一策略。

（三）诱饵定价策略

餐饮企业为吸引顾客光顾，将一些菜品的价格定得很低，甚至低于这些菜品的成本价格，其目的是为了把顾客吸引到餐厅来，由于顾客来到餐厅后还会点其他菜品，这些菜品就起到诱饵作用。诱饵菜品的选择十分重要。通常选择一些顾客熟悉并具有一定价值的菜品，以满足顾客追求实惠的心理。诱饵菜最好不要选择过于低廉的菜肴，会影响吸引效果。对菜肴进行搭配并以较低的价位打包销售，实际上也是一种诱饵定价策略。

（四）心理定价策略

1. 尾数定价策略

尾数定价策略是指在确定产品价格时，利用消费者求廉的心理，制定非整数价格，以零头数结尾，使用户在心理上有一种便宜的感觉，或者是价格尾数取吉利数，从而激起消费者的购买欲望，促进商品销售。尾数定价是心理低价策略的常用方法，往往使客人产生一种产品价格低于实际价格的感觉。如鱼香肉丝 18 元、糖醋里脊 28 元等，这种价格感觉比 20 元、30 元要便宜许多。当然，餐饮企业在定价时一般不会出现普通零售企业的以小数作为尾数的情况。尾数定价策略一般适用于以大众消费为目标市场的餐饮企业。

2. 整数定价策略

整数定价与尾数定价相反，即按整数而非尾数定价。是指企业把原本应该定价为零数的商品价格改定为高于这个零数价格的整数，一般以“0”作为尾数。这种舍零凑整的策略实质上是利用了消费者按质论价的心理、自尊心理与炫耀心理。整数定价一般适合于以高端消费为目标市场的餐饮企业。

子项目三　餐饮市场客源组织

学习任务描述

1. 了解餐饮客源组织的特点。
2. 了解餐饮客源组织要求。
3. 掌握餐饮客源组织的基本方法。

案例导入

消失的老客户

IBM 曾经做过一个调查，研究老客户为什么选择了离开。调查的结果如下：

1% 是由于老客户去世了。

3% 是由于老客户搬迁，离开了原来的区域。

4% 是非常自然的流动——因为好奇心而不断更换品牌。

5% 是由于购买了朋友或亲人推荐的产品。

9% 是由于选择了更便宜的产品。

10% 是由于长期对产品有抱怨情绪。

68% 是由于客户的需求得不到关注，他们的抱怨得不到及时处理。

请思考：

1. 老客户对餐饮企业有什么意义？
2. 要留住老客户，你认为应该做些什么？

客源组织是根据市场供求关系变化，运用市场营销策略广泛招揽和吸收客人前来就餐，以扩大营业收入，获得良好经济效益的过程。与其他行业相比，餐饮也在客源组织过程中必须考虑到行业自身的特点，有针对性地进行规划。

一、餐饮客源组织的特点

（一）销量受企业规模限制，难以大幅调整

餐饮企业的规模，即厨房炉灶数和餐厅座位数基本上限定了其销售总量。虽然可以通过提高座位周转率、销售外卖产品等途径提高销量，但与工业企业相比，餐饮企业单位时间内的可售产品数量是有限的。因此，餐饮企业在进行客源组织时，要充分考虑自身的容纳能力，避免因过度宣传而出现顾客大量等待的情况，降低市场对企业的评价。从这一角度看，餐饮企业要重视对外卖客源的重视，降低对企业接待能力的依赖。

（二）产品销售即时性强，储存难度大

与工业企业相比，餐饮企业的产品在生产出来后马上要进行消费，否则产品质量就会出现严重下滑，餐厅的接待能力也不能累积到下一天。因此，餐饮客源组织既不能过多，超过接待能力；也不能太少，使当天的产品销售出现空置。餐饮企业在客源组织时，尤其要注意淡季或者销量较少时段的安排。例如，每个星期的星期一一般是餐饮销售的淡季，在进行客源组织时要注意向这些时段安排。

（三）市场受距离影响大，以本地顾客为主

根据餐饮企业顾客来源地分析，可以将顾客分为本地顾客和异地游客两类。除了部分以接待异地旅游者为主的旅游饭店或者旅游餐厅之外，大部分餐饮企业的主要接待对象应该是本地顾客。随着城市道路体系的完善和居民自驾出行的不断增加，驾车时间在一个小时以内的顾客都可以作为本地顾客。因此，餐饮企业应根据目标市场顾客的需求特点，进行产品设计和促销策略选择，将重点营销区域放在以企业自身为中心，直径在一个小时的车程范围之内。

（四）顾客类型多样，组织难度大

餐饮企业的市场范围虽然以近距离为主，但其顾客构成非常复杂，涉及不同的职业、年龄和收入水平。对于任何一家餐饮企业来说，做好市场开发和客源组织，必须根据自身企业的产品特点、等级规格和价格水平选好目标市场，明确主要客户群，然后才能有针对性地去做好客源组织。

（五）短期客源市场变动大，长期较为稳定

通过对餐厅客源构成分析可以发现，在短期内其客源市场的变动较大，但从长期看客源

市场则较为稳定。根据边际效益递减规律，顾客在重复消费餐饮产品时，其得到的效益是不断下降的。除偏好饮食外，顾客一般不会在短期内重复消费同类餐饮产品，但会以周期进行消费。这就要求在进行客源组织时要维持一个较大的基数。基数内的客户总量和结构必须与近期客源更换率的高低相适应。同时，餐饮客源组织还必须重视培养忠诚客户，增加回头客比率，才能保证餐饮经营客源充足，获得较好的经济效益。

二、餐饮客源组织要求

（一）以餐饮质量为基础

质量是进行餐饮市场开发和客源组织的前提和基础。无论是硬件质量产品和环境，还是软件的服务质量，都是吸引顾客、增加回头客的保证。虽然在进行市场初次开发时，餐饮产品和服务质量难以直接地呈现给对方，但可以通过成功案例总结、忠实客户推荐等多种形式强化印象和增加信任，为潜在顾客变为现实消费者奠定基础。

（二）以目标市场为对象

在进行餐饮客源组织时，要注意以目标市场为对象，满足定向群体顾客的需求。餐饮管理的客源组织从宏观上要面向整个市场，但在具体操作时，由于餐饮企业的产品特点和顾客需求的差异性，以及企业资源的有限性，不可能面面俱到。只有根据企业的自身条件，以目标市场为对象，集中人力、物力和财力，创造出适合目标市场客源需要的菜品和服务，并以此为基础，重点做好目标市场开发和客源组织，才能取得良好的经营效果。

（三）以营销策略为手段

餐饮市场开发和客源组织，必须通过适当的营销策略才能实现。在餐饮市场供求关系中，影响客源组织的因素很多。餐饮管理人员应根据消费者的关注重点，以从消费者角度出发的4C理论为基础，从产品设计、价格制定、销售渠道选择和促销策略等角度灵活选择营销策略，制定并实施营销计划，并及时总结和反馈营销效果。

（四）以打造品牌为关键

品牌是餐饮企业立足市场、获取竞争优势的重要凭借，对餐饮客源组织更能够起到事半功倍的效果。通过有效的客源组织手段，也能为餐饮品牌的塑造创造条件。在现代社会中，餐饮品牌的建立难以一蹴而就，需要较长的建设周期。符合目标市场的产品核心价值、良好的口碑效应和必要的营销手段是塑造品牌的关键要素。餐饮企业在进行客源组织时，要在忠诚客户上方面予以足够的重视。忠诚客户是形成口碑效应的基础，通过必要的营销手段将忠诚客户的影响不断扩大，对餐饮企业建立良好的市场形象，进而打造品牌有巨大的作用。

知识链接

真功夫品牌的塑造

“真功夫”原名“双种子”，本是东莞的一家小餐厅，1997年，“双种子”在东莞周边取得巨大成功，并在2001年把重心转至广、深，阻力就在这个时候出现了。

阻力一：昂贵的租金与低下的单店盈利能力。

阻力二：品牌效应差。

针对这一情况，该餐饮集团主要从两个方面着手，一是构建新品牌，将“双种子”更名为“真功夫”，提高品牌的知晓度。二是结合广东餐饮特点，明确品牌核心价值——“蒸的营养专家”，“它对我的健康有益”，并围绕核心价值进行产品设计，受到市场的极大认可。

（五）以组织措施为保证

大部分中小型餐饮企业一般不会设置专门的客源组织机构和人员，主要采用坐店经营方式，以产品风味和门面招揽顾客。但随着餐饮市场竞争日趋激烈，稳定的客源市场越来越难以保证。因此，餐饮管理需要建立专门的客源组织机构，或者配备一定的市场营销人员，研究顾客需求变化，做好销售资料存档，在做好资料统计的同时，采取外出联系、主动邀请、内部推销等方法，有针对性地做好客源组织工作，才能获得相对稳定的客源市场。

三、餐饮客源组织方法

（一）忠诚顾客推广

顾客忠诚（Customer Loyalty，CL），是指顾客在消费企业的产品或服务的过程中，由于长期处于满意状态而形成的一种高度认可心理。它主要通过顾客的情感忠诚、行为忠诚和意识忠诚表现出来。其中情感忠诚表现为顾客对企业的理念、行为和视觉形象的高度认同和满意；行为忠诚表现为顾客再次消费时对企业的产品和服务的重复购买行为；意识忠诚则表现为顾客做出的对企业的产品和服务的未来消费意向。

忠诚顾客对餐饮企业具有巨大的价值，一方面，忠诚顾客本身具有巨大的消费能力，同时对其营销成本投入较少。20世纪90年代，美国哈佛大学的两位教授提出，开发一个新客户的成本一般比维系一个老顾客的成本高出5~10倍。而意大利经济学家和社会学家帕累托的20/80营销法则也表明，企业经营利润的最大来源是占企业顾客群体中20%的忠诚顾客的重复购买。另一方面，忠诚顾客会自发地向身边群体推广企业的产品和服务，进而将其潜移默化成为企业的潜在消费群体。

因此，餐饮企业在进行客源组织时，要对忠诚顾客群的建立予以高度重视。通常情况下，可以通过尽可能提高顾客满意度、建立顾客数据库和完善的客户关系管理系统以及妥善处理顾客投诉等形式培养自身的忠诚客户群体。

（二）人员销售

1. 外出推广

外出推广是指企业派出推销人员到主要目标顾客所在地，如单位、企业、人员聚集场所等地方去联系业务，组织客源。进行外出推广要有针对性，事先掌握目标顾客有关信息，如果对方是企业，要注意加强同企业内部负责相关事务机构的联系，提高推广效果。

2. 电话销售

电话销售是以电话为主要沟通手段，辅助网络、传真、短信、邮寄递送等方式，通过专用电话营销号码，以公司名义与客户直接联系，并运用自动化信息管理技术和专业化运行平台，完成企业产品的推介、咨询、报价等主要营销过程的销售形式。与人员推销相比，电话销售成本更低，并且能够在较短时间内接触更多的顾客。但由于被拒率较高，因此餐饮业的电话销售主要针对住店顾客或者有消费记录的顾客进行。

（三）预订推广

1. 普通预订

普通预订是指餐饮企业设立预订机构，配备推销人员，根据顾客的电话或口头要求回答顾客问题，并做好预定安排和记录。餐饮企业的普通预订主要针对宴会、团队用餐等集体用餐形式。

案例：

被“晾”的预订

一天中午，一位客人打电话到餐厅订餐，并说明要点一个“T骨牛扒”，希望餐厅能为其预留位置。当时，接电话的预订员正准备去用午餐，考虑到客人要半小时后才能过来，而这段时间餐厅生意都不旺，肯定有空位，且自己用餐时间不用半个小时，于是她在未向其他同事交代的情况下便吃饭去了。大约一刻钟后，客人来到餐厅，询问另一名当值的服务员，刚才已打电话来预订，午餐是否准备好？当值的服务员称没有接到客人电话，不知此事。客人听后非常生气，于是向餐厅经理投诉。

请思考：案例中预订人员犯了什么错误？

2. 网络预订

通过餐饮网络销售平台或者企业自身的门户网站进行网络预订是现代餐饮企业组织客源的重要形式。网络销售平台实际上帮助餐饮企业实现了对客源的初次组织，并且方便顾客进行预订。但网络平台会增加企业的运营费用，餐饮企业可根据自身的客源情况和经营种类进行灵活选择。

（四）内部推销

内部推销是指针对到店顾客采用内部广告、告示牌、招贴画或在餐厅推销特别菜点等形式来组织客源，扩大产品销售。当企业举办食品节、食品周、啤酒节、烧烤会、周末饮食展销等食品销售活动时，企业公关部或销售部要事先做好宣传，在企业内部利用告示牌、招贴画、内部通知等告知顾客。在日常经营过程中，餐厅可根据实际情况向顾客推销时令菜、季节菜、新创菜等，在推销时可以通过原材料展示、实物照片等形式加强效果。采用内部推销法关键是要加强餐饮推销机构和有关部门的联系，提前做好销售准备工作。

案例：

内部推销小技巧

1. 定期活动节目单

餐厅将本周、本月的各种餐饮活动、文娱活动印刷后放在餐厅门口或电梯口、总台发送、传递信息。这种节目单要注意，一是印刷质量，要与餐厅的等级相一致，不能太差。二是一旦确定了的活动，不能更改和变动。在节目单上一定要写清时间、地点、餐厅的电话号码，印上餐厅的标记，以强化推销效果。

2. 火柴

餐厅每张桌上都可放上印有餐厅名称、地址、标记、电话等信息的火柴，送给客人带出去做宣传。火柴可定制成各种规格、形状、档次，以供不同餐厅使用。

3. 小礼品

餐厅常常在一些特别的节日和活动时间，甚至在日常经营中送一些小礼品给用餐的客人，这些小礼品要精心设计，根据不同的对象分别赠送，其效果会更为理想。常见的小礼品有：生肖卡、特制El布、印有餐厅广告和菜单的折扇、小盒茶叶、卡通片、巧克力、鲜花、口布套环、精制的筷子等。

（案例内容根据豆瓣网站相关资料整理）

（五）媒体推广

媒体推广是由餐饮企业的市场负责部门，根据市场竞争需要，通过报纸、电视、电台等传播媒介，以广告或者专题的形式进行市场推广和客源组织。在进行媒体推广时，一要选好传播媒介，当前常用的传播媒介有报纸、电视、电台、公共电子屏等。对餐饮企业而言，电视广告效果好，但成本高，市场指向性不明确，因而更多地采用电台、报纸等媒体。二要在广告中注意内容选择，尽量展示餐饮产品最适合目标客户群的特点。三是最好在一段时间内连续播放，强化顾客印象。四要注意“性价比”，以较少的费用获得满意的效果。

子项目四　餐饮销售控制

学习任务描述

1. 了解餐饮销售控制的目的。
2. 了解餐饮销售控制的作用。
3. 掌握餐饮销售控制方法。

案例导入

某酒店，春节期间生意较旺，某餐台有两批顾客同座一张台（搭台）。两单顾客先后点菜。领班小冯给第二批顾客点菜后，将点菜单给服务员小马输入点菜系统。小冯告知小马是第二批顾客搭台，而小马当时听得不太清楚，以为前一拨客人加菜，故将此单菜式入进先点菜的客人台号上，上菜时不知为何又上对了。当服务员小黄帮客人结账时，第二批觉得账单有问题，小黄马上查单，才知道两账单合在了一个台号，后告知餐厅经理（餐厅经理在原账单上减数，但却漏减一个荤菜）。此时，结账顾客多，顾客从提出结账到结账完毕一共花了半小时左右，结账后顾客很不满意地离开了。其回家后查单，发现多收一个荤菜款项共 47 元，故顾客打电话来酒店投诉，得知此事后，餐厅派领班小胡和结账人员小黄一齐上门向该客人道歉，但是客人还是很不满意。

请思考：

1. 案例中事故出现的原因。
2. 如何避免类似情况？

一、餐饮销售控制的目的

餐饮销售控制是指通过各种控制手段使得餐饮产品在生产出来后能够被正常地销售并获得必要的收益，避免在销售过程中因为故意或者过失等造成收益损失，进行餐饮销售控制也是控制餐饮成本率的必要手段。如果缺乏这个控制环节，可能会出现各种影响收益的情况，如钱账不符、吞没现款、少计品种、重复收款等。

二、餐饮销售控制的作用

（一）保证企业应得收益

在餐饮销售过程中，由于产品种类多，客源情况复杂，而且通常是进行现金交易，在工作繁忙时段很容易因为员工的过失或者主观故意造成企业的菜品不能正常销售。如出现上错菜；对客人订的食品和饮料不记账单，吞没向客人收取的现金；前来就餐的亲朋好友不记账、不收费，或者少记账、少收费等。通过销售控制，可以有效避免类似情况，保证餐饮企业的应得收益。

（二）保证产品质量

在餐饮产品销售过程中，可能会因为各种原因导致菜品不能及时送至顾客手中，影响顾客对产品质量的评价。同时在疏于控制的情况下，还有可能会出现工作人员以次充好、偷梁换柱的现象，这一点在酒水销售中表现得尤为明显。如个别员工将客人所点的高档酒水从酒库中领出后，以低档酒替换，并将之带走牟利。或者将烈性酒冲淡或售给顾客，将每瓶酒超额量的收入私吞等。

（三）为员工绩效考核提供依据

通过餐饮销售控制，建立员工工作的量化考核质量体系，有助于了解员工的工作表现和业绩。将其作为员工考核的依据并纳入薪酬激励制度后，可以起到奖优罚劣、鼓舞士气的作用。

（四）提高顾客满意度

餐饮销售中出现的各种问题，基本上都会影响到顾客对企业的满意度。尽管顾客可能不会发现每一个问题，但一旦被发现将会极大地影响企业的声誉和形象。同时，随着顾客鉴别能力的不断提高，各种问题被发现的概率也在显著增加。因此，餐饮企业必须做好销售控制，防患于未然，以提高顾客对企业的满意度。

三、餐饮销售控制方法

（一）明确关键指标

餐饮销售额是餐饮控制的关键指标，因此，餐饮管理人员必须明确与餐饮销售额的相关的指标体系。

1. 人均消费额

人均消费额是指平均每位客人每餐支付的费用。从一个餐厅人均消费的高低，可以衡量一个餐厅的经营水平和运营能力。同时帮助管理人员了解菜单的定价是否适当，了解服务员和销售员是否努力推销高价菜、宴会和饮料。通常，餐厅要求每天都分别计算食品人均消费额和饮料人均消费额。如果连续一段时间人均消费额都过低，就必须检查食品饮料的生产、服务、推销或定价是否存在问题。

2. 座位日均销售额

座位日均销售额是衡量餐饮企业每天销售情况的重要指标，其计算公式为：

$$\text{座位日均销售额}=\frac{\text{计划期销售收入}}{\text{餐厅座位数}\times\text{营业天数}}\times 100\%$$

餐饮管理人员可以将具体每天座位销售额与日均销售额进行比较，如果差异过大，则要分析其原因。

3. 座位利用率

座位利用率是反应餐饮企业每天客源规模的重要指标，餐饮管理人员要随时注意餐厅的座位利用率，从而衡量企业的收益情况。其计算公式为：

$$\text{座位利用率}=\frac{\text{日就餐人数}}{\text{餐厅座位数}}\times 100\%$$

4. 员工销售量

员工销售量反映每位服务人员的个人销售情况。可以通过服务的人数和创造的价值两种指标来加以衡量。

一是以每位服务员服务的顾客人数来表示，反映服务员的工作效率，也是职工绩效评估的基础。统计该数据要注意区分不同的情况，不同档次的餐饮企业在不同的时段其服务的人数标准存在较大的差异。如服务员在早餐能服务的客人数多于晚餐，快餐厅的服务员比高档餐厅服务的人数多。

二是以每位服务员的销售额来衡量。其计算方法为以服务人员在单位时间中创造的总销售额除以其服务的客人数。例如，某餐厅在月终对服务员工作成绩进行比较时，应用下列销售数据：

在衡量员工工作质量时既要考虑其服务的顾客人数多少，更要重视员工创造的销售额，因为这意味着员工在沟通能力和推销技巧方面较为优秀。

（二）做好重点控制

1. 出菜检查员控制

具有一定规模的餐厅，需要在厨房中设置一名出菜检查员。在西方国家的饭店，出菜检查工作通常由厨师长亲自兼任。出菜检查员必须熟悉餐厅的菜品品种与价格，要了解各种菜的质量标准。他的岗位设在厨房通向餐厅的出口处。出菜检查员是食品生产和餐厅服务之间的协调员，是厨房生产的控制员。其主要责任包括以下五个方面：

①保证每张订菜单上的菜都应得到及时生产，并保证服务员取菜正确和送菜到合适的餐桌。

②保证厨房只根据账单副联所列的菜名生产菜品，每份送出厨房的菜都应在订菜单副联上有记载。这样可防止服务员或厨师无订菜单私自生产擅自免费把食品送给客人。

③检查客人账单上填的价格是否正确，防止服务员为某种私利或粗心将价格写错或写低。

④检查每份生产好的菜品的份额和质量是否符合标准。

⑤防止客人账单副联丢失。

2. 酒吧销售控制

大型餐饮企业或者星级酒店餐饮部一般都设有酒吧，酒吧所售产品一般具有较高的价值，同时也是容易出现销售问题的部门。要做好销售控制，就必须对酒吧经营进行严格管理。避免出现调酒师、服务员和收银员一人身兼的现象。在经营过程中要求服务员或调酒师将向客人售出的饮料数量和金额输入收银系统，同时使用书面账单，便于进行对账。

在星级酒店的客房中一般还设有迷你酒水吧，迷你吧内配备的饮料应有规定的品种和数量，每日由客房服务员检查饮料的消耗数并补充至额定量。由于迷你吧的消费是在顾客退房时统一结算，在客人退房结账时，前台收银员要问客人有否使用小吧饮料，而客房部也要及时将客人饮料账单转至前厅。

3. 收银控制

餐饮收银的日常控制手段主要是单据控制。为此，必须设计和运用适当种类及数量的单据来控制餐饮收入的发生、取得和入库。餐饮收银活动涉及钱、单、物三个方面。三者之间，物是前提，货币是中心，单据是关键。设计餐饮收银内部控制的基本程序时，既要把三者有机联系综合考虑，又要把三者分开单独进行考察和控制，如经手物品的人不经手账单和货币，经手账单和货币的人将账单和货币分开传递等。

知识链接

餐厅收银常见问题

1. 收银员的疏忽，退还了余款，但押金收据没有及时收回，导致不良分子钻了漏洞

总台为客人办理结账手续速度快、效率高、这是优质服务的表现之一。钱款进出的同时，一定不能忘了严格按照程序办妥相关手续。同时，餐厅收银台安装摄像监控也很重要。

此外，公安部门规定拍摄的录像带须保留一段时日绝不是多余的事情。

2. 寄存行李箱的客人比较多

在接收客人物品寄存时，必须明确和强调寄存的包装物内若有贵重物品或现金需要在总台寄存。（寄存室安装电子眼探头，对那些伺机作案者可起到一定威慑作用）

3. 钱财真伪难辨

餐厅真假币掉包事件是家常便饭，对于初入职的收银员却是陌生的。收银员需要注意：客人第一次递过来的是真钞，第二次递假钞。所以每一次，任何人递来的大面额钞票都必须当面检验其真伪。这里说的“每一次”当然包括了第二次甚至可能更多次，这样就不会被反复进出而蒙昏了头。这里说的“任何人”，也包括了同事，因为有可能同事缺乏识别真假币知识，或者没有详细鉴别。同时，餐厅必须增加如何识别真假币这一课目。

4. 钱款反复进出分散注意力

客人付整钱，收银员找零钱，故意利用钞票几次进出折腾，分散收银员注意力，扰乱收银员思维，从而进行真假币掉包以及类似占小便宜的不良客人。一进一出，手续清楚，不容易出错。倘若进出多次，收银员就有可能被搞糊涂而出错。所以一旦遇到客人先付大面额钞票后又声称有零钱可付的情况，收银员必须立即引起警惕，沉着应对。

收银员必须注意：上班时间里要有足够的精神、清醒的头脑和格外细心，客人急时不能跟着急，客人忙乱时不能也跟着忙乱。面前的客人未结清账，其他客人即使着急，也要一个一个地结清。钱进钱出，一来一往，都要有条不紊，有序不乱，否则就有乱中出错的危险。

子项目五　主题餐厅设计

学习任务描述

1. 了解主题餐厅的定义和特点。
2. 掌握主题餐厅设计思路。
3. 掌握主题餐厅的设计方法。

案例导入

爱丽丝餐厅

爱丽丝梦游仙境是英国作家路易斯·卡罗尔出版于1865年的著名童话故事，叙述了一个名叫爱丽丝的小女孩从兔子洞进入一处神奇国度，遇到许多会讲话的生物以及像人一般活动的纸牌，最后发现原来是一场梦。餐厅的设计灵感就来源于此。

该餐厅的设计以故事内容为蓝本，选取其中多个奇幻场景在约228平方米的空间加以重现。当顾客进入餐厅，首先映入眼帘的是超大号的“书”。它是一个书形模具，或横放堆叠，或竖放罗列。这些比人还要高的书籍，挑战着人们对书籍的传统印象，在它们的面前，人仿佛成为吃到仙境食物的爱丽丝被魔法附身而变小了，营造出童话般的气息。

在用餐空间中，呈现了不同类型的餐位：四人台、多人餐桌、半封闭四人隔间和隐私性更强的私人包间。精心布置的餐台在色彩、布景和配饰上赋予不同的主题。如绿色植被的半封闭四人隔间，隔间上方以“种植”统一的、简单几何形状绿色树，而在绿格子后方就是红桃王后的“纸牌世界”了。此外，私人包房则以红黑色调为主，餐桌、背景墙和吊灯上都印有魔法纸牌。最引人注目的，当属以“疯狂哈特的饮茶派对”（Mad Hatter’s Tea Party）为场景主题的主用餐区。餐桌和餐椅都使用不同的造型，带给人无限的惊喜。位于区域中心的“心形餐桌”上方的吊灯也全部由红色的心形卡片装饰。最内侧的一排，墙上绘有爱丽丝会见红桃女王的情形，再搭配粉色座椅，深得女孩喜爱。

总之，新奇、惊喜和快乐的氛围，正是这家奇幻主题餐厅的意义所在。

（资料来源：品尚设计 http：//www. psdesign. cn/news）

一、主题餐厅的概念

主题餐厅是通过一个或多个主题为吸引标志，向特定的目标顾客群体提供餐饮产品和服务的企业。它的最大特点是赋予一般餐厅某种主题，围绕既定的主题来营造餐厅的经营气氛，餐厅内所有的产品、服务、色彩、造型以及活动都为主题服务，使主题成为顾客容易识别餐厅的特征和产生消费行为的刺激物。

二、主题餐厅的特点

（一）目标市场明确

与其他类型餐厅相比，主题餐厅的市场定位更加明确，其整体设计在于满足特定消费群体的偏好需求。因此，主题餐厅对于目标市场具有更强的吸引力，但同时也意味着如果不能满足目标市场需求或者目标市场容量有限，主题餐厅的经营将陷入困境，并且转型困难。

（二）主题鲜明突出

主题餐厅强调从菜式、环境、服务、文化等方面的全范围的特色化和鲜明化，在设计过程中重视调动各种因素来深化特色，营造出一种无所不在的主题氛围。除了要有特色鲜明的各类特色菜之外，还非常注重主题文化的深度开发，注重相应环境的营造，借助于环境突出其主题特色。与市场上广泛存在的特色餐厅相比，主题餐厅更强调主题设计和开发的整体性和系统性。

（三）环境质量要求高

为加强主题效果，主题餐厅在设计上重视借助特色的建筑设计和内部装饰来强化主题。餐厅建筑的特色外观、整体装修风格、色彩、灯光、温度、装饰物、家具以及员工服装、仪容等要素都对主题的效果有直接的影响。在进行要素选配时要注意整体性和系统性。例如，上海老站餐厅就通过老式家居布置和火车的改装，营造了老上海怀旧和名人专列两个主题；而巴厘岛印尼餐厅则是通过民俗文化的展示和当地物体的陈列，来表现巴厘岛的地方特色文化主题。

三、主题餐厅设计思路

（一）差异化经营

主题餐厅的差异化，表现在主题、产品与服务上不仅要区分于竞争对手，更要优于竞争对手。随着生活水准的提高，人们对于餐饮的要求越来越高，在品尝美味佳肴的时候，用餐环境的文化氛围与个性化逐渐成为判断餐饮质量的重要凭借。而主题餐厅给人留下深刻印象的就是它的用餐环境。它能够为顾客营造出一种或温馨，或神秘，或怀旧，或热烈的气氛，充满着差异化及特色的主题，能够让前来就餐的顾客既品尝到美味佳肴，又能体会到某种文化氛围。

案例：

广州有一家叫"漫画——天空之城"的主题餐厅，餐厅装潢采取的是日本风格，与"天空之城"漫画相适应。在这家餐厅，每一个座位的附近都有漫画书，多达500套。除了漫画，杂志、影碟也有不少，大多数是日韩的电视剧集，原装西片和动画片。特设的情侣座可以让情侣共看浪漫韩剧。且时不时会更新，带来日韩最新的潮流资讯。"天空之城"主题餐厅的定位为年轻时尚的顾客。由于该餐厅目标消费群明确，因而在这里，往往能找到志同道合的朋友。这家主题餐厅尽管菜品定价很高，但是顾客却需要排队等待座位。

（二）做好实质产品建设

主题餐厅可以通过鲜明的主题迅速的吸引市场，但顾客在消费过程中通常其环境所吸引而忽略了它的实质产品。因此当顾客的新鲜感过后，生意极有可能会转淡，这也是很多主题餐厅不能长期经营的重要原因。因此，主题餐厅不能只注重环境，而要在菜品和服务等餐厅实质产品上多下功夫，才能保持餐厅经营的长盛不衰。

案例：

2016年1月，济南迎来1971年以来的最寒冷天气。但对刘老板来说，最寒冷的又岂止这一个月。因为关门歇业的足球主题餐厅，他已经煎熬了大半年。

2015年年初，看到身边一家家主题餐厅开得风生水起，刘老板也想分得一杯羹。他选址在市中心开了家足球主题餐厅——灌篮高手的贴画、篮球形状的吊灯、限量版的足球鞋……不足200平方米的店面，总投资百万元。新鲜东西总是最有市场。刚开业时，来吃饭的客人常常排成队。但他没想到的是，关门停业来得那么快。"去年下半年几乎每天都在惨淡经营，从最初的每天营业额2万左右，迅速降到每天几千元。"终于，刘老板选择了放弃。

相比刘老板的盲目跟风，济南餐饮市场的资深餐饮人李总将电影主题餐厅首次引入济南。他对装修风格、菜品设计、人员培训各方面都经过了深思熟虑，如今他的餐饮店已安稳走过5个年头，并且通过口碑相传越发红火。木鱼石质地的楼梯、老式电影放映机、经典电影胶片，每个物件都会让食客不约而同因为某个影像记忆而产生共鸣。李总说，即便这样，总投资1 000多万元的餐厅，倘若没有一本吸引食客的菜谱，也会随时面临倒闭的风险。

“扪心自问，餐厅存在的意义是什么?”接受采访时，李总反问记者。他说，装修环境、文化氛围是给予食客精神层面的附加享受，而一个好的餐厅最根本的生命力还是菜品质量。“很多打着‘主题’旗号的餐厅，建立在噱头之上，菜品却沦为配角。顾客来一次图个新鲜，第二次绝对不会再来，这样的餐厅怎么可能长久?”

请思考：主题餐厅在菜肴上应该做好哪些工作?

（资料来源：餐饮界：http：//www. canyinj. com/news/1892. html）

（三）正确选定目标市场

由于主题餐厅特色鲜明，目标市场针对性强，在预定目标市场不能获得预期收益的情况下转型困难，因此在进行主题餐厅设计时，尤其要注意餐厅所在地目标市场的规模大小和竞争激烈程度。否则一旦不能在预期市场上获得成功，餐厅将面临严重的亏损。

（四）做好开发的系统性和持续性

主题的塑造需要从环境、产品和服务等方面全方位着手，才能实现良好的整体效果。这就要求在设计时要注意主题开发的系统性，避免出现短板效应。同时由于主题的内涵会随着时间的推移而有所变化，主题餐厅在经营上要随时注意目标市场的关注重点变化，进行产品和服务的调整。

（五）做好主题开发的细节

随着社会的不断发展，平均教育水平的提升和信息获取渠道的便利性使得消费者的鉴别能力不断提升。主题餐厅在开发时要注意主题表现的各种细节，避免出现因为某个细节问题而导致影响消费者满意度的现象。尤其是文化产品开发方面，主题餐厅经营者要对所涉及的文化进行深入研究，或者邀请相关专业人士参与设计方案的制定和执行。

（六）注意进行多维设计

在进行餐厅主题塑造时，要注意综合采用平面设计、立体设计、时空设计、意境设计等表现手法，合理运用各种色彩、灯光以及信息技术等手段，在给顾客以震撼的直观感受的同时，做好细节刻画，以带给顾客更多的惊喜。

四、主题餐厅设计方法

（一）突出主题特色，实现差异化

主题经营实质上就是通过餐饮品牌策划，实现专业化与特色化。专业化是社会分工的必然，特色化则是市场竞争的结果。越是竞争激烈的地方，越是主题经营生存与发展的用武之地。因此在实施主题经营前，要依据地理位置、企业实力、当地文化等因素，找准市场、选准主题。

主题的选择必须建立在对市场调研和预测的基础之上，符合市场的消费水平和目标顾客群的潜在需求。近年来，餐饮品牌策划中可供选择的主题更趋多样化，从原来单纯的与地理环境特征相一致的主题发展到音乐、博彩、文化、历史、传说、体育活动等各种主题。以这样的主题为中心，产品的取舍、环境的设计、服务的推出、气氛的营造才能显示出主题特色的渗透力，从而增加客流，为今后的发展打好基础。另外，由于我国不同地区贫富差距较大，同一地区居民的收入水平也有差距，根据这一特殊国情，餐饮企业还应以主题为基础开发多种档次的消费产品，使价格更趋向大众化，以满足不同消费层次的顾客需求。

（二）树立名牌主题，淡化季节差异

餐饮品牌策划的独树一帜是餐饮企业成败的关键要素。主题经营目的是与竞争性企业、同质性产品拉开差距，同时防止竞争者模仿和超越。为避免被别家企业模仿和改进性拦截，必须建立主题品牌或主题文化品牌。主题品牌的建立和发展，有利于建立顾客偏好、提高企业的市场控制力和新产品的市场渗透力。因此，依靠大众传媒的力量及人际传播手段来提高企业主题文化品牌的知名度，维护其荣誉度，是每个主题餐饮企业改善经营状况的重点，它对于淡化企业经营的季节性能起到至关重要的作用。

（三）不断创新，延长生命周期

在激烈的市场竞争中，产品市场生命周期逐渐缩短，经营方式在不断地推陈出新，新颖独特的餐饮品牌策划主题若不经常改进和发展，很快就会失去亮泽而被挤出市场。突出主题经营开放性特征，创新和提高是主题经营的常青之本。餐饮服务的对象是食客，创新的关键是提供给消费者新的感受。因此在创新菜肴、制作菜品时，要充分考虑就餐者的性别、年龄、喜好等多方面情况，不仅要注重菜品的特色，而且还要对症下药，针对不同的顾客需求，推出不同口味、不同品种的菜肴，来满足顾客多样化的需要。除此之外，餐饮品牌策划也可从产品、价格、地点、促销、设施、人员、过程等方面进行策略性调整，也可对这些策略的组合进行整体更新。在改进和完善的过程中，不断扩大主题经营的影响，拓展更大的发展空间。

（四）紧扣餐饮主题，改进经营策略

主题经营忌讳脱离主题的形式主义。主题体现于形式，形式表现主题。主题作为经营的核心内容，贯穿了经营者对品位的追求与质量的追求。不管定位于何种档次的餐饮企业，主题餐饮品牌策划都必须在形式上表现出消费与文化的结合，利益与情感的和谐。否则，形式上的蛊惑人心、内容上的价质不符，只能将企业引入歧途。主题经营如同文章的谋篇布局，菜肴的档次与质量、环境的设计与布置、气氛的渲染与烘托、服务的标准与实施，都必须与主题设定的质量要求相统一，这样才能适应特定时期的消费水平，满足目标顾客群的价值需求。餐饮品牌策划还提倡主题经营内容与形式的统一，不仅是为顾客提供理性消费的指示，而且首先是为了调动顾客的情感，锁定顾客的注意力。因为，情感的认同是培养消费者忠诚的基本保证。通过经营主题，提供愉悦消费的线索，消费者愿意闻之而来，并且能够在消费中体验到与其他人的差异、获得特殊性感悟，再次光临的积极性才能保持，主题式经营的餐饮品牌策划目标也才能够实现。

作　业

一、问答题

1. 简述餐饮市场定位的定义和作用。
2. 简述餐饮市场定位的主要策略。
3. 简述餐饮价格构成和定价程序。
4. 简述餐饮客源组织的特点和要求。
5. 简述餐饮销售控制的作用。
6. 简述餐饮销售控制的方法。

二、计算题

1. 某餐厅现推出创新菜，其每道菜主料成本为12.6元，配料成本为1.2元，调料为0.2元，销售毛利率和成本毛利率分别为52%和76%，请用销售毛利率法和成本毛利率法计算该产品的销售价格。

2. 某投资人准备在市区开设一家多功能餐厅，2017年预计销售收入640万元，其中海鲜类菜品的销售收入占总收入的32%，海鲜类菜品的毛利率为54%，餐厅直接人工成本率为14.8%。请问海鲜类菜品的定价系数是多少？该餐厅的代表菜肴——深海鱼头的原料成本为12.6元，请问该产品的售价应该为多少？

三、实训题

（一）请利用知觉图分析所在地餐饮市场上某类产品的品牌分布情况，并分析是否存在空白市场。

（二）撰写一份主题餐厅设计策划书

1. 实训目标

掌握主题餐厅的设计内容和策划流程，培养团队合作意识和创新意识。

2. 实训内容与要求

将学生分组，每小组学生3～5人，撰写一篇主题餐厅策划书，并以PPT方式进行展示。策划书的内容包括：

①市场调查与分析

要求：学生针对拟策划的主题进行资料和数据收集，对拟策划主题的可行性进行分析。其途径可以通过问卷调查和二手数据资料整理，并对统计数据和资料进行分析。

②项目主题提出

明确提出拟策划的主题，并简要分析其目标市场。

③主题的意义

要求：阐述拟策划主题的经济、社会、文化价值，尤其注意市场是否已有相关的主题策划，所策划主题是否具有新的特点和价值。

④目标实现途径（主题表现元素）

⑤效益分析

要求：根据拟策划主题的预期投入资金和收入分析进行对比分析，分析要结合数据进行分析，包括预期达到目标和效益分析、需投入的资金和人力估算等。所使用数据必须符合市场的实际情况。

⑥方案实施过程中的控制手段

要求：针对策划主题在执行过程中可能出现的各种问题（如进入壁垒、市场波动、第三方进入等）进行分析，并提出预警方案，预警方案不得低于2项。

3. 附件

①室内设计与装饰局部效果。

②菜单、酒水单及其装帧设计。

参考文献

［1］王珑．宴会设计［M］．上海：上海交通大学出版社，2011.

［2］唐闪光．餐饮管理［M］．青岛：中国海洋大学出版社，2011.

［3］巩隽，邢夫敏．餐饮服务与管理［M］．北京：冶金工业出版社，2011.

［4］张文华，王飞．酒店餐饮服务与管理［M］．长沙：湖南师范大学出版社，2014.

［5］马丽涛，邓英．餐饮服务管理［M］．北京：电子工业出版社，2009.

［6］彭蝶飞，李蓉，王虹．酒店服务礼仪［M］．上海：上海交通大学出版社，2011.

［7］鞠志平，叶伯平．宴会设计［M］．长沙：湖南科学技术出版社，2004.

［8］叶伯平，邸琳琳，林敏．宴会设计与管理［M］．北京：清华大学出版社，2012.

［9］王天佑．饭店餐饮管理［M］．北京：清华大学出版社，北京交通大学出版社，2007.

［10］王天佑．西餐概论［M］．北京：旅游教育出版社，2005.

［11］孙娴娴．餐饮服务与管理综合实训［M］．北京：中国人民大学出版社，2014.

［12］王志民，吉根宝．餐饮服务与管理［M］．南京：东南大学出版社，2009.

［13］何叶．商务礼仪［M］．西安：西安交通大学出版社，2014.

［14］蔡万坤．餐饮管理［M］．第2版．北京：高等教育出版社，2008.

［15］徐溢艳，周显曙．餐饮服务与管理［M］．北京：清华大学出版社，2016.

［16］李勇平．餐饮服务与管理［M］．大连：东北财经大学出版社，2014.

［17］梁玉社，饭店管理概论［M］．北京：旅游教育出版社，2012.

［18］宴会流程管理．莲山课件 www. 5ykj. com/

［19］职业餐饮网：http：//www. canyin168. com/

［20］餐饮运营网：http：//www. cy110. com/

［21］百度文库：http：//wenku. baidu. com/

［22］百度知道：https：//zhidao. baidu. com/

［23］维基百科：https：//zh. wikipedia. org/